褚宏启 /

主编

校長説①

55位名校长
文集

中国言实出版社

图书在版编目（CIP）数据

校长说：55位名校长文集 / 褚宏启主编. -- 北京：
中国言实出版社, 2023.6
ISBN 978-7-5171-4472-4

Ⅰ.①校… Ⅱ.①褚… Ⅲ.①中小学—校长—学校管
理—文集 Ⅳ.①G637.1-53

中国国家版本馆CIP数据核字（2023）第086238号

校长说——55位名校长文集

责任编辑：史会美
责任校对：王建玲
封面题字：徐右冰（中国书协理事、国家一级美术师）

出版发行：中国言实出版社
  地 址：北京市朝阳区北苑路180号加利大厦5号楼105室
  邮 编：100101
  编辑部：北京市海淀区花园路6号院B座6层
  邮 编：100088
  电 话：010-64924853（总编室） 010-64924716（发行部）
  网 址：www.zgyscbs.cn 电子邮箱：zgyscbs@263.net

经 销：新华书店
印 刷：徐州绪权印刷有限公司
版 次：2023年6月第1版 2023年6月第1次印刷
规 格：710毫米×1000毫米 1/16 29印张
字 数：440千字

定 价：128.00元
书 号：ISBN 978-7-5171-4472-4

以先进教育思想引领学校高质量发展

中国言实出版社要出版《校长说——55位名校长文集》，这是一件大事，更是一件好事。

谈及校长的价值，人民教育家陶行知先生说过：校长是一个学校的灵魂，要想评论一个学校，先要评论他的校长。苏联著名教育家苏霍姆林斯基也说过：有怎样的校长，就有怎样的学校。作为一名老校长，我深以为然。这本荟萃北京地区55位优秀校长论文、讲话稿的教育文集，生动地反映了一校之长对教育理想的执着追求、对教育实践的深刻体悟。

教育是民族振兴、社会进步的基石。党的二十大报告首次把教育、科技、人才一体部署，充分体现了对教育事业的高度重视和教育在中国式现代化中的重要地位。习近平总书记指出，"高质量发展是全面建设社会主义现代化国家的首要任务"，"教育、科技、人才是全面建设社会主义现代化国家的基础性、战略性支撑。必须坚持科技是第一生产力、人才是第一资源、创新是第一动力，深入实施科教兴国战略、人才强国战略、创新驱动发展战略，开辟发展新领域新赛道，不断塑造发展新动能新优势"。教育是国之大计、党之大计。我们教育工作者使命光荣，责任重大，校长们更是千钧重担肩上挑，需要深刻领会以习近平同志为核心的党中央作出这一战略部署的深刻意义和赋予教育的新使命新任务，从大视野、大情怀、大格局出发，深入思考教育理念如何紧跟时代步伐，以先进教育思想引领教育高质量发展，为加快建设教育强国、办好人民满意的教育、全面推进中华民族伟大复兴贡献强大教育力量。

基础教育事关国家发展、民族未来，党中央始终把基础教育摆在基础性、先导性和全局性战略地位，坚持立德树人，促进学生的全面发展，为民族复兴筑牢稳固根基。习近平总书记深刻指出，必须把握好定位，全面贯彻落实党的教育方针，从多方面采取措施，努力把我国基础教育越办越好。北京作为首善之区，其基础教育总体发展水平始终处于全国领先位置，在全国率先实现了基础教育现代化。近年来，北京市以增强百姓教育获得感作为深化教育综合改革的出发点，规范义务教育入学秩序，优化中小学幼儿园布局，全面加强薄弱校建设，大规模提升教师队伍素质，推动区域教育迈上了优质均衡发展的新征程。北京千百名校长直接参与、见证了北京深化教育综合改革的进程。他们是学校教育思想与文化的引领者，秉承先进办学理念，遵循现代教育规律。探索高效教育治理，推动了所在学校的高质量发展和自我超越。在办学实践中，校长们留下了富有价值的文章著述。本书所选的 55 位校长，都执掌过或正在执掌北京地区基础教育优质校，是在实践中脱颖而出的教育家，也是全国政协副主席朱永新所推崇的具有奉献者、点灯人、追梦人、设计师等特质的"理想校长"。

本书还有一个特点，就是编者为每位校长配发了曾经的媒体人老廖写作的"校长印象"。"校长印象"当年是北京地区媒体的热门栏目，每篇 300 字左右，这些文字较为传神地勾勒出了每位校长的风采。

人民教育家于漪先生说：做校长是篇大文章，要写得山河锦绣满目明，那在宏观上就要打开视野、居高临下、运筹帷幄，在微观上能扎扎实实、一丝不苟；在教育教学实践中积累和创造提升教育质量的经验，又能从理论高度阐述和揭示基础教育育人的规律，是办学的行家里手，是师生崇敬的献身中国教育的教育家。

要打造基础教育的中国特色、中国风格、中国气派，校长们任重道远。希望基础教育领域更多的校长们在教育实践中有更深入的理性思考、更成功的多样化探索，为教育综合改革和高质量发展助力。

是为序。

钟秉林

国家教育咨询委员会委员、国务院教育督导委员会总督学顾问
北京师范大学原校长、中国教育学会原会长

目 录

（以上按校长姓氏笔画排序）

    于会祥　北京市育英学校校长、党委书记，北京市首批特级校长，正高级教师，数学特级教师，北京市优秀教育工作者，全国模范教师，全国教育系统劳动模范。兼任教育部中小学校长国家级培训专家、教育部基础教育教学研究指导专委会委员、北京市中小学名校长发展工程实践导师、北京市初中教育研究会副会长、北京市高中教育专业委员会副理事长。主持或参与了多项市级、国家级重点课题的研究工作，在报刊发表论文100余篇，出版了《教育教学新探》《教育是向学生传递生命的气息》等14部著作，对课堂教学、学校课程、学校人力资源管理及学校文化建设等方面均有较深入研究。

于会祥校长印象

　　阿基米德说：给我一个支点，我就能撬起整个地球。而对于会祥校长来说，给他任何一所学校，他都能让这所学校发展得更好，比你所预想所期待的更好。育英学校的办学就是实证。领军育校 10 年来，他让育校迈进了海淀顶尖校的方阵。他的成功实例，给老牌校如何擦亮自己的金字招牌、如何超越自我并再次高水平崛起提供了参照，给老牌校如何站在新的起跑线上与新崛起的优质校共同发展提供了范本。在育校，他坚定地探索、实践着"中国最有价值的教育"。今天的育校之风格如同我国汉代绘画艺术所蕴含的精神，昂扬自信，意气风发，朝气蓬勃，灵动飞扬，豪迈壮阔，我们可以感知它发展的坚定步伐和大气魄。于校长和育校的成功不只是当下每年让多少学生考上北大清华，而是于校长让育校实现了全方位全领域的高质量发展。

——老廖

学生培养要处理好"三个关系"

北京市育英学校　于会祥

习近平总书记在 2018 年全国教育大会上提出"培养什么人、怎样培养人、为谁培养人"的问题，这是教育的根本问题。学校教育要回答这个根本问题，首先要处理好三个关系：第一，全面发展和志趣发展之间的关系；第二，知识学习和思维培养之间的关系；第三，真实生活和价值体认之间的关系。

全面发展与志趣发展之间的关系

习近平总书记在全国教育大会上强调，要坚持中国特色社会主义教育发展道路，培养德智体美劳全面发展的社会主义建设者和接班人。这是对"全面发展"做出的明确指示。全面发展是教育实施的目的与追求，也是当今学校教育内涵的体现和诠释。

何为"志趣发展"？百度百科对"志趣"的定义是：行动或意志的趋向；志向和兴趣。本文的"志趣发展"更多的是指个人在学术研究领域的发展。全面发展为志趣发展奠定了坚实、宽厚的基础，保证志趣发展的品质；志趣发展是全面发展基础上的选择性发展、多元化发展，展现全面发展的内涵。

对学校而言，学校对学生的培养应该在注重学生基本素质全面发展的基础上支持、鼓励学生的志趣发展，同时以志趣发展推动学生的全面和谐发展。全面发展与志趣发展是相辅相成、辩证统一的。

在学校管理上，全面发展要求学校实施相对整齐的统一管理，学校促进学生全面发展的重要标志是确保开足开齐国家规定的课程，坚持"五育"并举，以使学生在德智体美劳各方面达到国家课标规定的一般性要求。而志趣发展则要求学校实施弹性管理，即在统一管理之外给学生的志趣发展留有相应的空间。学生的志趣发展需要相应的课程和资源做保障。例如，育英学校对痴迷昆虫的学生，专门修建昆虫研究实验室，并以学生的姓名命名实验室；对思维发展超前的学生，学校为其单独开设特质学生发展课程，同时建立特质学生发展办公室，进行专项管理；对潜心研究社会热点问题的学生，学校特别为其聘请相关专家做学术指导……

为了更适切地处理全面发展与志趣发展之间的关系，育英学校采取了强有力的举措——学生综合素质评价，采取积分制形式，对全员学生进行全课程评价，实行基础课程评价、修身课程评价和发展力课程评价，三者相得益彰，既是学生全面发展的保障，又为学生的志趣发展保驾护航，促进了育英学子全面发展与志趣发展的和谐共进。

学校是学生走进社会前的实践基地，学校生活是学生社会化的重要阶段。今天，培养全面发展的学生，即是在培养决定未来国家核心竞争力的坚实力量；培养志趣发展的学生，即是在培养引领国家专项领域发展的精英人才。"全面发展"具有统领性、根本性，"志趣发展"是"全面发展"的个性化体现，总体目标是培养担当民族复兴大任的时代新人。

知识学习与思维培养之间的关系

"知识就是力量"，这是我们讲了很多年的一句话，也足以说明"知识"在人们心目中的地位与价值。柏拉图曾经给"知识"下过这样的定义：一条陈述能称得上是知识必须满足三个条件，它一定是被验证过的、正确的，而且是被人们相信的，这也是科学与非科学的区分标准。可见，知识是人类发展不可或缺的要素。

关于思维，百度百科归纳了人们的普遍认识：思维最初是人脑借助于语言对事物的概括和间接的反应过程。思维以感知为基础，又超越感知的界限。通常意义上的思维，涉及所有的认知或智力活动。它探索与发现事物的内部本质联系和规律性，是认识过程的高级阶段。

根据知识和思维的定义，我们可以看出：知识是一切科学活动的基础，思维是以知识为基础的高层级活动，具备何种思维一定要具有相应的知识，知识是思维的基石。但是，具有知识不一定能够形成思维，思维需要系统训练和培养。

今天，科技发展日新月异，"互联网＋"伴随日常所有，知识已呈现出高度膨胀的状态。教育面临着前所未有的挑战，以掌握知识为目的的传统教育形式早已不能满足今天的人才培养模式，对能力培养的需求超越了以往各个时期。能力是什么？在一定意义上，实则是思维。无论是学生的学习活动，还是人类的一切发明创造，都离不开思维，思维能力是学习能力的核心。思维的深刻性决定着能力迁移的空间大小；思维的敏捷性决定着能力迁移的速度；思维的创造性决定着能力迁移的品质。布鲁姆的认知目标分类理论把教育目标分为六个层次：知道（知识）、领会（理解）、应用、分析、综合和评价。前三项侧重知识的学习，后三项则侧重思维的培养。

当今社会发展对学校教育特别是课堂教学提出了更高的要求，既要关注学生知识的习得，更要注重学生思维能力的培养。二者同等重要，但后者普遍缺失。对此，育英学校深研教材、深研学生，以开放性教学为抓手，引导广大教师建立开放的时空观、内容观和评价观，严格落实"育英学校对教学六个基本问题的理解""育英学校课堂教学'四个规定'""育英学校教研活动要求"，等等，在学生知识的学习和思维的培养之间搭建起桥梁。

真实生活和价值体认之间的关系

学生在学校的所有活动，包括上课、劳动、交友等，都是学生的真实生活。学校是育人的地方，教育是教育者对受教育者的影响，这种影响主要体现在教育者自身的影响以及教育者创设的教育氛围的影响。

党的十九大报告指出，要全面贯彻党的教育方针，落实立德树人根本任务，发展素质教育，推进教育公平，培养德智体美全面发展的社会主义建设者和接班人。

因此，学校教育的影响一定要落实在学生的价值体认上。

价值不是一种实体，泛指客体对于主体表现出来的积极意义和有用性。就学校教育而言，客体往往指教育者及其建设的教育氛围，主体一般指受教育者——学生，帮助学生建立正确的价值观，需要学校在具体的教育活动中引导学生去体验、去认同，需要学校在不同的学段，设计有指导意义和针对性的教育活动，引导学生在实践中去体认。对于小学低学部的学生，育英学校提出"好好吃饭，自己的书包自己背"，引导小学一、二年级学生逐渐建立起"自己的事情自己做"的意识；小学中高学部学生则侧重"彼此关照、相互温暖"的教育，培养学生学会关心、学会关爱的能力；初中更多的是侧重尊重、尊严教育，学校用杜亦森同学的文章《尊重尊严》唤醒学生要知道为谁学习，形成悲悯情怀，树立人生志向；高中则为更深刻的价值认知开设"小学段课程"，用一周的时间真实体验基层岗位的劳动辛苦，引导学生对社会最基层劳动者——保安、保洁员、绿化员、食堂师傅等职业进行价值体认，引导学生学会虔敬、学会担当等。

学生到学校不仅仅是向教师学习，更多地也是在向周围的同伴学习，后者的学习方式往往发生在闲暇时光，往往发生在志同道合的同学之间，学校可以借助这一积极资源，建立与之匹配的"同伴教育""同伴影响"课程及教育活动，建立教育者引领自身价值体认之外的同龄人价值体认体系。

著名教育学家、中国情感教育理论的奠基人朱小蔓教授曾说："人缺少彼此的依恋和安全感，缺少人与人交往的美好感觉，缺少爱和被爱的感受，道德的种子就不会苏醒和萌芽。人如果没有自尊，没有起码的尊严，不能获得社会认同，就不能悦纳自我，不能获得自我的同一感和整体感。"这是对学生内在自觉的唤醒，也是学校育人的本真探求。

（本文 2021 年发表于《未来教育家》杂志）

　　马景林　北京市第四中学校长，第十四届全国政协委员，国家督学，中小学正高级教师，北京市首批特级校长。曾获首都精神文明建设奖荣誉，享受国务院政府特殊津贴。1993 年毕业于首都师范大学历史教育专业，曾赴日留学。

　　致力于教育教学及教师的培养工作，提出建设"温暖、纯粹、创新的四中"，四中要做新时代中国教育的榜样。本着"优势互补、共同发展"的原则，树立理念、资源、成果共享的发展理念，产生了积极的辐射、带动作用。

马景林校长印象

　　马景林校长有教育家气质，有大学者气质，儒雅，中正，俊朗，富有哲学家的思辨精神。他用自己的眼睛看世界，选择世界，评价世界。他的气质与四中学校的气质完美结合，与四中教师群体的气质完美结合，同声相应、同气相求。他将带领这所伟大的学校顺势而为，一起生长，相互成就，相互影响，伴生发展。历史学科背景的马景林大学毕业不久就在北京八中做到了副校长，后来任十三中校长，任西城教育研修学院院长，再到四中做校长。教育实践中，马校长牢牢把握教育应有的节奏，每一步都恰到好处，恰当把握着火候，坚守着自己的教育阵地——这里寄托着他的人生理想，他的良知，他的初心。他是教育的理想主义者，是可贵的耿介守真之士，是读书人的种子。新时代的四中需要这样的掌门人成为师生们的好校长；能成为四中师生们的好校长，也就可以成为引领中国基础教育的好校长。

——老廖

建设新时代高质量基础教育的思考

北京市第四中学　马景林

摘　要：国家的现代化发展对教育提出了更高要求，在公平基础上如何开展"高质量教育"是时代命题，更体现出国家和人民的迫切追求。作为一名基础教育工作者，站在公立学校的角度提出高质量基础教育需要关注"1234"："1"个指路标即立德树人；"2"个发动机即教师队伍和课程体系；"3"个助推器即体育、美育和劳动教育；"4"个解锁器即教育公平、政策引导、家校合作、人事制度。教育人需要坚守教育规律，努力促进教育的内涵发展，构建高质量的教育体系，以教育引导社会，以教育的现代化作国家现代化的先导。

关键词：新时代；高质量；基础教育

国家的现代化发展对教育提出了更高要求，在公平基础上如何开展"高质量教育"是时代命题，更体现出国家和人民的迫切追求。身处不同教育阶段、领域以及不同教育角色的研究者、实践者对其有各自维度的认识与研究、主张。作为一名基础教育工作者，站在公立学校的角度谈一下对高质量基础教育的思考。

我国目前有两种基础教育的基本形态：公立教育和私立教育。公立教育在现阶段是教育的主流，是广大人民可以选择的主要形态。因此，公立基础教育承载的压力和期待巨大。如何认清和界定自己的教育目标和价值，不仅需要考虑国家、社会的需求，也必须兼顾家庭、学生的愿望。

一、对高质量基础教育的认识

探讨高质量基础教育的逻辑起点，必须首先明确基础教育质量的内涵。

（一）基础教育质量的内涵

基础教育质量如何界定，在学界缺乏明确、统一的共识，因此对高质量教育内涵的理解也很难一致，基于不同研究视角和侧重呈现出差异化的解读。北京师范大学教授李刚、辛涛根据研究认为，即使无法获得大家普遍认可的规定性定义，但仍然存在某些共识：基础教育质量是多要素、多层面的；其核心是学生的发展；而学生的发展应该是全面的，且是多方面因素共同作用的结果。本文对高质量基础教育的思考正是源于这样的认识，立足学生的全面发展，协调教育的各个方面，共同建设高质量的基础教育。

（二）对高质量基础教育的认识

没有对教育根本规律的坚守，就不可能有高质量的教育。其中，对于教育的双重属性的清醒认识，以及对于教育政策引导与内涵发展的统筹兼顾，对于中小学的管理实践来讲，显得尤为重要。

高质量的教育一定会体现教育的人本属性，如我们常提到的学生德智体美劳全面发展；也一定会体现教育的社会属性，如我们要培养社会主义的建设者和接班人，这两种属性在我们的教育中缺一不可。同样，教育政策层面的改革大部分是解决阶段性的问题，教育的内涵发展从长期来看有助于我们构建高质量的教育体系。微观层面，学校关注政策的红利是可以理解的，但不能出现新的不公平；宏观层面，行政部门不关注内涵发展，危害性极大。

二、对建设高质量基础教育体系的思考

在 2021 年的《政府工作报告》和《中华人民共和国国民经济和社会发展第十四个五年规划和 2035 年远景目标纲要》中，明确提出：发展更加公平更高质量的教育，构建德智体美劳全面培养的高质量教育体系。那么，在基础教育中该如何尊重规律、破解难题呢？结合实际工作，作者总结了"1234"，与大家探讨。

（一）"1"个指路标

坚持立德树人的根本目标。越来越多的人认识到：这里的难点是设立有效的"立德树人"的实施路径。按照《中华人民共和国国民经济和社会发展第十四个五年规划和 2035 年远景目标纲要》的提法，我们要"增强学生的文明素养、社会责任意识和实践本领，培养德智体美劳全面发展的社会主义建设者和接班人"，这是教育社会属性和人本属性的完美结合。北京四中的路径是：通过有目的的教育活动，让有着社会责任目标的学生得到自我完善和发展，并逐步完成由个人（自然人）向社会人的转化。

本文仅以"乡村社会实践课"为例谈谈我们的设计初衷与学生转变。这个课程的目标是希望孩子们在真实的国情和社情民意间，认识中国，感知自我，树立正确的人生观、价值观，激发自我驱动的内在动力。我们一共深入到 7 个省市、29 所学校进行了乡村支教活动。在这些活动中，我们的实践宗旨"不是去玩耍，而是去体验；不是去施舍，而是去陪伴；不是去改变世界，而是去思考世界；不是去参观，而是去生活；不是去支教，而是去学习"。

从学生到老师的角色转变，让他们学会了换位思考，体会到了教师的艰辛与教育的价值。在深入乡村，看到贫困地区孩子们艰苦的学习环境后，四中学生更加懂得要珍惜眼前的生活、珍惜学习的机会，同时激发了他们强烈的助人意愿与行动。学生们在学校组织的各种社会实践中，体验了不同社会角色，扩宽了生命视野，见识了更多差异，收获了以广博胸怀认识生活、体悟人生的经历，丰盈了他们的内心、坚定了他们的理想，点燃了积极的生命火种。2019级的张米禾同学就在他的社会实践总结中写道："我突然明白一件事，四中讲'家国天下的情怀，舍我其谁的担当'，它并不是抽象的，它的具体表达，就是我们胸中这颗跳动着的赤子之心，而赤子之心，也远没有想象中那么复杂和困难，它不过就是把我们对待周遭、对待他人的一时的、短暂的热忱、真诚和感动保存足够长的一段时间，并将其转化成为一种更高远、更长久的心灵力量，这种力量不仅仅和个人的发展相挂钩，更和我们亲眼所见的世界，和无穷的远方无数的人们联结在一起。"

（二）"2"个发动机

高质量的教育体系离不开一支专业的教师队伍和科学开放的课程体系，这也是教育内涵发展的两项重要内容。教师的专业化发展，向上要依托我们更高质量的大学师范教育，向下要建立专业性更强的教师职后培训体系，以不断更新教师的知识与观念。向内要结合学校学生实际情况，树立"育人为先，依托科研"的工作思路，向外要有更高要求的教师资格准入制度。一所学校投入最大的不再是硬件，而是通过制度和文化的革新，去激发教师的积极性、创造性，将更多的资源投向教师专业发展、教育教学改革等更具生长性的领域，把教师在教育教学改革创新中的行为作为其绩效评价、职称评定、评奖晋升等的重要依据。关于课程建设，不应再追求数量，更该关注成长需要、目标需要。有什么样的课程体系，就是培养什么样的人！所以要力争课程的科学与开放，解决好教师与课程的关系，真正满足学生成长的需要，才能建立真正的高质量课程体系。

北京四中于2017年建立"教师发展中心"，以科研为依托，以实践为先导，以现实为基础，明确教师的校本培训体系。开发"北京四中不同发展阶段教师专业标准",使《中学教师专业标准（试行）》本土化，明确教师专业化核心内容，解决教师专业标准落地难的问题，使教师专业发展有方向，教育教学效果评价有依据。以下是《教师发展中心工作框架图》：

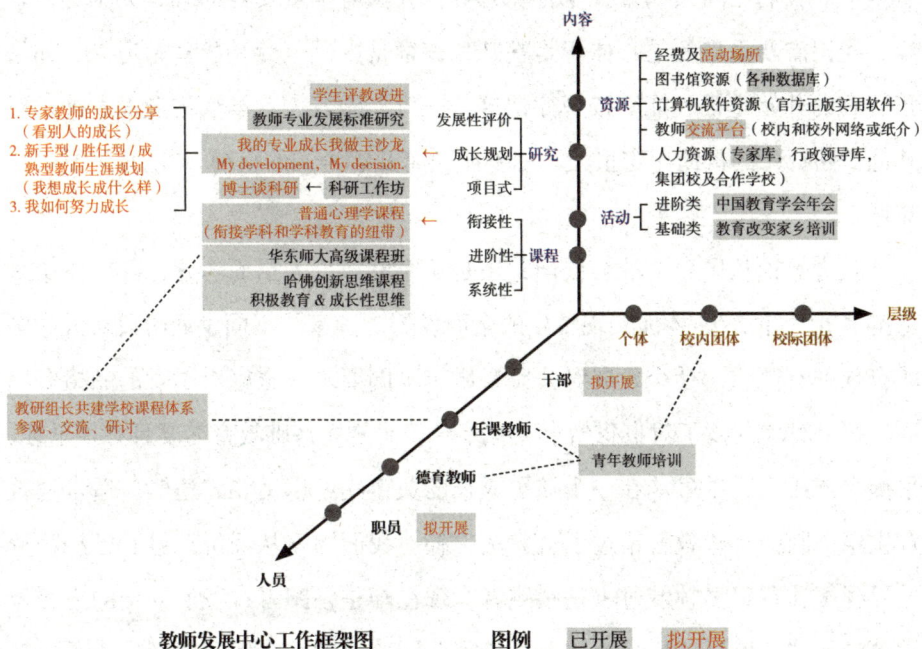

教师发展中心工作框架图　　　图例　已开展　拟开展

　　我们也在"理解课程"，即深挖课程价值内涵与培养学生需求这两方面做了一些工作：进一步明确了"人文基础　科技特色　多元发展"的课程建设的原则，在国家、地方和校本三级课程的建设中都努力做到"四个统一"：把人文教育与科技教育紧密统一起来；把创新人才培养的探索与全体学生的多元发展统一起来；把转变教师的教育行为和改变学生的学习方式统一起来；把课程体系、结构、内容的构建与教学环节、课程评价、课程管理统一起来。

　　在任何一所学校中，如果解决好了教师专业化发展和课程体系建设的问题，就如同安装了两台优质的发动机。

（三）"3" 个助推器

"五育并举"不是新提法，经过历史沿革又一次着重提出，具有现实价值与意义。我们已经长期重视德育和智育，大家对其重要性的理解无须更多解读。我们需要重申的是：体育是基础，美育是内涵，劳动教育塑造人。如果我们真的开始重视且能够按规律把这"三育"做好，对学生的全面发展，对其他"两育"的帮助一定很大，如果能脱离升学考试的束缚，"三育"更彰显其魅力。

教育无论从国家、社会层面，还是从家庭、个人层面考虑，都应该始终坚持"五育并举"，才能实现学生的全面发展。国家的不同发展阶段对人才培养有任务有侧重，社会发展对公民素质有不同要求，家庭对子女的品格有期待，每个时代的孩子对自我追求又有差异。而公立基础教育需要且必须承载、平衡多方压力，尽可能在一个孩子成长的关键期给以适当、适时、适量的教育供给，因为有些教育错过了就无法弥补。我们国家从经济总量看已经跻身世界强国，在很多领域过去是跟跑者，现在却是领跑者；我们社会的主要矛盾已经从"人民日益增长的物质文化需要同落后的社会生产之间的矛盾"转化为"人民日益增长的美好生活需要和不平衡不充分的发展之间的矛盾"；家庭对孩子教育的投入不断提高，教育期待从"找工作、提升个人价值再到欣赏和改变周围世界"不一而足；新时代孩子更加勇敢，追求个人兴趣、爱好和梦想，具备了成为领跑者的意识、潜质和能力。而体育、美育、劳动教育恰在此时，能助其解决现实困难和追求。

康健、从容的身体需要不断的体育与劳动教育，优雅、强大的心灵需要持续的美育和劳动教育。身心教育是教育变革的中心和基础，是基本承载体。心灵教育是难题，是美好生活的终极意义。对处在基础教育中的中小学生来说，既要会学更要会玩。学生在学习过程中既要有必要的紧张水平，又要有足够的自然无为的闲暇时间或发呆时间。目前，教育中充斥着太多所谓"有用"倾向与实践，缺乏"有趣、有爱"的生活体验。

体育可以增加更多有趣的运动和游戏，除了必要的身体素质训练和考核外，更多为孩子们提供"玩"的机会。"玩"是孩子的天性，无论小学生还是中学生，他们往往精力充沛和过剩，繁重的学业压力下"玩"是非常减压的方式，也是一种科学的休息方式。和同伴一起玩，在学校区域内合理、丰富、有趣地玩耍对孩子来说，既身心愉悦，又磨炼意志、培养品质，还能团结、滋养同学之情。

美育最重要的任务是艺术修养或审美情趣的培养，不一定需要认知多少知识，掌握多少实用技法，要利用每一节课感受所谓"无用"：什么是美，如何欣赏，怎样做到美。生活中无处不在美育，老师更应该教会孩子们发现和鉴别生活中的美和丑，过一种充满美的生活。

劳动教育是一种重要的生活、情绪和意志力教育，不仅可以通过真实的生活，习得独立的生存以及生活技能，还会锤炼他们从最初面对问题、挫折的六神无主，到遇事不慌、镇定自若，甚至会帮助他们学习处理危险和危机，逐渐获得对苦难的超越和自我肯定。

教育的目的不仅是知识学习或能力学习，更应该教会他们会生活会审美。目前看，中国所处的时代，国家发展环境也决定了教育的目标必须随之改变，否则就是不全面和畸形的教育，未来会有很大风险。因为学生成长时期，学校给予的教育是重要的关键部分，有极大的引领意义，甚至决定了未来社会和国家的发展主体价值。因此，"五育并举"，特别是对体育、艺术教育和劳动教育这三个方面的重视是必须的，是建设高质量基础教育体系的助推器。

（四）"4"个解锁器

教育公平、政策引导、家校合作、人事制度四项内容，从某种意义上讲，阶段性地"锁"住了教育，现在必须解锁！靠什么呢？

首先，因材施教才是最高级的教育公平。受教育的权利、升学的机会，当然需要公平，针对不同地区、不同人群的特殊性，实行推动公平教育的政策，无可厚非。但是，针对性越强的教育才能算是最高级的公平。换句话说，我们既要考虑大多数人的受教育的公平性，也要考虑部分人对教育的特殊需求。目前，政策已经为入学公平设置了诸多的保护性条件，同样也应该考虑教育本身的规律、学校的特色发展，以及特殊人才的培养。综合两方面的情况而出台的政策，才会呈现高质量的教育公平。

其次，用教育的方法解决教育的问题，是实现政策引导和内涵发展统筹兼顾的解锁器。我们教育人要坚定一个使命：教育应该引导社会，努力避免"社会教育教育"。在今天国家现代化的进程中，教育现代化是先导。因此，能用教育手段解决的，尽量别用政策解决。从历史上看，政策往往解决的是教育的阶段性问题，过一段时间，政策一定会在某种程度上成为我们的负担，成为新一轮改革的对象。而通过教育的内涵发展，以教育的手段解决教育的问题，既可以保证教育的效果和独立性，也可以保证受教育者群体的稳定性和社会的稳定性。当然，针对教育的社会性问题，政策不失为解决问题的最佳选择。但是一遇到问题，就要动用政策的"大棒"，无视教育内涵发展的价值，将带来恶性循环。

第三，立法与相关平台的建设是建立家庭、学校、社会协同育人机制的有效手段。大家都清楚，教育要三方协同发展，但怎么分工？怎么分权、分责？只有立法才能分工、分权、分责，搭建平台加强交流沟通，才会使各方责一权清晰，协同育人。目前看，立法首先要划清学校教育的责任边界，要让学校教师知道自己工作中哪些可做、哪些不可做、哪些必须做。全社会也必须了解这个边界，不可以无限制地把责任推给学校。而另一方面，学校应该牵头，统筹社会资源，联合家庭，建立一个更广泛的交流平台，统一思想，明确任务，共同关注学生的成长。我们要努力让同一个学生，在学校、家庭、社会三个教育场景下，接受的是协调一致后的教育。2020年12月8日，四中成立了"学生发展中心"，做了一些探索。以下是"学生发展中心工作结构图"：

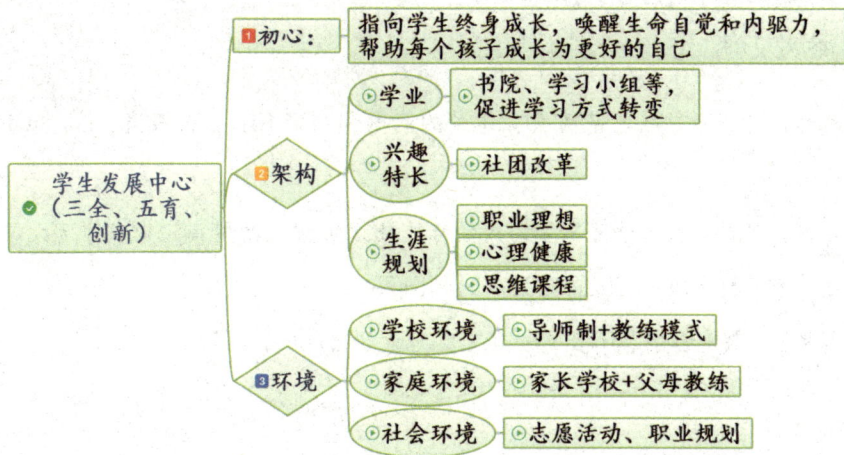

学生发展中心
（三全、五育、创新）

1 初心： 指向学生终身成长，唤醒生命自觉和内驱力，帮助每个孩子成长为更好的自己

2 架构
- 学业 → 书院、学习小组等，促进学习方式转变
- 兴趣特长 → 社团改革
- 生涯规划 → 职业理想 / 心理健康 / 思维课程

3 环境
- 学校环境 → 导师制+教练模式
- 家庭环境 → 家长学校+父母教练
- 社会环境 → 志愿活动、职业规划

第四，改革学校人事和薪金方面的制度，是提升学校治理能力的解锁器。现有人事制度过于僵化，无从谈治理。多数学校以课时费为计算单元的工资制度，有计件工资的性质，不符合教育评价的推进。针对这两项怎么改？多样化的聘用方式是选择；办公经费和人员经费一定程度上的打通使用是选择。2020年9月发布的《教育部等八部门关于进一步激发中小学办学活力的若干意见》强调"落实中小学办学主体地位，增强学校发展动力，提升办学支撑保障能力，充分激发广大校长教师教书育人的积极性创造性，形成师生才智充分涌流、学校活力竞相迸发的良好局面"。倘能如此，学校治理能力自然会提升。

构建高质量的教育体系所涵盖的内容，其实是十分丰富的。以上所说的这十项内容，作者认为对基础教育阶段构建高质量的教育体系至关重要。

归纳这十项内容，涉及教育内涵发展和政策引导这两方面的问题。现今时代，我们教育人需要坚守教育规律，努力促进教育的内涵发展，构建高质量的教育体系，以教育引导社会，以教育的现代化作国家现代化的先导。

参考文献

[1]辛涛，李刚.高质量基础教育体系的新时代内涵[J].人民教育，2021（1）：17-20.

[2]李刚，辛涛.基础教育质量的内涵与监测评价理论模型[J].华东师范大学学报（教育科学版），2021，39（4）：15-29.

[3]刘良华.教育哲学[M].上海：华东师范大学出版社，2017.

王泽旭　1964年生，学历本科，中共党员，正高级职称，现任中央工艺美术学院附属中学校长、教育部全国校外培训监管委员会委员、北京市督学。被授予首都劳动奖章、东城区杰出校长、东城区有特殊贡献的优秀人才等荣誉称号。曾主持多项国家级科研课题，主持编写多套高中美术特色专业教材，多次荣获北京市教育教学成果奖等。事迹被编入《东城故事》"纪念改革开放40周年"专集。

王泽旭校长印象

王泽旭是专家型校长，谦让，低调，宽厚。眼眸黝黑，闪动着智慧而真诚的光芒。他改写了一所学校的历史，让工美附中步入了辉煌期，让东城多了一所向清华输送优质生源的高水平学校。工美附中每年都能向清华输送多名新生。王泽旭也是美学家，你在他的校园走一遭就知道，他设计的校园处处渗透着他的美学思想，你会因此而思考"日常生活审美化"和"审美日常生活化"的探讨离我们并不遥远，会体悟原来我们可以这样装饰我们的生活，体悟简单的元素也可以构建美的特质。王校长参与了很多重要场馆和画册的设计，他的绘画、平面设计、环境设计的作品都是高水平。对他来说，教育也可以纳入美学范畴，教育就是要让学生体会到成长之美，体会到人格塑造之美，体会到发现、获得知识的过程之美。王校长，真行！

——老廖

党组织领导下的德育课程体系构建的实践研究

中央工艺美术学院附属中学　王泽旭

摘　要：德育课程是培根铸魂、启智润心的重要载体。中央工艺美术学院附属中学坚持党建引领，整合教育资源，构建了"党组织领导下的德育课程体系"。"党组织领导下的德育课程体系"分为培根铸魂、明德修身、守法依规、启智润心、实践力行五大模块，以多维推进、协同合作为实施路径，经过实践探索，切实促进了德育实效性的提升。

关键词：党组织领导；德育课程体系；德育共同体

2022 年 1 月，中共中央办公厅印发《关于建立中小学校党组织领导的校长负责制的意见（试行）》，明确指出："推动党建工作与教育教学、德育和思想政治工作深度融合。"党建引领对于构建德育课程体系有着深远的意义，既是党对教育工作全面领导的必然要求，也是落实立德树人教育根本任务的必由之路。中央工艺美术学院附属中学全面贯彻党的教育方针，结合美术办学特色，逐步形成了"党组织领导下的德育课程体系"。

一、精心策划　明确课程设计思路

中央工艺美术学院附属中学坚持党建引领，结合原有德育教育资源，研发德育课程体系，力图打通校内、校外边界，拓展德育课程育人空间，促进学生德智体美劳全面发展。

（一）课程设计目标

"党组织领导下的德育课程体系"的设计目标主要体现在"培根铸魂，坚定理想信念""明德修身，加强品德修养""守法依规，提高法治意识""启智润心，提升文化素养""实践力行，促进全面发展"五个方面，引导学生传承红色精神，赓续红色血脉，培养高尚品质，学习法律知识，提升公民素养，培养规则意识，坚定文化自信，积极参与实践，养成文明习惯，弘扬科学精神，提升劳动能力，实现全面而有个性地发展。

（二）课程设计原则

1. 明确课程方向

"培养什么人""怎样培养人""为谁培养人"是教育的根本问题。党建引领为德育工作指明了方向，德育课程建设需要精准回答教育的根本问题。中央工艺美术学院附属中学坚持以习近平新时代中国特色社会主义思想为指导，坚持为党育人、为国育才，以培养德智体美劳全面发展的社会主义建设者和接班人为目标，在课程设计上注重价值导向，强化理想信念教育，厚植爱国情怀，提高学生综合素养。

2. 坚持问题导向

学校党组织牵头推进德育课程建设，坚持问题导向，在对新时代美术人才培养需求、现有德育课程开展情况等调研的基础上，进一步细化德育课程内容，关注不同学段学生特点，使"德育课程"更具针对性、实效性。

3. 实现协同推进

基于家校社协同育人理念，学校发挥主导作用，将家庭、社会资源引入德育课程体系建设中，协同推进德育课程体系的研发、实施和评价，引导学生从学校"小课堂"走向社会"大课堂"，为学生发展搭建广阔"舞台"。

二、多维推进　构建德育课程网络

（一）德育课程模块化　促进学生全面发展

依据中国学生发展核心素养研究成果，学校构建了由五大模块、25门主题课程组成的"党组织领导下的德育课程体系"，促进学生健康成长。

1. 模块一："培根铸魂"

"培根铸魂"模块包含爱党爱国、红色精神、国家安全、军事训练、家风教育五大主题，涵盖《我爱你中国》《红色血脉　中国精神》《践行总体国家安全观》《迷彩军营　青春无悔》《春风化雨　传承家风》五门课程，旨在弘扬爱国精神，赓续红色基因，了解国家安全，提升强军信念，传承优秀家风。

2. 模块二："明德修身"

"明德修身"模块包含志存高远、自尊自信、求知求真、诚实守信、学会感恩五大主题，涵盖《播种希望　收获精彩》《修炼自我　自信人生》《追求真理　生命闪光》《诚信、成才、成功》《学会感恩　拥抱美好》五门课程，旨在引导学生以德润心，树立理想，自尊自重，乐观向上，积极自信，追求真知，诚实守信，懂得感恩。

3. 模块三："守法依规"

"守法依规"模块包含遵纪守法、安全防线、规则意识、校规校纪、环境保护五大主题，涵盖《学法、懂法、守法》《践行工美附中主体安全观》《工美附中校规校纪》《工美附中学生惩戒条例》《地球日在行动》五门课程。学校将德育课程教学与宪法日、全民国家安全教育日、地球日等主题教育相结合，通过拍摄原创宣传片、学生研讨等多种方式，强化学生遵纪守法、环境保护等意识的培养。

4. 模块四："启智润心"

"启智润心"模块包含工美文化、有情有艺、审美素养、经典悦读、珍爱生命五大主题，涵盖《形神兼备　术道兼修》《从"艺术+"到艺术家》《美术思维与艺术素养》《让阅读成为习惯》《热爱生活　珍爱生命》五门课程，注重以文化人、以美育人，引领学生从文化、艺术中汲取生命正能量，树立文化自信，拓展文化视野，积淀文化艺术素养。

5. 模块五："实践力行"

"实践力行"模块包含文明礼仪、科学精神、劳动创造、身心健康、奥运教育五大主题，涵盖《文明修为　与美好同行》《培养科学精神　开创崭新未来》《热爱劳动　实践创造》《阳光心态　健康人生》《超越自我　勇于奋斗》五门课程。这类课程为学生提供参与科学作品制作、到空中植物园采摘、奥林匹克运动体验等机会，引导学生"做中学"，在实践中成长。

（二）德育课程梯度化　提升德育教育实效

依据学生的成长规律和发展需要，学校为不同年级学生安排不同主题的德育课程，强化德育课程的纵向衔接，促进学生的阶梯成长。如初一年级侧重"规范行为与习惯养成"，初二年级侧重"珍爱生命与学会尊重"，初三年级侧重"责任意识与树立理想"。

三、协同合作　形成德育共同体

学校秉承家校社协同育人理念，汇聚育人合力，形成德育共同体，为学生创设优质的德育课程。

（一）发挥党员引领作用

在党组织领导下，学校充分发挥党员引领作用，研发"红色共享"课程。"红色共享"课程主要包括红色微党课、育人思政课、修身实践课，引导学生通过学习习近平新时代中国特色社会主义思想、红色历史等，赓续红色血脉，关注社会生活，厚植爱党爱国情怀。"红色共享"课程以升旗仪式、主题活动、班校会、外出参观等为载体，充分利用红色教育资源，在聆听爱国诗歌、聆听红色故事、寻觅红色足迹等过程中，推进"红色+"教育，让红色成为育人的生动底色。

（二）挖掘社会育人资源

学校秉承"引进来""走出去"的原则，整合社会育人资源。学校邀请奥运冠军、艺术家、国家安全教育专家等走入校园，为学生讲授德育课程，创造学生与名师面对面学习的机会。学校还组织学生到故宫博物院、北京珐琅厂、北京青年报社等场馆或机构，参加实践课程。

（三）融入家庭教育资源

《中华人民共和国家庭教育促进法》于2022年1月1日起施行，明确规定"父母或者其他监护人应当树立家庭是第一个课堂、家长是第一任老师的责任意识，承担对未成年人实施家庭教育的主体责任，用正确思想、方法和行为教育未成年人养成良好思想、品行和习惯"。根据家长的实际需要，工美附中以家风家教为主题，推出了亲子课堂、家长课堂，由教育专家、优秀毕业生家长等传授家庭教育方法，弘扬优秀家风。家长们还积极参与入学教育、戏剧艺术等活动，为学校教育提供有力的支撑。

（四）创新教育管理机制

学校以学生发展为中心，整合教育资源，创新了教育管理机制，组建了"未成年人关爱保护服务中心"。"未成年人关爱保护服务中心"由学生学习指导中心、课后服务中心、心理健康活动中心、体育健康指导中心、德育课程宣教中心、家庭教育指导中心等12个分中心组成，涵盖了学生发展的全方位，为学生提供多样化、个性化的指导与服务。

参考文献

[1]中办印发关于建立中小学校党组织领导的校长负责制的意见（试行）[N]. 人民日报，2022 – 01 – 27（1）.

王教凯 中共党员。现任人大附中北京经济技术开发区学校校长、党委书记。正高级教师，国家级骨干教师，2009—2016年曾担任中国人民大学附属中学副校长，教育部校长培训中心骨干校长培训班成员，"亦麒麟"第二届新创工程领军人才、首届大兴区"新国门"领军人才。

自2016年任校长以来，他牢牢把握立德树人的办学方向，紧紧围绕"为党育人、为国育才"的办学目标，致力于"办温暖的、负责任的、舒展生命的幸福教育"学校，凝聚人心，奋勇前行，在他的带领下，学校各项工作得到长足发展，连续五年中高考成绩优异，办学规模不断扩大、办学质量一路飙升，一跃成为区域内家长向往和认可的优质学校，向经开区人民交上了一份满意答卷。

王教凯校长印象

　　王教凯校长的人生为教育而来，为创办一所又一所优质校而来，为帮助千万个希望通过孩子的教育改变家庭命运的使命而来，为每一个孩子将来愿意愉快地回忆他们早年在学校的学习生活而来。王教凯此前是山东一所优质校副校长，作为人才进入人大附中后，从老师到年级主任又担任人大附中副校长，在这里工作了12年。2016年，王校长掌门人开，三年后便迎来了人开的高考大捷，出了一个全市理科第三名，文科本科率达100%。他办学的秘诀就是"办温暖的、负责任的、舒展生命的幸福教育"，在师生中实施一系列具有人文关怀的举措，唤醒师生自我成长发展的力量，把自己人生最珍贵的东西——时间——留给师生，陪伴师生。王校长有教育家的气质、禀赋和素养。人开的崛起现在还只是小试牛刀，它还会迎来更全面的、更高位的发展。王校长应该拥有更多的学校集群，让优质教育泽被更多的学生。

——老廖

一个温情校长的温暖教育

人大附中北京经济技术开发区学校　王教凯

> 一所真正的学校，其实就是一个温情的校长带着一群有温度的人，干着一件温暖的事。我愿能心向太阳，永远做一个温暖的校长。
>
> ——题记

岁月流转，时节如流。2022 年 10 月 30 日，对于人大附中北京经济技术开发区学校来说，是一个具有里程碑意义的日子——学校加入人大附中教育团队五周年，学校把这天定为"人开日"，就是在这一天，学校与人大附中联合学校总校、人大附中签订了联合办学协议，学校正式更名。五年来，学校在团结中进取、在奋进中前行，谱写着教育高质量发展的华章。

我在人大附中工作了 12 年时间，早已完全适应人大附中的教育氛围。2016 年 1 月我来到人大附中北京经济技术开发区学校担任校长以后，我一直在追问自己"做一个怎样的校长？""做一个什么样的好校长？"我一路探索、不断实践，心怀对教育的使命完成着这份问卷。

办学理念是引领学校发展的旗帜，几年来，我们在教育理念上进行了创新和发扬，以理念铸魂育人，举旗帜、领方向。人开学校是十二年一贯制学校，既可以保持学校教育工作的一贯性，又可以在育人目标、育人资源上实现不断档。基于学校既有小学又有中学这方面的考量，我对原有的校训、办学理念、管理方法一一进行了调整优化。我提出了"办温暖的、负责任的、舒展生命的幸福教育"。一方面，这是源自于人大附中名誉校长刘彭芝"爱与尊重"的理念；另一方面，我也希望我们的学生是内心有温度的人，是善良的人，是会爱他人并且能够给予他人尊重的人。

温暖育心　用爱浇灌幸福公式

作为数学老师出身，我对数学公式有着特有的敏锐，在此基础上，我提出了幸福公式：

$$F=e^{wr}$$

公式中，e 既代表教育（education），又代表数学中的自然常数，蕴含着教育回归自然的思想；w 代表温暖（warm），是"温暖教育"的体现；r 意味着责任（responsibility）；温暖和责任作用于教育，就会培养出 F（future），面向未来、幸福、充满力量、大写的人，而这种作用力会像指数函数一样无限增长，成就学校中每一个自由舒展的生命。指数函数的增长方式是无限的，老师和学校的温暖与责任感作用在孩子身上，给孩子带来的作用是不可估量的。

做一个温暖的校长，让学生们感受到爱和友善。我坚持常与学生们共进午餐，过问他们的学习、生活，成为他们在校园生活、学习上的良师益友，帮助他们克服学习中遇到的困难、人际交往中遇到的磕绊、生活中遇到的坎，坚持在高考前夕给高三学生手写书信，与他们交心畅谈，为他们加油鼓劲，以及从调整师生关系入手感受教育的温暖。

做一个温暖的校长，还要营造温暖的育人环境。校园四季花开、教室里温馨明亮，孩子们在宽阔安全的操场自由奔跑，在"零点体育"中感受青春的力量。在我们学校，有随处可见的阅读空间，孩子们在书香和墨香中陶冶情操，还有三层极具个性化的读书长廊，分别命名："常遇见"在书中可以遇见最伟大的智慧和思想，汲取最优质的教育资源；"心悦读"只要用心阅读"悦"读你会越来越美；"圆君梦"读书真的可以圆你的一切梦想，贫穷的人变得富有，富有的人高贵，腹有诗书气自华，让学生远离庸俗气，充满书卷气、书生气，荡涤他们纯真的心灵。

做一个温暖的校长，给予学生们最灵动的课程。在学生核心素养目标指导下，我和我的团队共同设计三维六域"魔力课程"，培养学生的家国情怀、国际视野、科学素养和人文精神，促进学生全面发展。精心打造学校每一个德育活动、仪式课程，让每一次活动都成为孩子们展示才华、激发个性的开始，让每一间选修课教室都成为孩子们启迪心智、播种梦想的地方。从悯农园栽培中学会热爱劳动、敬畏生命；从科技活动中培养科学精神、实践创新；从体艺世界里培养健康生活、审美情趣。

做一个温暖的校长，成为教师们最信赖的朋友。老师尽量用自己的温暖和负责任的态度去影响孩子，以爱心待学生，在交流中尊重每一个孩子。与此同时，作为校长，我尝试给老师们送温暖，为没有住房的教师解决人才公租房、为老师们生日送上我手写的祝福卡、每月一天的"人文假期"、建母婴室、购置健身器材，等等。每天微笑面对每一个教职员工，抽时间到每个教室、办公室巡视一下，与教师们做个或浅或深的沟通，关心生病的、表扬勤奋的、鼓励敬业的，和谐工作氛围，凝聚人心。通过每周一上午的"校长倾听日"，倾听他们的心声，加强与教师的心灵沟通，增进感情，舒展心灵，以充沛的精力投入教育教学。

做一个温暖的校长，让家长们参与学校的管理。苏霍姆林斯基曾说过，最完美的教育是学校与家庭的结合。立德树人要求根据孩子自身特点和不同的成长背景因材施教，我们通过多种渠道，建立家校联系：向家长介绍学校的活动、开设的各类课程、家长讲座等，让每一位家长有机会看到自己孩子的表现、自己孩子的班级活动、孩子班级教师的突出表现；主动和家长联系、沟通，取得家长的支持和理解，在教育孩子的理念、方法、实际操作上达成共识，形成教育的合力。

做一个温暖的校长，用文化引领发展。在我看来，没有情怀的人是做不了教育的。校长要用理念点亮心灵之灯，给教师一个诗意地栖居和实现生命价值的场所，让他们拥有幸福愉悦的精神生活；用理念给学生一双进取的翅膀，让他们树立干一番事业的雄心壮志；用理念给干部团队一种向心力，让他们心往一处想、劲往一处使，同心同德，盎然而立。倡导"做更好的自己"的工作精神、"把每一件简单的事情做好就是不简单"的工作态度，提出"做一个有使命感的人"的校训，并在日常工作中不断宣传和渗透。

爱与尊重同行，老师们和孩子们在学校幸福地生活。如今我们的办学理念已经深入人心，日复一日的工作中，初心不改，向善而行。

温暖育人　以人为本培养"五自"品质

"为党育人，为国育才"是我们做教育的初心使命。在此基础上，我们发展出了自己的育人观念：育人先育心，育才先育德。用什么育心？我们用温暖育心。一位我非常敬重的人大附中的老一辈教育专家于树泉老师曾经说过：一个人，心灵强大则生命强大，心灵脆弱则生命脆弱；心灵明亮则精神明亮，心灵暗淡则精神暗淡。心，看不见，摸不着。但是，心灵有温度，心灵有亮度，心灵有高度，心灵有强度。所以，我对我们的学生提出了"心明、眼亮、体健、行笃、知真"的要求，强大内心，提出了"五自"育人目标：第一是"自信"，让学生的自信有机会充分地体现出来；第二是"自由"，即有前提的、在规则之下的自由；随后，分别是"自主""自省""自然"，即不需要别人督促，让学生在自然的环境中，发自内心地学习和成长。

教师对学生的教育，并不是一定要通过说教和批评来实现。教育应当回归自然，在学生没察觉到时，教育的效果就已经发生了。所以，在人大附中经开学校，教师在这种教育理念的引导下，在自然而然的陪伴过程中，教育的效果就显现了。学生跟教师的关系也变得更为融洽。

温暖育才　包容开放借力区位优势

在人开，我们提出了"三强两优一领先"，这"两优"其中的一个优势就是我们学校地理位置的优势。我们学校处于北京经济技术开发区核心区域，利用这一优势我们提出了要创办一所科技领先的学校，我们把课堂开到企业中、把学校办到企业中，跟企业进行了很多的合作，把企业当成是一种实践基地、德育高地以及我们的研学基地，我们会合作建立实验室，共建课程。

在没有疫情的时候，我们高一年级的学生每周一下午都会去企业上课。我们的学生曾经走进了京东方、金风科技、奔驰、京东等一些名企业，在企业中当然不光是学习企业的文化、企业的技术，更多的是要感受企业的发展，通过企业的发展也感受时代的变迁。这样的机会是难得的，不仅仅是开阔了学生的视野，更重要的是让他们对未来有规划、有想象，而这种想象不是象牙塔里的空中楼阁，也不是电视里的虚拟场景，而是更直观、真实、具体的环境和目标，引导学生更好地去规划自己的人生。

2022 年开学典礼，我们邀请了区内很多知名企业家来分享，这受到了家长和学生的广泛好评。尽管在疫情期间，校园是封闭的，但学习和知识是开放的，心态是开放的，学生和外界的联系是开放的，建立学生对所在区域的认同感，才能逐渐培养起对社会、国家的使命感。在我看来，立足区域，面向企业，除了职业规划，更重要的是：加强与世界的联系，加强对社会的认同感，和那些真正优秀的人在一起，才有可能说："未来，我们有可能改变世界。"我希望，我们的学生可以有魄力、有能力、有担当，真正有机会为这个世界做些什么。

结语

因为有教育梦想，有教育情怀，想办一所自己理想中的学校，6年前我离开人大附中，来到了人开学校，我也要像刘彭芝校长学习——人生为一大事来，和我的老师们一起努力，一起在为改变着中国教育而上下求索。今后，我会继续带着我的教育初心且歌且行，我的目标依然是做一名好老师，做一名好校长，为党的教育事业奋斗不止！

  尹超 北京市语文特级教师，北京市特级校长，正高级教师，国家督学，现任北京大学附属小学教育集团总校校长，北京大学附属小学党委书记、校长。系北京市名校长发展工程导师、北京大学教育学院教育原理方向实践导师，教育部"校长国培计划"清华大学培养基地实践导师。曾获"北京市教育领军人物""北京市杰出校长""北京市先进工作者""全国特色教育先进工作者"等多种荣誉称号。2010年被授予"海淀区杰出人才贡献奖"，2017年荣获第三届"明远教育奖"，2019年获国家级教育教学成果奖二等奖，2022年获得北京市政府颁发的教学成果特等奖。出版著作10余部。

尹超校长印象

"尹超真的很棒！"这是一位海淀校长发自内心的评价。尹超为人直爽、侠义，有肝胆，让人感念。她是一个内心豁亮的人，保持本真的一面，坚守着内心的良知与真理。尹超是校长小伙伴们心中的"超儿"。"超儿"的学校，办得好啊——这是海淀校长们的共识。尹超"不争"，不做无谓的争论，实干；不争名利，把名利让给身边的人。"一定要对老师好，跟老师要以真心换真心。"——这是她做校长最深切的体会。她的"北大系"标签明显，39 年来一直在"北大系"旗下效力。她在北大附小提出并践行着"爱与自由"的教育理念，以爱和自由寄予师生文化的包容，精神的庇护，并藉此点亮孩子们的生命之光。多年来，尹超在全国小学教育界一直保持着她的影响力。

——老廖

"小北大"里的"大气象"

——北京大学附属小学传统文化育人实践探索

北京大学附属小学　尹　超

"未名湖畔，朝霞石旁。紫燕喃喃，书声琅琅。五色沃土，新苗茁壮。春风化雨，桃李芬芳。"这段意蕴深长的短诗是我们北京大学附属小学的校歌《乳燕初飞》。它源于著名作家袁鹰献给孩子们的题词，经全体师生改编以后，现成为润泽师生心灵的动人旋律，在校园里经久不衰地传唱着。

北京大学附属小学始建于 1906 年，前身是京师大学堂附属高等小学堂，1923 年更名为燕京大学附小，1952 年为现名，1959 年迁入燕东园内王家花园（现校址）。学校占地面积 40 余亩，苍松翠柏，古树参天。一百多年来，北京大学附属小学秉承北京大学"思想自由，兼容并包"的学术精神，形成了"以人为本，快乐和谐发展"的办学理念和"自由、民主、开放、包容"的办学特色。我们一直努力让学校处处流淌文化的气息，让自然景观与人文景观深度地融合。

敬畏自然，呵护历史，修旧如旧彰显"小北大"

《管子·权修》中说，"十年树木，百年树人"。北大附小崇尚自然，尊重生命，把树与人的和谐写进学校的教育，青灰古朴、底蕴深厚的样貌被人誉为"小北大"。

北大附小位于燕东园内王家花园，学校现有古树176棵，其中百年以上的国家二级保护植物50余棵，近年来，学校又增添了400多棵绿竹，十多棵龙爪槐和玉兰树，还有大量的珍珠梅、榆叶梅、丁香、迎春、红瑞、连翘等。2002年，学校改建之初，我们就提出了"依树建校"的理念：对100多棵古树原封不动，最大限度保存其自然状态，人躲树，建筑让树，形成生态教学楼倚树而建、错落有致的独特格局。

不仅如此，为了保护一棵百年古松，特意为其设计了学校的中心——阳光大厅。阳光大厅的玻璃全部能自动开启，通风、换气、喷雾，给予古松足够的阳光和雨露。而古松脚下的假山、清泉、美石、游鱼自成一景，既渗透了中国的传统文化，又为古老的校园带来了灵动的生机。

北大历来人才辈出，而在北大附小这块浸润着文化内涵的校园中，也曾经有多位文化名人留下过辉煌的历史足迹。20世纪以来，不少思想家、教育家、文化学家、历史学家、诗人先后莅临、任教于此，他们的故居和寓所都留下珍贵的历史资料。我们努力地把它们保留下来，经过悉心研究，我们找来最初的设计图纸，按古建原貌修复，修旧如旧，每一栋故居前都嵌有自然石，镌刻着名人的生平事迹，让孩子们仿佛时时与大师对话、与中国传统文化相伴。

坐落在附小正中央的明清古建——"王家花园"，曾是著名中国文物及传统文化专家王世襄先生的私宅。2003年，王世襄先生为这座老屋题写对联："名曰花园种菜范匏还架豆，号称学子遛獒放鸽更韝鹰"，勉励附小学生玩中学、学中玩，玩出名堂，玩出文化，玩出"大雅"。

附小校园内还有三座古朴的欧式别墅，其中27号小楼曾是著名历史学家、中国马克思主义历史学主要奠基人翦伯赞先生的故居。新中国成立以后，时任北京大学历史系教授兼主任、副校长的翦伯赞先生，在这栋楼居住了17年，其间经常有中央领导人林伯渠、徐特立，民主人士和民族代表章伯钧、郭沫若、范文澜、田汉等来访，为这栋小楼带来了极高的声誉和空前的光辉。

另外两座欧式别墅分别是著名法学家、法学教育家陈守一先生的故居和著名现代散文家、诗人、文艺理论家何其芳先生的故居。20世纪五六十年代，这两栋欧式小楼常有俞平伯、钱锺书等知名学者往来其间，呈现了"谈笑有鸿儒"的盛景。

北大附小在人与树的和谐相携中构筑着师生共有的精神家园。1991年，著名作家冰心为孩子们题词"专心地学习，痛快地游玩"，看似朴素，却很深邃的哲理成为孩子们的座右铭。2001年，我们又请著名国学大师季羡林先生亲笔题写了"放飞理想"，道出了附小育人的最高追求。

2017年，学校的"泡泡馆"正式落成。它的设计汲取"方圆合一"的中国传统文化精髓，拙朴的方正外观上镶嵌着很多大小不一的圆形玻璃泡泡，质朴中散发灵动，宁静中蕴藏无限生机与活力。

博览善思，雅言恭行，"博雅文化"润泽师生心灵

北大附小一直是优秀传统文化教育的践行者。多年来，学校一直把传统文化精髓有机地嵌入到整个学校育人体系之中，于无声处渗透出浓浓的育人味，成为润泽心灵的博雅文化。

经典隽永的古诗文教学，一直是语文教学中常青的主题。它凝聚了一批又一批热爱古诗文的老师和学子，日复一日沉醉其中，且琢且磨、且吟且诵。近年来，北大附小涌现出很多优秀的古诗文教学案例，如《饮湖上初晴后雨》《秋思》《凉州词》《长相思》等。著名课程与教学论专家裴娣娜在评价《杨氏之子》一课的教学时，曾这样说："该课古文新读，短文厚学，让孩子们品出了'文'的内涵、'言'的精妙。"

而在生命发展课程体系中，人文素养课程直接涵盖了更多的科目，"经典

小古文""趣味成语""鹿鸣吟诵"等选修课程的开设，为孩子们埋下了热爱传统文化的种子。在今天的开幕式上，北大附小"鹿鸣吟诵"社团的孩子们，用现场吟唱《诗经·小雅·鹿鸣》的方式，展现了喜迎宾朋、载歌载舞的恢宏气度。

我们的"北大文化"课程，也是孩子们选课单里的最爱之一。该课程以北大名人、名胜古建、历史传承为基本内容，以"风骨—风物—风情"为主要线索，让孩子们近距离了解北大，在北大文化的熏陶中健康成长。

规模宏大的古诗文诵读，是附小延续已久的特色活动。早在20多年前，学校就参加了"中华古诗文经典诵读工程"，每个孩子毕业时候都能精熟（诵）200篇诗文。2007年，老师们为北大附小学生编写了古诗文诵读口袋书，人手一册。2011年9月编写了北大附小经典古诗文赏析，2014年重新编辑出版了古诗文读本系列教材。

"含英咀华"戏剧文化节，也是北大附小的一大亮色。戏剧节活动每年历时两月，以读、编、演为主线，围绕中国历史故事、历史人物展开。整个过程，孩子们热情高涨，且不说舞台展演的儒雅大气，仅《胆剑篇》《李白》一大批优秀的剧作集都让老师们叹为观止。

诗情画意，古韵传承。除了古诗文教育教学，还有经典民歌、民乐、民舞、京剧、武术、国画、书法等，它们都灿若星河，在北大附小的校园里节节盛开，枝繁叶茂。2018年3月，我校李辰老师，分别在荣宝斋和王府井工美大厦光荣举办了个人画展，引来很多同行们的称赞。

从课堂到课程、从教材到活动、从诗文到艺术，北大附小把文化传承的思想广泛渗透于学校教书育人之中，形成了"博览、善思、雅言、恭行"的博雅人文传统。博，就是"兼容并包"，强调广泛的吸收与接纳；雅就是"厚积薄发"，突出智慧的内化与呈现。"博雅"二字，代表了我们从课堂到生活的大教育观，蕴含了我们对春风化雨、教书育人的独特理解。在博雅精神的引领下，我们的课堂多元思想、相互激荡；我们的团队长短相济、共生共长，百年老校焕发出无限的生机与活力。

家国情怀，世界担当，百年老校呈现"大气象"

放眼天下、心怀人民，始终是北大的精神，也是北大基因的生命本色。作为北大人应该有开放、包容、共生的胸怀，让更多的孩子享受到优质教育资源的机会。多年来，北大附小始终一直秉持这份家国情怀，是国家教育均衡发展战略的积极响应者、践行者。

如今的北大附小已形成包括校本部、3所公办分校、2所民办校、1所民办幼儿园、1个市级师训中心在内的集团发展新格局。不同办学区域、不同办学体制和谐共融，所有的师生理念共进、文化共育、管理共商、教学共研、资源共享，北大附小这所百年老校，催生出一批新的优质学校，整个集团生机蓬勃，发展态势良好。

"尚风骨，崇理想"；"行天下，观万象"，北大附小不仅积极培育传统文化，更不遗余力地传播中华优秀传统文化。目前，北大附小已与美国、英国、澳大利亚、新西兰、日本、韩国、新加坡等十多个国家建立姐妹校关系，每年，学生出访的人数多达500人。通过游学、插班上课等多种形式的国际交流，孩子们亲自作为"中华文化小大使"，把国学、京剧、武术、剪纸等传统文化精髓传播至海外。

自2013年起，北大附小更凸显了中华优秀传统文化传播的深度，直接选派多位教师到印尼金光国际学校跨国支教。频繁的国际交流，让学校的视野更开阔了、孩子们的眼界更宽广了。北大附小的独特文化以及这所百年老校散发出的育人魅力，正被越来越多的国际同行们尊敬和认同。

"山之巅，惠风荡；水之源，恩泽长；北大附，小学堂；阅百年，历沧桑。顺其性，驰其想。言儒雅，行端庄；懂欣赏，善分享；体健康，心坦荡……"这是北大附小师生原创的《校园文化三字经》，也是附小践行传统文化教育的生动诠释。

　　白宏宽　北京市京源学校校长。从 1978 年参加工作至今从教 45 年，是京源学校创始人之一，先后担任这所学校的书记、校长。力行全面发展教育，倡导践行"以学校的全面发展，促进和保障师生的全面发展。以全面发展的学校，培养全面发展的学生"。

　　他认为校长最重要的品质是热爱与忠诚，最重要的品格是坚定与坚守，最重要的能力是关于学校发展的战略决策力。最有价值的人生是毕其一生做一件有意义的事，对于他来说这件事就是办一所好学校。

白宏宽校长印象

　　京源学校是京西地区中高考最具实力的、数一数二的名校，而打造京源品牌的便是白校长和他带领的团队。白校长也是区域内当之无愧的教育领军人物。京源学校，填补了白校长的人生理想空间，灿烂了他的教育理想蓝图，丰富了他的成功人生画卷。从 1996 年创办至今，作为初创人之一的白宏宽已陪伴学校走过了 27 年。当初，这位石景山唯一重点中学的党委副书记主动请缨到新建小区配建校做"拓荒牛"；做出这个决定，是因为他心中一直都有个"建设好学校"的理想。现在，这个好学校已经建成——京源发展成了一所从幼儿园到高中的 15 年制学校，高考重点率达 100％，冠压群芳。白校长知人善任，能谋善断，对人如春天般温暖，对工作如夏天般火热。这位平民校长的教育做出了中国气派、中国风骨。京源已与他的人生融为一体。

——老廖

创造性地实施"全面发展教育"

北京市京源学校　　白宏宽

北京市京源学校建立于 1996 年，眼看就快要到而立之年了。

"而立之年"当是相对成熟之年。其重要特征就是有了对学校使命的清晰认知和担当这个使命的行动自觉。

当今中国学校最大的使命是培养"时代新人"。这个"时代新人"应兼具担负中华民族伟大复兴责任和创造个人幸福生活的双重能力。京源学校将这种使命认知表达为他的育人目标："培养具有真善美品格，有能力担当社会责任和创造幸福生活的高素质人才。"京源学校对使命的自觉担当表现为创造性地实施"全面发展教育"。

与京源学校的"十五年一贯制"相适应，其"全面发展教育"首先指向从幼儿园至高中的整个基础教育阶段，他关注的是一个成长的连续体，即学生成长的连续与学校教育的连续有机融合。用完整连续的教育克服由于学段分割而形成的对学生成长连续性的割裂。在充分尊重不同年龄段学生成长特点的同时，强调"一贯制"即教育的连续性，注重学段衔接。

其次，京源学校的全面发展教育指向学校中的全体成员，强调对每一个人负责，关注每个人的成长，努力促进每个个体的充分自由发展。

其三，京源学校的"全面发展教育"指向"德、智、体、美、劳"诸育并举，关注"全人"，追求人的全面和谐发展，努力培养体魄健壮、人格健全、德才兼备、人文与科学素养并重的人才。

京源学校保证"全面发展教育"得以实现有两个关键举措，这就是"一贯"和"丰富"。"一贯"强调幼、小、初、高一气贯通，整体育人。关注人成长的连续性，其育人目标、办学理念、个性与特长培养一以贯之，保证人才成长是一个持续而完整的过程，为学生完整人格和学有所长之"长"的形成创造条件。

"丰富"强调保证人的全面发展需要和个性发展的选择性需要。京源学校的教育工作者认为，学校教育内容的丰富性是人全面发展的必要前提，同时也是满足每个个体特长发展选择性需要的保障。"丰富"还有一个意义就是给学生提供尝试发展的机会，让学生在尝试中发现自我，从而确定自己的发展方向和目标。学校要最大限度地开设学生成长所需要的各种课程，课程的丰富程度越高，满足学生发展需要的力度就越大。

一代有一代人的使命与担当，"时代新人"身上一定会具有这个时代的鲜明烙印，表现在学校的教育行为上，就是我们高度重视核心价值观教育、中华优秀传统文化和革命传统教育、责任使命教育，注重培养学生终身学习的能力和创新能力，高度关注学生的身心健康和人格健全，这是京源学校全面发展教育的时代特征。

"而立之年"当是精神壮硕之年，这主要表现为它已经形成了一些自己的文化特质。京源学校形成了哪些文化特质？

第一，富有理想。京源学校是一所有着理想主义色彩的学校，它始终在追寻教育的本质和教育的理想境界，追求教育的至善之美，追求理想的教育和理想的学校。苏联的帕夫雷什中学，当年的春晖中学、南开中学，英国历史上的夏山学校，还有当代中国走在创新教育前列的北京十一学校、北大附中、上海师大附中、上海建平中学、苏州中学等都是他的偶像。"一流学校""精心育人的学校""全面发展的学校""学术型学校"，京源学校不断地为自己描绘新蓝图，确立新坐标。在它的前面总有一个愿景、图腾，一种理想吸引着它为之不懈奋斗。

第二，开放、创新。首先表现为它如饥似渴、孜孜以求的学习态度，它把学习作为推动自身发展的基本手段，坚持各层级的学习培训制度，努力把学校建设成一个学习型组织。它乐于接纳一切先进经验，同时又乐于敞开自己与同行分享自己的成果。它主张办没有围墙的学校，积极统筹和利用社会资源，倡导把整个世界变成学习的课堂。京源学校诞生在基础教育改革风起云涌的时代，研究型学习课程、综合实践活动课程、社会实践活动课程、学科实践活动等纷纷被列入学校必修内容，拔尖创新人才培养、特色学校建设等教育创新项目纷纷出台，京源学校将其视为重大发展契机，提出"给我们一个机会，还您一个惊喜"的口号，主动承担实验项目，大胆进行课程创新实验，创生出"现在进行时课程""第三学期研学课程""博物馆课程"等有鲜明特色和广泛影响力的经典校本课程，以及一大批效果良好的德育活动。它提出"提前半步"的创新主张，勇立教改课改潮头。

第三，和谐、民主。和谐是京源学校追求的一种状态，自建校以来，京源学校的党政和谐在全区是出了名的，因为有党政主要领导之间、党政班子之间的和谐，干群和谐、师生和谐、人与物和谐、人与环境和谐、制度和谐变得自然而然。在京源学校没有帮派、团伙，没有亲疏远近，人际关系简单平和、团结和睦。

和谐的基础是民主。学校实施民主管理、校务公开、集体决策，注意倾听师生呼声，不断改进工作方式，干部接受群众监督。和谐的关系还来源于共同的理想和愿景，大家为着同一个目标集合在一起，共同奋斗。

"而立之年"当是小有成就之年。

成就之一：形成了较为稳定，符合教育本质要求，为广大师生家长普遍认同并融育人与成长实践的理念体系。

——为了人的终身发展和一生幸福而工作。

——创造适合孩子的教育。

——学生、教师、学校三位一体共同发展。

——以全面发展的学校，培养全面发展的人才。

这些理念的集合构成学校的全面发展观。

成就之二：建设了幼、小、初、高一体化的"K-12"育人体系和与之相适应的"纵向有效衔接，横向丰富多元"的课程体系和育人模式。

1996年，京源学校建立之初，只是一个小区配套的初中学校，学校的创建者们基于对区域教育现状的分析和此时此地的校舍资源布局状况，主动请缨，向上级提出了建设一所涵盖基础教育阶段，幼、小、初、高一贯制实验学校的方案，得到大力支持。1996年7月初中招生，1997年7月幼儿部建立，1998年小学部启动，1999年高中部建成。四年四大步，学校也由京源中学更名为北京市京源学校，这在当时京城教育圈里并不多见，在石景山区更是唯一的一所15年一贯制学校，算是一个创举吧。为后来的一系列教育改革试验打下了完整的学制基础。

在此后的教育实践中，京源学校的教育工作者不断思考、深挖这种学制的特点和优势，并利用北京市办学体制试点校所享有的办学自主权，从纵向衔接和横向多元两个方向上发力，探索15年一贯制学校的管理机制和育人机制，逐渐形成了自身特色，引起业内关注。北师大、首师大、市教科院、教育学院和上级教育主管部门的目光纷纷投向这里。

随着《国家中长期教育改革与发展规划纲要（2010—2020）》的颁布实施，鼓励学校办出特色、办出水平的政策措施接连出台，特色学校建设快速升温，成为新世纪我国基础教育改革与发展的一项重要内容。从2011年起，经过3年的争办努力和一系列评估，我校被市教委认定为首批"北京市国家级教育体制改革基础教育项目——高中特色发展试验"中的特色学校。中小幼一体化"纵向有效衔接，横向丰富多元"育人机制正式确立。

中小幼一体化的"K–12"育人体系不是一个简单的学段集合。系统而独特的课程体系和人才培养模式才是它存在的真正价值。

20多年来，京源学校坚持以课程创新来创造适合孩子的教育。"德育活动系列课程""艺术特长培养课程""创新人才培养的翱翔课程""科学实践课程""生涯规划课程""教育戏剧课程"等丰富多彩、众多特色的社团课程满足着不同特质学生的成长需要，为"K–12"育人体系不断注入新的活力。我们在课程创新实践中得到了以下几条主要经验。

第一，学生的成长需要是课程创新的动力，也是新课程开发和设立的最直接、最重要的理由。课程开发应紧紧围绕学生成长需求进行，京源学校开发的"生涯规划课程""美术特色课程"等，都是在学生发展遇到问题障碍的"逼迫"下开设起来的，并因解决了相应问题而获得成功。

第二，自然与社会是人生存与生活的客观环境，课程是学生认识自然与社会的途径和工具，因此，要把自然与社会当作课程开发的源泉，"把整个世界变成学习的课堂"既是京源学校课程开发理念，也是课程建设的实际路径。京源学校据此开设的"第三学期研学旅行课程"和"博物馆课程"等多种社会实践课程深受学生喜爱。

每所学校所处的自然与社会环境都有其独特性，依托学校所在地环境条件开发特色课程，使得课程与学生生活的密切度大大提高，还可以大大降低课程开发和实施的难度与成本。京源学校的老师们开发的京源环境系列课程就是很成功的案例。

第三，形成了京源学校课程建设三原则：关注"全人"，为人的全面发展奠基，德才兼备，人文与科学素养并重；关注"差异"，以丰富的课程满足不同潜质学生的选择性需要，以特色课程培养特长学生；关注"衔接"，发挥"K-12"育人体制优势，强化人才培养的系统性、连续性。

成就之三：2021年京源学校建校25周年之际，发布了《京源学校全面发展教育纲要》，由德育、课程、体育、美育、劳动教育、心理健康教育和科技教育七个分纲要构成，系统阐述了学校德、智、体、美、劳各育的育人目标、内容、实施路径和保障条件、评价机制等，标志着京源学校诸育并举，全面发展育人体系的完整建成，为全面贯彻党的教育方针，落实立德树人根本任务打下了坚实的思想理论和制度基础，同时也为京源学校全面发展教育体系的不断丰富完善提供了基础和靶标。它也是京源学校办学思想和办学实践走向成熟的标志。

成就之四：创建莲石湖分校。2014年，一新建社会保障性住房经济适用房小区落成，为满足当地群众对优质教育资源的渴求，区教育"两委"决定，由京源学校承办这个小区中的配套学校，定名为北京市京源学校莲石湖分校。筹建初期，我从本校选调精兵强将，组成了分校的干部教师队伍，并为学校确定其发展定位：九年一贯制学校；基于社区地域环境资源的特色学校；百姓家门口的优质学校。之后在孙清亚、简道寅两位执行校长的率领下，王国强（现任分校党总支书记）、李秀玲（现任党总支副书记、校长）团结全校师生，艰苦奋斗，在"九年一贯"和"在地特色课程"上不断深耕细作，学校教育质量稳步提升，特色日渐凸显，成为深受当地百姓欢迎的人民满意学校。京源学校通过派出本校成熟教师兼职任课和教师干部轮岗交流等方式不断为分校输血，努力提升其自身造血机能。经过8年的哺育，莲石湖分校像一只羽翼渐丰的雏鹰正式放飞了。2022年9月分校作为独立法人单位运行，一所义务教育优质学校在美丽的永定河畔深深地扎下了根。

在近30年的时间里，有近万名学生在这里学习生活，他们当中有许多孩子从幼儿园至高中在这里度过了他们整个基础教育的学业生涯，他们的成长成才是京源学校最大的成就。其间京源学校获得各种奖项不胜枚举，但我们最看重两项，一是国务院授予的"全国教育系统先进集体"称号，它是国家对这所学校立德树人使命担当的肯定；二是连续多年被评为"人民满意学校"，这是老百姓对学校的认可。

作为这所学校的创建者和主要领导者之一，我和这所学校一同走过了这段历程，其间虽栉风沐雨，多有艰辛，但能实现"奠百年基业，育国家栋梁"的毕生宏愿，内心充满幸福和自豪。

2023年2月16日

任炜东 中共党员，从教31年，北京市物理特级教师，正高级教师。历任北京市日坛中学副校长、北京中学党总支书记、朝阳区教育科学研究院党总支书记，现任北京市第八十中学党委副书记、校长。作为物理教师，他提倡"师生同行，感悟物理，走进科学，做学生为学、为事、为人的示范"。作为校长，他提倡"爱·创造 智·行动，创建师生共同的精神家园。在发现每个人、支持每个人、成就每个人的过程中实现学校的创新、卓越、多元化发展"。

任炜东校长印象

任炜东是典型的"教而优则管"。他很早就是日坛中学的特级教师，是日坛的教学副校长，并于 2016 年被评为正高级教师。他以精深的学术造诣牢牢地在朝阳区立足。高大、帅气、阳光、儒雅、年轻的任老师站上讲台就光芒四射。后来，任炜东到了朝阳区教研中心做副主任，又参与北京中学创办，7 年后再到朝阳教科院做书记。2022年，任炜东开始主政朝阳区的传统龙头校——八十中。如果可以将朝阳区校长划为本土校长和京外人才引进校长，任炜东就是当仁不让的本土校长群体的旗手。他高尚的品格、深厚的学术背景、管理上的人文关怀，是他引领八十中走向新辉煌的底气。他是教育非功利主义者，在追逐教育理想的道路上，他将凭借自然而然的实力，保持八十中的荣光，塑造八十中新的辉煌。任炜东的眼里闪耀着"爱"与"美"的光芒，这一光芒将给八十中师生带来温暖和成长发展的快乐。

——老廖

用爱与创造谱写教育华章

北京市第八十中学　任炜东

《中庸》有云："天命之谓性，率性之谓道，修道之谓教。"教育，要顺应先天的禀赋，通过"学、问、思、辨、行"的路径助力学生发展自身的思维，最终获得个性化的成长。

创造，是人的天性，真正的教育就是要激活、唤醒人的这一天性；特别是能在接受学习的整体背景下保持且张扬这一天性。

爱，是人性中重要的情感，也是人类基本的素养。爱是美德的种子，爱是成长的力量，爱是比责任感更深厚和深远的好的动力之源。

教育中的爱是兼具关怀与尊重的情感，可以使学生在知情意方面获得多重教益。在教育中，爱提供了启发思考和自由发展的安全感，让学生更加意识到自己的价值，增强自我意识和自我肯定感，有助于进行自主性、有目的性的学习，促进学生身心健康发展。

没有爱，就没有教育。作为教师，天性爱孩子是一个基础情感，对学生、对教育、对教师职业的爱，是教育情感。但仅此，还难有真教育——以人的天生禀赋和社会文明发展相协调的，接受性和创造性自洽交织的终身认知和终身发展的教育①。

真教育需要教师要有大爱：能从"学生首先是人，其次是一个有性别及特定年龄特征的人，其后才是学生（社会身份）"的理念，以及在学生实际基

---

① 此句中"相协调"范畴与"自洽交织"前提，都包含着同一时间段时代（时期）对自身的要求，例如当前时期的"民族复兴大任的时代新人""德智体美劳全面发展的社会主义建设者和接班人"。

础上生成真教育的，并将最后落点放在学生一生生活与发展上的爱。以大爱铸就育人根基，正身育德、宽容大爱，教学有法、培育得方，才能使学生获得个性发展，获得自己终身能健康发展的内在支持。

从基础教育到高等教育，直至人的终身学习，创造性一直是培养人的关键点之一。教师的重要使命是引领陪伴孩子们在创造中成长，助力每个孩子全面而有个性的发展，以创新创造把牢育人重心，这就是真教育要做的重点。学校 95% 的时间都是教学。显然，必须回到教学深入探讨真教育的实现途径。基本且重要的，是首先使校园中的每个人对创造与探究能够有更为深刻的理解，重视和激发主体的内生动力，使校园中的每个人都生成愿意创新、勇于创造的深层意识；唤醒和感召师生如何从容应对未来不确定性的意识。

其次是牢牢抓住师生追求实现真教育的教学途径、方法与过程。实现这样的育人追求，需要首先引领师生提升对各自身份认同，对自身定位的认识，即需要从应试大道回归到学习者的角色。之所以师生双方同时启动身份认同，既源于尊重学生的知情权，更在于引导学生适应并主动参与后续教学改革的能动性，关注自己如何使用选择权，增强承担的意识与能力。

实现这样的育人追求的关键之人自然是教师。教师对真教育的理解需进一步深化为内心的认可，这种转变可能需要有亲身的实践成果。教师有责任、有能力通过课程设置、课程内容以及教学组织形式向学生展现人类在人文与科技上的重要文明进展和成果，同时为学生提供选择的基础，提供挑战性学习的机会。教师要充分关注给学生构建一个积极的学习环境，发现学生的优长，支持定向培养。爱学生、爱创造，我们的思想起点是信任学生，核心目标是健全人格，关键动力是立志、深趣，基本原则是因材施教，根本途径是自我教育与自我发展。同时，各个课程体系都要在人文、科技、数理、艺体、语言等各方面支持学生个性发展。课堂教学要做到"静、动、辨"相结合，"自主、高效、深度"相结合，"知识、思维、品德"相结合。同时，要着力破解教学中的"三多三少"问题①。已获得实践成果支持的"师生同行"，就是可适应真教育的教学方式之一。

践行爱与创造的"师生同行"，不是像导游和游客式的同行（导游自己导引思维方向并把自己事先准备好的内容灌输给游客），而是教师教的思维与学生学的思维同行。把以往常见的教师主讲、主引（例如用事先备好的系列启发性问题）的实施形式，改变为在教师创设的情境基础上，师生一起交换感知、完善感知、发现问题、择定问题、审视探寻、群思求真、领悟方法、理解知识、省悟其内在一致性，最终获取交互生成和迭代内化。这就像一起散步时的随思、随议、随启、随悟，即随学生之思而思并继而议之、启之、悟之，于是理解与感悟均在其中。"随思、随议、随启、随悟"是一种能够真（实）实现课堂学生主体地位的主导策略。这要求教师在课前精选学习主题、内容、要求与问题提出保持内在逻辑一致的精炼情境；在课上把学生发现与选择研究问题的权利交还给学生，并同时体现教师的参与与引导形态，在此过程中要关注学生对情境产生的真实想法及类化处理的思路、方法及习惯（即使某类只有一个学生）。这就要求教师首先要有明确、坚定的师生平等意识，其次要具备现场组织有针对性的鼓励、引导、启发、质疑或帮助的技能——按照学生真实想法和正确程度而作出的适切及有效率的教法选择。

在"师生'同行'"的教学过程中，教师在问题情境呈现并问题选定后将基本放弃以自己为主的讲授或引导启发与探究式的教学组织形式；教师的主导作用转变为发现、引导、弥补、质疑学生思维的发散、视角、科学（正确）与完备程度，分析学生提出的方法的可行性与有效性，及对生成内容的科学性进行审视与评价。也就是说，教师的主导不再聚焦于对知识的内容、方法、应用，而分布于如何为实现学生在思维与相应操作活动层面的切实参与而创设条件、营造氛围，如何使学生自己的思考处于可延续（持续）或走向—走上正确的方向，以及如何从感受—学习—建立—习惯逐渐生成自我审视、自

---

① 解决其他人提的问题多，解决自己发现的问题少；解决有确定答案的问题多，解决开放性的问题少；解决单一要素或结构良好的编制问题多，解决条件不良或条件不确定的实际问题少。（申继亮，2020）

我质疑的自觉精神。这样的教师主导，才是真正、真实体现甚至落实以人为本理念、学生学习主体地位的课堂教学，才是从引发学生兴趣走向激发学生潜能的生态课堂教学。可有效助力于学生获得真正、真实的自主发展，彰显"大爱共长、创造共生"的育人优势和价值。

以爱驱动创造，以创造成就大爱。大爱之心力和创造之活力同样推动着学校的高质量发展和拔尖创新人才的健康成长。培养拔尖创新人才是当前时期赋予当代中国教育的任务。拔尖创新人才培养依赖于教师的发现、鼓励与扶助，也需要学生自身内在动力。很多时候，后者可能更为重要。在一定程度上理解这一点是教师能力"全面提升"的基础。要理解和着力探索适合每个人的教育的必要性及重要性，努力满足不同性格禀赋、不同兴趣特长、不同素质潜力的学生都能享有符合自己成长需要的教育；探索促进每个人自主发展的教育，让学习成为每个人的生活习惯和生活方式，实现人人皆学、处处能学、时时可学的教学生态。

这就是我们，作为培养拔尖创新人才的一个重要基地的北京市第八十中学，对教育、教学、创造性地培育创造性之人的"立足高原，塑造高峰"，在不久的将来交出我们学校培养拔尖人才的"八十模式"与"八十标准"。

凡天下所成之事，一切须养之以爱、行之以诚且一以贯之，创新创造型人才的培养亦是必然。作为新时代的教师，我们胸怀"国之大者"，以奋斗创造奇迹，用团结汇聚力量，以青春之心笃行，继续用大爱和创造谱写教育华章。

　　刘小惠　中共党员，管理学博士，正高级教师，北京市特级校长。现任中国人民大学附属中学联合学校总校党委书记、中国人民大学附属中学校长、北京学校校长、人大附中翠微学校校长、人大附中通州校区校长。第十一届国家督学，北京市人大代表、海淀区人大代表、通州区政协委员。先后获全国三八红旗手、北京市三八红旗手、海淀教育优质均衡发展突出贡献奖等荣誉及称号。

　　1987年入职人大附中，参与和见证了人大附中的快速发展。2014年以来，以"创办老百姓家门口的优质学校"为使命，带领团队实现人大附中翠微学校、人大附中通州校区的跨越式发展，并创建北京学校，助力提升北京市城市副中心的教育质量。2019年，担任人大附中校长。在新时代教育教学改革中，引领人大附中全校教职员工开拓进取。任职期间，人大附中被评为教育部普通高中新课程新教材实施国家级示范校。

刘小惠校长印象

　　小惠校长正稳稳地驾驶着人大附中这艘中国基础教育的第一巨轮劈波斩浪，驶向更辽阔的海域，为基础教育示范。由于长时间的表现卓越，人大附中已被公众习惯性地把"卓越"定位为它的新常态。毋需多发声，毋需争辩，毋需自我证明……小惠校长和人大附中只需要静悄悄地更好地超越自我，让自己的标准自动成为所在领域的最高标准。抛开光环和荣誉，人大附中就是一所学校，是一所"尊重个性，挖掘潜力，一切为了学生的发展，一切为了祖国的腾飞，一切为了人类的进步"的学校。小惠校长的职业底色首先是个好老师——如果不安排她做校长，她会愿意一生做老师；即使做了人大附中校长，小惠作为老师的气质并未改变。她齐耳的短发，藏在镜片后面深邃明亮的眼眸，不加修饰的笑容，与孩子们在一起自然产生的默契感与亲和力，都不经意间刻画了她的好老师形象。这是她生命的禀赋。她的理性、严谨、远见和无私的品质，她的学养和领导力，她的打拼力，让她赢得了人大附中师生的尊敬，让人大附中赢得了它的竞争者和同道的尊敬，迎来了学校一个又一个发展的黄金时期。

——老廖

"强基计划"引领下的拔尖创新人才培养模式革新与思考①

摘　要："强基计划"助推基础教育向纵深发展，引导学校更好地按照规律培养拔尖创新人才。高中阶段在拔尖创新人才早期培养中起到重要的承上启下作用。中国人民大学附属中学基于办学定位和育人目标，开展拔尖创新人才培养的实践探索。一是通过构筑真实的德育场域，厚植学生的家国情怀和理想信念，打好学生生命底色；二是通过构建多元立体的课程体系，践行综合深度的学习方式，实施个性化培养策略，激发学生各扬所长；三是通过家校互联、校社互融、学段互通，拓宽学生成长通道，助力学生健康发展。

关键词：拔尖创新人才培养；高中育人方式变革；大中小学思政课一体化；中国人民大学附属中学

当代中国正处于"两个一百年"奋斗目标的历史交汇期，科教兴国、人才强国是国家战略的重要组成，拥有大批拔尖创新人才是国家参与国际间竞争的重要支撑。2020年初，教育部颁布《关于在部分高校开展基础学科招生改革试点工作的意见》(也称"强基计划")，以"服务国家战略，招收一批有志向、有兴趣、有天赋的青年学生进行专门培养，为国家重大战略领域输送后备人才"为指导思想，以选拔和培养"综合素质优秀或基础学科拔尖的学

---

① 本文根据作者2020年9月在"强基计划与创新人才早期培养高端论坛"上的主题发言整理，部分内容曾发表于《中小学管理》2021年第4期，是中国人民大学附属中学"普通高中新课程新教材实施国家级示范校建设"项目的成果之一。

生"为目标需求，深化教育各领域的综合改革，积极探索新时代拔尖创新人才的综合培养模式。

高中阶段在拔尖创新人才早期培养中起到重要的承上启下作用。"强基计划"必将助推基础教育向纵深发展，对普通高中全面构建育人体系、课程实施、教学改革、多元评价等方面产生深远的影响。普通高中如何在把握办学方向的基础上，通过变革育人方式，提供拔尖创新人才产生和成长的土壤？多年来，中国人民大学附属中学（以下简称"人大附中"）基于办学定位和育人目标开展拔尖创新人才培养的实践探索，形成了一定的经验和思考。

一、早立志：构筑真实德育场域，打好学生生命底色

在拔尖创新人才早期培养中，需要引导学生厚植家国情怀、坚定理想信念、明确价值取向。人大附中在实践中通过思政课程、学科德育课、公益研修、红色研学实践、志愿服务等多种途径，采取课内外相结合的方式构筑真实德育场域，引导学生感知爱国情感，坚定家国认同，开展爱国实践，培养爱国心，塑造中国魂。

（一）思政课程与学科德育双引领，厚植家国情怀

思政课是落实立德树人根本任务的关键课程和重要载体。人大附中重视思政课建设，并通过教学研究、专题探讨、教师研修等途径，不断提升思政课质量，发挥其在厚植学生家国情怀中的重要作用。进入新时代，学校政治教研组在大中小学思政课一体化建设背景下，依托国家及区域内相关研究基地的科研力量，聚焦思政课学习方式和评价方式研究，不断提升团队教科研水平。如通过课内外活动一体化的设计研究，探索"基于情境·问题导向"的教学方式，使学生在真实情境中把爱国情、强国志、报国行统一起来。学校还与清华大学、中国人民大学进行深度合作，组织开展大学、中学集体备课活动，于2020年9月承办了北京市大中小学思政课一体化建设现场会，于同年12月承办了教育部深化新时代学校思政课改革创新现场推进会，探索高

校和基础教育思政课一体化的实施路径，并成为北京市和中国人民大学"大中小思政课一体化建设"首批示范基地。除建设好思政课主阵地外，学校还注重在各学科教学中开展德育研究与实践，通过跨学科校本教研活动实现从学科教学到学科育人的转型。

（二）公益研修与红色研学促实践，坚定理想信念

"纸上得来终觉浅。"为弥补传统课堂教学中学生真实体悟不足的缺陷，人大附中通过精心设计公益研修课、红色研学等实践课程，让学生在接触社会、服务社会中树立"扎根人民，报效祖国"的志向，并且通过与各地政府签署合作协议的方式，探索出一条通过红色研学实践课程坚定学生理想信念的有效路径。从 2015 年开始，学校先后组织学生前往江西兴国、江苏南京、云南兰坪等地，通过"重上井冈山""重走长征路"等活动，为学生提供亲临革命圣地、感受先烈精神的机会，引导学生从革命先烈的英勇事迹中汲取奋斗力量，坚定为中华民族伟大复兴努力奋斗的意志和决心。同时，在红色研学实践过程中，人大附中学生还与当地学生结对子、进课堂当小老师，在此过程中培养起公益精神和大爱情怀。

（三）志愿服务与公益社团相结合，明确价值取向

开展志愿服务活动是落实德育实践的重要途径。人大附中志愿团作为我校最具影响力的学生组织之一，自 2002 年成立以来，组织策划的志愿服务活动不断丰富，内容涉 及敬老院敬老服务、名人故居志愿讲解服务、大型赛事服务、特殊教育学校支教服务、打工子弟小学支教服务等各层面，参与学生人数逐年增多，参与形式日趋广泛。此外，大量由学生自发组织的公益社团蓬勃发展，其中部分公益社团组织的支教服务还走出北京，扩展到全国其他地区，尤其是部分脱贫攻坚地区。如学生曾通过组织冬夏令营、线上公益教学、实地送教等活动，招募志愿者为云南兰坪、昭通、丽江以及安徽潜山的贫困生提供线上公益教学服务。2020 年 8 月，人大附中公益社团的 200 多名学生还利用暑假时间，通过精心备课和授课，为江西兴国的中学生提供了

涵盖多学科内容的在线教学活动。2021年6月，人大附中学生成立"一只鹿公益社团"，他们走进大凉山的特教学校、留守儿童学校等开展公益行动，并启动"流动图书馆""冬日暖阳"项目，将收集的图书、冬衣送往大凉山学校和西部贫困家庭。通过参与公益活动，学生在服务他人的过程中陶冶了情操、增强了社会责任感，也明确了服务人民、服务社会的价值取向。

二、助成才：完善精准教学供给，激发学生各扬所长

有研究指出，拔尖创新人才往往在某领域存在超强的内生动力、超强的思维力、记忆力、自主学习能力，存在着特殊的发展需求。"非常之才，当用非常之策。"人大附中在办学实践中注重遵循教育规律和人才发展规律，在"尊重个性，挖掘潜力"办学理念的指导下，通过构建完备的课程体系、探索多元化的教学方式、加强对学生的分类培养等手段，在全面实施素质教育的同时，为拔尖创新人才的产生和发展提供平台和条件。

（一）构建多元立体的课程体系

课程是人才培育的基石。人大附中一贯坚守"为党育人、为国育才"的神圣使命，始终坚持以人为本，以"全面发展＋突出特长＋创新精神＋高尚品德"为学生培养目标，通过对已有课程体系的系统性调整与优化，构建了"一核·两翼·三层级"学校课程体系，在落实国家课程标准的基础上，为学生提供丰富的内容选择。

"一核"，指以落实"立德树人"根本任务为核心，是构建学校课程体系的根本立足点。"两翼"，即落实立德树人根本任务、实现课程育人目标的两个主要途径——"学科课程（群）"和"综合课程（群）"。"三层级"，即依据课程功能区分的三个课程层级——基础类、拓展类和提升类。基础类课程全体学生必选，包含国家课程方案中的国家必修课和选择性必修课，以及从校情、学情出发开设的校本必修课程；拓展类课程全体学生任选，由学校根据学生多样化需求、师资力量、学科课程标准的建议及学校办学特色等开发

设置，具有多样性、可选择性、灵活性等特点；提升类课程面向全体学生、师生双向遴选，包括学科优长课程、大学先修课程、大中衔接课程以及体艺竞技等。总之，"一核·两翼·三层级"学校课程体系有力地保障了德智体美劳全面育人目标的落实。

以学科课程形态存在的国家课程是学校课程体系的核心构成。近年来，学校积极组织各教研组依据纵向贯通、横向融合的课程设计思路，研制学科课程群结构图。这是基于我校学科教学传统优势做出的新举措，是学校育人筑基提质的关键。图1所展示的"人大附中高中语文课程群结构图"，就可以从一个侧面展现人大附中基础、开放、多元、立体的课程体系架构。

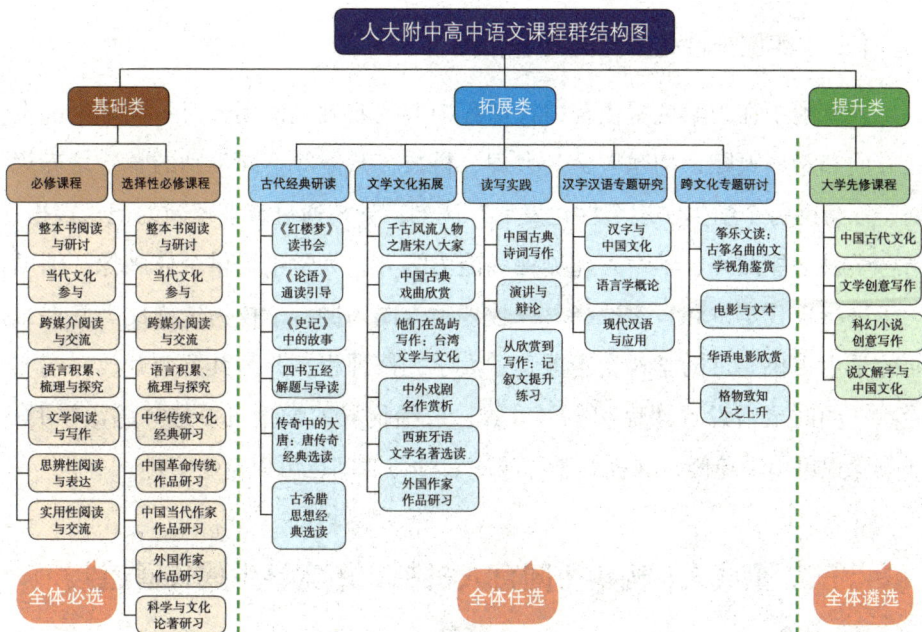

图1　人大附中高中语文课程群结构图

（二）践行综合深度的学习方式

在多年的办学实践中，人大附中以课程为核心，不断变革学习方式，力求通过课题研究、科学实验与考察、竞赛培训、社团活动等多种方式实现综合育人。例如，参与科学实践是让学生深度体验科学研究过程的一种方式，但学生在深度阅读科技前沿的专业文章时，往往会产生一些困惑。为此，我校开发了一系列涵盖"科学方法训练、科学表达交流、科学文献写作"等内容的高级科研指导课程。在每次开放交流的课堂上，都有3—5位来自高校或科研机构的教授、博士前来参与指导。在学习过程中，学生的视野逐渐被打开，兴趣也慢慢被激发起来。如有学生对国际前沿文献中高能物理测量实验产生浓厚兴趣，就进一步学习使用专业软件，浏览学术网站基因库；有学生利用假期走入川西高原，研究气候变化历史的重建。在此过程中，学生的科学素养得到提升，研究潜质得到深度发掘，他们的研究成果还分别在英特尔国际科学与工程大奖赛、日内瓦国际发明展等国际赛事中获得大奖。

（三）实施个性化的分类培养策略

人大附中在为学生提供普适性课程内容的基础上，还针对不同学生的发展方向和素质禀赋，构建人文、数理、科技、艺体等不同类别的学生培养规划，以帮助每个学生实现个性化发展。例如，学校通过智慧校园的记录数据，结合学科潜能测评、学生兴趣测评和能力测评，为学生提供个体画像，辅助学生进行自我定位和自主选择。以数理类方向为例，学校为选择此类发展方向的学生提供充足的学科竞赛课程、大学先修课程，并为其配套开放高端实验室；同时灵活设置课程和学习方式，成绩优异的学生可以选择缩短学时，部分课程可申请免修，课程的学习顺序、学习时间也可以自主安排。

三、重成人：构建协同育人机制，拓宽学生成长通道

在拔尖创新人才培养过程中，我们需要深度关注学生个人志向与未来发展，重点思考如何将为国育才与学生个体发展需要有机统一，并努力打破校内外壁垒，构建协同育人机制和空间。

（一）家校互联，助力学生生涯发展

开展生涯规划指导是帮助学生正确认识自我、确定未来发展方向的重要

一步。人大附中自2017年起在高一年级开设生涯规划必修课，围绕"自我探索""环境探索""决策与行动"等方面精心设计生涯规划课程，并通过专业讲座、社团活动、参与科研项目和研究性学习等形式，帮助学生形成在学业、专业与职业选择方面的意识与能力。此外，学校还依托校内心理教研组的专业背景以及班主任、任课教师的实践经验，整合组建起一支专业过硬、理念前瞻的学生发展指导教师团队，并组织这一团队对高一年级班主任和百余位家长志愿者进行培训，充分调动学校、教师、家长三方资源参与学生发展指导工作，为学生提供学业潜能评估、发展测评以及一对一咨询服务，解答学生发展中的问题和困惑。

（二）校社互融，拓展学生探索空间

人大附中积极打通校内外空间，通过"走出去、请进来"的方式，与部分在京中学、高等学校、科研院所、社会企业实施联合教学，构建合作互融模式。如利用信息技术平台，将"科幻物理""JA经济学"等几十门新课程在线化，与其他学校联合开展跨校选修，凝聚各校精品课程资源，拓展学生线上学习空间和资源；充分利用高等学校、科研院所、科博展馆等优质教育资源，让学生参与课题研究、项目设计等跨学科综合学习，在此过程中体验科研过程，提升科研能力；通过邀请专家院士进校园进行学科教学、开设指导课程、举办专题讲座等方式，引导学生深入了解自然与社会学科领域热点问题及前沿研究成果，提升对科学研究的兴趣和信心。

（三）学段互通，促进成长有效衔接

生命的成长是一个连续不可分割的过程，人才培养更应该循序渐进，不可一蹴而就。当前依据普遍认知水平划分的学段制教学，在打牢人才发展基础过程中起到了举足轻重的作用，但对于某些英才儿童而言，由于其学习能力、思辨深度、实践水平普遍超出大多数学生的平均认知水平，若小学、中学、大学各自为政，仅仅局限于本阶段的教学任务，必然会形成创新人才发展的壁垒。人大附中在深刻认识到学段协同必要性的基础上，积极谋求与上

下各学段教育的合作和衔接。如学校设立学科贯通课程研究中心，将小学、初中、高中的教学内容通盘考虑，构建贯通课程实施方案，将一些科学类课程中激发学生兴趣、培养科学素养的内容下沉到低年级，在落实基础知识学习的基础上，看重提升学生的创新精神和创造力。学校还通过课题研究、联合培养、跟踪调查等方式，与大学合作探究对学生综合素质评价体系的应用衔接，一方面明晰大学阶段教学科研对学生的素质要求，据此改进高中教育；另一方面从中学视角为大学提供真实、有效、重点突出的综合素质评价标准参照，以完善大学阶段的人才选录工作。

参考文献

[1]国务院.国务院关于深化考试招生制度改革的实施意见［EB/OL］.（2014-09-04）.http://www.gov.cn/zhengce/content/2014-09/04/content_9065.htm.

[2]教育部.教育部关于在部分高校开展基础学科招生改革试点工作的意见［EB/OL］.（2020-01-13）.http://www.moe.gov.cn/srcsite/A15/moe_776/s3258/202001/t20200115_415589.html.

[3]习近平.思政课是落实立德树人根本任务的关键课程［J］.求是，2020（17）：4-16.

[4]郑泉水."多维测评"招生：破解钱学森之问的最大挑战［J］.中国教育学刊，2018（5）：36-45.

[5]褚宏启.追求卓越：英才教育与国家发展——突破我国英才教育的认识误区与政策障碍［J］.教育研究，2012（11）：28-35+67.

[6]中共中央办公厅　国务院办公厅.关于深化教育体制机制改革的意见［EB/OL］.（2017-09-24）.http://www.gov.cn/xinwen/2017-09/24/content_5227267.htm.

　　刘国雄　教育管理硕士，国家督学、全国优秀教师、北京市数学特级教师、正高级教师、北京市首批特级校长。现任对外经济贸易大学附属中学（北京市第九十四中学）校长。

　　1983 年参加工作以来，先后担任高中数学教师、教学主任、副校长、校长兼书记，以及市教育局副局长、教研室主任等职，任校长 24 年。著有《无界的教育》等 10 部著作，在《人民教育》《教育强国》等报刊媒体上发表文章 50 余篇，办学经验被中央电视台、《中国教育报》等媒体报刊宣传报道。

刘国雄校长印象

　　刘国雄让人喜欢，他像巨大的磁石，吸引着同道中人与他走近。他活得通透，内心干净，不隐，不藏，不争，不装，不假，净说老实话、办老实事、做老实人。一句话，他是个不折不扣的好人，好老师，好校长。他此前是湖北名校校长，也是数学特级教师，做过教研主任、教学副校长，做过市教育局副局长……多重角色的经历，让刘国雄可以笑看风云，宠辱不惊，既扛得起大事，也可以耐心做好小事。掌门外经贸附中，对国雄校长的能力来说是举重若轻。他可以掌门更大的品牌学校，可以驾驭更为复杂多变的局面。他像三国时荆楚的隐士，内心装着教育的大世界，可以在教育的领地纵横捭阖，也可以陶醉于自然山水。

——老廖

以专业发展肩负起人才强国使命

对外经济贸易大学附属中学　刘国雄

党的二十大报告首次把教育、科技、人才进行"三位一体"统筹安排、一体部署，揭示了教育高质量发展与实施人才强国战略的内在逻辑，同时提出了教师专业发展与教育高质量发展的时代命题。新时代教师要答好为党育人、为国育才"时代考题"，须从读懂时代、读懂教育、读懂课标"三个读懂"上下功夫，加速自身专业发展，切实肩负起人才强国的神圣使命，对接人才强国战略需求。

一、读懂时代，提升教师专业发展的高度

习近平总书记在党的二十大报告中指出，当前，世界百年未有之大变局加速演进，新一轮科技革命和产业变革深入发展，国际力量对比深刻调整，我国发展面临新的战略机遇。

读懂时代，要适应时代要求拓宽专业视野。教育与经济社会发展紧密相连，教师专业发展要适应时代发展要求。教育、科技、人才是全面建设社会主义现代化国家的基础性、战略性支撑。教育支撑人才，人才支撑创新，创新服务于国家经济建设和综合国力提升，因此教育是人才涌现的基础和科技发展的先导。站在时代发展的高度看教育，增强人才强国的使命感、紧迫感，不忘教育初心，提高专业能力，为党育人，为国育才。

读懂时代，要从政治高度肩负专业使命。首先，教师要深刻理解教育是国之大计、党之大计，勇担政治责任，全面贯彻党的教育方针，落实立德树

人根本任务；其次，"传道者要明道、信道"，要做中国特色社会主义的坚定信仰者和忠实实践者，坚持用习近平新时代中国特色社会主义思想培根铸魂；第三，教师的思想政治素质是专业发展的基础，让社会主义核心价值观"进校园、进课堂、进头脑"，引导青少年树立共产主义远大理想和中国特色社会主义共同理想，坚定不移听党话、跟党走，努力成为有理想、敢担当、能吃苦、肯奋斗的时代新人。

读懂时代，要着眼新科技革命提高专业能力。教师专业发展具有不可替代性、鲜明的时代性、高度的政治性、非凡的超前性等特点。新科技改变了人们的生活方式，也改变了教与学的方式，更让教师职业充满了挑战甚至是风险，因此教师专业发展要主动应对新科技革命带来的新挑战。信息时代，多元文化相互激荡，价值取向更为多元，青少年成长环境十分复杂，德智体美劳全面发展不仅要在真实的物理空间完成，也要在虚拟的数字空间实现；立德树人工作成效不仅要接受真实物理空间的诸多挑战，也要接受虚拟数字空间的严峻考验。

二、读懂教育，增加教师专业发展的温度

党的二十大报告指出，坚持以人民为中心发展教育，加快建设高质量教育体系，发展素质教育，促进教育公平。

读懂教育，加深对教育本质的理解。"行成于思，毁于随"，"人民中心"，就是要加速推进教育优质均衡发展，促进教育公平，满足老百姓由有学上到上好学的强烈愿望。发展素质教育，把促进学生全面发展、健康成长作为教育的出发点和落脚点。教师专业发展的基点是对教育本质的理解和把握，彻底破除唯分数、唯升学现象，用先进的教育观落实立德树人根本任务，用正确的哲学观平衡影响教育改革的多种因素，用科学的评价观促进学生五育并举，让专业成长在教育高质量发展之路上行稳致远。

读懂教育，增加教师专业发展的温度。读懂教育，才能在专业发展过程中始终把"人"放在第一位。尊重教育规律和人的成长规律，始终把学生放

在中心位置。坚持德育为先，树立成才先成人的教育观；坚持理想教育，激发学生内生动力；坚持因材施教，尊重学生差异；坚持健康第一，加强体育健康和心理健康教育；坚持减负提质，提高课程教学领导力。

读懂教育，教师专业发展拥有持久动力。教师的专业发展，深受学校文化的影响。教育理想，为教师专业发展注入内生动力，促进教师自主发展、主动发展；教育需要和谐关系，它是教育得以发生的前提，爱是教育的基础，没有爱就没有教育；教育需要团结，它是专业发展中同伴互助的基础，也是共享资源，凝聚智慧的根本保障；教育需要牺牲，它是不讲条件的服从，是服务学生的奉献；教育需要研究，它是读懂学生理解课标的基础，是培养拔尖创新强国人才的关键。"没有奉献作基础，组织内的关系是不成立的"，教师专业发展的持久动力更是源于老师与学生之间进行着生命的对流，用自己的生命去教育、引导、唤醒、照亮学生，同时，学生们也以他们的生命在滋润、提升老师，使老师不断获取和拥有新的更高的生命意义和价值。

三、读懂课标，拓展教师专业发展的深度

党的二十大报告指出，加强师德师风建设，培养高素质教师队伍，弘扬尊师重教社会风尚。

教师专业发展的根本在其专业研究的深度，唯有对新课程、新教材、新课标、新考试、新教学的深入研究与实践，才能更进一步促进专业发展。

一是高质量的课堂教学。教学是教师站稳讲台的基座，是教师专业发展的核心。教师的教学能力提升，需突破陈旧的教学观念、模糊的教学目标、传统的教学方式、低阶的能力培养、死板的知识传授等问题，打造高质量课堂教学，实现课程育人。首先，坚持素养导向。彻底摒弃目标不明、素养不清，以及缺失正确价值观引领的教学。围绕"为什么教"和"为谁教"，深刻理解课程育人价值，以素养为导向确定教学目标，在课堂中落实立德树人根本任务。其次，强化学科实践。彻底摒弃从抽象到抽象，缺失真实情境、缺少充分体验的教学。注重"做中学"，着力创设真实情境，引导学生亲身体验

学科探究活动，经历发现问题、解决问题、建构知识、运用知识的过程，提高解决真实问题的能力。再次，推进综合学习。彻底摒弃碎片化、低阶化的教学。整体理解与把握学习目标，探索大单元教学，积极开展主题化、项目式学习等综合性教学活动，促进知识结构化。最后，落实因材施教。彻底摒弃"一刀切"、盲目化教学。尊重人的成长规律，尊重学生差异，开展差异化教学、个别化辅导，满足学生多样化学习需求。

二是高质量的育人策略。"万物得其本者生，百事得其道者成"。育人策略、能力和方法是教师专业发展的重要内容。新时代教师既是经师，更是人师，要努力成为学生为学为事为人的"大先生"。实施全员德育，落实全员育人，推进一生一导师，需要教师做到"我的课堂我负责"，担当起课程育人的主体责任。首先要提高深度研究学生的能力。青春期伴随的是迷茫、莽撞，是感性、单纯，是理性、独立，更是充满了梦幻，唯有读懂他们，才能正确地爱、科学地育，从而帮助其安全度过青春岁月。对懵懂迷茫的学生，用人生理想"唤醒"他；对积极主动的学生，设计个案"优化"他；对外向骄傲的学生，给出难题"抑制"他；对内向自卑的学生，铺垫台阶"激励"他；对自由懒散的学生，制定规则"推动"他。其次是要提高教育学生的能力。在教育实践中，受多种因素的影响，教师有时会出现不愿管、不敢管、不会管的现象。严格要求就是要做到疏堵结合、内外结合，教学德育联动、家庭学校协同，着力提高教师的教育教学领导力，培养学生的规则意识、自主管理能力等。此外，还要有高水平的综合育人能力。亲其师，才能信其道。要把构建亲密的师生关系、和谐的家校关系作为综合育人能力的第一指标。家校关系其实是以家庭与班级关系、家长与班主任关系为基础，以师生关系为核心，只有家校协同、师生和谐，才能收获最佳教育效果。同时，教师要充分发掘校内外、线上线下资源，开展实践育人、活动育人、文化育人，提高教育的针对性、有效性。

新时代人民教师要切实肩负起人才强国的神圣使命，不断提升专业发展的高度、增加专业发展的温度、拓宽专业发展的深度，为培养有理想有本领有担当的时代新人作出新贡献。

（此文发表在"学习强国"，有删减）

　　刘晓昶　北京市特级校长、正高级教师。理学学士，教育管理硕士。自2007年开始担任北京市第五十七中学书记、校长，2019年承办了海淀北部上庄分校，进行集团化办学。

　　从事校长工作的十几年里，她先后获北京市先进工作者、首都劳动奖章、北京市优秀教师等荣誉。现担任中国教科文卫体工会全国委员会委员，北京市科协委员，北京市督学，华东师大、首师大、民族大学的指导教师，北京教育学院学习与思维教育研究中心兼职研究专家，北京师范大学继续教育与培训学院指导专家。

　　刘晓昶同志作为校长，全面贯彻党的教育方针，立德树人，以"笃学日新，守正致远"的办学理念，培养具有社会责任、科学精神和创新精神的社会主义建设者和接班人。领导学校课程体系建设，开展友善用脑的课堂教学改革，成立了全国第一个"飞行员早期培养高中实验班"，创建了"'1+3'科技创新实验班"，科研引领教师成长，拓展学生的国际视野，在意大利建立孔子课堂。主持国家级、市级教育科学规划课题多项，著有《从友善用脑到友善教育》等多本著作，在中学教育管理方面颇有建树，在《中小学管理》《人民论坛》《中国教师报》等教育类报刊发表科技教育类论文10余篇。其办学经验在国际和国内进行介绍与推广，受到好评。

　　北京市第五十七中学教育集团，一校三址，学校办学成绩优异、素质教育成果突出。是国家课程改革先进校、北京市科技示范校、北京市金鹏科技团、北京市艺术金帆校、全国体育工作示范校。学校已经为国家培养出100多名小飞行员，70多项发明创新成果获得国家专利。教师队伍被评为北京市工人先锋号、海淀区三八红旗集体、海淀区先进基层党组织。人民对学校满意度高。

刘晓昶校长印象

　　刘晓昶的身份首先是好老师。15 年之前，这位教学名师就担任了校长。她是长在五十七中的一棵根深叶茂的大树，32 年以来见证并推进了这所学校从普通校到品牌校的华丽转身。今天的五十七中可不一般：一群全国年龄最小的飞行员在这里诞生；一群执着于科技创新的孩子从这里走向世界头脑创新大赛的竞技场；一群文艺小少年从这里登上央视春晚的舞台；众多学子从这里考入理想大学，其中不乏清华、北大等名校……今天，有人把五十七中列入了海淀"新六小强"。事实上，它的"加工能力"更强，刘晓昶领导下的五十七中没有失败者，每个人都在做最好的自己。刘校长是五十七中利益的维护者，从她微笑时微微上翘的嘴唇，我看到了她的坚定、她的自信。她将自己追求完美的特质贯穿在办学的每一个环节。她生活在教育哲学的芳香之中，而富有成效的教育实践是她的生命之树。五十七中已是事实上的名校，刘晓昶已是事实上的名校长！

——老廖

培养面向未来的科技创新人才

北京市第五十七中学　刘晓昶

当今世界正处在百年未有之大变局，世界多极化、经济全球化深入发展，科技进步日新月异，人才竞争日趋激烈。中国未来发展、中华民族伟大复兴，关键靠人才，基础在教育。党的二十大作出"实施科教兴国战略，强化现代化建设人才支撑"的战略决策，"教育、科技、人才是全面建设社会主义现代化国家的基础性、战略性支撑。必须坚持科技是第一生产力、人才是第一资源、创新是第一动力"。要"深入实施科教兴国战略、人才强国战略、创新驱动发展战略"，就要"坚持教育优先发展、科技自立自强、人才引领驱动"。

教育作为人才培养的基础工程，为党和国家培养科技创新人才是教育的重要使命之一。人才培养是一项系统性工程，需要坚持前瞻性思考、全局性谋划、整体性推进，以战略思维、系统思维、创新思维推进人才培养工程，提升人才培养质量。

按照面向现代化、面向世界、面向未来的要求，适应建设社会主义现代化国家、建设创新型国家的需要，北京市第五十七中学坚持育人为本，以改革创新为动力，以促进学生思维发展为重点，以提高学生学习质量为核心，全面实施素质教育，推动教育事业在新的历史起点上高质量发展，培养适合时代及国家未来发展需要的科技型和创新型人才。

在"笃学创新、守正致远"的办学理念下，北京市第五十七中学把培养具有社会责任、科学精神和创新精神的社会主义建设者和接班人作为育人目标。在近70年的办学实践中，始终坚持把科技创新教育作为人才培养的重要的途径。学校通过科技课程、综合实践活动和科技社团，努力为学生打造成长平台。依托"1+3"科技创新实验班、飞行员早期培养试验班和科技社团活动，融合校内外资源，积极探索人才培养模式创新、科技课程体系重构、教师团队建设创新、科技文化创新，从而为青少年创新型人才培养提供了良好的成长环境。学校成为北京市科技示范校、北京市金鹏科技团。

探索创新科技人才培养模式，从科学家成长规律来看，创新在心理层面往往起源于好奇心，然后再逐渐发展成追求真理、探索未知的科学精神，在能力层面则是从点滴的知识积累，转化到产出创新成果，这些都需要尊重学生的身心成长规律并循序渐进地升华。好奇心与创造力的培育关键在于基础教育时期的科学引导，因为儿童和青少年时期是心理和人格的成长及完善时期，具有极强的身心可塑性和知识接受能力，是创新思维和能力孕育的黄金期，能够为高等教育阶段培养拔尖创新人才打下关键基础。

为了保护学生的好奇心和求知欲，尊重教育与成长规律，顺应国家对高素质、多样化、创新型人才的需求，我校改革高中学制，探索科技创新人才贯通培养模式，成立了"1+3"科技创新人实验班。从培养目标、课程规划和课程体系建设等方面制定了配套改革，将科学精神和创新精神放在更加突出的位置，将培养具有社会责任、科学精神、创新精神的人作为其目标定位；在课程体系建设上，加大科技创新课程和活动课程的比重；在课程实施方面，以学习科学、友善用脑的理念，开展创新教育教学方式，更加注重培养科学素养、创新思维和问题解决能力；强调科学思维方法对学生成长和发展的重要性。

经过多年的研究与实践，学校为"1+3"科技创新实验班打造了纵横交织，以科技创新课程为特色、多学科交叉融合、纵向衔接的特色课程体系，形成了相对稳定的创新人才培养的课程体系和教学内容、管理制度和评估方式。

构建科技创新课程群

课程是育人的重要载体，它承载着实现学校育人目标、培养学生的个性化成长需求的任务。核心素养是对育人目标的具体化和细化，是立德树人在新时代基础教育上的具体体现和要求。

这个时代的课程以素养为中心，将超越知识本位和学科结构主义，知识学习和教育过程成为人的素养发展的过程与工具。这个时代的学校资源将发生根本性变革，超越传统的班级授课、教材教学、分科教学等模式，通过整体规划，穿越边界，实现学生学习的全时空和个性化服务。

学校在课程改革的过程中，把创新人才的培养作为学校教育的重要使命，面向未来，培养学生的创新能力和问题解决能力，探索基础教育阶段以综合创新课程建设为依托，进行培养学生创新力和问题解决能力的实践。

学校的综合创新课程是培养学生创新能力和问题解决能力的重要平台。综合创新课程建设体现创新、融合、发展的理念。综合创新课程建设首先契合学生的个性发展，契合社会和国家对未来人才的需求，创新育人模式；其次，综合创新课程建设将学科与学科、学科与信息技术融合，将知识与生活问题融合、校内外资源融合以及课程与社会生活融合。第三，综合创新课程建设促进学生学习品质、思维品质、创新品质的发展，促进创新人才的培养。在这样的理念引领下，学校的综合创新课程建设在学生创新能力和问题解决能力的培养上开展实践探索。

学校的综合创新课程体系包含四个层次的课程，它们是创新实验课程、学科 STEAM 课程、创新发明课程、创新创业课程。这四层课程之间的关系是相互联系、逐步深化、层层递进。四层课程从解决小问题、解决特定的问题，到发现问题、解决复杂的问题；从掌握解决问题基本技能，到完成解决复杂项目；从小的视野、特定的思维，到宽阔的视野、发散创新的思维。因此，这四层课程是一个有机联系的整体。

学校为科技课程的开展，建设了 STEM 课程的空间、3D 设计实验室、机器人实验室、创客实验室、头脑创新工坊、生物创新实验室、天象厅、天文台，等等。这些空间全天候对学生开放，为学生的科技创新提供有力保障。

五十七中学综合创新课程的实践，提升了学生的创新力和问题解决能力，同时，学生的学习方式和思维方式发生改变，形成多维学习和立体化思维，学会多角度思考问题和解决问题。

发展学生自主创新驱动社团

在进入互联网时代的今天，新事物、新知识、新学科的出现，可能只需要短短的几年或几个月。而面对纷繁复杂的世界，学生们的需求既显得多元化，又兼具个性化。创新，不断发现问题、解决问题已经成为学生们的一种思维方式，这样的情况使得很多学生自主成立了科技创新社团。同学们主动发现在校园生活中的"痛点"，例如，在学校中同学们的水杯无处摆放。然后研究方案如何解决"痛点"。经过几十次的方案设计—推翻—再设计—再推翻……的过程，同学们不断开阔思路，碰撞思维，终于设计出解决问题的水杯支架。进而又对位置、材料、制作工艺不断调整、修改，终于创造出很好解决问题的新产品。

像这样的创新驱动型社团学校还有很多，例如机器人社团、头脑创新社团、新能源汽车社团、建模社团、航模海模社团、无线电测向社团、微星社团、天文社团……对于学生成立的创新驱动型社团，学校给予大力支持和鼓励，使学生的奇思妙想得以实现。科技延伸了学生们思维的触角，活动对学生们健全的人格和良好的文化素养的形成发挥了不可或缺的作用。

除了社团活动，学校的科技活动更是丰富多样，科技节、科技展览、科技研学、科技比赛精彩纷呈，很大程度上满足了学生个性发展的需求，培养了科学素养。学校长期与大学和中科院研究所开展"跟着科学家做实验"的校外研学活动，同学们深入国家级实验室，了解科技发展前沿动态，自主提出研究问题，在科学家的指导下开展高质量的研究性学习与实践活动，激发社会责任感，培养科学精神和创新精神。

学生的科学素养不是一朝一夕形成的，在中学阶段接受良好的科学教育，参加科技活动，锻炼顽强刻苦、持之以恒的品质，形成勤于研究、勤于探索、勤于思考的习惯，特别是形成创新精神，对他们的一生至关重要。

打造科技创新教育学习共同体

教师的高度决定学生的高度。一支敢于探索不断创新的高素质教师团队，才能够培育一批批善于思考、勇于创新的学生。因此，打造一支专业化的创新教师团队是学校教育的重中之重，也是培养科技创新人才的关键。学校成立了创新教育的教师队伍，形成科技教育的学习共同体。一帮有着共同理想和追求的老师们，专注执着、心无旁骛，学习、钻研、实践、合作、反思，不断提升创新教育的能力和水平。学校努力为这些老师们搭设舞台，让老师们尽展所能，感受成功的快乐，并把这份满足与快乐在教学活动中潜移默化地传递给每一个学生。比如，机器人社团活动的果老师、飞行模拟的崔老师、建模社团的刘老师……他们对科技活动有浓厚的兴趣和专业的思考，以朝气蓬勃的工作状态、认真执着的工作态度，带领学生一头扎进科技的神秘世界，用科学的方法探寻其中的奥妙。这些老师们也迅速成长为北京市、全国青少年科技教育领域的专家级教师。

除了校内专职科技教师，我校还充分利用校外资源，聘请了多位有各方面特长的专家教授作为校外科技辅导员，助力学校科技创新教育发展，培养青少年创新人才。目前，学校与北京市科技协会、中科院、清华大学、中国农业大学、北京航空航天大学、北京大学光华管理学院、中科院生物物理研究所、中科院高能物理研究所等高校、科研院所和学术组织建立了合作关系，不定期邀请航空航天、天体物理、人工智能、脑科学、基因工程、创新创业等领域的专家教授来学校做讲座或辅导，为学生们开辟更广阔的天空，学生的科技创新教育插上了飞翔的翅膀。

新时代的高品质人才需要具备以下三点素养：一是超乎寻常的"思维力"。这就需要我们的教育、我们的教学打破单一应试的藩篱，在学生个性、好奇心的保护，在思维品质和科学精神的培养，在求异和批判特质的开发等方面做出艰苦的努力。二是非同一般的创造力。人类的核心价值就在于创造，创造的核心在于突破创新、生产执行，推动文明的进步。三是卓越的人格。

血肉之躯要想抗衡"类人"的"机器"，必须具有强健的体魄、百折不挠的意志与矢志不渝的价值观。

实践证明，科技创新教育带来学校教学方式和学习方式的变革。科技创新教育是以学生的发展为核心的教育，为学生提供了更加开放和自由的学习空间，形成了更加个性化学习的良好教育生态。

学生通过综合创新课程的学习和实践，创新力和解决问题的能力不断提高。学生的创新实践取得了骄人的成绩，在世界头脑创新大赛全球总决赛中，多次获得最佳创意的达芬奇奖和文艺复兴奖；在全球 VEX 机器人总决赛中连续获得一等奖；在全国建模比赛中获得一等奖；在全国中学生天文奥林匹克竞赛中获一等奖；在北京市青少年创客比赛中获得了团体总冠军；70 多项科技创新成果获得国家专利……

科技创新教育无疑已经成为五十七中学学校文化一道亮丽的风景线。清华大学社会科学学院院长、心理学系主任彭凯平教授说，一种好的文化可以从五个方面体现。第一个是快乐的心情，它给我们带来非常愉悦的体验。第二个是积极的、友好的人与人之间的关系，它也能让我们生活更美好。第三个就是能从这种文化中找到生活的意义，知道自己活着要干什么。第四个就是要有孜孜不倦、如痴如醉从事事业的状态。第五个是要有自我效能感的动机驱使，激励人相信自己能够做好，而且不断努力。五十七中学的学子们正是浸润在这种科技创新的文化中，快乐地生长着，为中华民族的科技强国而努力奋发着。

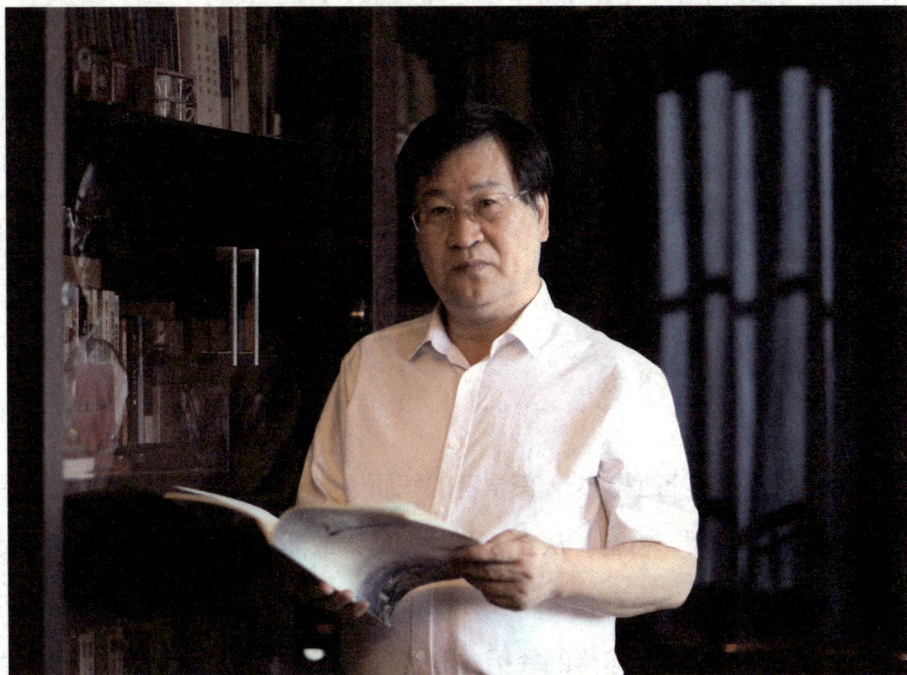

　　刘继忠　1967年11月生人，研究生学历，中学特级教师，先后在四所学校工作，现任北京市第三十五中学党委副书记、校长。教育部教学指导委员会地理学科专委会副主任委员，北京市兼职督学，长期扎根一线教育教学，从事教学实践、教育研究和学校管理工作。编写教材、撰写论文或著作多篇（部）。曾获北京市先进工作者、"西城首届百名英才·突出贡献人才"、西城区模范校长等称号。

刘继忠校长印象

　　继忠是学者型校长，有学者的气质、学者的禀赋、学者的精神品质和思维品质，睿智，从容，低调，又果敢而坚毅。他此前在北师大附中做校领导，有在育才学校任校长的经历，有领导西城研修学院的经历——校长有了这样的经历尤其是有了在全国教育高地西城区主导全区研修的经历，就会胸有丘壑，会有在教学管理中体现出的"治大国如烹小鲜"的谨慎。在三十五中工作的短时间内，他的大德公德私德，他的智慧学养，他的专业领导力，他的远见卓识，赢得了师生的尊敬。他所希望的是让三十五中这所学校在原来的基础上更优秀，更卓越，成为更好的自己，让三十五中办成更高水平的、让人民满意的教育。继忠校长领导的三十五中，将在高位上不断获得新发展。

——老廖

努力践行"三个一"的教育追寻

北京市第三十五中学　刘继忠

多年前初任校长，我就确立了"三个一"的教育理想：一是努力去研究一件事情，即基础教育在一个人的成长中究竟能够发挥怎样的作用、如何发挥作用；二是要努力办好一所学校，学以致用，实践自己的教育理念；三是要努力培养一批人才，为国家和社会多作出贡献。"三个一"相辅相成，每个"一"又殊为不易，我愿意为此不断努力！

一、研究一件事情

我很喜欢看人物传记，尤其关注那些成功人士的基础教育经历，发现在他们后来的人生发展轨迹中都能找到基础教育阶段的影响痕迹。例如钱学森回忆 17 位深刻影响自己的人，其中有小学教师 1 名、中学老师 7 名，可见基础教育影响深远，教师是学生个体成长路上的"重要他人"。

那么，基础教育在人的成长中到底有何作用？基础教育为人生发展奠基，能提高全民族的基础素质，为少年儿童终身学习和参与社会生活打下良好的基础，教育不仅具有个人发展功能，还有很强的社会发展功能。在老师的帮助下，学生逐步适应从一个自然人到社会人的转变。为此，基础教育要立德树人，促进学生全面发展，全面落实有理想、有本领、有担当的时代新人培养要求，发展学生人文底蕴、科学精神、学会学习、健康生活、责任担当、实践创新等六大素养。在这个快速发展的时代，学习的能力尤为重要。我们不仅教会学生知识，还要培养良好的学习习惯，教会学习的方法，让学生走向自主学习、独立学习，直至达到终身学习。

人的成长和成功因素复杂，教育就是研究人成长的学问。教育是土壤和环境，教育是引领和扶持。非常重要的是，我们帮助学生拥有健康的身心和正确的世界观、人生观和价值观，拥有宽广的眼界和胸怀，形成良好的行为习惯。要教会学生做最好的自己，把个人发展融入到社会和国家发展之中。在他律基础上学会自律，实现外因和内因的辩证统一。

基础教育阶段，是孩子智力发育和身心成长的关键时期。要承认学生的差异和多样性，挖掘学生多元发展潜能，帮助学生将兴趣潜质转化成个性优长。要尊重教育规律和人的成长规律，要坚信后天教育比天赋更重要，能够因材施教，把握共性的同时兼顾学生的个性化发展需要。教育要启迪思想、锻炼思维，教会方法，培养能力，发展素养，强健身心。

我很关注非智力因素在成长中的作用，例如志向、习惯、努力和机遇等，并将其作为学校教育的关键点：要充分发挥学生的主体地位，引导学生树立理想信念，激发自我发展的内驱力；帮助学生养成良好习惯，终身受益；调动非智力因素，激励学生敢于拼搏、不服输、积极向上；建设学生发展平台，创造学生成才机遇，尤其是教会学生在人生的关键节点把握自己的发展，理解自己和周边世界……我相信基础教育阶段给予学生的素养基础、视野和胸怀，将影响他们未来人生的高度。

二、办好一所学校

任职校长之后，我就将全部精力集中在把自己所在的学校办好，办一所人民满意的学校，学生全面健康成长，教师科学幸福工作。

办好一所学校要高度重视精神引领、文化凝聚的作用。办学理念、办学思路要紧密结合学校的历史和现状，实现传承基础上的发展创新。例如，凝练育才学校"忧天下、启心智、扬优长"校训；根据校情进一步诠释三十五中"志成精神"为"志成的基础是爱国、志成的关键是立志、志成的核心是奋斗"。传承三十五中的办学传统与优势，强化"全面育人、办有特色；全面发展、学有特长"。2023 年北京三十五中迎来建校百年，我们更进一步凝聚志成力量，提出"百年志成、同心筑梦、勇攀高峰"的发展目标。

办好一所学校，最重要的因素是人的要素。着眼于学生，着力于教师，教师是教育的第一资源，干部、教职工、学生、家长四支队伍的建设至关重要。干部队伍是学校的"关键少数"，干部作风直接决定学校的风气，干部的能力水平直接影响学校办学品质。干部要有做好工作的使命感责任感，要成为管辖领域业务专家，要懂管理，会凝聚人、调动人。在教师队伍建设中，要充分尊重知识工作者的主体地位，健全激励评价机制，形成积极向上、钻研业务、甘于奉献、团结协作的良好氛围。加强各级各类团队建设，强调教研和学术引领，建设好学习型组织，打造一支高素质专业化的教师队伍。学校要创设同伴互助、共同成长的良好环境，始终把学生的健康成长作为工作的出发点和归宿。学校要引导家长关心，参与学校发展，开设家长学校、建设家长委员会，引导更多家长实现家校合力、家校共育，实现家校社协同育人。

办好一所学校，要不断提升治理水平和治理能力。在更加开放办学的新时代，要不断突破传统意义上的教师资源概念，形成更丰富多样的学校师资队伍，充分发挥各种教育资源的重要作用。服务保障的现代化将成为未来现代化学校的重要制约因素，要不断提升服务保障能力，实现资源的最大效益，突出教育教学业务核心，创设适合师生工作、学习的良好环境条件。

我非常认同吕型伟先生总结的三句话："教育是事业，事业的意义在于奉献；教育是科学，科学的价值在于求真；教育是艺术，艺术的生命在于创新。"要不断从这三个维度来研究办学和教育规律，进一步提升学校的治理水平和治理能力。通过管理和引领，焕发师生积极向上的精神面貌，形成良好的校风、教风与学风。

三、培养一批人才

教育是有目的的培养人的活动，"培养一批人才"是办好一所学校的应有之义。志成百年历史，人才辈出，宋平、王岐山、邓稼先等就是志成学子的杰出代表。三十五中始终坚持为党育人、为国育才，努力培养社会主义事业的建设者和接班人。在全球化的大背景下，我们重视厚植红色基因，传承优秀传统文化，努力培养具有世界胸怀的中国人，具有中国情怀的世界人。

按照学校"五有人才"（培养具有中华民族的文化底蕴和中国情怀、具有国际视野、具有正义感与责任心、具有适应社会的能力、具有科学精神和探究意识的创新型人才）的培养要求，我们不断完善"五证"（诚信证书、志愿服务证书、体育技能证书、个人才艺证书、创新素养证书）赋予机制。着力打造"五力教师"，即提升教师学科育人能力、教会学生学习的能力、校本科研能力、教育评价能力、信息技术能力。推进"五新课堂"，即推动课堂"教学目标新、教学设计新、教学情境新、教学方式新、教学技术新"的转变，助推发展核心素养的落地。

每个学生都有可塑性、可能性，学校的责任就是让每个学生在其原有基础上获得最好的发展，并为他终身发展奠定坚实基础。我们构建多元立体的课程体系，打造科技、艺术、体育、人文和国际教育特色，兼顾普及与提高，让学生全面发展，学有特长，在选择中学会选择。学校因材施教，实施灵活多样的教学方式和学习方式，满足不同学生的发展需求，实现学生的多样化发展。促进学生深度学习，实现知识的结构化，搭建知识世界与生活世界的桥梁，帮助学生建立联系，找到学习的价值感与意义感。

三十五中一直注重培养志成学子具有家国情怀和社会责任感，在今天还特别关注培养学生的创新意识和实践能力。培育拔尖创新人才成长的土壤，激发拔尖创新人才强烈的内在成长动机、潜能基础，打造有利于创新人才成长的发展平台，努力探索创新人才跨学段一体化培养模式。

教育是一场永远的行动研究，教育永远在路上，我会努力践行"三个一"的教育追寻。

　　齐振军　北京市朝阳区芳草地国际学校（教育集团）校长。北京市首批特级校长，特级教师，正高级校长。北京师范大学培训学院兼职教授，北京市学习科学学会校长发展专业委员会会长。曾获北京市红领巾教育奖章，获评首都劳动模范、北京市百名杰出校长、北京市优秀教育工作者等荣誉称号。编著《孩子教育的十大关键点》《且行且思做校长——学校文化十年探寻》，参与编著"当代家长"丛书、《德育》《好习惯成就好人生》《素质教育一场输不起的战争》《最美的作家》《教育因爱而美丽》等。小学教材原"品德与社会"（广西版）编委。参与全国教育科学"十一五"规划教育部重点课题"教学方式变革中的公民素养教育研究"。

　　经过多年的研究实践、总结梳理，提炼出了学校文化发展的三个阶段，即：文化的成型阶段、文化的生根阶段、文化的有痕阶段。建构了学校文化发展的四个系统，即：理念系统、支撑系统、推进系统、印记系统。

齐振军校长印象

　　齐振军校长去年从朝师附小到了芳草地，对此，圈内的评价是齐校长与芳草地双方均是"得其所哉"，齐振军有了更适合他发展的平台，芳草地需要齐振军。齐振军是小学教育领域的学者，他对教育的领悟把控完全可与当下的教育大师们相提并论。齐振军校长在朝阳教育界拥有很高的美誉度，年长他一些的校长们常说"小齐人好"，人品好，"爱人敬人"。他谦和谦逊，办学踏实，有水平，有章法，有条理。齐振军是小学校长，也像大学校长，在对教育的思考上，他的站位很高，从教育全局思考小学教育对民族和国家的影响，对一个人一生的影响。他的家庭也深深打上了朝阳教育的印记。

——老廖

发展性评价，促进教师自主发展

北京市朝阳区芳草地国际学校　齐振军

摘　要： 发展性评价是在以人为本的思想指导下的教师评价，是着眼于促进人的完美和发展，并以人格建构和智慧生成作为最终目的的教师评价。它的目标是通过评价提高教师的职业道德和教育教学能力，促进教师自我价值的实现。评价者可以是教师本人、同事、家长和学生。它关注教师的背景和基础，重视当前教师的水平和表现，但更着眼于教师的未来。它参考一定的标准，但所得到的结论是纵向比较的结果。因此，发展性评价在教师自主发展中起着重要的作用。在实际工作中，我们进行了积极的探索和实践。

关键词： 评价；促进；主动

一、问题的提出

百年大计，教育为本。教育大计，教师为本。良好的教师素质，不仅是有效教育的基础和前提，也是学生学习的直接内容，是有效的教育工具和手段。因此，提高教师素质，是实施素质教育和提高教育教学质量的根本措施之一。

随着社会的发展，时代对教师提出了越来越高的要求，今天的教师应该是发展中的教师，应该是学生学习的促进者、教育教学的研究者、课程的开发者和创造者。教师要成为不灭的火种，要引领学生求知的热情。要成为涓涓的溪流，引领学生融入知识的海洋。教师应该是进行适应和不断调整的有追求的人，是有着独立价值的尊严的人。

这既是对教师自身素质的要求，同时也是学校管理者在管理上所面临的新的挑战。如何激发教师学习和工作的热情，激励教师不断地进步和发展，在学校管理中真正做到"以人为本"，是摆在学校管理者面前的一个重要课题。

多年来，学校始终把加强队伍建设摆在学校发展的重要位置上。在教师评价上进行认真的研究和探索。通过发展性评价的实践，建设适合教师自主发展的评价机制，提高教师自我发展的积极性和主动性，从而促进教师自主发展。

发展性评价是在"以人为本"的思想指导下的教师评价，是着眼于促进人的完美和发展，并以人格建构和智慧生成作为最终目的的教师评价。它的目标是通过评价提高教师的职业道德和教育教学能力，促进教师自我价值的实现。评价者可以是教师本人、同事、家长和学生。它关注教师的背景和基础，重视当前教师的水平和表现，但更着眼于教师的未来。它参考一定的标准，但所得到的结论是纵向比较的结果。因此，发展性评价在教师自主发展中起着重要作用。在实际工作中，我们进行了积极的探索和实践。

二、研究与实践

（一）营造和谐的评价氛围

在过去的评价中，往往一提到评价，就会把评价者与被评价者对立起来。被评价者害怕评价，因为每一次评价对教师都是一种定性。评价者也怕评价，因为提缺点、问题怕伤害到被评价者的自尊，所以整个评价过程应该说是在紧张的气氛中进行的。而教育实践证明，只有在一个融洽、和谐的校园环境中，才能更好地激发教师的积极性和主动性。在教师评价过程中，只有让教师感觉一种安全、和谐的氛围，才能让教师由被动参与到主动参与。因此，学校必须从各个方面去创造这种有利的评价氛围。

1. 由指令性教师发展目标变为协商式教师发展目标

在以往教师发展过程中，全校只有一个大目标，这种大目标作为量化指标落在每一位教师身上，教师在自身发展目标的制定上，没有发言权、参与权，这是一种单向的传递指令方式。教师处于被动的接受地位。它面对的是教师群体而不是教师个体，没有反映出教师的个体差异。因此，从一开始，就磨灭了教师主动自觉发展的意识。在评价的整个过程中，教师始终以一个被动适应者的姿态出现，甚至会出现教师的厌评心理、抵触心理。在实践中，我们在教师发展的大目标下，针对教师的个体差异，采取双向协商的方式，与教师共同制定了教师的个人发展目标。学校根据教师的实际对每位教师提出改进意见和专业发展目标。教师根据自己的实际，提出自己的发展要求。通过双方沟通、协调，最终确定教师个人的发展目标，形成教师个人的发展规划。这样从一开始，就让教师积极、主动地参与到教师评价中来。使教师对自己的发展有信心、有勇气，把教师评价看作是促进自己达成目标的有效手段。从而激发教师自觉参与评价，通过评价促进自身发展。为教师在评价之始就创设了一种宽松和谐的氛围。

2. 由评判定性变为为教师提供信息

在以往的评价中，评价往往就是一种评判定性。每次评价非"是"即"否"，一锤定音。因此，在评价过程中，教师所关注的是评价结果的等级、评价人的态度。评价往往给老师造成很大的心理压力。老师无暇顾及自己的发展程度，很难以积极的心态通过评价促进自己的发展。为了改变这种现象，我们就将评价的注重评判变为信息提供。在日常工作中，学校领导、同事、家长、学生都参与教师的评价。而这种评价的参与，不作为教师业绩好坏的认定，只是给教师提供发扬长处、寻找不足的信息，作为教师改进工作的参考意见。这样一种变化，使教师们对待评价的态度发生了很大的转变，由以前的惧怕评价到现在主动请人评价自己，希望从中获取更多、更好的评价意见。同时也改变了评价者与被评价者的对立关系。比如学校领导对于教师课堂教学的检查一般是通过听课来实现的，由于过去听课往往就此做出评价，因此教师很厌烦领导听课，常常是推托、搪塞，甚至有时出现逆反心理。而现在，教师们主动邀请领导听课，希望从领导那里得到更多、更有价值的建议，把别人听课当作是提高自己课堂教学的有效途径。一个小小的变化，带来的是教师态度和行为的大转变。评价的过程成为双方学习研究的过程。

（二）确定正确的评价导向

新形势下，教师评价的目的应是激发教师主动发展的自觉性和主动性，促进教师的专业发展和个人价值的实现，因此，以什么样的评价内容作为评价的结果必然会影响教师评价的进行。在以往的评价中基本上是采取横向评价的方法。通过评价给教师排队，确定教师个人在群体中的位置，这样的评价目的使学校能够掌握整个教师队伍的状况和某一位教师在群体中的水平。但它忽视了教师个人的成长轨迹，忽视了教师个人的发展幅度。往往是在每次评价之后，少数人得到某种程度的激励，大多数人缺乏激励，对于极少数处于落后的人则是每一次评价就是一种伤害，就是一种挫折，因此，以什么作为教师的评价结果关系到教师评价作用的发挥。在评价过程中，我们既重视他人的评价，又重视教师自我的评价。注重教师的纵向发展的轨迹，关注教师发展的进步幅度，为此，我们建立了"教师个人发展档案"。在"教师个人发展档案"中，分为几个阶段的评价，教师要对每个阶段自己的发展做出反思，自我鉴定。最终，我们要对教师成长发展的轨迹、幅度进行判断，从而判断教师发展的进步程度。比如在师德评价过程中，对于学生及家长的评价是以满意率表示的，每个学期有三次评价机会，然后，教师要结合自己的实际情况，总结出自己的学生家长满意率增加或减少的幅度、增加或减少的原因，从而对该学期这方面的工作做出自我鉴定。

这样去评价教师，使教师把目光更多地去关注在自我发展上。让教师在改进方法、提升自身素质、自我评价的认识上下功夫。

（三）建立动态的评价机制

教师的发展是一个动态的过程，因此教师评价也应该是一个动态的评价，教师评价应该贯穿于教师发展的始终，不应该是每个学期或每年末的一锤定音。在过去的评价中，往往是到了最后才对教师进行评价，过程中无人问及、无人关注。发展性评价力图形成一种过程的动态管理，使教师始终对自己的评价有一种清晰的认识，在过程评价过程中不断发现自己的长处、找出自己的不足、提出改进措施，不断取得进步和发展。因此，学校将过程性评价和结果性评价结合起来，在教师教育教学过程中安排各个阶段的评价。根据学校的实际情况，学校每学期安排了三次形成性评价。教师在每个阶段对自己的工作进行一次自我反思，请领导、同事、家长、学生对自己的工作提出意见和建议，进而提出自己下一步的工作措施。这种动态的过程性评价，把教师发展中的很多问题解决在平时，让教师有机会、有时间调整自己的工作思路和方法，起到了积极的作用。

学校发展性评价的运用，在教师队伍建设中起到了积极的促进作用，为教师自主发展创造了有利的条件，成为推动教师发展的重要手段和途径。

三、问题与反思

（1）发展性评价是促进教师主动发展的重要手段，在实际工作中，需要建立一种系统的管理机制，我们只是在一些点上做了一些研究和尝试。因此，需要研究和实践的内容还很多。

（2）发展性评价重视的是教师的纵向成长，如何把教师的纵向成长和教师间的横向评价有机结合起来，是需要进一步研究和探讨的问题。

安海霞 北京市朝阳区白家庄小学教育集团校长，正高级教师。曾担任朝阳区基础教育一科副科长、北京市朝阳区花家地实验小学校长。坚持价值引领、文化立校。基于学校办学理念的课程整体建构，形成了鲜明的办学特色。她用自身的学术追求增强领导力，先后主持开展10多项国家和市区级课题，出版个人专著《智行者远——校长办学探索与成长》，主编《好习惯受益终生》《智慧课堂 慧心悦行》《花开有声 育人无痕》等数本教育教学类著作。

安海霞校长印象

　　安海霞去年从花家地小学调任白家庄小学校长。白家庄小学对安校长来说并不陌生，她曾在这里做过多年教学主任、副校长，后来调任教委小教科做副科长，再后来掌门花小。在花小工作的八年时间里，安校长进一步提升了花小的影响力，总结提炼了自己的办学思想——教育应该回归到其本质，实现对生命的唤醒和涵养，应该用关爱一生的眼光去珍视当前儿童的价值。白家庄小学是朝阳首批素质教育示范学校，现已发展为一校十三址的教育集团化办学新格局。领军这样地位重要的小学，安校长是合适的人选。一年来，安校长以出色的工作业绩和人文关怀赢得了白家庄小学师生的高度认可和尊敬。在小学教育超速发展的朝阳区，安校长将带领白小师生融入本土优质校和新崛起的优质校共同发展的大潮之中，让白小的金字招牌成色更足、更加闪亮。

——老廖

"双减"背景下，基于五育融合的绘本课程实践与创新

北京市朝阳区白家庄小学　安海霞

摘　要：基于"双减"背景，进一步贯彻落实立德树人根本任务，思考如何解决长期以来"偏智、疏德、弱体、抑美、缺劳"的问题，从而真正沿袭五育并举的路径，达到德智体美劳融通发展，在小学阶段需要有效载体予以实施。笔者致力于课程整体建构与实施，从问题驱动出发，在既往课程改革实践的基础上，寻找新的增长点，从绘本特色课程创生、实证测评等维度进行了五育融合的绘本课程实践与创新。

关键词："双减"；五育融合；绘本课程；实证评估

一、引言

2021 年 7 月 24 日，中共中央办公厅、国务院办公厅印发《关于进一步减轻义务教育阶段学生作业负担和校外培训负担的意见》（以下简称《意见》）。在"十四五"开局之年，党中央、国务院提出《意见》并全面落地。作为基础教育中的一员，进一步贯彻落实立德树人根本任务，将提质增效的核心目标与为党育人、为国育才的长远目标有机结合，需要作为一项重要的课题来研究。那么如何在双减背景下，找到有效载体，德智体美劳五育真正在学校落地，需要立足根本，精准施策。

二、正文

（一）以立德树人为本，完善"双减"背景下的五育融合课程体系

基于对《意见》的深度学习，我们认识到："双减"关键在校内，出路在改革。如何使之稳妥落地，初见成效？需要在已有课程体系基础上，进行系统思考与探索。

1. 纳入已有课程体系，整体建构

课程政策象征着课程改革的必要性、进步性、合理性、合法性以及自由的扩展。然而，课程政策旨在解决特定的课程问题，唯有学校有效地落实课程政策，才能真正实现课程政策的意图，整体提升课程品质……基于此，本着五育融合、衔接课内、激趣拓思、顺性扬才的原则，系统完善了"双减"背景下基于立德树人的课程体系（见图1）。此体系的建构，既抓住了校内落实减负的要点、环节，又衔接了国家课程；既关注了兴趣能力，又丰富了学生的课程体验；既尊重了学生需求，又关注了个体差异。有利于《意见》的校本化实施。

图1　"双减"课程体系

2. 找准五育融合突破口

德智体美劳全面育人，其突破口到底在哪里？上文介绍过了，近些年来，五育发展是不均衡的，特别是"缺劳"，因此，2020年3月，党中央国务院印发《关于全面加强新时代大中小学劳动教育的意见》指出："劳动教育是国民教育体系的重要内容，是学生成长的必要途径，具有树德、增智、强体、育美的综合育人价值。"

显然，以劳动教育为突破口，准确把握新时代劳动教育的内涵，发挥其综合育人价值，链接学校课程资源，是达到"双减"背景下五育融合的上佳路径。

回顾已有的课程资源——学校实施了"寻找最美劳动者"绘本主题创作课程，当时全校各个年级学生积极参与，共收作品2000余份，经过专业团队筛选，形成了课程资源包（见下表）。

"最美劳动者"原创绘本一览表（部分）

主题	绘本自创书目
观察最美劳动者	《在路上》《寻找最美劳动者》《喵的旅行》《寻找时间》《劳动最光荣》《春天来了》《最美劳动者》《那些最可爱的人们》《世界上最好的爷爷奶奶》《我的妈妈》《我的班主任》《铁路工人》《我的妈妈是护士》《劳动与丰收》
践行最美一件事	《真正的自由》《我的假期生活》《小猫种苹果》《邻居家的猫》《我学会了包饺子》《勇救小绵羊》《春节》《世界上最好》《常回家看看》《鹦鹉和燕子》《我的小猪妹》

"实施劳动教育重点是在系统的文化知识学习之外，有目的、有计划地组织学生参加日常生活劳动、生产劳动和服务性劳动，让学生动手实践、出力流汗，接受锻炼、磨炼意志，培养学生正确劳动价值观和良好劳动品质。"这是文件对劳动教育实施的途径建议与实践意义的阐述，确实值得我们在课程创生方面积极探索创新。

（二）课程创生，开辟五育融合、提质增效新路径

系统思考与分析后，明晰了政策与学校课程结合，以劳动教育为突破口的思路，也就探寻到了五育融合的课程创生新路径。2021年春季，学校开启

了《小种子的梦》劳动教育课程。班班、人人参与种植。经历了春种、夏长、秋收、冬藏全过程，孩子们在参与劳动实践的过程中，也在各学科教师引导下进行了彰显学科特征的创作积累。正是全过程相伴式的参与，才有了丰富多元的产出。孩子们在德智体美劳各方面的收获远远大于长在地里的大豆、高粱、玉米和花生，他们将自己的经历，将自己用心用力的观察与思考，用诗歌、绘本等形式尽情表达，有的直接在绘本中表达了在这冬藏时节期盼着新一轮的劳动实践！

盘点孩子们的绘本作品，有以下几个突出特点：

1. 种植场景再现，素材鲜活生动

低年级每班一块地，相伴全过程——播下沉睡的小种子的同时，播下了孩子们的期盼。所以，在创作素材上，几乎是浑然天成，毫无拼凑之痕。我们做了初步统计，三年级以小花生、大豆、高粱等为素材的绘本创作多达20余篇；一、二年级的学生即使不会创作整个故事，但也以自己熟悉的种植场景为素材，每班一本种植日记，24本日记，1096名花小娃娃的珍贵足迹。此外还生成了美术写生册、语文诗歌集、道德与法治学科节气卡、音乐歌词创作集、数学量地周长、面积异型书等跨学科丰富的成果。正是全身心投入其中，种植场景才会生动地再现。种植劳动，给孩子们提供了源源不竭的创作源泉。

2. 入情入理创作，充满奇思妙想

细细品读这些小绘本，总是有一些情节令我们感动与惊叹。比如《小绿豆找同伴》，生动地描绘了小绿豆在寻找同伴的过程中，见到了小红豆、小黄豆、大米、豆芽等，经过对比未能如愿的过程，最后当自己变成和旁边的豆芽一样时，由失望变欣喜的过程。这些情节真实反映了中年级的孩子珍视同伴、寻找自我、生怕孤单的心理。诸如此类立意的绘本还有《玉米先生》《玉米与胡萝卜》等。您瞧，孩子们就是这样把现实的同伴关系融入创作情境中，读来是那么打动人心！再如《小花生太空旅行记》，飞上太空的小花生经历的富有悬念的历程，读起来妙趣横生。《小芝麻的力量》，不仅仅描述播种、成长的过程，而且在结尾将自己的真切体验化作"从一到万，种子的力量是无限的！"扣人心扉的感叹！

3. 童心跃动笔端，童真自然流淌

无论是低年级学生的诗歌，还是三年级孩子创作的小绘本，都是纯真的童心在闪耀。绘本《小高粱成长记》，小作者描绘的小种子投入土壤时，大睁着眼睛；而在土里使劲生长时，因为用力眉毛都立起来了！这分明是小作者在跟小种子一起用力啊！再有《种高粱》的手工书，小作者颇有大家设计风范，将每一页折叠回环相连，打开来就是孩子们那块种植的小天地。这巧妙的制作，分明是童心与红高粱的互为映照！总之，每一本、每一页、每一幅画、每一行文字、每一处细节都是童心跃动的波点，都是童真自然地流淌，都是指向培育具有童心、爱心、求知心和责任心的儿童样态的生动折射！

基于生成论的具身认知观提出：通过"身体与环境的耦合关系"以及"心智与身体的具身关系"将心智、身体与环境融为一个紧密的联合体。可见，将劳动教育与创意表达有机结合，产出的效果有力印证了生成论的具身认知观，不仅生动活泼开展了劳动教育，也取得了"树德、增知、强体、育美"育人成效，切实开辟了五育融合的新路径。

（三）数据测评，彰显五育融合的育人效果

如果说上述对五育融合的绘本课程实践与创新效果在显性的作品层面，那么问卷调研的数据则可印证其隐性价值。近期，我们对全校同学进行了"绘本阅读及创作情况调研"。问卷题目涉及阅读兴趣及创作习惯、阅读收益、创作收益三方面，共计33道题目。回收有效问卷1874份。现撷取与绘本创作密切相关的题目予以说明、佐证。

1. 阅读兴趣水平与创作习惯分析

调研结果显示，在"我喜欢自己独立阅读绘本故事"调查项中，57.84%的学生非常符合，36.13%的学生符合，共计占比93.97%（见图2）。说明学生自主阅读的兴趣水平整体较高。

1. 我喜欢自己独立阅读绘本故事（　）。【单选题】

选项	小计	比例	
A. 非常符合	1084		57.84%
B. 符合	677		36.13%
C. 不清楚	40		2.13%
D. 不符合	68		3.63%
E. 非常不符合	5		0.27%
本题有效填写人次	1874		

图 2　独立阅读调研结果

调研结果显示，在"受到绘本的启发，我喜欢自己画一画，一边画一边想象故事内容"调查项中，37.46% 的学生非常符合，39.49% 的学生符合，共计占比 76.95%（见图 3）。说明学生对绘本创作的兴趣水平整体较高。

调研结果显示，在"读完一些好的绘本后，我会试着模仿、或创作出新的绘本故事"调查项中，24.76% 的学生非常符合，39.81% 的学生符合，共计占比 64.57%（见图 4）。说明学生群体已经拥有绘本创作习惯的养成基础，显现一定成效。

4. 受到绘本的启发，我喜欢自己画一画，一边画一边想象故事内容（　）。【单选题】

选项	小计	比例	
A. 非常符合	702		37.46%
B. 符合	740		39.49%
C. 不清楚	191		10.19%
D. 不符合	219		11.69%
E. 非常不符合	22		1.17%
本题有效填写人次	1874		

图 3　绘本创作兴趣调研结果

8. 读完一些好的绘本后，我会试着模仿或创作出新的绘本故事（　）。【单选题】

选项	小计	比例	
A. 非常符合	464		24.76%
B. 符合	746		39.81%
C. 不清楚	285		15.21%
D. 不符合	346		18.46%
E. 非常不符合	33		1.76%
本题有效填写人次	1874		

图 4　绘本创作习惯调研结果

2. 阅读收益

其一，德育收益。

调研结果显示，绘本阅读对于学生德育工作具有显著的支持和实效。受绘本阅读影响，懂得关爱、善待他人的学生前两项占比为95.09%；努力做到诚实守信的学生前两项占比为95.25%（见图5、图6）。说明在绘本阅读活动中，在故事人物、事件情境的触动和影响下，学生能够受到积极的教育引导，达成德育的目标。

10. 在绘本故事中，人物诚实守信的品格影响了我，我努力做一个诚实的人，说谎时我心里会感到惭愧（　　）。【单选题】

选项	小计	比例
A. 非常符合	1085	57.9%
B. 符合	700	37.35%
C. 不清楚	66	3.52%
D. 不符合	18	0.96%
E. 非常不符合	5	0.27%
本题有效填写人次	1874	

图5　德育相应问卷结果

9. 在绘本故事中，我为人物的善良和仁慈感动，会在生活中善待、爱护他人（　　）。【单选题】

选项	小计	比例
A. 非常符合	1030	54.96%
B. 符合	752	40.13%
C. 不清楚	70	3.74%
D. 不符合	17	0.91%
E. 非常不符合	5	0.27%
本题有效填写人次	1874	

图6　德育相应问卷结果

其二，智育与体育收益。

在绘本阅读的过程中，想象力和创造力得到发展支持的学生前两项占比为95.52%（见图7），说明在绘本阅读活动中，学生能够在绘本内容中得到启发，产生联想和奇思妙想，发展了想象力、创造力，能够增长见闻，拓展知识面，掌握一些解决问题的方法。

调研结果显示，绘本阅读对于学生体育工作具有一定的支持。通过绘本阅读，关注健康话题，形成体育锻炼意识的学生占比为93.23%（见图8）。说明通过选择相应主题的绘本，能够支持学生的体育教育和心理健康教育工作，能够在健康常识、锻炼意识、情绪压力纾解方面挖掘绘本阅读的体育功能。

11. 绘本中的一些内容启发了我，让我产生联想，或让我有了一些奇思妙想（　　）。【单选题】

选项	小计	比例	
A. 非常符合	1010		53.9%
B. 符合	780		41.62%
C. 不清楚	63		3.36%
D. 不符合	16		0.85%
E. 非常不符合	5		0.27%
本题有效填写人次	1874		

图 7　智育相应问卷结果

13. 我能从绘本中受到健康引导，重视身体健康，重视体育锻炼（　　）。【单选题】

选项	小计	比例	
A. 非常符合	954		50.91%
B. 符合	793		42.32%
C. 不清楚	81		4.32%
D. 不符合	37		1.97%
E. 非常不符合	9		0.48%
本题有效填写人次	1874		

图 8　体育相应问卷结果

其三，美育与劳动教育收益。

15. 在绘本的图画中感受到美感，我会模仿书中的图画，尝试自己画一画（　　）。【单选题】

选项	小计	比例	
A. 非常符合	757		40.39%
B. 符合	782		41.73%
C. 不清楚	147		7.84%
D. 不符合	155		8.27%
E. 非常不符合	33		1.76%
本题有效填写人次	1874		

图 9　美育收益调研结果

18. 我从绘本故事中得到启发，尝试自己的事情自己做，还主动承担一些家务劳动（　　）。
【单选题】

选项	小计	比例
A. 非常符合	813	43.38%
B. 符合	888	47.39%
C. 不清楚	102	5.44%
D. 不符合	66	3.52%
E. 非常不符合	5	0.27%
本题有效填写人次	1874	

图 10　劳动教育收益调研结果

通过绘本阅读，感受到图画美感并模仿创作的学生占比为 82.12%（见图 9）。说明学生能在绘本阅读的过程中获得审美体验，并从朴素的认识层面进行审美鉴赏，能够通过绘本阅读，有效地开展学生美育工作。

绘本阅读对于学生劳动教育工作具有一定的支持。通过绘本阅读，从绘本故事中受到启发，主动承担家务劳动的学生前两项合计占比为 90.77%（见图 10）。说明学生能在绘本阅读的过程中，懂得劳动的道理，形成劳有所获的意识，进而提升自理能力，在家务劳动中发展劳动技能。

从整体上看，学生的阅读收益情况良好，大部分学生都在德育、智育、体育、美育、劳动教育方面获得了实际收益。上述调研，显示了五育融合下的"绘本视界"课程实施沉甸甸的效果；也彰显了学校始终坚持慧心教育的显著成果。

3. 创作收益分析

无论是在图文协调、角色塑造，还是创作技能等方面，都显示出几年来五育融合推进下，学生原创绘本促进自主成长的可喜成效。现重点举例说明。

绘本创作活动中，学生的文字表达能力得到有效的提升。运用文字、辅助图画，实现图文协作表达的学生占比为 87.14%（见图 11）。说明学生已经形成图文协作表达的意识，并且追求用简练的语言和文字来表达创作内容。举例：《花生太空旅行记》的语言非常简练，与图画形成了很好的协调关系。比如第一页文字："阳光下，一枚小小的种子躺在泥土里努力生长，她是花生小姐。"图画中的花生种子，被赋予人格化，鲜明的角色跃然纸上。再看第二页文字："日复一日，她渐渐长大，还有了一群孩子"（见图 12、图 13）。文字、图画互相关联，表达生动而俏皮。

图文关系：

21. 我会给自己的画配上文字，帮助别人理解我画的内容（　　）。【单选题】

选项	小计	比例	
A. 非常符合	773		41.25%
B. 符合	860		45.89%
C. 不清楚	127		6.78%
D. 不符合	103		5.5%
E. 非常不符合	11		0.59%
本题有效填写人次	1874		

图 11　图文协调调研结果

图 12、图 13　《花生太空旅行记》节选

角色塑造：

调研结果显示，学生设计、塑造角色的能力得到了提升。在角色设定方面，用小动物、人物、植物、物品等对象来丰富角色类型的占比为88.42%（见图14）。在故事角色的选择以及角色细节刻画上，能力都得到了提升。

23. 创作绘本故事时，我最喜欢用小动物作故事的主角，也喜欢用人物、植物、物品来作故事中的主角（　　）。【单选题】

选项	小计	比例	
A. 非常符合	824		43.97%
B. 符合	833		44.45%
C. 不清楚	130		6.94%
D. 不符合	77		4.11%
E. 非常不符合	10		0.53%
本题有效填写人次	1874		

图 14　角色塑造调研结果

创作技能：

27. 我能发挥创意，使用多种材料，或使用生活中常见的废旧物品来制作绘本书（ ）。

【单选题】

选项	小计	比例	
A. 非常符合	563		30.04%
B. 符合	789		42.1%
C. 不清楚	263		14.03%
D. 不符合	237		12.65%
E. 非常不符合	22		1.17%
本题有效填写人次	1874		

图 15　材料创新问卷结果

11. 绘本中的一些内容启发了我，让我产生联想，或让我有了一些奇思妙想（ ）。

【单选题】

选项	小计	比例	
A. 非常符合	1010		53.9%
B. 符合	780		41.62%
C. 不清楚	63		3.36%
D. 不符合	16		0.85%
E. 非常不符合	5		0.27%
本题有效填写人次	1874		

图 16　优秀绘本启发问卷结果

调研结果显示，绘本创作活动中，学生多方面的创作技能都得到了提升。在材料创新方面，能发挥创意，使用生活中常见废旧物品来制作绘本书的学生占比为 72.14%（见图 15）；在阅读启发方面，能从优秀绘本中获得灵感和启发的学生占比为 95.52%（见图 16）。例如三年级一名学生创作的《小谷子》，就将树叶、花朵作为辅助装饰，粘贴在相应的图文旁边（见图 17）。

图 17　学生原创绘本《小谷子》节选

叶澜教授说：学习、实践，体悟了，心灵才会打开心窗。正是营造了"绘本视界"的广义课程空间，学生们得以将独特的视角、深刻的思考融入作品创作之中，个性鲜明，真正养成了观察思考、积累表达的好习惯。

三、结束语

多年来，学校"绘本视界"特色课程始终离不开一个"创"字。一路走来，又在"行"字上不断探索，最终落在一个"育"字上。在"双减"背景下，更是找到了新的生长点——除了五育融合的育人价值的彰显，还为落实"双减"要求，分层进行主题作业、弹性作业设计，进行了有益探索，积累了丰富的资源。

在"双减"全面落地的当下，需要教育者以"课程自立"的精神投入到变革中来。课程自立是一个人认识到课程变革是自己的事，要有自己的立场、自己的创见，自觉参与到课程变革中来。自主性变革是学校生机活力的主体源泉。为此，结合上述实践创新，我们努力为孩子们构建校园、田园的生长大课堂，利用绘本课程资源进行弹性作业的大设计，书写好立德树人的大文章！

参考文献

[1]杨四耕.学校整体课程规划的七个关键[M].上海：华东师范大学出版社，2021.

[2]赵瑞武等.智能技术支持下具身学习的特征、形态及应用[J].现代远程教育研究，2021（12）.

[3]李政涛."新基础教育"研究传统[M].福州：福建教育出版社，2015.

[4]杨四耕.教学诠释学[M].上海：华东师范大学出版社，2020.

    李烈　正高级职称，数学特级教师。原北京第二实验小学校长。现任国家教材委委员，国家督学，国务院参事室社会调查中心高级研究员，教育部教指委副主任委员，中国教育学会学术委员会常务副主任、小学教育专委会理事长，北京师范大学兼职教授，北京市正泽学校校长。荣获全国劳动模范称号、香港柏宁顿孺子牛金球奖杰出奖等，享受国务院政府特殊津贴。代表作有："以爱育爱""双主体育人"教育思想及《给生命涂上爱的底色》等个人专著。

李烈校长印象

　　人的本事当然是学来的。但是，一个人未必真能学到另一个人的本事。比如做校长，要学到李烈校长的境界难度就太大了。她的教育智慧、举重若轻的领导力、驾驭大局面的胸襟让人仰之弥高。她的事业可谓尽善尽美：教书，她很早很年轻就当上了特级；当校长，她当成了校长们的校长——年轻校长们以能成为"李烈校长工作室"的成员为荣。李校长还是全国小学校长中第一位国务院参事，是中国教育学会副会长，也是中国教育学会小学教育专业委员会理事长——在全国小学教育领域来说，李烈校长的影响力达到了顶峰。李校长拥有大量的、忠实的校长粉丝，粉丝们对她的推崇、认同发自内心。李校长也是教育部认可的首批当代教育家。她是优雅的、温情的女性，是师生们心中的好校长，是门生敬爱的老师。为人师者，当如李烈！

——老廖

为了每一个孩子健康快乐成长

——对学生评价的思考与体会

北京市正泽学校　李　烈

在当前的小学教育中，就学生发展问题存在着两种突出的不平衡和不充分。一方面，是学生的知识学习与综合素质养成之间的不平衡与不充分发展。即存在着重知识学习、轻人格培养，重认知发展、轻社会性发展的现象。另一方面，不同的学生之间存的不平衡和不充分发展。即还未能做到充分地尊重每一个学生的差异，满足每一个学生个性化成长的需要。从这个意义上讲，让"每一个孩子健康快乐成长"的根本，可以说就是让每一个学生都获得平衡与充分的发展。

一方面，是指学生个体作为一个完整的人，在其健康成长所必需的各个方面都获得平衡与充分发展。比如，认知和非认知发展、身体与心理发育、科学与人文素养等方面。若有所偏颇，就会造成学生某一方面发展的不充分，形成学生在全人发展各个方面的不平衡。

另一方面，是就学生整体而言，每一个学生都能够找到最适合自身发展的路径，获得平衡与充分的发展。学生存在着差异性和多样性，如果用同一套标准、同一把尺子去要求所有学生，对其中一部分学生而言，势必会造成他们的不充分发展，从整体上就会呈现出学生之间发展的不平衡。

在学校教育中，评价是不可或缺的教育智慧与手段，而能够促进每一个学生的平衡与充分发展的评价，必然充分具备其发展性、过程性、激励性和差异性。

一是评价要突出发展性。对学生的评价要以促进学生的全面发展为核心，关注对学生自身在各个方面的发展状态，强调学生的参与和对学生的定性评价。在充满情感，而非惩罚的氛围中促进教师和学生、学生和学生之间进行互动评价，从而促进学生的自主发展。

二是评价要体现过程性。对学生的评价不能只关注学生最终的学业成绩，更要关注学生的学习过程以及学生在学习过程中展现出的认知性和非认知性的发展，并依据学生整个学习过程的表现来对学生进行阶段性评价。

三是评价要重视激励性。对学生的评价要超越对学生的客观诊断或者优劣的评定选拔，突出对学生内在成就和自身主动性的激发。通过各种积极的鼓励性方式，实现学生的自主发展。

四是评价要尊重差异性。对学生的评价要建立在充分尊重他们的天赋、能力、个性等方面差异的基础上，突破单一、标准化的评价方式，给学生的个性发展留出充足的空间，激励每一个学生个性化的成长。

可以说，经过持续的改革和实践探索，非常多的学校及教师在评价问题上已经取得了基本的共识，也有了很多可喜的变化，呈现出很多一线教育工作者丰富、生动的实践探索和研究成果。然而，在实际工作中仍还有诸多没有到位或不够完善的地方。为此，我的思考与体会是：

第一，始终把促进每一个学生的平衡与充分发展放在首位。

评价是教育的手段或途径，其根本目的在于促进教育目标的实现，即每一个学生的平衡与充分发展，这是评价的根本价值追求，是"教育之道"的表现。因此不能满足于在对具体评价方式、方法的探索，方式方法的改进与创新终究是在"术"的层面上的探讨，一旦脱离了对"道"的思考，在不断强化具体手段的过程中，就有可能出现舍本逐末的现象，为评价而评价、就方法谈方法。

因此，无论是理论研究还是实际工作，都要始终从评价的根本出发，让所有的评价手段和方法都指向并服务于学生的全人发展，服务于教育目标的实现，即每一个学生的平衡与充分发展。因道生术，由术显道，方是评价的理想呈现。

第二，关注学生在真实学习情境中的投入状况。

评价的价值根本上在于促进学生的发展，而学生的发展不仅仅是试卷上呈现的正确答案，也不仅仅是符合规范的行为表现，更多的是学生在真实学习情境中的投入状态。这种状态在积极心理学上被称为"心流"或"流畅感"，是指人们对某一活动或事物表现出浓厚而强烈的兴趣，并能推动自己完全投入进去、注意力高度集中，从而进入一种完全沉浸其中的状态。孩子在学习过程中，产生这种状态，就会体验到学习的快乐和成长的幸福，进而逐渐形成主动学习与发展的良性趋势。这正是小学教育所应该带给孩子们的学习体验，是对教育效果最真实的检验。这种状态很难用一种标准化的指标去衡量，更多地是在完成各种任务的过程中自然而然地呈现出来的。

因此，在对学生的评价中，再少一点量化的评价，再少一点冰冷的指标，再多一些蕴含着教育教学目标的活动和任务，让学生在参与活动、完成任务的投入状态中展示自身的成长。

第三，为学生的个性发展留出自由的空间。

当前，在对评价的研究中，评价的差异性已经逐渐引起了人们的重视。然而，在现实的评价中，仍有太多的统一标准、太多的等级评定。这是形成于工业时代学校教育的同一性评价，强调用一个共同的、普遍的标准衡量所有的学生，忽视了学生先天和后天的差异，无法激发每一个学生的潜能。

而在信息化时代的今天，鼓励和发展学生的个性，已经成为一个时代的需要和命题，在对小学生的评价上就要进一步减少单一化、标准化的量化指标，尊重个人的主体性，更多地呈现纵向的发展，而非横向的竞争；更多地采用表现性的评价，而非等级性的评定；更多一些学生的自由表达，而非统一的动作规定。让每个学生都有展示天赋潜能和独特想法的机会和舞台，允许学生在发展的速度、路径、程度上的多样与差异。这既是学生先天差异的客观要求，更是当前时代所要求的对人性的最大关怀、真正尊重人性的教育，不是给予所有学生同样的教育，而是给予每一个学生最适合的教育。

要做到以上三点，首先需要简化对教师的评价。在现在的很多小学里，对教师的评价多是僵化、单一的，一方面是对考试成绩的严格要求，另一方面是各种刻板的硬性指标和规定。

然而，教师的工作是一种极具个性与创造性的专业性工作，充满了个性的特色与差异，很大程度上是无法用简单的指标来衡量的。在僵化与教条的评价下，教师主体性和自主性得不到充分的尊重和发展，不仅自身的发展得不到支持与提升，更无法在实际工作中做到充分尊重学生的个体性和差异性。

　　因此，在对学生评价的同时必须在评价上解放教师，少一些形式主义的规定指标，多一些自主定标、自我发展的多样性评价，在评价的制度、内容、方式、流程等方面，逐步形成发展性教师评价体系。让教师伴随着学生的成长也获得自我实现的价值与幸福！

　　李磊　中共党员，正高级教师。从教四十余载，钟情于课堂教学改革，坚持十年引领全校教师扎实开展"自主课堂"的研究，形成"幸福交响"课堂教学新样态。通过不断地学习与教育实践，从一名普通教师成长为一名教育管理者，担任校长十五年来，把传承、创新校园文化作为引领学校内涵发展的重心，锻造"幸福教育"品牌，推动五小发展成一校六址的优质集团校，成为北京市第一批特级校长。2017年成立了丰台区首批名校长工作室。

李磊校长印象

　　李磊校长蕴涵着浓浓的书卷气，气质优雅，知性，让人见之忘俗。五小的前任校长称她是"一个完美的人"，这么高的评价，足见老校长对她的充分认可。李磊也是典型的专家型校长，在北京和全国的小学教育领域有威望、有影响。教学出身的她对讲台的感情很深，语文教学的业务相当精湛，在新加坡的留学经历更给予了她开阔的视野。李校长是让人内心感念的校长，很多人希望有机会能为她和她的学校多做工作，她遇到困难时总有人伸出援手，老师和干部们都乐意为她效力。李磊领导的丰台五小是京西知名的优质校，把这所学校放在全市的背景上看，实力同样不俗。能师从这样的校长，该是人生幸事。

——老廖

让每个学生都收获更好的自己

——"幸福交响课堂"样态的实践研究

北京市丰台区丰台第五小学　李　磊

丰台五小"幸福交响课堂"的建构，坚持以中华优秀传统文化、马克思主义关于人的全面发展理论以及积极心理学理论和教育哲学为指引，全面落实党的教育方针，坚持贯彻国家教育政策，努力践行《习近平新时代中国特色社会主义思想学习纲要》中所强调的："要让人民有更多、更直接、更实在的获得感、幸福感、安全感。""落实立德树人根本任务，发展素质教育，推进教育公平，努力让每个孩子都能享有公平而有质量的教育。"

缘起：为了解决现实中的问题

丰台五小"幸福交响课堂"样态研究是为了解决三个问题：

一是根深蒂固的应试教育破坏、影响学习者的学习兴趣和发展潜力。原有课堂中过于强调学生之间的竞争，缺乏合作，教师固守传统教学方式、比拼成绩、家长更在意学习成果而非过程，这些都大大影响了学生内在的学习快乐和学习动力。

二是传统课堂模式不利于教育微观公平的推进。对于学校而言，践行微观教育公平，让课堂真正成为每个孩子的课堂，让角落里的孩子也能发光，是每一位教育者应尽的责任，但传统的课堂难以关注到每一个学生，容易造成教学上的不公平。

三是"以学生为本"难以真正在课堂教学中落地生根。教育的核心任务是促进每个学生的健康成长、和谐发展，这就必然要求课堂不但关注学生的知识技能获得，同时要关注他们的情感发展、价值观的形成，而且，情感和价值观教育，是更为根本的东西。但是，在传统的课堂，教育目标往往导致知识性教育目标被放大，情感、价值观教育目标常常被忽略。

为改变以上种种状况，我们历经十年，研发了"幸福交响课堂"模式，为基础教育课程改革提供了一种新的样态：学生不再是学习的机器，教师也不只是教书匠，每个人都应该与新的自己、与世界相遇，课堂是师生共同成长的空间，尤其在当下"双减"背景下，创新教学方式，提高教学质量，构建和谐与协作的幸福课堂，在各美其美、美美与共中实现课堂"幸福交响"。

价值：给每个学生提供最适合的教育

"幸福交响课堂"的价值内涵为：给每位学生提供最适合的教育，使每一个学生都能通过教育收获更好的自己、内心充满幸福感。

"幸福交响课堂"的内涵与核心价值是：将每一位学生看作一位乐手，尊重每一位学生的特长和选择，帮助他们发现自我、喜爱自我、发展自我、丰富自我、提高自我、成就自我。在"幸福交响课堂"中，每一位学生都要发展，但不是一样的发展；每一位学生都要提高，但不是同步的提高；每一位学生都要合格，但不是用唯一的评价标准。顾明远曾说："要将目光放远，不仅仅只是盯在升学率上"，幸福交响课堂给每位学生提供最适合的教育，使每一位学生都能通过教育收获更好的自己、内心充满幸福感。

"幸福交响课堂"的核心价值理念是：自主、公平、包容、协同发展。自主：强调自觉主动地学习，对学习有需求、有动力。在学习的过程中主动质疑、倾听、对话、探究、实践，实现对知识的自我建构，具有终身学习的意识和动力。公平：强调让每个学生都有学习权，实现学习在每个学生身上真实发生。包容：强调以尊重为基础，理解他人的观点或思想，并在他人观点中汲取自我成长的力量。协同发展：强调基于倾听与有效表达，面对挑战性问题进行对话性研讨的互学形式；师生、生生之间协调一致、相互配合，形成拉动效应，推动共同学习。协同的结果使大家个个获益、整体加强，共同发展。

路径：在真实的教育环境中破解真实问题

"幸福交响课堂"采取行动研究法，在自然、真实的教育环境中，破解教育教学中的真实问题，再通过不断反思与修正，提高课堂质量。具体实施路径如下：

（一）变革教师的教育教学理念

强调教师树立五个理念，完成五个转变：

第一，以学习者为中心。教师从"教明白"转变为学生"学明白"，促进学生学习能力的发展。

第二，关注学习起点和任务难度。研究学生的学情和学习起点，用最近发展区理念，帮助学生突破难点。

第三，聚焦目标任务驱动。设计教学从目标不准确不清晰，聚焦到学生学习的核心和关键。

第四，从学生需求出发。教师跳出固化的思维模式，转变为更加灵活的、适应学生需求的思维方式。

第五，追求意义和价值。帮助教师从关注学科知识的掌握，转变为关注知识建构和应用价值。

（二）变革教师教学行为

在构建"幸福交响课堂"的探索中，着力改变教师授课的五个行为：

第一，增加教师课堂积极语言比率。教师语言从随机随意到方向明确，从指向笼统到清晰精准，从带有个性情绪到阳光积极。

第二，教学行为从知识讲授为主，走向基于关键问题的任务挑战。历经自主思考—小组探究—全班发表—问题返回—提供支架—互学共进—小组评价等环节，激发学生学习内驱力。

第三，教师从"一言堂"走向善于倾听。善于向学生学习、善于捕捉生成的资源促进学习。学生从被动听，到积极参与、合作分享、乐学爱学。

第四，有效利用教师站位和行动路线。教师从站在课堂中央到走向课堂每个角落，从在讲台上高高在上到在学生身边蹲下身，进一步观察和反思，对学生体察和引导。

第五，科学设计教师讲授时间。课堂上教师讲话时间不得超过 15 分钟的规定，帮助教师让出更多表达的时间，充分尊重学生的学习权利，拓宽学生的学习空间。

（三）科研项目引领课堂教学变革

我们以科研带动教研，不断推进着"幸福交响课堂"改革的进一步深入。围绕"幸福交响课堂"的建构开展了课题研究，申报了国家级课题 3 个、市级课题 4 个、区级课题 47 个，形成了定向研究的场域。立足课堂现状逐步实施微创新、微调整，五个校区依据学情及出现在课堂的普遍性问题，形成了新的研究专题，并在集团内进行阶段性研究课的展示。

以科研带动教研，推进着"幸福交响课堂"改革的不断深入。课题组将集团 2017—2021 年连续 5 年的科研论文成果（共 37 篇）进行了比较分析后发现，学校对"幸福交响课堂"的内涵不断丰富与聚焦。从共性来看，连续出现的高频关键词是：目标、倾听、支架、协同、探究、思维、核心、聚焦，体现出研究始终聚焦一个核心，把握一条主线，实施一个路径。从差异来看，高频关键词出现了从思考到思维，从实践、探究到深度、挑战，从尊重到倾听的变化，体现出研究的逐年具体深化、层层递进。

效果：十年磨一剑，形成新的文化样态

经历十年的"幸福交响课堂"研究，学生、教师、家长以及学校的文化样态都发生了变化。

学生被高挑战和高技能的学习任务所吸引，带着独学所产生的疑问，与伙伴共同探究，沉浸其中，不断发现、论证、实践，感受着思辨、创新带来的心流体验。每个学生都参与学习全过程，学生的学习观及学习行为发生了以下变化：敢于挑战我要学；幸福协同互相学；包容接纳集体学。

教师越来越习惯主动教研、主动科研。走进课堂，你会看到教师眼中有爱，教师从讲台走进学生中间，把问题抛给学生、把时间还给学生，蹲下身子倾听学生的学习需求，关注每一个学生的学习发生。教师从关注知识获得过渡到关注能力培养、思维提升、品格塑造、价值观的形成；从关注"教"，到关注"学"，再到关注"人"，变成成就学生成长的重要他人，同时也获得了职业幸福感。

在"幸福交响课堂"的研究过程中，学校一方面了解家长在教育孩子方面的真需求，通过家长课堂等途径给予理念引领与方法指导；另一方面建立与社区资源的联系，营造了家校社共育的交响文化氛围。

教育研究的价值在于成果的推广运用。近年来，学校多次承办市区级教

学展示活动，多次承担国际、全国级峰会等各层次论坛发言；累计培训各省市校长 300 余名，跟岗团、学习团 30 余个；多次送教"京津冀一体化"学校，承担"北京市城乡一体化发展项目"，将"幸福交响课堂"范型应用于魏善庄二小乡村学校，推动该校面貌改变，带动了大兴区十几所学校参与到这项教学改革。

    李升华 中共党员，教育管理硕士毕业，正高级教师。现任职朝阳区陈经纶中学嘉铭分校校长，朝阳区党代表。

    2011 年担任嘉铭分校校长以来，李升华同志致力于嘉铭分校课堂教学改革，促进了嘉铭分校这所普通的社区学校的品牌式发展。学校规模由一址到六址，学生人数急速上升到 6000 人。实现了新合并学校一学期变样，一学年见效、两年提升、三年全优的发展目标。从 2020 年起，六个校区并行进入朝阳区优秀校行列。嘉铭分校办学绩效位居朝阳之首，教育教学改革引领朝阳之先，得到区域百姓的广泛认可。

    李升华同志先后编著出版了《拆掉成长的墙》《构建优化课堂教学模式实践研究》《九年四段一体化育人模式下的儒雅嘉铭课程实践研究》《打破阅读的壁垒》四部教育教学实践专著。曾荣获北京市教育教学成果奖、朝阳区教育教学成果奖多次；获得首都劳动奖章、朝阳区五四劳动奖章、"巾帼之星"等多项荣誉。

李升华校长印象

　　陈经纶中学的嘉铭学校好到什么程度呢？你可以尽情想象它的好，譬如它的校风学风如何好，老师如何敬业爱生；譬如它的教学质量如何在北京东部地区领先……你这样想象没有错，真实的嘉铭值得你想象。作为陈经纶旗下最大体量的学校，嘉铭学校本身也是集团校了，嘉铭旗下就有6所学校，它的初中、小学教学质量和教学改革，它的"紫藤花开"大数据平台，它的冰雪运动等，在东部地区十分抢眼。李升华校长就是这里的掌门人，她14年来在这里打拼，与她的团队一道成就了嘉铭。她教学好、善管理，有远见、有胆量、有魄力，既深情厚意，又不让自己的眼里揉进沙子。为了学校的发展，她敢于亮剑，无所畏惧。用《三字经》中的八个字评说李升华校长，那就是：德建名立，形端表正。李升华校长，称得上是朝阳教育的建功者。

——老廖

兼容并蓄　养根俟实

——北京陈经纶中学嘉铭分校以文化建设促进学校全面发展

北京陈经纶中学嘉铭分校　李升华

陈经纶中学嘉铭分校创建于 2003 年，是朝阳区第一所九年一贯制社区学校和学区化改革示范校。从 2017 年起，嘉铭分校合并三所薄弱校，接受两个新校区，并连续五年承担了朝阳区最重的入学任务，成为北京市最大规模的九年一贯制走读和住宿两制并存的学校。目前，在校生 5800 余名，教职工400 名。

嘉铭分校顺应国家教育发展形势，坚持做教学发展的事，以教学发展促进了嘉铭分校教育发展。学校打造了冰雪四项、科技教育、国画等八大项特色课程，赋予了嘉铭分校学子以良好的德行修养为基础的全面发展的实力，嘉铭分校以办学的优质绩效产生了广泛的影响力，获得区域百姓的高度认可。

一、以文化的无形传递管理的"内功"

嘉铭分校发展是基于对经纶百年"宜强、勤奋"办学传统的传承，奠定了嘉铭分校"老实做人、勤奋做事"的人文底蕴；更是笃定"为党育人、为国育才"的办学目标，与国家教育发展同频共振的"自强不息、创新发展"的嘉铭分校人的教育情怀。嘉铭分校营造"让有信仰的人讲信仰，让优秀的人培养更优秀的人"的教育氛围，让"有法、有规、有畏、有序、有礼、有道"成为师生的言行认同，通过学校"优质优酬、奖优罚劣"的评价体系，"让优秀成为习惯"成为嘉铭分校人共同的价值追求。

2017年进入办学的艰难跋涉期以来，嘉铭分校实施了"一个学校、一个标准、一体打造、一体管理"的多校区的统一管理模式；构建了五级干部"纵到底、横到边"的立体管理框架；我们"坚守并弘扬本部优势，整肃和梳理症结问题，确立并借势发展目标，强化并考核常态管理"为整合策略，预见问题有对策，整改问题有决心，矫正偏颇有氛围，标树榜样有导向。快速并强势介入，实现了一学期变样、一学年见效、两年提升、三年全优的发展目标。

二、以有形文化传递管理的"情意"

文化最早出于《易经》："观乎天文，以察时变，观乎人文，以化成天下。"现在取其教化天下之义。学校文化是社会文化的一部分，是以校园精神为主要特征的一种群体文化，并通过校园建筑、校园景观等物化形态传达学校的校风、学风、人际关系以及共同形成的行为准则。嘉铭分校"书香敦品，德行励学"的办学理念，是在表达"文化立校"的本真想法，让"为学先立志，立志先立德"成为嘉铭分校学子的人生准则，"为学先穷理；穷理先读书"成为嘉铭分校学子的生活方式。通过"以德促行、正行养德"的教育氛围和"书香校园"的立体打造，呈现"尚德、崇学、读书"的文化氛围。

（一）嘉铭分校紫藤文化阐释

嘉铭紫藤文化，是"以物为媒，与物相应，相宜相生，化成嘉铭"。源于嘉铭学校门口的一株百年紫藤，2002年嘉铭分校破土之时，为了保留这株树，把校门留在这儿。当铸铁厂的厚重沉淀为历史后，琅琅书声开启了新世纪的大门。从2012年开始，嘉铭人开始以"紫藤文化"为标识，以无形的力量传递有形的管理和感召。宋朝《花经》中曰："紫藤缘木而上，条蔓纤结，与树连理，瞻彼屈曲蜿蜒之伏，有若蛟龙出没于波涛间。枝叶茂盛，花序如翠蝶成行，美丽清香。"我们以紫藤适应能力强，耐热、耐寒的生长特点提炼出"生命热烈、执着顽强、追求幸福、爱意深沉"的紫藤花语，以校园百年紫藤为嘉铭精神象征，寓意嘉铭人像紫藤一样执着、顽强，追求生命的旺盛、热烈，绽放美丽、香溢四方。进而提炼了嘉铭"书香敦品，德行励学"的办学理念，"和谐、儒雅、多元、开放"的办学定位，"有德、有识、有礼、有趣"的办学目标。

（二）嘉铭分校紫藤文化气氛

（1）各校区富有紫藤寓意的建筑标志：嘉铭分校——綵经园，安中——撷纬园，欧陆——正成园，安小——朗园，秀园——沁园，实验中心——紫玉厅。

最早的嘉铭"綵经园"，"綵"溯源有"彩衣堂"，翁同龢故居之名，引申为称赞的欢呼声和精彩的成分。校园景观以"綵"为主意，寓意学生在校园丰富多彩的生活，收获精彩。"经"字本意是织布的纵线，有"经正而后纬成"之说，也有"管理"之意，与"经纶"之意相统一，寓意学生心系校园，胸怀祖国，放眼世界。"綵经园"回廊以古今文化为背景，尽在儒雅之氛围营造之中，与学校"书香敦品，德行励学"的教育特色自成一体。

（2）嘉铭分校有鲜明的"紫藤印记"，嘉铭学子是紫藤花树下的孩子们，紫藤序列文创产品、序列活动：紫藤舞蹈团、紫藤话剧社、紫藤书院、紫藤合唱团，凸显了嘉铭浓郁的紫藤特色和追随。六个校区校园文化布置有统一的格调：走廊全部为隐约的山影、屋顶盘曲虬旋的紫藤树枝和紫藤花穗，配以学生国画作品。

（3）以紫藤花为文化背景，学校创作了自己的校园歌曲《紫藤花开》MV，并有自己的诗作《紫藤赋》："嘉铭紫藤挂云木，星星花蔓宜阳春，高出密叶隐歌鸟，学子香风留经纶"，现已谱曲传唱。

（4）以紫藤花树为载体，嘉铭分校形成了自己的美丽描述：走近嘉铭，那氤氲的紫藤花香会让你心醉、迷恋；走进嘉铭，那一树肆意挥洒的紫藤花穗会让你驻足、叹服。百年紫藤，百年"经纶"，葳蕤生发的紫藤，见证了中华百年历史演变，传递了经纶百年的历史传承，更目睹了经纶嘉铭分校的兴办、发展和壮大，也成为"嘉铭"的象征和嘉铭人的精神图腾。

（三）嘉铭分校紫藤文化的认知

嘉铭分校认知：文化是在传递一种理念、认知，让全体师生有区域归属感、有文化认同感、有自我荣誉感，我们是在传达一种品质理念、一种品牌观念、一种情感寄托。当我们划定一个高尚的文化圈以后，就会让嘉铭分校教师都努力不成为局外人，在平淡中寻求高尚，在平庸中寻求高贵，以此实现学校管理。

以紫藤为校园绘画的创意，是在传递一种审美趋向，我们追求的校园文化是为了实现办学的终极目标，是为了以无形的力量形成有形的力量，回归学校的人文秩序。嘉铭分校的管理文化是全体嘉铭分校人共同遵守的文化传统，以及不断变革、探索与嘉铭分校发展相匹配的行为方式，它体现为嘉铭分校人恪守的价值观、理念和行为规范，并表现为与时代发展、时代需求相匹配的最佳模式。

  李有毅 北京十二中联合总校校长，北京第五实验学校校长、北京丽泽国际学校校长。数学特级教师，正高级教师，北京市特级校长。全国政协第十三届委员会委员、北京市第十五届人民代表大会代表，中国创新人才教育研究会副会长，中国教育学会高中教育专业委员会副理事长，中国人工智能学会中小学工作委员会主任委员，北京市教育学会高中教育研究分会副理事长，北京市学校德育研究会副会长。获得全国五一劳动奖章、全国先进工作者、全国教育杰出贡献校长、丰泽领军人物等荣誉，享受国务院政府特殊津贴。

  李有毅校长积极推动教育教学改革，提出了"求真、崇善、唯美"的办学理念和"八气修身"的学生核心素质要求。在全国首创北京钱学森中学、创办钱学森航天实验班，发起成立了全国"推进教育信息化应用名校联盟"，著有《真善美的追寻者》《当今中学生的创造力培养》《培育创新DNA》等教育专著，所主持的国家级课题《培育创新DNA——北京市第十二中学创新人才培养模式探究》荣膺教育部颁发的第六届全国教育科学研究优秀成果二等奖。

李有毅校长印象

　　李有毅校长是北京丰台、京西地区教育领域的标志性人物，在国内基础教育领域具有一定的影响力和知名度。她用"求真、崇善、唯美"的教育理念把真善美品格与人的发展很好地结合起来，让十二中高位稳健发展，并让十二中几十年以来一直保持着一流优质校的美誉度，让丰台教育挺直着脊梁并可以充满自信地与其他教育强区对话。在名校众多的北京，在与教育强区的竞合进程中，李校长领导的十二中持续的辉煌让人充满敬意。她是教学名师，是师生的亲密朋友和导师，40余年的教育人生里，她致力于让师生在校园生活中拥有美好的相遇，让十二中成为他们终身的骄傲与美好回忆。她的眉宇间饱含真善和慈爱，她的微笑令人温暖亲切。这样的人具有教育工作者的天分，应该终身做老师、做校长。

——老廖

高中教育的多样化特色化发展

北京十二中联合总校　李有毅

党的二十大报告首次将教育、科技、人才进行统筹部署，通过协同配合和系统集成，开辟发展的新领域新赛道，塑造发展的新动能新优势。报告还提出要着力造就拔尖创新人才，坚持高中阶段学校多样化发展。这些令人鼓舞的决议释放了强大的信号，那就是：努力培养造就更多大师、战略科学家、一流科技领军人才和创新团队、青年科技人才、卓越工程师、大国工匠、高技能人才，让这些德才兼备的高素质人才具有战略眼光、领导能力、科技素养、工程思维、创新品格、工匠精神等优秀 DNA。从国家的人才需求反观高中的教育样态，多样化特色化的高中教育必将迎来蓬勃发展的未来。

多样化和特色化具有不同的内涵和作用，多样化指向整个育人系统的多元性，注重"量"，强调"美美与共"，其作用是体现高中学校的丰富性，比如高中学校可以在体制机制创新、一体化培养、协同培养、新型综合高中、特色培育和国际化教育等方面寻找优势发展方向。特色化指向整个育人领域的差异性，注重"质"，强调"各美其美"，其作用是体现高中学校的区隔性，比如高中学校可以在人文、科技、科学、数理、艺体、语言等领域确立特色发展方向。因此，多样化强调维度广，主张发展方式的丰富性，特色化强调辨识度高，主张育人方式的独特性。高中教育多样化特色化发展将形成"各美其美，美美与共"的普通高中教育格局。

一、高中多样化特色化发展具有战略性

从《国家中长期教育改革和发展规划纲要》提出"推动普通高中多样化发展""鼓励普通高中办出特色",到《关于新时代推进普通高中育人方式改革的指导意见》提出"普通高中多样化有特色发展的格局基本形成",到《普通高中学校办学质量评价指南》提出"促进普通高中多样化有特色发展",再到党的二十大报告提出"坚持高中阶段学校多样化发展",高中多样化发展已上升到国家战略层面,多样态的高中教育是推进高校新工科、新医科、新农科、新文科发展的重要途径,是实现教育、科技、人才三位一体协同发展的重要支撑,是实施科教兴国战略、人才强国战略、创新驱动发展战略的重要力量。

二、高中多样化特色化发展具有全球性

纵观全球教育,可以清晰看到各个国家都在着力培养多样化顶尖人才,进行优先投资和超前投资。进入 21 世纪,为抢占人才培养与发展制高点,世界范围内的人才竞争日趋白热化,2014 年奥巴马政府提出"重新设计高中项目",出现了综合性高中、学术性高中、磁石学校、职业技术中学、选择性学校五种类型。日本为了增强国家未来竞争力,推出了高中多样化发展组合拳,建设了综合高中、进学示范高中、超级科学高中、超级英语高中。高中多样化发展是让人才与国家战略、经济发展、产业需求相融合,为那些有独特潜质和天赋的学生提供教育机会,为使他们成为各行各业的精英、骨干而准备。

三、高中多样化特色化发展具有全局性

据教育部消息,到 2021 年,整个高中阶段教育毛入学率已达到 91.4%,基本实现普及化。普及化带来两个突出问题,一是区域办学同质化,以单一

育人模式配备教育资源，以升学率高低配置生源的区域办学格局已不能满足人民群众的需要，区域办学需要探索普通高中错位发展，从分层办学走向分类办学。二是学校发展单一化，升学率一度成为判断学校好坏的唯一标准，学校只存在单一性目标，对艺术教育、职业教育等的长期轻视，导致学生发展呈现单一化。因此，高中多样化势必带来区域多元化，从而解决整个教育的布局和结构问题，改变"千校一面"的局面，改革单一化、同质化的普通高中办学模式。

四、高中多样化特色化发展具有自主性

关注学生全面而有个性发展，推进多样化、有特色的高中建设已成为新时代高中教育的核心任务之一。完成这一任务需要学校拥有更多的办学自主权。《关于进一步激发中小学办学活力的若干意见》为探索高中多样化发展创造了条件。高中学校要全面研究自身的办学区位、历史、文化及生源结构，自主确定和凝练办学定位和特色发展方向，把课程、教师、资源作为特色创建的重心，把学分制度、评价制度、教学管理制度作为特色创建的支撑，积极探索多形式、多维度、多内容、多途径的人才培养目标和方式，办出个性，形成独特办学风格，提供足够的多样的适切的教育，让每一位学生获得应有的发展。

五、高中多样化特色化发展具有人本性

高中的多样化，对应着人本身的多样化，衡量优质高中的标准就是让每一位学生都得到最大程度的发展，即人人成才，其核心是教育个性化。多样化特色化高中的创建旨在以学生为本，适应学生的个性差异和不同选择的需要，实施基于共同基础的个性化教育。多样化特色化高中有利于学生多种形式的成功，也有利于打破现有的唯学术为尊的人才培养模式，从而将艺术教育、体育教育和现有的传统教育并列，探索出一条多渠道人才培养的道路。

多样化特色化高中的设置是在学生无限发展需求和有限社会资源之间的平衡，是综合考虑国家需要和个性凸显之间的平衡，是因材施教和教育科学性之间的平衡。

六、高中多样化特色化发展具有融合性

中共中央、国务院印发的《扩大内需战略规划纲要（2022—2035年）》中提出要加强科教基础设施和产教融合平台建设，鼓励社会力量提供多样化教育服务。普通高中是学生从半独立走向独立的关键时期，在其教育生活中需要走出校门、走向社会，为今后独立的学习和生活做准备，因此，高中多样化特色化发展一方面要用好高校资源，探索高中教育和大学教育衔接模式，形成特色人才联合培养机制；另一方面要与包括机关团体、企事业单位、科研机构、社区、家长在内的社会力量开展合作。高中学校要开放办学，以跨界、互联、融合等现代思维积极整合社会各方资源，挖掘学校自身潜能，实现内涵式发展。

普通高中破除教育同质化痼疾和提升教育特色化水平的任务依然艰巨，学制在高中阶段教育结构上的不尽完善和学校办学自主权的不充分等体制机制障碍依然存在，因此，普通高中学校多样化发展任重而道远，为此，要基于立德树人的根本价值，要基于社会发展的多元需求，要基于科学技术的应用趋势，在学术取向、普职融合取向、学科取向、课程取向和国际取向等价值领域进行高中特色化的顶层设计，让多样化特色化高中出色完成为党育人、为国育才的使命。

　　李志伟　北京市广渠门中学教育集团总校长，中学正高级教师。北京市第十六届人大代表。是北京市（中小学）优秀班主任工作室首批成员、第二批北京市中小学名师发展工程成员、东城区名教师工作室主持人。曾获全国未成年人思想道德建设工作先进个人、北京市青年五四奖章、北京市中小学十佳班主任、东城区优秀校长、东城区优秀青年人才等荣誉。北京市基础教育教学成果特等奖获得者。受聘于国家教育行政学院、北京师范大学、清华大学继续教育学院、北京教育学院等多家院校，多次承担国家级、省市级校长和骨干教师的培训。

李志伟校长印象

　　志伟校长自带光芒，一上场就很耀眼。她稳稳妥妥地接过知名教育家吴甡校长的接力棒，顺顺当当地跑出了广渠门中学应有的速度。志伟校长同时跑出了教育的激情和关爱，使得广中这所中学优质校的师生们收获到了成长发展的喜悦。她是睿智的、思想深刻的办学者，回到教育的原点落实教育家办学的每一个环节和细节。她气质高雅，举手投足间展露出教书育人者的包容、关怀和爱。她素质全面，会教书，会育人，会管理；会写作，会表达，会演说。她有耐心，有干劲，有拼劲，有韧性。网上有很多她的教育同行粉丝。东城教委有位领导评价说：志伟校长是东城一颗璀璨的教育明星。

——老廖

大思政格局下铸魂育人工作思考与实践

北京市广渠门中学　李志伟

　　教育是国之大计，党之大计，承担着立德树人的根本任务。党的十八大以来，以习近平同志为核心的党中央从战略和全局高度，审视和谋划思政课建设，推动思政课守正创新。习近平总书记在全国高校思想政治工作会议、全国教育大会和学校思想政治理论课教师座谈会上的重要讲话，为开好思政课指明前进方向，提供根本遵循——"我们办中国特色社会主义教育，就是要理直气壮开好思政课。同时，要挖掘其他课程和教学方式中蕴含的思想政治教育资源，实现全员全程全方位育人……"

　　"理直气壮开好思政课程""挖掘资源上好课程思政"，这在一定意义上为当前教育人指明了要在"大思政"格局下守正创新，做好新时代背景下培根铸魂、启智润心关键工程的思路和方向。

　　所谓"大思政"，笔者认为其根本还是教师在授业解惑基础上的传道。这个"道"，就是贯穿在学科的知识学习和实践活动中的做人做事的价值观、方法论和行为规范。这是所有课程的育人目标，即为了共同培养堪当民族复兴大任的新时代社会主义劳动者、接班人。这也是中学课程教育的向心力，是课程思政教学改革的立足点。因此，我们需要构建的"大思政"教育格局，它应该是全时空的，课上课下、校内校外，无时无处不在；它应该是多维度的，既直接又间接，既显性又隐性；它应该是长链条的，用培养对象当下的教育联通其过去，特别是奠基其美好的未来；它应该是多渠道的，线上与线下，家庭、社会与学校，多种力量协同参与形成育人共同体。总体而言，"大思政"实际上就是突破了育人主体、育人时间、育人空间、育人方式的限制，打造出"时时、处处、人人"的全课程育人场域。

以北京市广渠门中学党史教育为例，为了用好用活百年党史这部最厚重的教科书，纵向上我们按学段把"党史"内容融入到各年级各学科课程中，挖掘课程内容和教学方式中蕴含的"党史"教育资源，以实现课程思政与思政课程同向同行、深度融合、整体发力。横向上，分主体进行系统化、课程化的设计。理论层面，面向教师开设党史专题讲座与理论宣讲课程；实践层面，组织党史宣讲团，开展"党史特展""我讲微党课""党建微论坛"等系列活动；通过线上"青年大学习"、学长讲堂、团课、校园广播、升旗仪式、党史知识竞赛等，发挥校园红色阵地作用；此外，将党史学习与美育相融合，开展党史主题画展、党史艺术展演、建党百年师生演唱会等学生喜闻乐见的活动。通过党史学习教育，广大师生树立了正确的党史观，以大历史观深刻认同中国共产党为什么能、马克思主义为什么行、中国特色社会主义为什么好，更加坚定了信仰、信念、信心。

"大思政"作为落实立德树人根本任务的关键课程，其作用不可替代。当然，我们也清楚地认识到，作为学生健康成长的指导者和引路人，老师在立德树人目标的达成上是极其重要的"关键少数"，责任重大。因此，教育实践中，广大教师要建立和形成"大思政"格局，切实发挥引路人作用，将立德树人落到实处。对此，我们认为，广大教师要在积极践行"四有""六要""八统一"基础上做好自身人才观、质量观、课程观、资源观的建设。

首先是人才观。作为培养人的人，每位教师都要认识到德是才之帅，要始终牢记"我们培养人的目标是什么要搞清楚，现在非常明确坚定地提出要培养社会主义建设者和接班人"。这既是总体宏观上的认识，更要落实到教育教学的方方面面。我们要十分清楚，从我们校园里走出去的学生虽不能都成为"才德全尽的圣人"，至少应该是"德胜才的君子"，而绝不能是"才胜德的小人"甚至"才德兼亡的愚人"。对于中学而言，当我们接触到我们的学生时，他已经接受了一定的学校教育，加上他的家庭以及周边生活的小社会的影响，这些构成了学生与学生之间的差异，也构成了学生文化起点的不同。我们经常说也认同教育应该满足不同人的需求，特别是为人的个性成长提供有力的支撑。但是，我们认为，教育在充分满足人个性成长需要的同时，一定要有对人的一个共性培育，那就是，无论他是谁家的孩子，无论他的文化起点如何，我们都要让他长成中国孩子，怀揣中国心、说中国话、办中国事。他们要爱中国、希望中国好并成为中国梦建设的脊梁。这个共性，在越是追求个性解放，价值观越是多元的今天，我们越不能放松，因为她远不仅是个人的问题，她关乎国家、关乎民族的未来。

其次是质量观。我们始终坚持生命成长的增量即教育质量的质量观。随着教育改革的深入，多数学校做的是不选择生源的教育。我们也越来越清晰地意识到尊重和接受学生的原始生命状态不同，让每一个生命在原始状态上都有变化、有提升，这是教育人应有的情怀与使命。在广渠门中学，我们追求"是小草就让它绽放绿色去装点大地，是小树让它长得强壮成为栋梁"的变量，坚定每个生命都不同，教育是帮助每个生命绽放出属于他自己的光彩的信念并执着实践。在我们的校园里，成绩不是衡量学生的唯一标准，尽管他成绩一般，但依然可以成为篮球明星，可以是乐团首席。学校就是为每一位学生提供成长和发展的平台，激发他内在的动力，让他因内心的热爱而产生主动成长的内驱力。教育的高质量核心是人的高质量。作为教师，当我们追求生命整体提升，不唯分数时，其实分数这些附加的变化也随之而来。

第三是课程观。人们经常讲人对了世界就对了，也经常说"当你把学校交给你的知识全都忘记后剩下的就是教育"。我们也知道，人格的构建和发射是一个极其艰难的过程。因此，要实现人生命质量的增量这样的变化，我们认为构建一个文化场域十分必要。在这个场域下涵养和润泽每一个生命，促进其生存、生长和生命的升华。场域育人，课程是重要载体。它既要有惊涛拍岸的声势，也要有润物无声的效果，显性和隐性要结合起来。在这样的育人课程里，教师本身首先应该是一部好教材，要用自身优质的生命真正做到影响人、引领人、塑造人和培养人。教师应有纵向学段衔接的课程意识，设计课程思政内容要遵循不同学段学生的认知规律，关注过程性与增值性评价。小学阶段重在启蒙情感，初中重在开展以实践课程为主的体验性学习；高中阶段则重视常识性学习，提升政治素养，形成政治认同。教师同时还应有横向课程连接观念，把学校思政小课堂与社会大课堂连接起来。引导学生们讲起来、唱起来、做起来、学起来。切实保证将思政课程上好，课程思政上活。

第四是资源观。"大思政"是一门大学问。需要各学科教师都要有意识、设计和行为。要抓住每一个契机，积极主动开发思政资源，把育人元素挖出来、教出来，使其在学生身上体现出来。这是教师理解、使用教材，以教促德的能力。这需要教师建立大思政资源观——除了课本，将一切有利于学生成长的拿来做思政资源。对此，教师应该始终以为学生提供广义的教育资源网为导向，让学生的获得获知获益真实发生。教师要充分挖掘智、体、劳、美四育中的德育内涵，通过其内在关联的联通形成互促，让五育融合真正落地；教师应积极构建线上与线下相融合，课堂与实践相结合的课程化体系，形成时、空、人、物等多线联通的育人网；教师应充分调动家庭、社会、学校各方资源，让各方力量汇聚协同，成为学生健康成长多元个性发展的有力支撑。总之，当下教师应该清楚地认识到，教材是学习唯一资源的时代已经彻底过去，我们的学生要以家事、国事、天下事为教材，向万世万物学习，我们要引导学生挚爱真善美、关切天地人。

"大思政"需要大格局、大智慧、宽视野、深情怀。"为天地立心，为生民立命，为往圣继绝学，为万世开太平"，应该成为"为党育人、为国育才"的广大教师心向往之的情怀抱负，在立德树人、铸魂育人的道路上不断求索，勤奋实践。

　　李明新　北京小学校长。通过多年的实践探索，提出了坚守基础教育本真的主张，形成了儿童成长要慢养、顺养、牧养、素养和调养的"五养"教育理念，总结出实与活的语文教学思想，带领干部教师创造性构建了富有中国特色、北京特点、深受学生欢迎的"四季课程"。他领导的北京小学 2011 年率先组建成立北京小学教育集团，探索义务教育的均衡发展的模式，让更多的孩子享受到优质的教育。

李明新校长印象

　　无论是在小学语文教学领域还是在小学校长圈，明新校长都是一面旗帜。他的被认可、被尊重首先来自他的学识魅力——在专业上，李明新是老资历的特级教师；我目睹过李明新被全国一些校长们"追星"的场景——也来自于他的人格魅力。学识魅力和人格魅力对明新校长来说是兼而得之。李明新校长深沉厚重，行事低调，喜静，慎独，方正，有大儒之气度，有"非所与熙也"的古士人之风。他志趣高雅，品行高洁，对师生、对教育抱有深情。就任北京小学校长这么多年来，北小持续保持并再度提升了它在北京和全国的知名度、美誉度。

——老廖

让基础教育回归本真

北京小学　李明新

当前，围绕贯彻落实党的教育方针和立德树人根本任务，我国的基础教育改革已经进入到关键时刻，有很多深层次的问题亟待解决。其中，"关注每一位学生的健康成长问题"，"关注学生发展的因材施教问题"，都需要我们教育工作者迫切地探索、研究、解决。正是深入的研究，使得我们对基础教育的价值有了更深入的认识，对基础教育课程改革的意义有了更深入的理解。

一

我认为，在改革与现实的教育实践中，坚守基础教育的本真，是让每一位学生健康成长的必然要求，是今天教育改革的迫切需要，也是基础教育工作者的职责。

在基础教育阶段，学生的健康成长指什么？基础教育的本真又是什么？其实，"基础教育"这四个字说得非常明确，它的本真就是"基础"二字。学生的健康成长就是按基础教育的要求培养学生，就是使教育实践遵循教育规律。因此，如何认识"基础"二字，是我们基础教育工作者必须不断思考的问题。

作为一个多年从事基础教育实践和研究的工作者，我认为基础教育的本位价值应该在于它的基础性。不可否认，基础教育存在多元的功能，但是，我们必须认清它的本位价值与功能，这一价值是有别于其他教育而存在的、具有根本属性的价值。因此，"基础"二字必须要牢牢把握住，它有别于高等教育，有别于精英教育。今天之所以要探讨"基础"二字，是因为某些教育实践或社会现象提示我们，一些从事基础教育的人并没有很准确地把握"基础"二字的内涵与其本位价值。我认为，针对当前学生课业负担过重、校外培训班负担过重、应试教育倾向仍然存在的问题，基础教育应该也必须回归它的本位价值，即回归本真。我们今天有的基础教育实践已经偏离了基础教育的本位价值，这种实践方向的迷失实际反映了价值追求的迷失，因此，我们必须呼唤基础教育的价值实现"基础性回归"。

这里所谈的"基础"，不能简单理解成是一种学科的基础、知识的基础或技能的基础。我们过去谈基础，一般是指"双基"概念，就是基础知识和基本技能。在一定程度上，"双基"概念逐步替代了"基础"概念。人们会不自觉地把基础教育的"基础"窄化为"双基"内涵，"双基"成了主业，其他诸如人格培养、身心健康、创新精神、实践能力、社会交往等都成了副业。因而，我认为，坚守基础教育的本位价值，就必须正确认识基础教育的基础性内涵。

当然，在今天的学校教育当中，基础知识和基本技能仍然是人发展所必需的。但是，我们又必须认识到，今天的教育价值关注人的全面发展、和谐发展、健康发展，而不仅仅是知识的掌握。所以，对于我们国家基础教育的"基础"而言，含义应包括两层：一是为中华民族素质的不断提高打基础、为社会主义建设者和接班人打基础；二是为人的一生发展打基础，即人生奠基，既包括身体素质，也包括心理素质；既包括思想道德水平，也包括知识能力水平，包括创新精神，也包括实践能力等。人生的"基础"是一个整体，是德智体美劳素质的统一，是知识能力与价值观的统一，而不能简单认为就是一个"学科知识的基础"，否则会引导学生片面地发展，甚至单纯去求升学率和分数，从而使基础教育迷失自己的方向，丢却自己根本的价值与功能。关注学生的健康成长，就必须有"健康"的教育，这里"健康"的教育就是指遵循规律的教育，是符合基础教育功能定位和本质要求的教育，它应充分实现基础教育的基础性。

二

困扰我们基础教育深化改革的因素固然是多方面的，但是，不断滋长的功利主义在很大程度上使基础教育实践不断受到干扰。上学的价值就是应试，应试的价值就是上重点学校，上重点学校的价值就是考大学。其他什么各种考级、体育特长比赛、上奥数班等，无不是有着唯一指向的功利目的。因此，中小学的基础教育改革与实践要回到基础教育本来的价值，回到基础教育自身要完成的任务，就必须去短视化、去功利化。我们必须认识到，去功利性是坚守基础教育本真的必然要求。这就必须澄清社会上的一些认识：

（一）学习起点不等于人生终点

基础教育是影响人一生的教育，所以不要急于看眼前的成绩。我们期待着学生健康成长，期待着学生的能力更强一些。但是我们应该认识到教育真正发挥作用是在孩子们未来走上社会之后，许多孩子是大器晚成。现在有话叫做"不要让孩子输在起跑线上"，对这句话，我早就表明不认同的态度。许多少年儿童为了不输在起跑线上，埋在书山题海中，埋在各种培训班中，甚至幼儿园教育"小学化"，开始盲目地教授小学知识，使更多的少年儿童从小开始厌恶学习、厌恶知识、厌恶书本，甚至厌恶上学。学生失去了一生的学习兴趣、追求和探索精神，这，还是基础教育吗？这是反基础教育的做法。我认为，人生是长跑而不是短跑，我们现在基础教育要给每个人留下的是"科学的呼吸，持续的耐力，健康的体魄"，这三点是孩子们人生"长跑"所需要的。对于更多的少年儿童来说，我们必须认识到，人的发展有快、有慢，有先、有后。我们的基础教育更重要的是扎扎实实地做我们今天的"基础性的工作"，为少年儿童人格的发展做好奠基工作，这种价值具有深远的意义。否则，我们可能使少年儿童的学习起点就变成人生终点。

（二）考场状元不等于职场状元

基础教育是让每一个人获得全面、健康发展的教育，而不是使每个人都要争得 100 分的教育。考场状元情结是我国千年封建社会的产物，至今在我们的现代生活中、现代教育中生存着。它激励着少数人，却折磨着大多数人。我们从不关心考场状元是不是真正的"社会生产力"，我们一些家长、一些学校只追逐学生考了第一名的荣誉。其实，学习的真正价值不在于是不是"考分数第一"，而是"完善人格第一"，未来是"服务社会第一"。最应该让每一个人追求的是走上工作岗位后，争做"职场状元"，为人民，为国家，为整个社会作出第一流的贡献。所以，基础教育不是比一所学校有没有状元、是不是平均分高了几分，而是应把功夫用在对学生正确世界观、人生观、价值观、成才观的引导与建立上。

（三）高分数教育不等于高质量教育

基础教育的质量高不高、好不好，衡量的标准不应该只是学科成绩，而更应该是学生的全体和个体的健康、全面的发展。对质量最有发言权的不应该是单方面的评价者，更应该包括家长、学生和社会。

面向未来，我们提出了要追求教育的公平、优质、创新和开放。我认为在这个过程当中高标准、高质量可能是我们基础教育面临的一个实际问题。2000 年，联合国教科文组织在达喀尔会议上曾经有这样的论断：我们今天给全民提供公平的教育是一种胜利，但是不能够给他们提供保证质量的教育可能是一种空洞的胜利。因此，基础教育应该在提高质量和提高水平上下功夫，这样才能够使我们的人民群众在享受机会公平的前提下享受到更优质的教育。但是，什么是真正的基础教育的质量？这涉及科学的质量观问题。未来的基础教育要做质量，就涉及德智体美劳的教育方针能不能得以贯彻，立德树人的根本任务是不是能够得以落实，素质教育的思想能不能在实践中得到深化，因为我们所说的质量是五育并举的教育质量，是体现素质教育思想的质量，是真正追求和实现学生作为人的全面、健康发展的质量，而不是片面追求分数和升学率的质量。这与基础教育回归本真是密切相连的。

<h1 style="text-align:center">三</h1>

既然我们承认基础教育的本真在于基础性，那么，我们就要进一步看到：一个民族的基础性、一个国家公民的基础性都会聚焦到每一个具体人的身上。也就是说，在基础教育阶段，我们要聚焦到每一个学生的素质发展上。因此，就必须在德智体美劳的全面发展上下功夫。五育并举是方针，五育发展是目标，五育落实是关键。只有落实了五育的全面发展，才能够夯实人的基础性。

我们应该清晰地看到，新中国成立 70 多年以来，党和国家一直没有改变促进人的全面发展的教育方针。随着时代的发展，我们对全面发展的认识也在不断地加深。2018 年，习近平总书记在全国教育大会上明确地提出了德智体美劳全面发展的方针要求。他特别指出劳动教育的重要意义。事实上，从德智体到德智体美再到德智体美劳，是我们对全面发展的实践、认识、再实践、再认识的过程。五育并举的再次完整提出，是与落实立德树人的根本任务，与实现中华民族伟大复兴和培养社会主义的建设者与接班人有着密切的关系。我们要通过全面发展素质教育，培养完整的人、和谐的人、积极向上的人，高素质的国家公民和民族复兴大业的担当者。

我认为，要落实德智体美劳全面发展的方针要求，就要对五育并举有科学的、深刻的把握。首先，德智体美劳的全面发展，关键在全面，重点在发展。当然，全面发展并不是全面优秀。这是符合人个性发展的特征的。但是，我们不能因为不等于全部优秀，就忽视、乃至放弃全面发展。所以，全面发展是硬道理。既然是为每一个学生的一生成长、发展奠定基础，我们就不能够让学生片面发展。在这一方面，我认为教育既要扬人之长，又要在基础教育阶段补人之短。所谓补短，就是要关注学生思想的、道德的、能力的、身心的各个方面的发展。哪个方面出现了问题，我们教育工作者和家长必须关注，必须研究，必须实施教育。比如，一个学生很有美术天赋，但是他的道德品质如果存在问题，或者他的身体素质存在问题，我们就不管了吗？有些专家认为中小学只提扬长的教育，这显然在基础教育阶段容易丧失教育者的责任，也很容易导致学生的片面发展，更容易导致学校和家长片面追求升学率。因此，我们必须坚持"全面"发展。全面发展才是科学的基础性。

其次，基础教育的基础性作为全面发展的基础性，其中，德育是基础中的首要基础。我们必须认识到，五育是相互渗透的，而德育教育贯穿五育当中。所以，无论是学科教学，还是班级教育，乃至学生的课外活动当中，一切学生的生活都有德的因素参与其中。我这里所说的德育，是大德育的概念。它既包括人的基本的社会道德与规范教育，也包括世界观、人生观、价值观的教育；既包括学生生活的教育，也包括学生政治的教育；既包括学生意志品格的教育，也包括学生心理健康的教育。没有道德和健康人格的生长就没有人的真正精神生命的生长。台湾忠信学校的校长高震东先生就曾说，没有德育，智育就是犯罪的帮凶；没有德育，体育就是暴力的前卫；没有德育，美育就是堕落的催化剂；没有德育，群育就是社会动乱的根源。我认为高振东校长的认识是非常深刻的。立德树人，德为根本，德育为先。所以，我们要牢牢把握德育在基础教育当中的重要地位。

再次，我们既然认识到德智体美劳全面发展是基础教育基础性的重要内涵，那全面发展在实践层面是不是五育的简单相加呢？答案是否定的。如果五育简单相加，各自为战，可能又会导致学生成长的负担过重。我们应该重视五育的相互交融、相互渗透、相互促进，把五育并举的焦点聚焦到人的可持续发展上来。好的基础教育就是使人具有可持续发展的能力，让每一个人的成长有后劲。人的可持续发展素质综合起来看就是积极乐观的人生态度、极强的自我学习更新能力、健康的体魄与顽强的毅力。这种可持续发展的素质难道只有智育能完成吗？不是。德育可以完成，体育可以完成，美育可以完成，劳育也可以完成。

一句话，基础教育的本真就是要回到人的全面发展上来，回到人的基本素质上来，回到人的可持续发展上来。

　　吴伟东　1991 年 7 月毕业于北京大学岩矿及地球化学专业。北京市第一六一中学校长，兼任教育部德育工作指导专委会副主任，正高级教师，北京市首批特级校长，曾获"西城区百名英才"、北京市三八红旗奖章、首都劳动奖章、北京市先进工作者等荣誉。

　　吴伟东已在校长岗位任职 15 年，她始终坚持"以学生和教师为本，为学生成长、教师发展服务"的办学理念，注重对教师的专业培训和引领，注重提升学生的综合素养，积极搭建教师和学生成长的平台，学校团队和谐、目标统一，社会影响力不断扩大。

吴伟东校长印象

"人的智商确实是有差别的。"这是我多年前第一次接触吴伟东女士后的深切体会。从名牌中学内蒙古赤峰二中到北大，吴伟东一路轻松地完成了她的学历教育。能让吴伟东这位高才生站上中学的讲台，当年那位负责教师招聘的北京三中老校长为此没少偷着乐。吴伟东学识渊博，富有远见卓识，工作中很快崭露头角，其办学能力更是日益凸显，在三中任副书记，在二一四中学、一五六中学任书记、校长期间，吴伟东对事物的分析判断能力、对教育规律的探知和把握能力折服了教育同道中人。在一五六中任校长的五年里，她让这所"次重点校"成了"师生们热爱的地方"。掌门一六一中这所西城传统的市重点校，吴伟东被赋予了具有别样意义的使命。她让师生们深爱着一六一中；即使离开了一六一中，师生们也会对一六一中校园一花一草一木带着深刻的美好的记忆，成为永久的印记。她的高智商，她的内敛沉静，她的教育情怀和对教育规律的坚守，她深刻的思想和洞察力，她对校长岗位的深度体悟，让她成了西城和北京的教育领军人物。

——老廖

建科技特色学校，育科技后备人才

北京市第一六一中学　　吴伟东

北京市第一六一中学是一所完全中学，其前身是创建于 1913 年的京师公立第一女子中学，建校初期得到革命先驱李大钊先生的关怀和扶持，是著名的"一二·九"爱国学生运动策源地之一。解放后，学校成为最早被确定的市属重点中学之一，现在是北京市示范性普通高中。学校现有 57 个教学班，2028 名学生，282 名教职员工。学校师资力量雄厚，其中正高级、高级教师所占教师比例为 35%，专兼职科技教师 113 人。学校在"以学生和教师为本，为学生成长、教师发展服务"办学理念的引领下，坚持"优化队伍、科学管理、追求卓越、和谐发展"的办学思路，努力把学校建成学生满意、家长放心、社会认可的高水平示范学校。

科技教育发展历程

学校的科技教育可以追溯到 20 世纪 70 年代末，走过了一条不断深化的科技后备人才培养探索之路。80 年代学校先后开设了计算机课、成立了宇航小组，1987 年宇航小组与生物小组结合，进行了"卫星搭载种子试验"。学校校标（基本图案是火箭飞向太空，箭身是数字"161"的字体变形）正是形成于这个时期。90 年代，在生物科技快速发展的时代背景下，学校将科技后备人才培养逐渐聚焦到生命科学领域。进入 21 世纪以后，学校被认定为北京学生金鹏科技团生命科学分团。

结合多年来的特色教育实践经验，学校明确了发展方向——为落实国家实施科教兴国战略、人才强国战略，建设科技特色学校，培养科技后备人才，并提出了普及与特长并重的工作目标、课程与活动共建的实施途径以及达到学生与教师同益的教育成效。

科技教育工作目标——普及与特长并重

青少年是国家的未来，青少年科学素养水平直接关系整个社会公民科学素养的水平。习近平总书记提出："科技创新、科学普及是实现创新发展的两翼，要把科学普及放在与科技创新同等重要的位置。没有全民科学素质普遍提高，就难以建立起宏大的高素质创新大军，难以实现科技成果快速转化。"

中小学校不仅是开展科学普及工作、提升公民科学素质的主渠道，也是培养科技后备人才的重要力量。基于以上认识与思考，学校将科技教育的工作目标确定为"普及与特长并重"，致力于从基础教育阶段开始，引导学生学会基础的科学知识和科学方法，形成正确的科学态度，不断提升创新精神和实践能力。

科技教育实施途径——课程与活动共建

科技课程的有效落实是科技特色学校建设的核心，是培养学生基础科学素养的必要条件，而以社团为主要形式开展的科技实践活动则充分发挥学生的主体作用，在培养学生创新实践能力方面发挥着不可替代的作用。因此，学校在科技教育实施途径方面的基本思路是"课程与活动共建"。

（一）科技课程建设

学校立足教育科研，促进国家必修理科课程改革。从校长到普通教师，都潜心科研，由校长吴伟东主持的北京市教育科学"十三五"规划校本课题《以多维目标单元设计推进高中学科育人的行动研究》整合了理科教研组约40名教师参与，各教研组确定了素养导向的学习目标，形成了引领性的学习主题，设定了挑战性的学习任务，开展了持续性的学习评价，促进了教师的专业提升和学生的深度学习。由科技教师毕可雷主持的北京市教育科学"十四五"规划青年专项课题"基于生物大概念的项目式学习的实践研究"以高中生物必修模块中的4个生物大概念为核心，进行项目式课程的设计，解决了当前项目式学习游离于核心课程之外的问题，体现了内容聚焦大概念的新课标理念。本课题旨在建立基于学科课程的项目式学习路径，构建新的课堂教学模式，促进项目式学习在学科中的新应用。

（二）科技实践活动

学校搭建了由社团实践、主题实践、科研实践组成的三级活动平台，为科技后备人才提供了循序渐进的成长阶梯。

1. 社团实践常态化

学校目前有学生社团30个，其中科技类社团11个，主要包括生命科学协会、科技创新协会、科学俱乐部、人工智能协会、创客协会、天文协会等。社团覆盖了从初一到高二共5个年级，主要利用校内课余时间开展社团活动，每周活动1—3次，每次1—2小时。社团一般由2名指导教师，指导学生开展以动手实践为主的科技活动。社团活动丰富了学生的校园生活，营造了良好的科技教育环境。

2. 主题实践系列化

主题实践活动旨在引导学生关注社会热点、关心现实问题，我们以学年为单位，每个学年确定一个科技教育主题，一个主题下串联了一系列科技教育活动，如 9 月开学一课，10—12 月学生科技节，1—2 月科技冬令营，3—4 月科技馆活动进校园，5—6 月野外生态实践，7—8 月科技夏令营等，有效提升了学生的科学素养。

3. 科研实践课题化

学校每年选拔高一年级 10% 的学生参与北京市五大人才培养计划，通过在科学家身边学习，培养了创新精神和实践能力，为学生未来发展奠定基础。在培养拔尖创新人才过程中，学校在高一学年之初，经过班主任推荐和科技教师面试，严格选拔一批科技后备人才学生，组建科技创新社团，每周开展1—2 次社团活动，对学生进行科研实践前置培养。学生再经过市级选拔进入高校实验室开展课题研究，这期间中学教师与大学导师密切配合，包括共同研读文献、制定研究计划、开展科学实验、辅导论文撰写等；学校还会组织学生参加各类科技竞赛，通过竞赛平台的展示交流，提升学生的综合能力。

科技教育成效——学生与教师同益

学校长期组织学生参加校内外科普活动，有效提升了全体学生的科学素养；同时，选送众多有科学研究潜质的优秀学生进入高校实验室，在科学家的指导下开展科研实践活动，为国家输送了一批科技后备人才。在 2014 年我校被评为北京金鹏科技团生命科学分团后，学生在各项科技竞赛中成绩突出，共获得国际奖 3 项；国家级一等奖 14 项，二等奖 13 项，三等奖 12 项，单项奖 4 项；市级一等奖 107 项，二等奖 109 项，三等奖 265 项，单项奖 69 项。

在培养优秀科技后备人才的同时，学校科技教师的教科研能力明显提升，近年来完成区级教科研课题 3 项，市级课题 1 项。核心期刊发表论文 3 篇，收入论文集 5 篇，10 余篇论文获得市级以上荣誉。

科技教育展望

（一）依托集团化办学优势，加强科技教育资源的辐射带动

一六一中教育集团成立于 2014 年，目前包括一六一中学、一六一中分校、回龙观分校、密云分校、一六一中附属小学和自忠小学。集团校遵循"理念共识、资源共享、优势互补、品牌共建"的宗旨，探索了干部、教师结对帮扶、项目推动等管理模式和运行机制。通过集团化办学的模式，将学校的科技资源辐射出去，打造系列化的科技课程与活动，带动区域内中小学科技教育的发展。今后，要进一步通过组织集团校师生开展科技主题参观活动、科技夏令营、科学名家讲座等活动，进一步强化将优质科技教育资源输送到小学的力度，进一步强化集团校内的科技资源辐射带动作用。

（二）建立社会化培养机制，实现科技后备人才的贯通培养

当今科学发展日新月异，仅靠学校师资不能满足科技后备人才培养的需要，应充分利用全社会的科技教育资源，有效延展科技教育的广度和深度。为建立科技后备人才的社会化培养机制，学校将采取以下四个方面的具体措施：①围绕科学前沿与科学视野、科学思想与科学方法、科学家精神与中学生德育等三个主题板块，形成系列化科学名家讲座，开设线上学习平台；②与高等院校合作开发科学思想方法的拓展课程，提升科研实践项目的水平，为科技后备人才的成长提供有效支持；③组织一线教师与高校专家面对面交流，以学生研学活动、学科教学研讨、家庭教育、学生生涯规划等为抓手，广泛开展交流与协作；④探索与社会科技教育资源合作发展的途径，建立科

技教育资源共建共享的机制。

结束语

随着国家新一轮课程改革和义务教育阶段"双减"政策的落地实施，新的课程改革形势下科学课程普遍强调了在实践中加强学生对科学概念的理解与应用，这也为科学教育提供了新的契机。科技教育工作者必将从改进课堂教学、改良学习方法等细微处入手，加强体验式、项目式、探究式科技教育实践活动，培养学生科学兴趣和创新精神。

　　吴鹏程　北京航空航天大学实验学校校长、党委副书记。曾获海淀区"育人先进个人""德育工作带头人"，北航"优秀共产党员"等荣誉称号。2015年9月走上校长岗位，是北京市中小学先进基层党组织的领头人、学校特色办学的探索者、九年一贯办学模式的践行者。秉持"星空教育观"的教育理念，关注师生发展的多元需求，在探索五育并举下的大学中学联动育人模式方面卓有建树。多篇文章在各级各类刊物发表，主持市、区级多项课题，获北京市基础教育教学成果二等奖。

吴鹏程校长印象

　　吴校长原是人大附中的名师，历练 11 年后，2007 年，他被选派到了北航附中（今北航实验学校），正式成了北航的人。在这所小而精的生态校园，老资历的"70 后"校长吴鹏程让每个平凡的师生找到了适合自己的成长发展方向，成了他"星空教育观"理念中浩瀚星空发出自己独有光芒的一颗颗星。他的办学风格是，不讨巧、不媚俗、不逢迎、不功利，尊重规律，稳健发展，让学校成为学校该有的样子。北航实验学校形成了学校发展的关键词"内涵发展、科技特色、生态校园"和以"星空教育观"为核心的教育理念，知名度与美誉度再次提升，除了出色的中高考成绩，学生德智体美劳五育兼修，在科技比赛、科技创新、体育、文化艺术等方面均取得优异成绩，多次荣获国际、全国、市区各级各类比赛的大奖。今天，吴鹏程校长所领导的北航实验学校成了北航和工信部引以为傲的新品牌，它的明天将更好。

——老廖

仰望星空　脚踏实地

北京航空航天大学实验学校　吴鹏程

哲学家康德曾说，在这世界上最令他敬畏的是两件事情，一个是头顶上灿烂的星空，一个是内心深处崇高的道德。作为一名教育工作者，我认为：星空，代表未知世界的至真，要探求不息；道德，诠释精神世界的至善，要追寻不止，我也把这种理解和感悟融入到我的教育工作中。

育人为本、提升质量是教育事业发展的主题，更是我们教育教学工作的出发点和落脚点。而注重内涵式发展，则是学校提高教育质量的必经之路。近年来，面对深化教育领域综合改革带来的机遇和挑战，北航实验学校进一步依托大学资源，深化与人大附中的合作共建，扩大办学规模，不断规范科学管理体系，发展科技特色，走上了一条内涵式发展道路。

一、以"星空教育观"指引学校办学使命

北京航空航天大学实验学校（以下简称北航实验学校）创建于20世纪50年代，坐落在大学校园内，在综合分析学校办学历史、办学资源、办学特色等因素的基础上，我们不断探索实践、挖掘提炼，形成了颇具航空底蕴和文化特色的"星空教育观"。

"星空教育观"强调的是对每一位学生的尊重与关注，正如苏霍姆林斯基所说："世界上没有才能的人是没有的，问题在于教育者要去发现每一位学生

的禀赋、兴趣、爱好和特长，为他们的表现和发展提供充分的条件和正确的引导。"仰望星空，繁星璀璨，每一个看似平凡而普通的人，只要找到适合自己的成长方向，并拥有足够的发展空间，付出足够的努力，就能够成为浩瀚星空中的一颗闪亮之星，绽放属于自己的灿烂光芒。"星空教育观"既是对有教无类、因材施教等经典教育理念的深度解读与诠释，又是立足学校自身特色和优势、推进立德树人工作的重要探索与实践。

在星空教育观的引领下，北航实验学校提出了"成为'STAR'（闪耀）的实验学校"的办学目标和"成就'STAR'（闪耀）的实验学校人"的育人目标，努力让学校成为首都基础教育领域中的一颗闪耀之星，让学生成为一颗颗闪烁着独特光芒的闪亮之星。

二、用"航天精神"打造高质量教师队伍

（1）将航天精神作为做人做事的核心价值追求。学校提出"师德为先、视野开阔、学术精良、守正创新"的教师专业发展目标，打造"充分依托北航等大学特色资源，以实践为导向优化学科研修模式"的校本研修特色。形成了老、中、青骨干教师结构合理的优秀教师队伍和良好的教风。

（2）以课题研究为载体促进教师专业发展。引导教师以创新方法为途径，探寻育人规律，解决实际问题，不断提升教育教学质量。近5年来，老师们以教师成长共同体和教研组方式全员参与课题研究，开展的北京市科学规划课题6项、海淀区科学规划课题36项，学会级课题若干，研究内容涉及学校特色发展、创新人才培养、教师专业素养提升、教学方式优化、STEM教育等多个维度。部分成果获北京市基础教育教学成果奖二等奖、海淀区优秀教育科研成果一等奖，多篇论文发表。

（3）以丰富多样的教科研活动为教师搭建学习和发展的平台。学校每年

暑期举办的全员培训和寒假举办的教科研年会至今已召开了十五届，提升了全体教师对学校"星空教育观"和学校文化的认同，提高了教师的专业水平和研究能力。同时充分利用北航等高校和科研院所优质资源，组成以教研组、"青蓝工程""班主任工作坊"等多层级教师学习共同体，以团队共研促进教师专业发展。

（4）引导教师关注课堂教学的研究。课堂是教学实践的主阵地，学校带领教师聚焦"教与学"方式的改进和关键问题的解决，优化教学设计，创新教学方式，努力构建"智慧课堂"。

三、"五育并举"助力学生全面发展

如何让校园充满生机和活力，成为小而精的生态校园，我们一直用脚踏实地的行动来回答，将立德树人根本任务细化在学校的每一项工作中。

（1）"星空课程"体系构筑学生成长跑道。学校坚持以课程为核心构建学校特色发展模式，制定课程实施规划，完善课程体系。形成"基础课程""拓展课程""特长课程"三层级"星空课程"体系。学校充分依托大学的优质资源，将国家课程进行高质量校本化实施；注重小初高衔接课程优化；开设丰富的校本选修课程。在海淀区首届中学课程方案评选中，高中、初中课程方案分别获得海淀区一等奖和二等奖。

（2）特色体育项目培养专业体育人才。学校高度重视体育工作，坚持以排球、羽毛球、乒乓球为体育特色，是全国青少年校园排球特色学校，奥林匹克基地筹备校，羽毛球和乒乓球项目北京市体育传统项目校。排球队、乒乓球队、羽毛球队在各项比赛中屡获佳绩，为高校输送了一批又一批体育人才。探索出了一条"小学培养兴趣，中学渗透竞技，大学向着专业化发展"的"大中小学联动"发展模式。

（3）传统文化艺术涵养学生审美素养。学校有着良好的艺术教育传统，以"感知真美，陶冶情趣，提升素养，浸润心灵"为引领，致力于学生审美能力的提升。我校是海淀区第一批"非遗进校园示范校"；星艺画星社曾获全国绘画比赛一等奖，星辰合唱团曾获北京市合唱比赛金奖；此外，京剧、篆刻、剪纸等艺术课程的开设，使学生选择多元，各美其美，美美与共。

（4）赋予劳动教育科技内涵。劳动教育是国民教育的重要内容，具有树德、增智、育美、强体的综合育人价值。作为海淀区首批劳动教育实验学校，学校依托 AI 智能教室，开设 AI 智能劳动课程；依托通航实验室，开设通航实验课程；依托生物实验室，推进智能控制的"火星基地食物供给""太空育种"实验对比项目等，提高学生的劳动素养和劳动技能。学校受海淀区教科院的邀请，参加了"新时代中小学劳动教育的实践与探索"校长论坛，分享对劳动教育的思考。

四、"大中联动培养模式"孕育学校科技教育品牌

在大学校园内办基础教育，是北航实验学校得天独厚的区位优势，也是学校不断彰显的办学优势。在市区领导和北航的鼎力支持下，学校已经初步形成了大学中学联动培养后备人才的育人模式，在资源联动、课程联动、师资互动等方面不断推进。

学校的科技教育建立在普及基础上，兼顾拔尖人才培养。趣味性与科普性并重的科技比赛项目，学生参与率100%，深入地推动了科技教育的普及与特色形成。大学雄厚的师资和强劲的科研实力更是北航实验学校发展科技教育独一无二的优势。学校鼓励学生走进大学实验室开展课题选题和实验研究，大学院系和研究所的专家对学生进行指导，让他们体验科学研究的过程。这对中学生来说是一笔难能可贵的财富，同时也弥补了中学老师在高端学生辅

导方面的不足。

忽如一夜春风来，千树万树梨花开。北航实验学校联动培养科技后备人才的培养模式取得了丰硕的成果：优秀学生被选入翱翔计划、英才计划；在多个国家举办的国际科技节、国际青年科学家论坛等活动中，在北京市青少年科技创新市长奖、明天小小科学家等项目上，学子们尽展风采，成绩优异。学校的航模队近年来也是屡创佳绩，连续四届成功申请了北京市学生金鹏科技团模型（航模）分团。

五、促进教育均衡发展彰显学校责任担当

为深入贯彻落实国家科教兴国、人才强国战略，加大优质教育资源的辐射力度，北航实验学校勇于承担社会责任，以开放的心态，尽己所能为区域教育均衡发展和教育基础相对薄弱地区的提升做着自己的努力。

2017 年，受海淀区教委委托我校承办北京市中关村中学分校，更名为北京航空航天大学实验学校分校。五年来，北航实验学校锐意改革，大胆创新，本校、分校的教师和学生统一管理，在全区率先开创出一种本分融合、级部制一体化管理的新模式，使本校的教育教学理念和优质资源迅速辐射到分校，带动分校快速提升，中考成绩节节攀升，硬件建设突飞猛进地发展……分校的双测评数据、社会满意度逐年提高，得到教委、学生和家长的普遍认可和赞誉。

同时，学校以教育扶贫为己任，多次到北航定点扶贫的山西中阳县进行教师培训，学生志愿团走进当地中小学开展志愿服务。老师们还走入中航国际定点扶贫的贵州安顺、陕西汉中等进行支教，各教研组骨干教师组成专家团队对口支持保定望都县中小学教育发展，促进县域教育，助力乡村振兴。

仰望星空、脚踏实地是北航实验学校建校 60 多年来的坚守，已融入到学

校的血脉之中。风正时济，自当破浪扬帆；任重道远，更需策马扬鞭。星光汇聚，星河万顷，为学生撑起一方璀璨的星空，让每一位学生都能够自由快乐地成长始终是北航实验学校的理想和目标，为了这个目标我将和全校师生一起逐梦星空，筑梦北航！

何石明 清华大学教育博士，北京丰台二中教育集团校长，首都师范大学兼职教授。著有教育专著《始于家庭》《培养尚品中国人》等9部，在《人民日报》《中国教育报》《中小学管理》等报纸杂志上发表教育文章百余篇。《北京教育》专栏作者。

何石明校长印象

何石明想干事、肯干事，相信自己能干成事且最终干成了事。出身于湖北黄冈教育世家的他师范大学毕业后，先到北京朝阳区一所中学任教，后来到了北京四中任教并做了四中副校长。担任丰台二中校长9年了，他坚持充实自我，攻读了清华教育博士学位。北京欢迎、包容何校长这样有理想、有激情、敢拼搏、愿发光的读书人。这也是北京的城市魅力。站讲台，他把自己锤炼成了受欢迎的老师；做管理，他把自己历练成了知名度颇高的校长；研究家庭教育，他成了拥有众多家长粉丝的育儿明星专家。不断挑战自己并成就自己，最终因为自己的专长成就更多的人——何石明是励志者的典范，是心怀理想的北京打拼者的榜样。他的真诚、良善、温暖的人性，他的"板凳要坐十年冷"的读书人的专注执着之情，让人感念。何石明校长，教育人生还有更光明的前景！

——老廖

让教育集团成为超循环发展的合作系统

北京市丰台区第二中学　何石明

摘　要：基础教育中的集团化办学，容易一哄而上，导致学校盲目扩张，出现管理系统不科学等问题，本文依据德国科学家艾根提出的超循环理论，结合北京丰台二中的集团化办学实际，在创新集团管理、激发成员校办学活力、有效保障教师交流轮岗三方面，为如何将教育集团建成超循环合作系统，提供了理念和实践参考，为推进集团化办学提出了一些有益建议。

关键词：教育集团；超循环；合作系统

集团化办学是当前基础教育发展一大趋势，主要是在教育行政部门主导下，集团龙头校凭借资源和品牌等教育优势，合并或者优化发展较慢的学校，形成教育共同体，以更好实现教育优质均衡。然而，当前不少中小学教育集团存在盲目扩张、活力不足、规划落实不到位、决策制约不完善、管理系统不科学、激励手段单一、文化输出生硬等问题，而系统地、有效地推进集团化办学需要因地制宜和科学设计。

超循环理论是德国科学家艾根（Manfred Eigen）于 20 世纪 70 年代提出的关于生命起源的自组织理论。将进化方面的研究由有机整体论推向了生成整体论。超循环理论认为，在一种酶的作用下，一个生命组织，内部繁衍发展达一定数量时，便会进行内部的相互竞争与自我协调，其功能慢慢耦合而优化，留优去劣，层层回环，各个子系统之间形成更加紧密的联系，催生新共生结合体。[①]

　　近年来，北京市丰台区第二中学（以下简称"丰台二中"）发展为一校八址的教育集团，通过教育资源的重组、整合和优化，规范、指引了集团内各个成员校发展，探索了符合教育规律的、现代化的教育管理模式，让教育集团迈入超循环发展的合作系统。以下笔者主要基于丰台二中的办学实践，结合超循环理论，提出关于集团化办学的几点思考。

一、集团化办学不是开连锁店，而是激发活力，
实现"超循环发展"

　　多所学校组成一个教育集团，最大优势是影响力大了，教师和学生人数多了，资源丰富了，可利用的空间大了；而最大问题是各成员校之间不协调、不一致，导致内耗过多。因此，集团化办学不是简单增加学校，像开连锁店，简单复制办学模式，而是滚雪球式发展壮大，超循环发展。

　　对于教育集团而言，要达到"超循环发展"，前提条件是作为母体的"雪球"中内核一定要坚实，才让更多的"雪"被它吸引，被带起来，越来越大，越来越强，使教育集团成为成员之间互相配合、互补共生、协调良好的集团军，这个教育集团内核，是促进"超循环发展"的关键，也就是科学的教育理念，共同的教育追求，由此产生的教育价值观、愿景和目标，形成强大的教育吸附力和感召力，凝聚了人心，形成了合力。

　　丰台二中是2012年开始尝试集团化办学的，十多年来，学校秉持"尚品教育"的理念，崇尚教育本真，唤醒儿童生命潜能，培养体格健康、人格完善、品格高尚的人，落实教育立德树人的根本任务，践行素质教育理念，提升办学品质，让教育成为一个美丽而绵长的过程。

---

① 夏宁. 基于超循环理论的内部控制评价体系研究 [J]. 会计之友，2014，476（8）：6–10.

"尚品教育"以人为本，符合儿童成长的需求，容易让集团成员校认同丰台二中的办学思想，也在民主和谐的氛围中，各成员校的教师们凝聚了共识。理念认同了，行动上就很容易步调一致。在实践中，集团校成员之间携手共进，走上了课程共建、课堂共生、课型同构、名师同育、文化共融、合作共赢的"超循环发展"之路。

比如，丰台二中有四所小学，小学同一学科教师定期交流，联合教研，集体备课。就在2022年7月，语文、数学、英语、体育等各学科教师，集中在丰台二中附属实验小学，围坐一起，就"新课标与旧课标的异同""新学期落实新课标的具体举措"，以及"对多校区联合教研活动的设想"等问题展开讨论，各抒己见，在不同校区已有的课程设置和教学实践的基础上，交流着新学期落实新课标举措的想法。

为更好保证教育集团"超循环发展"走实走深，丰台二中教育集团实践着"十个统一"的集团管理，也就是统一教育理念；统一培养目标；统一党委和行政领导；统一课程体系；统一考核评价；统一人事安排；统一师生管理；统一工作规划；统一文化标识；统一对外宣传。通过"十个统一"，实现了教育集团的成员校之间相互协同、运作有序，形成文化共性，实现教育的合力，有利于学生一体化发展。

二、集团化办学不能让成员校言听计从，
而要因地制宜，共建共生

组成教育集团的各成员校千差万别，有的是小区配套新建的学校，有的是办学条件相对不足的学校，有的是历史悠久发展缓慢的学校，也有的学校有一定特色但生源不足，这些学校大多办学质量不高，自身发展潜力不足，需要借助外力，得以改变和发展。而集团化办学过程中，一些被合并的小学校，不能被动接受"改编"，应当在基础教育集团化办学过程中，创新机制，

促使不同成员校发挥自身的特点，突出自身的优势，因地制宜，满足当地百姓的需求，形成共建共生的态势。

超循环理论中的循环其实是指事物周而复始的运动，而发展需要在外界获取的某种催化物的影响帮助下，这种催化物和循环结合，使循环运行中产生新事物，而且，本身也在这个循环过程中无限再生。[1] 基础教育集团化办学从本质上是学校组织的变革，也是成员校之间关系的变革，只有跨越组织界限，通过相互合作，再生并共享资源和知识成为教育领域的趋势，呈现集团化的形式。[2] 而不少教育集团对各成员校要求一个尺码，过于强化集团母体的主导性，忽视了成员校本身的特点，不利于学校生态的百花齐放，也不符合教育因材施教、因地制宜的原则。

集团化办学过程中，集团母体吸收各成员校时，应当建立促进成员之间和谐共生的机制，共享优质教育资源，因地制宜、共同建设成员校，达到共同生长，共同发展的效果，各美其美，美美与共，让教育集团的各个成员学校，既有基于自身资源与状态产生的自循环，也有基于集团化办学理念产生的超循环，只有通过超循环，才能将不同的教育资源的自循环联通起来，形成"你中有我，我中有你"的融合共生态势，集团才有生命力。

丰台二中采用"优质校＋薄弱校＋新办校"的办学模式，单独法人与多法人并存、一个本部和多个义务教育学段结合的集团结构，各成员校所在区域包括丰台镇、小屯地区、看丹地区、卢沟桥地区、丰体地区等，各成员校具有自身区域特点，其历史、学段、课程、周边社区情况、家庭教育现状等完全不同，面对着学校独立发展的"个性"与集团共同发展的"共性"之间的矛盾，丰台二中依据实际，将发挥集团龙头校引领作用与尊重各成员校个性结合起来，建立一个合作系统，以机制来保证成员校对集团的协调和融合，

---

① 高健荣.超循环理论对高校武术教学有序发展的启示 [J].武术研究，2021，6（2）：94-96.
② 孟繁华，张蕾，佘勇.试论我国基础教育集团化办学的三大模式 [J].教育研究，2016，37（10）：42-47.

建立和谐有序的良好关系，实现各美其美、美美与共。

针对异质组合、结构多元的特点，要发挥各成员校积极性，丰台二中实践"五个尊重和发挥"：尊重和发挥各成员校校本课程特色；尊重和发挥各成员校地域优势；尊重和发挥各成员校历史特点；尊重和发挥各成员校微观管理和干部老师特长；尊重和发挥各成员校学生特长等，在教育集团的"十个统一"基础上实现"五个尊重和发挥"，更好调动了成员校的主动发展。

除了通过尊重和发挥各自成员校的优势，丰台二中重新界定了学校权责体系，将"个体"成员校与集团"集体"联系在一起，以行之有效的运行机制来达到上下沟通顺畅、利益调和合适、管理精细到位，提升集团凝聚力，促进集团可持续发展，成为有机统一的合作系统，这个系统包括党的领导、民主决策、学术水平、日常的监督管理等五方面。

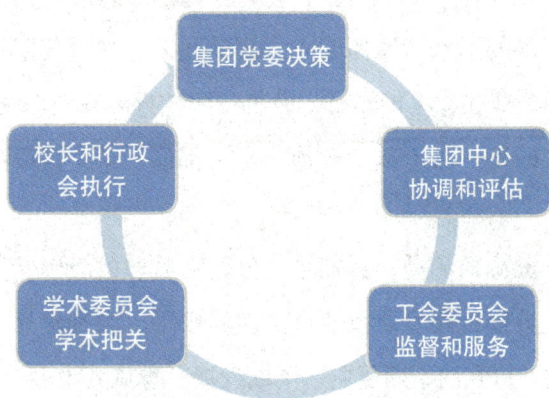

集团党委决策

校长和行政会执行

集团中心协调和评估

学术委员会学术把关

工会委员会监督和服务

在新时代，学校首先加强了党组织统一领导，实行了党组织领导的校长负责制，集团党委把握学校办学方向、发展规划、重大事项、干部任用等；其次，保障校长的民主决策和实施效能是这个体系的关键所在，校长按照党组织集体决议依法行使教育教学、行政管理、队伍培养等职权，回答和实施"培养尚品中国人"的目标；另外，设立独立于行政外的学术机构，成立协调和评价成员校发展的集团中心，确保职工代表大会的监督权得以落实，这个组织环环相扣，良性互动，形成了独特的决策机制、激励机制、协调机制、保障机制和监督机制，明确而合理地配置集团内各成员校之间的权利义务关系，达到了为各成员校协和共进提供保证的效果。

三、建立集团校的合作系统，促进教师交流轮岗，教育资源流动

在传统的办学理念作用下，不少教师往往固定在一所学校、一个岗位上一待就是多年不变，甚至一辈子变动不大，这不利于优质均衡，也不利于干部和教师的工作积极性调动。集团化办学的目的之一，就是让更多学生共享集团的优质教育资源，也让更多学校的办学活力得到激发，让一些薄弱学校获得快速发展，满足社会对教育优均衡的需求。

依据超循环理论，"流水不腐"，教育集团的母体要成为循环的源头，才能让成员成为流动的活水，循环起来，流动起来。教育集团就像波澜壮阔的大海，让教师和干部在此尽情畅游，教育集团挖掘教育资源交换流动的江河，每个集团成员校的每一名干部、教师和学生都像一朵朵美丽的浪花，永远不会干涸。

要实现教育资源的流动，特别是义务教育阶段的教师轮岗，就要通过建立机制，促进成员校自我发展，使自身教学水平、教师素质、学生素质不断提高，从而实现了自我的不断复制，不断发展，螺旋式上升。

丰台二中尝试实行"条块共治"的集团管理模式，保证干部和教师交流轮岗。"条块共治"的要求之一是让干部不在一个岗位时间过长，原则上三年就交流一次，激发其治理的创新力，产生在不同岗位上的驱动力，以免无力。其二是一个校级干部主抓集团整体工作中一条，同时兼任一个块的负责人，如某副校长，既是一个中心的主管校长，又是一个校区的主管校长，保证干部们从宏观上看问题，如下图：

丰台二中的
条块共治

小屯校区
执行校长
兼任集团
行政副校长

本部初中
教学副校长
兼任学术
委员会主任

卢沟桥校区
执行校长
兼任项目教学
负责人

看丹校区
执行校长
兼任集团
中心副校长

丰台时代小学
执行校长
兼任初中学生
中心主任

集团品质
提升负责人
兼任高中
教学副校长

看丹小学
执行校长
兼任集团
副校长

晓月苑小学
执行校长
兼任集团
人事主管

　　丰台二中为保证集团内的教师高质量交流轮岗，让优秀教师主动积极参与交流，免除教师的后顾之忧。首先，丰台二中做好顶层设计和精准安排，让优秀干部教师交流轮岗通畅无阻。综合考虑各成员校教师的学科、知识、能力、经验、性格、年龄，以及流入成员校的需要等因素，做好统筹规划，让教师由"某一学校人"转变为"集团的系统人"，突破成员校的围墙限制，实现教育系统统一管理，让参加交流轮岗的教师无后顾之忧，让他们"人在心也在"，让其较高的师德水平、较高的专业素质和积极的教育能量在区域教育系统内顺畅流动。其次，让教师主动积极参与交流轮岗。集团会考虑到交流轮岗对教师意味着工作环境的变化，可能会对教师的工作、家庭生活甚至待遇上产生一定影响，所以，要保障教师利益，以教师自愿为原则，建立激励保障机制，提高教师交流轮岗的积极性。最后，让教师在交流轮岗中得到发展。让优秀的教师流入到成员校能感到被需要，有用武之地，有条件起带动示范作用，是其发挥作用的前提，这就需要流入成员校要提供支持性的政策和环境，安排最适合的岗位，把新来轮岗的教师当一家人，不能客客气气当外人。

　　另外，为确保轮岗的教师依据合同规定完成教育教学、交流轮岗等职责，丰台二中对轮岗的干部教师进行教育教学方面的业务管理，与教师的升职、交流、轮岗、转岗或辞退挂钩。

十多年来，为促进教育均衡发展，丰台二中在集团办学方面积极探索，吸引力在不断增强，由2012年的3个成员校，升级为2023年的8个成员校，在校学生由1000多人增加到今天的6000人。学校尝试构建科学决策、民主决策的集团管理方式，建立集团的机构、人员、制度等一体的有效协调体系，带动了600多名教师和干部成长，提升了教育集团的品质。今后，丰台二中还将继续努力，将教育集团建设成为一个水平更高的超循环合作系统，为基础教育办学改革贡献力量。

　　沈军　教育管理硕士，北京市正高级教师，特级校长。现任北京市八一学校教育集团校长。海淀区第十五届、第十六届人大代表，中国教育学会理事会初中教育专业委员会副理事长，教育部中国中学生体协校园足球协会主席，中国航天科技集团有限公司科普专家，中国宇航学会航天科学与技术教育工作委员会副主任委员，北京师范大学物理学系《教育教学管理》特聘专家，首都师范大学全日制专业学位教育硕士研究生导师，北京市海淀区两届高考专家组成员。曾获首都劳动奖章、全国创新名校长、全国科教先进校长等荣誉。

　　曾出版个人专著《教育，品质的担当》；主编《在活动中成长》、《做思想信念的引路人》、《北京市八一学校校本课程导读·生态卷》（上下两册）、《北京市八一学校校本课程导读·军魂卷》（上下两册）等教育教学著作6部；在核心期刊发表论文6篇：《人民教育》1篇、《基础教育参考》3篇、《北京教育》2篇。担任国家重点课题负责人（1项）；市级课题负责人（3项）；区级课题负责人（5项）。教育部和海淀教委为其举办了"教育部全国优秀中学校长——沈军教育思想研讨会"和"北京市海淀区教育家办学实践研讨会"。

沈军校长印象

　　沈军是本校成长起来的校长，在海淀校长群体中有作为、有影响力。他志趣高雅，性格沉稳，低调内敛，从容大气，举重若轻，具有让事业得到不断提升的学识、素养、魄力、魅力。教委一位领导评价他"办学有想法，肚子里有东西"。沈校长致力于安静地办学，心无旁骛。就任校长以来，他进一步提升了八一的管理水平，促成了八一的干部和教师两支队伍的年轻化和专业化，让八一这所传统名校的品牌不断增值。他倡导"品质担当"的教育理念，致力于做有"品性"和"质量"的教育，以"为党育人、为国育才"的使命来统领，用"一切为了学生发展"的教育观，让"品质教育"铸就学生的品质人生。他以八一的"金名片"为海淀区优质教育的均衡发展作出了贡献，在全国教育扶贫和学生航天科技等方面也发挥了引领和示范作用。

——老廖

以品质之心办教育，用家国情怀显担当

北京市八一学校　沈　军

　　熟悉的地方、熟悉的主题，不同的心境、不同的感悟。2022 年 7 月，我的教育实践研讨会在北京市八一学校举行，这是教育创新、学校发展赋予我的机遇，让我能够带着新的感悟去升华和沉淀教育思想。2017 年 3 月，教育部中学校长培训中心主办的"品质教育思想"研讨会上，专家的点评还犹在耳畔："一个校长的品质，决定了一所学校的品质。一所学校的品质决定了学生的品质，学生的品质决定着国家和民族发展的品质。"时隔 5 年有余，我的教育主张已经从"品质教育"走向"品质担当"，实现了蜕变升级。在我看来，教育的价值是把一个认知懵懂、心智不成熟的儿童，培养成一个具有独立思考能力和价值判断、有明确社会责任和使命担当、有丰厚学识和解决问题技能的栋梁之材。我们对教育的思考、设计和实施，就是为了达成这种成长与升华。

"品质担当"的教育主张

　　品质教育的担当，是我们在不断追问教育立场和态度、考问教育真谛与初心、探问教育目的与责任的求索中，逐步建立起来的思想体系。这里面有八一学校老校长、老教师对我的培养，有朝夕相处、志同道合的八一学校同事的支持，有国内外学习深造带给我的收获，也有海淀教育丰厚文化的浸润。

品质教育的担当，就是把根扎在学校、扎在教育、扎在学生，用自己的双手托起品质学生、品质教师、品质学校的发展，用自己的肩膀扛起品质社会、品质国家、品质人类的责任。

首先是我们的教育情怀。这是一颗光芒四射的"红五星"，以"为党育人"的教育使命为核心，统领"五位一体"的理念框架，共同回答"为谁培养人、培养什么人、怎样培养人"的教育命题。

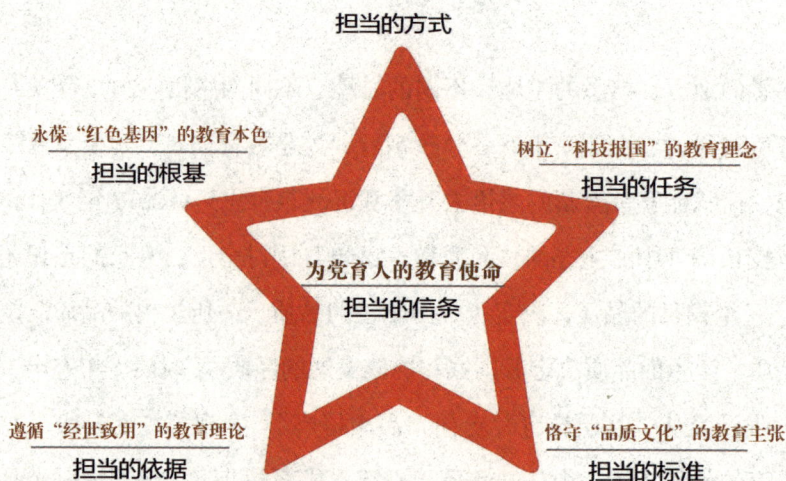

担当的方式

永葆"红色基因"的教育本色
担当的根基

树立"科技报国"的教育理念
担当的任务

为党育人的教育使命
担当的信条

遵循"经世致用"的教育理论
担当的依据

恪守"品质文化"的教育主张
担当的标准

"红五星"结构的教育情怀

秉持"全人教育"的教育理念。我们在落实"全人教育"方面，一是站在每个学生发展的角度，通过提供德智体美劳五育融合的课程和活动，塑造学生的完全人格。二是面向全体，让每个学生从学校走出去时，都有自己的成长和收获。学校不只培养精英，还要普惠所有学生，我们的所有教育行为都遵循从精品到普及的原则。

永葆"红色基因"的教育本色。红色是八一学校永远的本色，是不能丢掉的根与魂。学校继承红色传统，传承红色基因，滋养塑造新时代少年的红色气质，让学生在追寻领袖足迹、探访元帅故里、缅怀革命先辈、瞻仰革命圣地中，接受精神洗礼，熔铸红色精神，当好红色传人。我们希望红色基因能够成为八一学子永不褪去的本色。

树立"科技报国"的教育理想。八一学校拥有理科优势、创新基因、勇于担当的价值观，我们和部队、军工等单位合作共建，与航空航天类大学合作，拥有国防航天类企业资源和小卫星项目的研究基础，地处高科技氛围浓郁的地域，这些促成了八一学校特色教育方向的选择。我们坚持需求导向，从国家急迫需要和长远需求出发，为国家培养航天科技方面的基础人才，办一所以航天科技教育为特色的学校，将对创办科技高中意义的理解上升到服务祖国建设和民族复兴的层面上。

遵循"经世致用"的教育理论。一要"务当世之务"，培养学生的务实精神。二要"任时代之任"，培养学生的担当精神。三要"新学问之新"，培养学生的创新精神。四要"行致用之行"，培养学生的笃行精神。

恪守"品质文化"的教育主张。学校以"品质"为办学统领，促进教育教学和管理工作高质量发展，在追求品性、超越质量中达成品质。学校的教育思想、教育设计、教育行为都为塑造学生卓越的品质而服务。我们认为，品质的达成归结于执着专注、精益求精、一丝不苟、追求卓越的工匠精神。

其次是我们的教育观点。这是一座"金字塔"，以"教育观"为顶点，以"人才观"和"学生观"为支点，以"校长观""教师观"和"学校观"为基点，用责任诠释担当，用准绳践行责任，用力量握住准绳、托举责任，体现"一切为了学生的发展"的顶层思想。

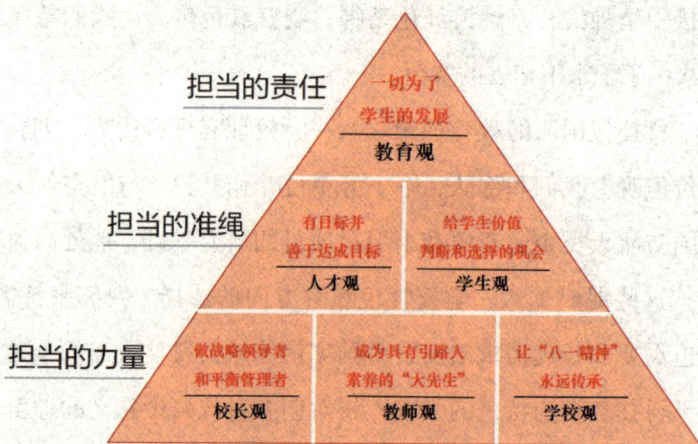

"金字塔"结构的教育观点

教育观：一切为了学生的发展。在八一学校，一切工作都围绕学生发展来部署，由此形成了"十大育人理念"：红色文化感化学生、优势专业发展学生、活动内涵立足学生、综合实践成就学生、高端资源支持学生、师生关系浸染学生、展示舞台留给学生、生态教育影响学生、整体环境服务学生、优质教育普惠学生。

人才观：有目标并善于达成目标。哈佛大学一项研究表明：一个人有没有人生目标和理想追求，在一定程度上决定了其成就水平。因此，教育者应以目标驱动为核心，尽早唤起学生确立明确目标的觉醒意识，帮助学生逐渐具备善于达成目标的务实态度、坚毅品格、合作精神等。我们希望八一学子既有人生蓝图，又有"将一张蓝图绘到底"的精神，如此才能成就品质人生。

学生观：给学生价值判断和选择的机会。我们一贯主张让学生自主发展，给学生一个明确的方向，而把达成的路径交给他们自己去探索。青少年时期多经历一点捶打、挫折、考验，在自我发现、调整、改善中，实现思想意识由自在到自为、由自发到自觉的转变，有利于他们走好一生的路。

校长观：做战略领导者和平衡管理者。作为校长，首先要有"战略管理

　　　　　　　　　　　校长说——55位名校长文集

思想"。在具体实施中，要善于全面调动资源，根据内外环境变化进行动态调整，用战略艺术推动工作走向预期结果。在项目推进中适度提供一些"脚手架"，让教师们掌握努力工作的方法。其次要有"平衡管理思想"。在我看来，真正的管理是控制过程。校长承受着很大压力，能不能守住教育底线，让各种不利因素化为最小乃至无形，需要足够的管理智慧。在推进教育改革中，校长既要有先行先试、敢闯敢干的勇气，也要有稳扎稳打、步步为营的"心机"；既要有只争朝夕、锐意进取的担当，也要有审时度势、静水深流的功夫。

教师观：成为具有引路人素养的"大先生"。习近平总书记强调，教师不能只做传授书本知识的教书匠，而要成为塑造学生品格、品行、品味的"大先生"。我以为，"大先生"应有的样子是：站在锤炼品格的角度，心有温度、具有大情怀，身有修为、具有大风范；站在学习知识的角度，腹有经纶、具有大学问，眼观八方、具有大视野；站在创新思维的角度，头有思想、具有大智慧，手有章法、具有大功力；站在奉献祖国的角度，胸有国家、具有大格局，肩有重任、具有大作为。

学校观：让"八一精神"永远传承。"思想领先、艰苦奋斗、高度负责、严格要求"的"八一精神"最初提炼于1987年，此后，一代代校长接过"八一精神"的薪火，弦歌不辍；一批批教师留下"八一精神"的脚印，身体力行。可以说，"八一精神"是推动学校走过昨天、走到今天、走向明天的精神支柱。

"品质担当"教育思想的化成

"品质担当"的教育实践体现在"品质八一""品质人生""品质事业""三位一体"的格局中。其中，"品质八一"的担当，是从管理者的视角，对学校改革发展的担当。"品质人生"的担当，是对学生生涯发展的担当。"品质事业"的担当，是对教育优质、均衡发展的担当。

从管理者视角，讲"品质八一"的担当。担任八一学校校长以来的 12 年里，我推动了大大小小近 90 个项目，不断完善"顶层设计"，加固"四梁八柱"。将驾驭、使用和应用顶层设计作为开展工作的重要方式，将发展需要和现实能力、长远目标和近期工作统筹考虑，聚焦文化、战略和管理三大要素，把思想建设摆在首位，以文化立心铸魂，把特色发展引向深入，以战略取势明道，把组织变革置于关键位置，以管理提质增效，发挥顶层设计重要先手棋的作用。

为学生终身发展，讲"品质人生"的担当。"品质人生"学生发展实践系统，首先，是以学生发展为主线，树立终身育人的理念，关注学生生涯发展，这样我们所做的事情才不会功利化。其次，这是一个完整的科学体系，体现为课程的全面与个性化设置，学习方式的变革与学习关系的重构，育人的组织空间建设与资源平台搭建。

"品质人生"学生发展实践系统形似一个"七层塔"，第一层为"一个生涯规划"，第二层为"两种课程结构"，第三层为"三大特色教育"，第四层为"四根发展支柱"，第五层为"五种学习方式"，第六层为"六个组织空间"，第七层为"七类学习资源"，它们共同肩负着为学生"品质人生"奠基的使命。

辐射带动，讲"品质事业"的担当。"品质事业"的担当，是以实现中华民族伟大复兴中国梦为理想召唤，秉持一颗对人民、对社会、对国家、对党担责尽责的事业心，推动教育办出特色、办出水平、办出气派。"品质事业"的担当，其核心就是去思考如何对学生 12 年的基础教育负责，如何为国家输送急需的战略型人力资源，如何旗帜鲜明地培养拥护党的领导和社会主义制度、立志成为为中国特色社会主义奋斗终身的时代新人。

教育帮扶第一步：开启寻根之旅。"吃水不忘挖井人"，八一学校在20世纪90年代初开启了寻根之旅，对口帮扶城南庄八一希望小学和向阳庄八一小学。之后不断扩大帮扶范围，推出"五地六校东风行动"，并与学校发源地保定市高新区共同成立八一学校保定分校。

教育帮扶第二步：成立红色联盟。我们在"八地十二校足迹活动"的基础上成立了"八一学校红色教育协作体"。协作体中，有红色文化积淀和军队背景的学校，也有处于老少边穷地区的学校，搭建这个平台就是为了传承红色基因，共享教育资源，推动教育均衡。

教育帮扶第三步：聚焦航天科技。为了回应习近平总书记的期望，兑现"品质担当"的承诺，八一学校在市区两级领导的启发和指导下提出：到2035年，将八一学校建成一流科技高中，把国防科技作为学校特色化办学的方向。2017年4月23日，学校牵头成立了中国航天科技教育联盟，探索产教融合、校企合作的科技教育改革模式与途径。

教育帮扶第四步：从"输血"到"造血"。除了以联盟方式实现教育均衡和优质发展以外，八一学校还做了大量支教扶贫和手拉手对口帮扶工作，如加大援疆援藏的力度，支教甘肃、青海玉树、内蒙古敖汉旗等薄弱地区，与狼牙山、丹江口市丁家营镇、张家口市赤城县白草镇等地的学校开展手拉手活动。2021年开始，八一学校逐步实现教育帮扶的升级，完成教育事业在精准扶贫与振兴中的有效衔接。红色联盟不仅仅围绕传承红色基因开展活动，同时引入航天科技教育，提高联盟的学术水平。

八一学校拥有优质教育资源，理应以教育帮扶和教育振兴为己任，以实现教育均衡和优质发展为目标，勇担辐射引领的重任。近几年来，我们热心接待前来参观访问的国内外教育界团队，同时在全国各地各种教育会议上发言、讲座，在各级刊物上发表教育管理文章，所做这些都是希望让具有推广价值的教育改革成果惠及更多学校。

校长是学校发展的引领者和建设者，不能把平台当成能力，而是要用能力做好平台，隐于平台背后，让师生成为"风景"。党之所向、国之所需、民之所盼，为吾辈之责。我将带领学校全体教职工，以"为党育人、为国育才"为己任，继续专心致力于品质教育、品质八一、品质人才和品质事业，以品质之心办教育，用家国情怀显担当。

沈杰 首都师范大学附属中学党委书记、校长，正高级教师，北京市中小学特级校长，数学特级教师，教育部基础教育教学指导委员会数学教学指导专委会主任委员，首都基础教育发展研究院院长，中国数学奥林匹克高级教练员，首都师范大学硕士研究生导师，北京市政协委员，享受国务院政府特殊津贴。曾获全国模范教师、北京市优秀基层党组织书记、北京市先进工作者等荣誉称号。在各类期刊公开发表教育教学论文120余篇。主持多项国家级、市级教育教学课题研究。

沈杰校长印象

"沈杰接近完美"——写到沈校长时，我的键盘不由自主地敲出了这几个字。主观上说，我找不到她的"不完美"。她的气质面貌接近完美，雅致，温婉（遗憾的是这个好词现在被滥用了），知性，从容淡定，不疾不徐，有大家气派。她的业务接近完美，作为数学特级教师的她给数学这门学科赋予了神奇的魔力，使学生体会到了数学学习的成功，让学生提升了对基础学科的兴趣。工作接近完美，掌门首师大附中后，她让这所名校按照它应有的节奏稳步稳健发展，在海淀六所优质校的竞合格局中、在全市顶尖优质校的共同发展中始终保持着它自身的荣光和尊严，保持着一所优质校的社会责任感、良知和美好品质。她摒弃世俗，博览群书，以思想的光辉烛照着菁菁校园，让校园保持着书香的氛围，让师生享受和谐的校园文化。不少人提出教育应回到原点；而沈杰的学校则一直都坚守在教育的原点。她倡导"育人成才为本、学术研究为魂、课堂教学为主、责任大局为重"，让这所优质校传承并保持着应有的本色。她的首师大附中好到了骨子里，让人充满敬意。

——老廖

"三大变革"助力学校高质量发展

首都师范大学附属中学　沈　杰

党的十九届五中全会以及国家教育"十四五"规划，明确提出了"建设高质量教育体系"，推进"教育高质量发展"。尤其是党的二十大报告又明确指出，"高质量发展是全面建设社会主义现代化国家的首要任务"，强调要"加快建设高质量教育体系"。

我国基础教育已由外延式发展的普及提高阶段，转向内涵式高质量发展的新阶段，发生了格局性的变化。同时老百姓对于教育的需求从"有学上"转变为要"上好学"，"努力让每个孩子都能享有公平而有质量的教育"是人民群众对教育最大的刚性需求。

此外，世界有变局，社会在迭变，科技在巨变，国家对优秀人才的渴求十分强烈。这些对教育的影响十分显著，都迫切需求教育的高质量发展。

一、学校高质量发展的思考感悟

在事物不断迭代升级的情况下，就意味着很多领域都有机会获取新的发展空间，教育也不例外。推动教育的高质量发展是解决社会主要矛盾的必然要求，是建设中国式教育现代化的重要路径，是应对百年大变局的战略部署，是适应新发展阶段的现实选择。

"基础教育在国民教育体系中处于基础性、先导性地位。"中国基础教育已进入以质量为核心的新阶段，即高质量发展阶段。在这个新发展阶段，准确把握基础教育的新形势新变化，在新形势中积势蓄势谋势，于新变化中识变应变求变，更是学校构建发展新格局和乘势而上开新篇的重要前提。

二、学校高质量发展的体系构建

（一）厘清内涵

学校高质量发展首要的是要厘清高质量发展的内涵。我认为，无论教育高质量发展还是学校高质量发展，其本质仍是人的高质量、高素质发展，即我们培养的学生应该是高质量、高品位、高素质的，因此教育高质量发展的内涵应该是教育起点的有教无类，过程的因材施教，结果的人尽其才。在实践中坚持以人的高质量发展为核心，学校教育要遵循教育规律和学生成长规律，学校要为学生提供适合每位学生发展的教育，这样才能人尽其才，实现学校高质量发展。

（二）顶层设计

要站在基于人的成长和发展的角度，站在历史传承和客观现实的基点，站在面向未来和创造未来的高度，用审辩式思维对学校全面工作进行一个完整性的系统思考和整体优化。从学校文化、学校治理、教师队伍、学生培养、课程建设等方面进行体系化构建，全面建构起学校"高质量教育体系"。其设计原则：在整体上长远上紧紧围绕为党育人、为国育才的出发点和落脚点，落实好立德树人根本任务解决学校"培养什么人""怎样培养人""为谁培养人"等问题，在实际工作中坚持问题导向、目标导向、创新导向的原则，解决学校办学缺乏系统性、随意性的问题，解决学校文化与学校课程、教学、德育没有融合为一体以及实施低效问题，在效果上真正实现学校高质量可持续发展和中小学校优质均衡发展。

因此在体系建设方面，还需要注意三个关系，一是在办学方向上科学把握"育才"与"育人"的辩证关系，二是在质量发展目标上科学把握"整体"与"个体"的辩证关系，三是在教育治理上要科学把握"规范"与"创新"的辩证关系，处理好才能实现基础教育学校治理体系和治理能力的现代化。

（三）体系构建

以首都师范大学附属中学（以下简称首都师大附中）为例，作为一所底蕴深厚的百年老校，学校以创建"国内领先，国际一流"的高品质中学为目标。党的十八大以来，在"守正、开放、创新"的三大学校发展理念指导下，学校在新时代倡导办负责任、有内涵、有温度的"成达教育"。通过创建以及不断优化"成达教育"体系，来赋能学校高质量发展。

新阶段，首都师大附中构建了以"一个坚守、两个引领、三个建设"为着力点的、向高质量再出发的高质量发展体系，通过"三大变革"进一步助力学校更高质量发展。

三、学校高质量发展的实践探索

1. 一个坚守——坚守为党育人为国育才的初心使命，确保正确的教育方向、正确的办学方向

建设高质量教育体系，要以立德树人为根本任务，把立德树人的成效作为检验学校一切工作的根本标准。对于学校而言，落实立德树人根本任务，要把加强思想政治工作贯穿教育教学全过程，不仅在思政课程上，更要深入挖掘其他课程中蕴含的思想政治教育力量，形成育人合力。

习近平总书记在 2018 年全国教育大会上，强调了"六个下功夫"。这"六个下功夫"，为做好新时代青年人才的培养工作指明了方向。为实现新时代人才培养的"六个下功夫"，我校施行"六个坚持"的教育：坚持以习近平新时代中国特色社会主义思想武装头脑，在坚定理想信念上下功夫；坚持以传播中华优秀传统文化熏陶人，在厚植爱国主义情怀上下功夫；坚持以社会主义核心价值观塑造人，在加强品德修养上下功夫；坚持以知行合一提升思维品质为核心的教学理念培养人，在增强本领能力上下功夫；坚持以丰富活动锻造优秀品格锤炼人，在培养担当精神上下功夫；坚持以优良的校风教风学风陶冶人，在提升综合素质上下功夫。做到全员、全过程、全方位育人，

把广大青年学生培养成为能堪当时代重任的有理想、有本领、有担当的时代新人，成长为德智体美劳全面发展的社会主义建设者和接班人，为实现中华民族伟大复兴的中国梦提供人才支撑。

2. 两个引领——以高质量党建和科学研究引领学校高质量发展

一方面，党对教育工作的全面领导，是办好教育的根本保证，基础教育必须坚持党的全面领导。首都师大附中党建工作始终紧紧围绕学校中心工作开展，通过建立党政融合联建机制、党建引领赋能机制，充分发挥党建的引领作用，在党组织的领导下交好四个答卷：政治答卷、民心答卷、形象答卷、发展答卷，赋能学校高质量发展。

另一方面，为了突出科研引领促进学校高质量发展，首都师大附中重视研究型学校建设，学校成立"成达教育"发展研究院。该研究院下设六个研究中心，是学校发展的智库，构建了矩阵式、研究引领的高效能治理体系，提升了现代学校系统治理的实践能力。

3. 三个建设——通过"三大变革"助力促进学校更高质量发展

习近平总书记在推动经济发展中强调的三大变革——质量变革、效率变革、动力变革，同样适用于基础教育领域的减负提质增效。三大变革是实现学校高质量发展的有效路径，首都师大附中通过三大变革进一步促进学校实现更高质量的发展。

（1）以效率变革为主线和重点，深化改革创新，构建更高效能的学校治理体系。

教育的高质量发展需要破除制约提升的体制机制障碍，找到快速提升的对策和路径，不断进行自我完善。因此要通过效率变革，来改进部分低效的工作方式，寻求快速提升；分析短板、来解决限制发展的问题。为了实现效率变革，首都师大附中进行了机构设置变革和体制机制创新，从研究、管理、实践三个方面形成立体式学校治理体系，采用矩阵式和扁平化相结合的组织管理模式，开创了学校治理的新局面。

学校以建立研究型学校、研究型教师队伍、研究型学生群为抓手，以现实问题的解决为导向，以持续提升学校教育质量为目标，形成具有学校特色的研究文化，构建起研究引领的高效能治理体系，为学校高质量发展奠定理论、实践基础。

学校创新开展体制机制改革激发学校发展活力，在削减中层的同时，实现领导干部全面下沉，实施下沉式的扁平化管理。具体的做法是，校长书记下沉到最重要的教育教学工作中的教研组、年级组进行深入指导；教学干部下沉到年级组；党委委员下沉到支部；校领导下沉到各部门。由于领导干部下沉到一线直接指导、参与教育教学与学生管理工作，学校育人理念得以第一时间迅速传递至一线教师，同时一线的实际困难与问题能够在第一时间破解，便于学校快速作出工作调整。一系列下沉措施取得显著效果，赢得老师们的大力支持和认可。

学校建立起符合本校特色的矩阵式、扁平化、研究型的治理体系，从新体制机制缩短决策路径提效率，从新思维研究成果减去无效环节精准发力提效率，从新智能借力信息技术与各项工作深度融合提效率，一系列举措提高了管理效能，即是通过效率变革跑出新高度，进一步促进了学校教育高质量发展。

（2）以动力变革为基础和关键，激发教师活力，建设高素质的专业化教师队伍。

教师决定着教育的温度、教育的品质、学生的成长，教师专业化发展是学校高质量发展的关键。在新时代，首都师大附中把师德师风作为评价教师队伍素质的第一标准，构建了"成达师德"建设体系，按"四有"好老师的标准，倡导教师坚持教书育人与自我修养相结合，做到以德立身、以德立学、以德施教、以德育德，做学生的引路人，努力践行教育起点的有教无类、过程的因材施教、结果的人尽其才，成为促进学生全面而有个性发展、自主发展、可持续发展的新时代的"大先生"。

我们尊重教师的独特性和创造力，希望老师们都能有创意地进行因材施教并展示自己的才华，充分实现自己的价值。只有尊重教师，才能真正激活老师们的内生动力。我们还坚持"减法思维"，减去教师身上不必要的负担，尽可能减少非教育教学任务对教师的干扰，通过人性化的管理，为教师留有弹性的时间、充分的空间，给予自由创造、开展研究的条件，更好地指导引领学生成长。同时，通过发展性评价、激励性评价，激发教师的潜能与活力，使其发挥优势成就自我，同时成就学生。

（3）以质量变革为核心和主体，坚持立德树人，形成更高水平的人才培养体系。

质量变革解决的是教育改革的效果问题。实现中华民族伟大复兴，归根结底要靠人才、靠教育。基础教育其首要职能、本质职能是人才培养，学校是培养人、造就人的地方。而学校培养人离不开课程和课堂，课程是学校办学理念的集中体现，是连接教与学的桥梁，更是连接学校、家庭、社会的最好纽带，也是落实立德树人根本任务、实现培养目标的重要载体。所以提供适合学生发展的教育，其实质就是提供适合学生发展的课程，课程是高质量发展的关键。首都师大附中充分发挥课程育人作用，从学生的成长需求和发展需求出发，搭建了由基础通修、兴趣选修、专业精修和自主研修组成的进阶递进式"四修"课程体系。"四修"课程体系为学生夯实学科基础，为激发学生潜能志趣、个性化、专业化发展、自主发展、可持续发展提供了有力的支撑。同时，我们注重学科内部和跨学科之间的广泛联系和融合，建立了学科课程群和跨学科的专题课程群，使课程成为学生发展的不竭动力。

学校着力构建了"成德达才"育人体系，搭建了价值塑造、品格培育、能力培养、知识运用"四位一体"的育人模式，将德、智、体、美、劳具象化，培育学生具有仁爱之心、睿智之脑、健康之体、发现之眼、创造之手，通过五育融合实现人才培养新境界，全面提高人才培养质量，全面落实立德树人根本任务。

因此立德树人的成果成效、高效能的学校治理体系、高素质专业化的教师队伍建设体系、高水平的人才培养体系，都应是评判学校教育高质量发展的标准，也是建立高质量教育体系的核心要素。

高质量发展是新时代赋予学校教育改革与发展的新命题，为了尽快实现教育的高质量发展这一共同目标，作为教育人，我们的站位要高，要把建设高质量教育，放在国家发展战略大局中思考；我们的理念要新，要按照高质量教育的核心要素，规划学校未来的发展；我们的行动要实，借时代东风顺势而为、乘势而上，进一步全面提升教育教学质量。

宋继东 中共党员，海淀区实验小学教育集团校长，硕士学位，正高级教师，北京市中小学特级校长。先后被评为全国优秀小学校长、北京市杰出校长、海淀区教育系统模范校长等；被聘为教育部小学校长第二期领航班实践导师、北京师范大学校长培训学院兼职教授、首都师范大学初等教育学院特聘教授。

他专注教育研究与教学改革，承担北京市教育科学"十二五"规划重点课题《基于童心教育理念下童心课程体系的建设》、海淀区教育科学"十三五"规划校长委托课题《教研组一体化管理模式创新研究》等十几个课题；撰写了《为了希望的教育》《童心·初心》等十几部专著；其中《必须保卫童年——童心教育的理念与实践》获得北京市第四届教学成果一等奖，《初心不改为教育，童心研修再出发》《基于学生健康成长的童心课程体系建构成果报告》等多篇文章在《人民教育》《中小学管理》《中国教育学刊》等核心期刊发表。海淀区为他举办过海淀区教育家办学实践研讨会。

宋继东校长印象

　　宋继东去年履新海淀实验小学校长。在海实短短的时间里，他带领新的班子高质量地做好顶层设计，确保了这所优质校得以稳健而高水平地发展。宋继东初任校长时才 20 多岁，可谓青年才俊早担大任。做出业绩后，宋继东开始掌门当时的四季青中心小学，在这里，他展现出了掌控大平台的领导力，短短几年，四季青中心小学获得了超速发展，学校后来也嫁接了首师大丰富的教育资源，并更名为首师大附小。宋继东成就了首师大附小，使海淀多了一所优质校。宋继东以课堂教学闻达于海淀，21 岁就成了海淀课堂教学的示范人物。他博览群书，善学善为，以学者气质名世，以思想深刻见长，成全人，帮助人，在师生群体和海淀校长群体中颇有美誉度。宋继东办学，值得期待。

——老廖

"五减五加"促进课堂教学转型

——"双减"背景下校长听课的具体思考

北京市海淀区实验小学　　宋继东

对于学校而言，"双减"工作的落实与深化，是以减轻学生过重的课业负担为切入点，进而重构一个高质量的教育体系。为此，校长的常态听课工作，在"双减"背景下也应该发生功能性的转变，即校长听课要实现从以往的听评课，转变到对"双减"工作的全面领导上来，转变到通过课堂教学提升教学质量的指导上来，转变到引导教师专业化提升上来。

"双减"的宏观要求是减负增效，但实现增效的措施，还需要落实到具体的育人目标，具体的教育教学行动中。

每学期，我通过百余节校长邀约课的课堂观察，从最基本最常态的课堂教学入手，提出了"五减五加"的课堂教学理念，即减除低效的备课，增加大概念统摄下的单元教学设计；减少单一的讲授，加入培养学生综合能力的教学方式；减去不必要的课堂练习，增加分层分类作业的布置；减掉单一育人理念的课堂，加以五育并举全面育人的教育理念；减缩没有深度交流的教研时间，加大教师自我反思的力度。力争实现从低耗增长模式转变到优质提升模式上来。

一、减除低效的备课，增加大概念统摄下的单元教学设计

备课是教学的重要环节，是教师专业成长的重要途径，同时也是教学质量保证体系的重要组成部分。在这种意义上讲，备课的质量将决定着课堂教学的质量。

为了切实提高备课活动的专业性，促进教师备课质量的提升，学校明确提出，减少低效的事务性备课，落实大概念引领下的单元教学设计。

各学科备课组必须结合学科特点和学生的实际情况，通过提炼大概念、梳理单元知识结构图，构建单元教学结构图以及教学评一致的教学设计，让学科核心素养在课堂教学中落地，实现变事务性备课活动为专业性备课活动，以此提高教师的专业备课水平。

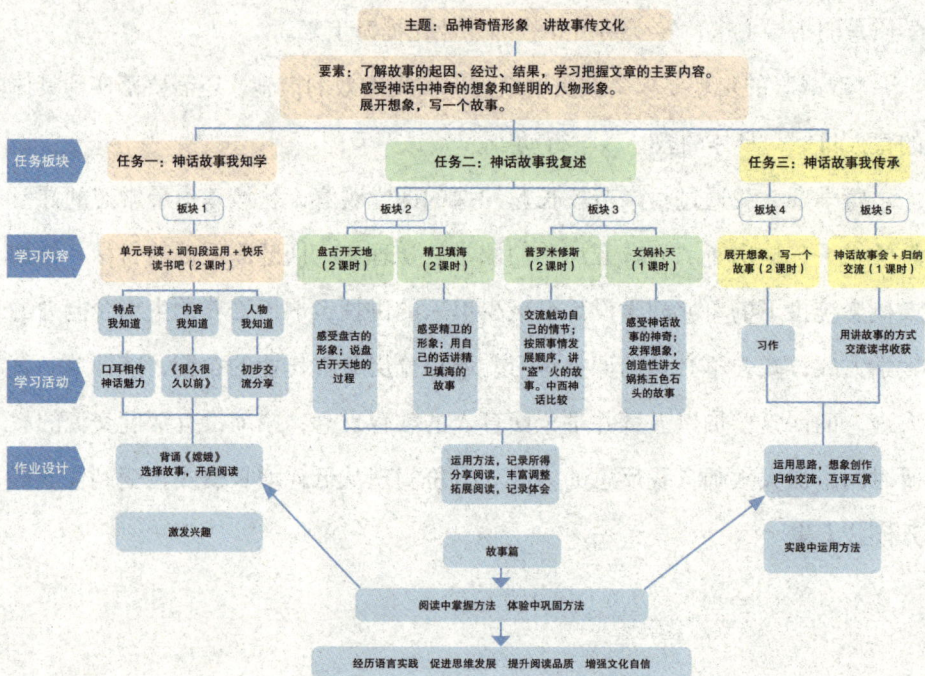

单元主题	主动迁移探究　融通运算一致性
具体概念	1.借助分数的意义和除法运算的意义可以探寻分数除法运算的合理算法，每种算法都有算理支撑； 2.获得分数除法与整数除法、小数除法一致的通法的过程，有助于发展学生的自主规划能力； 3.与整数除法、小数除法计算一致性的通法，是基于计数单位的转化和计数单位个数的运算； 4.在探寻一致性的通法和沟通"乘倒数"的算法的联系中，能发展运算能力和推理意识。

课时安排	第一课时 （单元导引课）	第二课时 （分数÷整数）	第三课时 （A÷分数）	第四课时 （联系反思）
课时内容	1.分数除法通法的标准 2.探寻通法的研究路径	3.寻找分数除以整数的算法	4.一致性算法的普适性研究	5.多角度解释乘倒数的算法 6.沟通通法与其他算法关联
	活动1：讨论标准 活动2：规划路径	活动3：借助单位　发现算法 活动4：沟通联系　初探一致 活动5：细分单位　拓展应用	活动6：初步尝试　产生冲突 活动7：深入研究　完善算法 活动8：抽象概括　形成通法	活动9：举例验证　解释算理 活动10：沟通联系　回顾整理
理法交融	寻找通法	等分除　$\frac{4}{7}÷2$　$\frac{4}{7}÷3$	包含除　整数÷分数　分数÷分数	计数单位及其个数的运算

主动构建
发展运算能力和推理意识

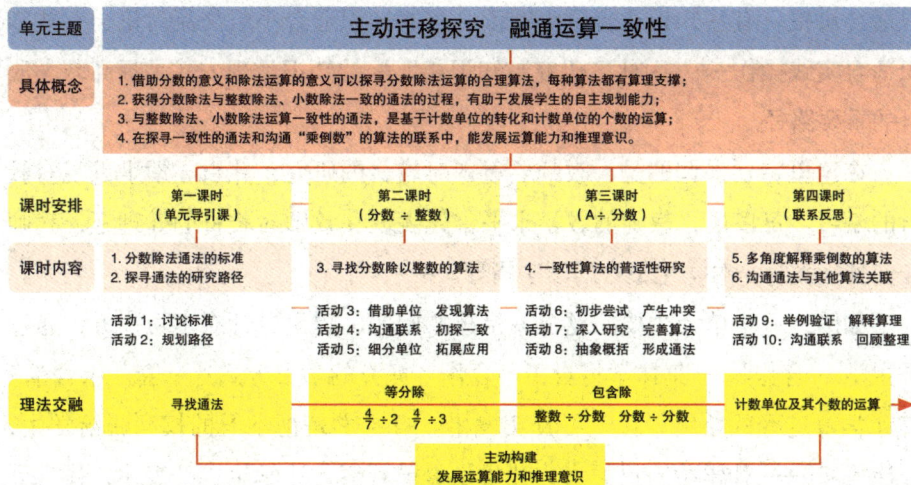

例如：语文学科教师针对四年级上册第四单元"神话"单元知识结构图；《数学》五年级下册"分数除法"单元知识结构图。

教师专业提升是非常必要的，专业是个门槛，帮助教师专业地备课是教师上好课，提升教学质量的第一步，这一步一定要走好。

二、减少单一的讲授，加入培养学生综合能力的教学方式

教育的本质是自育，学习的本质是自学，学习是学习者自己的事，是学习者自己发生改变。真正的学习不可能完全由教师的"教"发生，也不可能完全由学生的"合作"发生。学生的学习过程是一个从知识呈现（感知）到知识获取（学得或习得），从知识获取到知识构建，从知识构建到知识内化，从知识内化到知识提取并应用的过程。由此可见，知识的呈现方式就是教学方式。知识以什么方式呈现给学生，将直接影响着学生的学习兴趣，进而决定着学生学习能力的提升。

众所周知，常见的知识呈现方式有：PPT、视频、讲授、教材、实验、课题研究、项目式学习等，然而教师把教材、课程资源进行整合、形成具有逻辑性的PPT，进行以讲授式为主的知识呈现方式是目前课堂教学的常态。

难道所有的知识都适合以讲授的方式呈现给学生吗？显然不是，有些知

识适合讲授、有些知识适合学生阅读、有些知识适合小组交流讨论、有些知识适合实践操作……因此，研究与知识相匹配的知识呈现方式是提高教学质量的重要路径。

在这里特别强调的是，教师要重视对教材的研究，并引导学生重视对教材的学习。可以说，教师的教学水平首先表现在教师对教材的处理上，教师如何处理教材是对学生最好的学法指导。

如围绕一个单元主要问题也就是核心问题的提出，针对学习任务，通过自主学—合作学—集体学将自主、合作、探究的学习方式这一套"组合拳"贯穿学习过程的始终，让学习真实发生。自主学是把学习的权利还给学生，五让策略——让学生自己思考，让学生自己观察，让学生自己表述，让学生自己动手，让学生自己推出结论；小组交流是集思广益，基础问题组内交流，一般问题组间交流，典型问题全班一起讨论；集体学是与老师一起排疑解难，教师在点拨中以问题（题目）推进思维；课堂检测，当堂必须检查学习目标达成度。

三、减去不必要的练习，加强分层分类的作业

教学是理性的，掌握不同的知识到底需要多少与之相匹配的练习，是有规律可循的。以往我们经常是通过题海战术以量取胜，而且对于这个量的科学把握不准，这可能是造成学生作业负担过重的重要原因。从另外一个意义上讲，作业负担对于学生而言是个性化的事情，同样的作业对有些学生而言是一种负担，但是对有些学生而言可能就不是负担而且还有可能没能满足其个性化发展的需求。因此，我们必须通过对分层分类作业的研究促使学生进行深度学习以质取胜，才能减轻学生的负担提高学习效益。

所以，我们提出各学科必须实现对作业量、作业难度的分层，并着力研究不同类型作业对学生能力培养的优势，对学有余力的学生，采取适当布置弹性作业激发其兴趣发扬特长。

例如科学学科教师基于学科核心素养的落实，着眼于学生科学思维和科

学能力的提升，精心设计了让学生在情境中主动探究、主动建构、主动理解、主动迁移知识的系列项目式实践性作业——"设计芽苗菜种植器""保护生物多样性的海报""显微镜下的微视界"……极大地激发了学生的求知欲和探究欲望。

四、减掉单一育人理念的课堂，加以五育并举
全面育人的教育理念

我们注重学科融合、五育并举，催生课堂新变化，深化一直倡导的"真—美课堂"，特别强调课堂中多育共存的美，从课堂教学走向课堂教育，课堂育德，课堂启智，课堂立美，课堂健体，课堂创劳。因此，我们必须淘汰局限于知识点的课堂教学，引导全体教师在学习显性知识的同时，聚合学科的育人效力对受教育者在观念确立和价值观形成等隐性影响方面产生有益而久远的影响；通过发挥不同学科的特色和优势，在促进学生知识增长、能力提升的同时健全其人格，为其提供丰富生命内涵、体验幸福人生的思维和视野。

五、减缩没有深度的交流，加大教师自我反思

教师的专业成长是最终破解减负难题的不二法门。教师专业成长的经典方式是专家引领、同伴互助、个人反思。教师业务水平的提升离不开校外专家的高位引领，离不开教研组的文化建设，但是外因通过内因而起作用，学校必须强化专家引领后教师个体的自我实践、自我反思和自我成长。

例如语文学科教师，在首都师范大学的教授团队和海淀进修学校的专家团队的引领下，强化学科深度教研促进教师实践性专业反思，已然锻造出来了一支业务精干的教师团队。实践证明，没有教师的实践性的专业自我反思，就不会有教师专业水平的快速提升；没有教师专业水平的快速提升，就不会有显著的教学效益的提高。

总之，不同的社会背景，造成不同的时代需求。在"双减"的背景下，校长的领导力与执行力一定要体现到引领教师专业提升，带领教师专业转型上；落实到焕发师生生命活力，五育并举高效育人上。"双减"带来的挑战还有很多，减什么，加什么，不仅要深知意义，更要明确目标，不仅是"双减"落地，更是学生、教师、家长、社会的高满意度。

　　陆云泉　汉族，江苏人，共产党员，博士，国家督学。

　　中学数学特级教师，全国模范教师，正高级教师，北京市首批中学特级校长，北京理工大学兼职教授，上海同济大学兼职教授，中国科学院大学基础教育研究院院长、经济与管理学院兼职教授、兼职博士生导师。

　　先后在江苏和北京重点中学从事教学和管理工作，曾任北京市海淀区委教工委副书记、教委主任。

　　现任北京一零一中（教育集团）校长，海淀区政协常委，中国宋庆龄基金会理事，北京市特级教师协会会长，教育部全国教育专业学位研究生教育指导委员会委员，教育部全国校外教育培训监管专业指导分委会秘书长，教育部基础教育考试命题指导专委会副主任委员，中国教育学会中小学整体改革专业委员会理事长。

　　长期从事中学数学教学及基础教育管理工作，具有丰富的教育教学和学校管理经验。主持多项国家级和省市级科研课题，多篇教学和管理论文在核心期刊发表，出版专著多部。

陆云泉校长印象

　　陆校长的教育人生可谓圆满。此前他做过一零一中的副校长、理工附中校长，后来又做了海淀教委主任。几年前他从教委主任的岗位主动请缨，回到一零一中做了校长。这几年，陆校长在一零一中做的都是具有中国气派、中国风骨，代表着国内中学举办的、能办的最高规格最高水平的大事。你看看一零一中的校园网站建设，就知道一零一中为什么特别了。他学术造诣精深，是管理学博士、数学特级、正高级教师、北京市首批特级校长、北理工与同济大学的兼职教授，主持着两项国家级课题、多项北京市级课题研究，出版专著多部。陆校长有个"陆特"的雅号，在所经历的每一所学校，这位高大俊朗的特级教师校长都赢得了师生们的热爱和尊敬。与书生相比多有勇毅，与勇者而论则胸有丘壑，这就是陆云泉。他的人生为办教育而来，他的大格局、大气度、大胸怀，成就了他圆满的教育人生。

——老廖

集团化办学内部治理的价值供给与创新

北京一零一中学　陆云泉

摘　要：学校是落实教育现代化目标的基本单位。价值维度取向对学校实现现代化有方向性引导作用，不仅关系到学校的办学质量和办学水平，而且还关系到优质教育资源的公平、均衡与可持续发展。公平（equality）、效能（efficiency）、赋权（empowerment）和生态（ecology）是集团校实现治理现代化的四个基本价值维度，本文立足集团化办学中内部治理的实践，结合集团化办学的价值定位，探索集团校实现治理现代化的文化路径和建构策略。

关键词：集团化办学；价值维度；公平；效能；赋权；生态

集团化办学是促进教育公平、扩大优质教育资源的重要方式。北京一零一中自2019年5月正式实行集团化办学以来，如今已发展为海淀区最大的教育集团，现有12个校区，1000多名教职工，一万余名学生，学段涵盖幼儿园到高中。作为一种基础性的教育制度安排，北京一零一中教育集团不仅是一种组织形态，也是一种价值承载。集团的治理体系和治理能力建设，直接影响集团校治理现代化目标的实现，而集团价值理念的供给与创新则是集团内部治理的先导，对学校实现治理现代化具有方向性的引导作用。

一、4E价值维度的内涵

公平（equality）、效能（efficiency）、赋权（empowerment）和生态（ecology）（以下简称"4E"）是集团校实现治理现代化的四个基本价值维度。从价值维度视角探索学校实现治理现代化的文化路径，为基础教育集团化办学内部治理提供了价值指向。

（一）公平（equality）

教育公平的价值内涵包含每个师生都受到公正对待，受到同事或同学的尊重和重视，师生的基本权利和合理需求得到保障和满足，每个学生都可以公平地获得实现其自身价值和幸福的条件。

（二）效能（efficiency）

学校效能不仅包括学校对学生所产生的教学影响程度，而且包括使学生在已有成绩基础上取得的进步程度，即学校教育对学生学业成绩提升的程度。合格人才的培养是最常见的效能评价指标。也有学者从政治学视角和社会学视角来界定学校效能，把学校效能视为学校实现国家规定教育目标的能力以及学校满足社会群体对学校期望的程度。[1] 由此可见，学校效能不仅包括学校的育人能力和育人效果，也包括学校自身治理结构和治理能力满足社会需要的程度。

（三）赋权（empowerment）

赋权的实质是给集团内部各成员校自我决策、自主实施的权力。集团内部治理是各个集团成员校多元参与、多元共治与协商的过程，这就需要内部领导层通过权力的让渡与再分配，赋予各成员校权力来实现多元参与、资源共享、民主协商和多元治理。根据赋权目的和方式的不同，可以将赋权分为传统意义上的行政赋权和现代意义上的借助互联网新媒体等现代传播手段的技术赋权。

（四）生态（ecology）

生态是一种柔性的治理形态，对内除了体现在学校的自然环境上，还更多体现在班级氛围、教师工作氛围、人际关系和组织文化等人文环境上，对外则主要体现为学校与家庭、学校与社区的融洽以及学校与政府的互动支持。教育领域的"生态"是指学校有一个生气蓬勃、协同和谐的良好学习环境；

科学和人文融为一体，教师和学生和谐共生。[2]

二、4E 价值维度之间的逻辑关系

4E 价值维度之间并非彼此孤立，而是相互关联、相辅相成。

（一）效能与公平的关系

在实现教育现代化过程中应该优先注重效能还是公平？不讲公平只讲效能的教育现代化因为缺乏价值理性，不符合办好人民满意的教育的初心，也违背教育现代化的初衷；只讲公平不讲效能的教育现代化又会造成教育的停滞不前。因此，要在教育公平的前提下，构建合理的效能价值指标，才能为集团内部治理能力的提升提供方向引领。

（二）赋权与效能和公平的关系

在多元主体参与背景下如何实现"多中心"治理，进而使各行为主体之间既分工明确又相互协调，生成新的制度规则与治理秩序？"赋权"便成为学校治理现代化过程中必然的价值追求与制度理性选择。从这个意义上讲，赋权构成了集团运行的动力机制，通过赋予成员校更多自主性行政权力，扩大成员校在办学活动中的治理内容，进而激发集团内和集团外各个治理主体参与治理的积极性，从而从制度意义上确保了集团校公平和效能价值维度的实现。

（三）公平、效能、赋权服从于生态价值维度

北京一零一中在集团化办学的实践探索中呈现出整体性、内外联动性和生态性特征，这就需要我们从生态价值维度推进学校治理现代化建设，为师生营造一个积极健康、和谐共生的学校环境。

以自行车模型为例，自行车的前轮代表公平价值维度，后轮代表效能价值维度，公平和效能犹如自行车的两个轮子，不可偏废。自行车的脚踏代表赋权价值维度，它带动齿轮链条，相当于自行车的动力系统。自行车的车把是生态

价值维度，它既代表了前进的方向，又体现了教育的动态平衡。自行车的车座上坐的便是师生，在自行车行进的过程中，师生能够共享优质公平的教育。

三、4E 价值维度评价指标建构与实践

北京一零一中建构起体现集团化办学水平和办学特色的 4E 价值维度评价指标体系，对集团校实现治理现代化产生较强的导向作用。

（一）公平评价指标建构与实践

教育公平价值维度评价标准包括三个方面。第一，教育资源的公平获取。在受教育权利、学习机会方面，每一位学生都应当是平等的，但在教育资源、课程资源分配时，应当遵循差异公平的原则，做到因材施教。第二，学生在受教育过程中，得到教师平等的对待。这是一种师生关系上的公平，在师生之间、学生之间的现实交往中，相互尊重、平等交流，避免任何形式的歧视、排斥、孤立和人格上的侮辱。第三，师生对公平的内在体验，即个体是否感知到公平，是否认同自身在学校受到了公平对待。把师生作为价值评判主体，从他们个体的情感体验视角来判断公平也是一个重要的评价维度。

由此，公平价值维度的实践首先是教育资源的公正获取。要让每一位师生的基本发展权利都得到尊重，每一位师生都有获得学习和发展的机会，在师资调配、课程资源、网络信息资源、基础设施资源的获取方面都享有同等的机会。其次是学生在学校受到公平对待。对学生的个性差异、能力差异等，在包容的基础上，还要满足学生多样化发展的需求，采取与之相适应的教育策略，做到因材施教。最后，多元主体在学校交往过程中的公平体验。教师之间、师生之间以及同学之间的相互交往中，多元主体应该处于人格上的平等和人与人之间相互尊重的状态，在相互信任的基础上能够体验到公平感、满足感、幸福感。

（二）效能评价指标建构与实践

学校的效能价值本身是多种因素综合作用的结果，因此效能评价指标的

建构也应从多角度出发，采用综合、动态、发展的方式进行。

学校的效能评价可以从治理主体、治理参与者和校内资源利用率三个层面进行建构。治理主体主要是以集团校校长为代表的管理团队，其效能主要包括他们的方向引领能力、沟通协调能力，以及通过运行行政系统将学校愿景目标转化为实际办学成果的能力。治理参与者主要指教师和学生，其中教师效能包括教师的专业发展、教科研成果、职业认同感、团队协作能力等方面；学生效能主要包括学生的学业成绩、综合素质发展以及对学校的文化认同感。校内资源利用率主要指学校对人力资源、物力资源、信息技术资源等的利用率。

效能价值维度的实践不仅需要考察学校当下时段的组织变革、制度创新和教育目标的实现程度，而且还要关注学校制定的愿景和规划是否具有前瞻性，尤其要考虑到信息化时代，学校是否利用信息技术变革传统教学方式，是否利用教育大数据促进效能提升。

除了重视效能价值的物质层面，也要重视精神层面。学校基础设施、资源技术等都是可以测量的物质效能。而学校的文化认同、社会对学校的满意度、毕业生对母校的认同感、学校办学理念及核心价值对学校治理现代化的引领力等方面，则为效能价值的精神层面。多元效能价值维度评价有助于建构更为科学的评价体系，寻找到公平与效能之间的平衡，从而实现工具理性与价值理性的统一。

（三）赋权评价指标建构与实践

赋权的动态过程也是集团校治理理念更新的过程，是传统自上而下垂直管理模式向现代矩阵型治理模式转化的过程，其典型特征是管理重心下移，多元主体参与，集团内各成员校之间、学校上下级之间平等对话，交流合作，共建集团的制度文化。

在集团化办学过程中，为适应学校治理现代化发展需要，北京一零一中教育集团调整了传统的行政组织架构，设立六大中心，采用矩阵型治理模式，纵向上疏通管理渠道，实行权力下放以激活组织管理能量；横向上进行组织整合优化，实现管理职能转变，提高治理效能。

（四）生态评价标准建构与实践

学校在推进治理现代化过程中，如何融入生态价值理念、探究学校发展路径？应追求以下三个特征：第一，全纳包容。为每一个学生提供均等参与的机会，处境不利的学生不会受到歧视，每个学生从心理上都能感受到尊重与安全。第二，和合共生。学校的办学宗旨、发展愿景、校园文化等核心价值理念能够得到全体师生的认同，并且还能由认同上升到共享，由共享再融入学校工作的方方面面。第三，发展的可持续性。可持续发展是生态价值维度对学校发展的内在要求。

生态价值维度的实践不仅需要关注集团内两个最主要的主体——教师和学生的发展，而且还要考虑集团校整体的发展。就教师专业发展而言，集团校需要为教师提供均等的专业发展机会和资源，建立鼓励教师专业发展的奖惩制度和激励机制，为教师的专业发展提供动力和保障条件。就学生发展而言，要为学生提供均等的发展机会，使学生在校学习期间获得良好的学习体验，有获得感和幸福感。就集团校自身而言，学校要制定合理的发展愿景目标，制定科学的发展规划，充分发掘利用好校内外各种资源，实现学校的良好运行和可持续发展。

〔本文系国家社会科学基金"十三五"规划 2020 年度教育学一般课题"基础教育集团化办学中学校内部治理体系和治理能力建设研究"（课题批准号：BHA200229）的中期成果〕

参考文献

[1]温恒福.学校效能的基本理论问题探究[J].教育研究，2007（2）：56-60.

[2]李永生.学校效能评价：一种评估中小学工作绩效的工具[J].教育研究，2013（7）：105-115.

[3]顾明远."生态·智慧"教育根本在"人"的发展[EB/OL].人民论坛网，2021-06-04.

　　陈立华　本科学历，中共党员，特级教师，特级校长，正高级教师，现任北京市朝阳区实验小学党总支副书记、校长。她提出了"为幸福人生奠基"的办学理念，关注学生德智体美劳全面发展。她着力打造数字化校园环境，助力教育教学管理现代化；她设立了"爱眼工作室""小胖墩工作室""体能测试室"，为学生的体质健康保驾护航；她将社会主义核心价值观细化为"朝实学生行为规范60条"，促进学生形成良好的行为规范；她将小学一至六年级数学教材进行了梳理，创造性地提取了58节关键课，切实落实"双减"提质增效。这些经验在全国数十所学校进行推广，取得了积极的成效，朝阳区实验小学也获得了全国教育系统先进集体的称号。

陈立华校长印象

如果说朝阳实验小学只是北京最适合孩子学习的小学"之一"，其实是委屈了它。这正可谓"常恨语意浅，不如人意深"。陈校长的朝实好在哪儿？朝实的好，我们无须拿它贴在校园围栏上的数百块荣誉牌匾来证明，我只能简单枚举：这里真的是小班额；课堂教学质量高，孩子们的作业大都在课堂完成，家庭作业不多，放学后，孩子们将大部分学习用品留在课桌里，回家背的书包很轻；老师非常亲学生，师生关系融洽；教育质量稳居本区前列，各科监测完全可与西城、海淀的一流名校相媲美……陈立华在朝实做校长时才30多岁。在一线当老师时，她带的班在全区的数学考试中全都是满分。陈立华淡看俗物，乐于承让，颇具平常心；有担当，有侠气，有胸襟。如果媒体还能像当年一样评选北京当下小学的"四大名校长"，陈立华应该在其列。

——老廖

做简单的教育　过幸福的人生

北京市朝阳区实验小学　陈立华

　　不知从什么时候开始，教育变得很"热闹"，各种各样的新理念、新模式、新口号层出不穷，新思路、新目标、新举措应接不暇，可谓五花八门。陶行知老先生说，社会即课堂，生活即教育。所以做教育要去除复杂、华丽的外衣，回归教育的本质。这一本质即让孩子更好地走入社会，拥有幸福的人生。所以，做简单的教育就是要抓住健康、道德、习惯、能力四个要素。朝阳区实验小学一直坚持"为幸福人生奠基"理念，并提出"幸福人生从健康起航；幸福人生让道德引航；幸福人生用习惯护航；幸福人生乘能力远航"这四个维度，引领学生全面发展，最终走上幸福的人生道路。

一、让孩子们拥有强健的体魄

　　"健康"是人类进行一切社会活动的基础，同样的在教育中，孩子们的"健康"也是最需要重视的问题。在过去的很长一段时间，学校和家庭似乎都没有把孩子的"健康"放在最首要的位置。我们常常看到孩子们小小年龄就戴上了眼镜，走路弯腰驼背，体测不达标，肥胖率、近视率增高……近年来的种种数据表明，孩子们的健康问题亟须重视起来。甚至我们还会在新闻里看到，近视阻挡了孩子们看世界的快乐；脊柱侧弯、体质差等一系列问题，阻碍了孩子们快乐奔跑于美好世界的脚步；心理问题也让很多孩子失去了拥抱幸福的勇气。

　　我有一个最朴素的想法，就是利用一切能利用的时间，让孩子们能够多活动，特别是户外活动，多晒太阳，让他们的筋骨再强一些，再强壮一些！看到孩子们在操场上打篮球、踢足球、做运动的身影，看到他们健康、自信、阳光的笑脸，那是我最开心的时候。

我们学校从 2011 年开始，学生自愿参加清晨的早锻炼，培养学生自主锻炼的意识。除此之外，每天上午有 40 分钟的时间进行全校课外体育活动，包括长跑和专项身体素质两项。为了全方位调动学生自主参与体育锻炼活动，学校构建了丰富的拓展课程和个性化课程，如：民族传统游戏、拳击、游泳、武术、花式跳绳、足球、篮球、排球、软式垒球、啦啦操、轮滑、旱地滑轮等 10 余门特色课程，这对增强学生体质，提升健康水平起到了重要促进作用。我校学生的肥胖率由 2012 年的 25.58% 下降至 2019 年的 10.82%，下降了近 15 个百分点。

不管是身体上还是心灵上，健康都是最重要的。所以，我们的教育在最初就要将健康的理念深深地植入孩子的心中。告诉孩子，美好的生命，是我们追求幸福的根本；健康的身体，是我们快乐生活的基础。

二、让孩子们形成美好的品德

国无德不兴，人无德不立。"立德树人"是教育的根本任务，良好的品德是人在社会上立足的根本要求。在新闻报道中，我经常看到许多令人痛彻心扉的事情发生。一些人社会责任感缺失，对家庭缺少责任担当，对国家缺少奉献精神；一些在学业和事业上都堪称优秀的人，却做出了与道德背道而驰的事情。而我们所要培养的是社会主义合格建设者和可靠接班人，绝不能是对社会毫无责任感甚至是道德败坏的人。因此"立德树人"是根本任务，这一思想应融入文化知识学习、社会实践教育各环节中，要始终贯穿在学校教育中。

给我印象最深的是 2020 年初，新冠疫情突如其来，我们通过电视和网络，看到了疫情的严峻，战斗在一线的医务人员和各行各业的一线工作者们为抗击疫情过度劳累，有的人感染了疾病，甚至还有很多人因此牺牲……许多感人的事迹让我潸然泪下。这些事例让人感受到了生命的可贵，懂得了要珍惜生命、保护自己。当然，这也是对孩子们最好的生命教育。这次抗击疫情涌现了一批冲锋在前、带领人们克服困难的英雄。我记得 2020 年 3 月没能正常开学，我在给学生和家长的一段视频里跟孩子们说，疫情期间要注意个人防护，保持良好的作息时间。要像钟南山爷爷一样，做建设祖国、奉献社会的人。同时在国家遇到困难的时候，咱们要团结一心，不能给国家再添麻烦。我们学校三年级学生周喜蓓和妈妈每天看新闻，被前方医护人员奋不顾身的忘我精神所感动，于是组建了"爱心妈妈"团队，筹集善款，用压岁钱购买了 2000 多套防护服捐献给武汉市中心医院。

孩子们作为社会主义的建设者和接班人，在未来的二三十年，在建成富强、民主、文明、和谐、美丽的社会主义现代化强国的进程中，他们是社会的中流砥柱。孩子们在小小的年龄经历了这次疫情，家国情怀会厚植于心，拥有着对祖国深深的热爱和远大的志向，相信他们在未来会成为优秀的国民表率、社会栋梁。

三、让孩子们拥有获取幸福的能力

老师和家长常说，要培养孩子的各种能力，比如学习的能力、合作的能力、自主探究的能力、克服困难的能力……非常繁多，孩子们听了难免也会一头雾水。那么这些能力总的来说，就是一个能力——获取幸福的能力。

我们学校构建了基础性课程、拓展性课程和个性课程三个层次，道德、健康、人文、科学、艺术和社会实践六大素养的"幸福教育"课程体系，既满足了国家课程的基本要求，又适应了新时代对人才培养和发展的需要。学校实施选课走班制。学生从一年级就开始选课。很多人对这件事是有质疑的，一年级就开始选课，他们懂选课吗？但实际上我们在一线，最有发言权——他们太懂选课了。每年选课时各年级都会举行课程推介会，各科选修课老师轮番介绍，让孩子知道自己喜欢什么，并学会自己决策，慢慢地就拥有了自主选择的能力。

其实，通过学习获得了知识，是一种幸福；通过合作解决了问题，是一种幸福；通过自主探究提高了认知水平，是一种幸福；通过克服困难而获得了人生的快乐，也是一种幸福。获取幸福的能力，虽然听着很宏大，但是我们可以把它具体到一点一滴的小事中。比如今天认真听讲，学到了新的知识点；与父母或朋友一起，搭建了自己喜欢的模型；坚持训练，打破了自己游泳的小纪录……我们要让孩子们知道，幸福就在生活的点点滴滴中，要大胆地去尝试，追求它，拥有它，你就拥有了获取幸福的能力。

四、让孩子们养成良好的习惯

人们常说，习惯是一种看不见的力量，它能够促进学生良好的发展。良好的行为习惯和学习习惯是决定一个学生未来成功的基础和保障。比如在课堂上学生应该怎样做，眼睛看着老师，手放在什么位置最舒服，小组传作业的时候不需要回头，等等。孩子在学校时，应有良好的学习习惯。在家时，要有健康的生活习惯；在与人交流时，也要有懂礼貌、讲文明的社交习惯。孩子长大步入社会之后，难免会独自面对各种境遇，比如独立学习、独自居住，与人合作，等等。如果拥有良好的行为习惯，孩子会更好地拥有自理自立的能力。学校和家庭要把良好习惯的养成渗透到孩子学习和生活的方方面面，比如从早晚刷牙洗脸、收拾好自己的书桌、课后温习知识、每天读一页书做起。良好的行为习惯一旦养成，孩子将受益终身。

我们学校根据孩子的年龄特点，研发了"朝实学生行为规范60条"。它用生动有趣的语言告诉孩子们正确的行为规范，用于学校日常化的行为习惯养成教育。这一成果在朝阳区得到了广泛推广，有效提升了师生的精神面貌。时任国务院副总理孙春兰、北京市委书记蔡奇先后到雄安校区调研，对"朝实学生行为规范60条"引领校区发展的做法给予了充分肯定。孩子们落落大方的表现，也坚定了我们坚持抓学生行为习惯养成的信心。

教育不能解决孩子的一切问题，但能解决孩子成长道路上最根本的问题。当孩子拥有了强健的体魄，拥有了获取幸福的能力，塑造出了美好的品德，养成了良好的行为习惯，那么无论孩子未来的路是崎岖还是坦途，都能够自信地走向幸福的人生。教育不需要太多复杂的语言和华丽的装饰，我们要抓住教育的核心与本质，做简单的教育，引领孩子过幸福的人生。

　　陈国荣　首都师范大学附属育新学校（海淀）校长，首都师范大学附属回龙观育新教育集团（昌平）总校长。海淀区人民政府学科督学，北京市中小学优秀德育工作者，首都师范大学教育硕士实践导师，中国中学生体育协会网球分会主席。

　　先后主持海淀区"十二五"规划校长委托课题《初高三毕业年级教学管理和有效课堂教学的研究》，北京市教育科学"十二五"课题《思维课堂教学模式实践研究》，北京市教育科学"十三五"课题《思维型理论引领下的课堂教学课例研究》，教育部学校规划建设发展中心重大课题《交叉维度下小初高劳动教育评价研究》。编著有《礼悟》《551思维课堂教学模式》《国家课程的校本创新》等。

陈国荣校长印象

有本事的人，北京会给他更多的机会。陈国荣校长两度被延请入京，就是明证。这位来自内蒙古的校长以他大草原般的开阔胸襟和哲学专业背景的理性思辨精神，走出了一条"育德、致美、启智、日新"的教育之道，让他的育新学校品牌日益增值。育新，托举起了他的教育理想和成功人生。事实上，陈校长办学的成功与育新今天所处的环境有关。当下的海淀北部今非昔比，已是优质校云集，可谓千帆竞发，要拔得头筹并非易事。优秀的棋手愿意与高手过招且是英雄惜英雄，陈校长乐于与优质校校长切磋共事，与他们在竞合中实现各自的发展，各美其美，美美与共。在这样的态势下，育新赢得了尊严和光荣，赢得了社会的赞许。作为首师大育新校长和首师大附属回龙观育新教育集团总校长，他把育新的品牌影响力辐射到了昌平南部，让育新教育泽被了更多的家庭。他是海淀校长新生代的领军人物，让海淀教育在其北部光芒四射。

——老廖

发展素质教育，从优质走向卓越

首都师范大学附属育新学校　陈国荣

首都师范大学附属育新学校（以下简称育新学校）是一所 12 年制的公办学校。1997 年 8 月建校，发展至今已经成为下辖多个校区的大型教育集团。目前共有师生一万二千余人，形成了"一个管理体系，九个特色校区"，跨区域、集团化办学格局。

党的十九大以来，党和国家特别强调要全面贯彻党的教育方针，落实立德树人根本任务，发展素质教育，推进教育公平，培养德智体美劳全面发展的社会主义建设者和接班人。立德树人，发展素质教育这一教育改革发展的战略主题，需要在每一所学校真正落地、扎根、生长。育新学校致力于为每个学生提供优质的基础教育，使每位学生不断超越，实现自己最大限度的发展，做独特的和最好的自己。因此我们将"发展素质教育，从优质走向卓越"作为学校的愿景及使命。

一、坚持党对教育事业的全面领导

坚持党对教育事业的全面领导，这是我们办好高质量教育的根本遵循，是发挥好教育的政治功能、守好意识形态阵地的必然要求，是为党育人、为国育才的内在呼唤。

学校提出以政治建设坚持党的全面领导、以强化理论筑牢实践思想根基、以干部建设提高办学决策水平、以支部建设夯实办学组织基础、以党建引领大力推动团建队建。积极落实党组织班子成员和党员联系服务师生员工制度，制定和实施《年级组评价党员制度》《教研组评价党员制度》。

学校明确了校党委全面领导学校工作，履行把方向、管大局、作决策、抓班子、带队伍、保落实的领导职责，明确议事决策的原则与流程，明确党的领导贯穿教书育人全过程，实现把关定向与办学治校同频共振。优化调整党组织发挥领导作用的组织架构，把原来的小学、初中、高中、行政四个支部调整为七个支部，突出支部与年级组、教研组融合，支部与教书育人一线的融合。学校成立二级党校，加大"双培养"工作力度，以高质量党建引领高质量的教育。

二、传承和创新学校办学理念

学校的办学理念和文化，是师生真实的生活方式和活泼的生活状态。理念和文化是根源的东西，根源不解决，教育教学行为会成为无源之水、无本之木。优秀的理念和文化就像空气，就像晨钟暮鼓，萦绕在身边，时刻敲响在每个人的心间。学校在 20 余年发展历程中，坚持实践提炼与顶层设计相结合，传承与创新相结合，我们对办学理念和文化中的三个核心问题凝练出自己独特的思考和回答。

（一）学校要培养什么样的人

"先成人后成才，既成人又成才"是育新学校第一任校长王绍宗先生倡导的育人宗旨，为广大师生及家长普遍接受。这样的育人宗旨恪守的正是走向卓越的教育。那么要成为什么样的人呢？随着时空的变换、特色的沉淀、学校的成熟，我们进一步系统而深入地思考和描摹了育新学子的形象：培养行于礼、善于思、格于物、达于美的时代新人。"行于礼、善于思、格于物、达于美"是我们对培养学生全面发展的系统思考，融合了培养什么人和怎样培养人的综合思考。

美德不是人生来就有的，它萌芽于非道德的礼仪训练，礼仪是人们日常生活的行为起点。我们以"九礼六仪"为主要内容，构建礼仪教育体系。这些行为习惯的养成是道德教育的契机，也是学生全面发展的基础。

卓越的学校依赖于卓越的师生，而师生个人能否卓越，源自其思维层面是否卓越。恩格斯在《自然辩证法》中写道，思维着的精神是地球上最美的花朵。只有思维着的精神，才会创造一个精彩的世界、理想的世界。思维是知识的精华，是精神的骨架，是文明的基因，是卓越的密码。一个形象思维和逻辑思维并重，批判性思维和创造性思维齐飞的人才能更好地面向未来，才能在真实世界中解决复杂问题。

格物致知是中华民族优秀传统文化中修身治学的精神瑰宝。学校不断培养学生善于学习，主动探究，勇于质疑，透过现象看本质，从感性世界走向理性世界。达于美是学生精神境界和人生品位的呈现。学生应具有各美其美、美美与共的胸怀，以美培元，因艺术得自由。

（二）学校办学要走向何方

育新学校有充足的底气说自己是老百姓家门口的优质学校，只有更好，没有最好。"发展素质教育，从优质走向卓越"是学校矢志不渝的发展愿景和发展目标。素质教育就是核心素养导向的教育，就是坚持五育并举的教育。走向卓越一直在路上。我们对卓越的理解是卓尔乐群，越而胜己。卓尔强调独立性，乐群突出团队精神，越而胜己是自胜者强，不断超越自己。不和别人比高低，只和自己争上下。从而实现学生各得其所，有获得感；教师专业发展，有幸福感；学校持续前行，有荣誉感。

（三）学校要倡导什么样的办学价值观

我们将"育德、致美、启智、日新"作为学校办学核心价值观。"育德"语出《周易》，"山下出泉，蒙，君子以果行育德"。《左传》亦云："太上有立德，其次有立功，其次有立言，虽久不废，此之谓不朽。""致美"着眼于培养学生有健康的审美价值取向，有发现、感知、欣赏、评价美的意识和基本能力，能理解和尊重文化艺术的多样性，有艺术表达和创意表现的兴趣和意识，能在生活中拓展和升华美。"启智"以求不惑，"智者不惑"。启者，启迪与启发，"不愤不启，不悱不发，举一隅不以三隅反，则不复也"。智者，烛也。"教育不是灌输，而是点燃智慧的火焰"（苏格拉底语）。"日新"语出《礼记·大学》，"苟日新，日日新，又日新"。学校核心价值观既是一种目标，反映着对师生的期望和要求；又是一种过程，体现着对师生的教育和培养；更是一种哲学，彰显着育新人对教育本质的追求和信仰。

三、提升学校发展规划与现代化治理能力

学校发展规划对学校可持续发展是一个航向标。面向"十四五"，育新学校历时一年半，举全校之力，数度研讨，形成了《学校教育和改革发展规划》（以下简称《规划》）。《规划》从九个方面梳理了"十三五"期间学校的各项工作，以及实践中沉淀的核心竞争力，提出将学校建成一所一体化培养、人文化特色、卓越化发展的新品牌学校的发展目标，筹划了涉及党建、课程、教学、教师等关键领域的"十大"建设工程。"十四五"时期是学校"发展素质教育，从优质走向卓越"的战略机遇期、内涵发展期、拔节孕穗期。《规划》的制定为深入贯彻党的教育方针，聚焦全面提升育人质量，促进学校高质量发展提供了路线图和时间表。

历经三年时间，逐步完成了组织结构上的调整和改变，形成"八个中心"和"一个委员会"，为迈向现代化学校治理奠定坚实基础。以学生、教师、课程、质量为中心，明确职责、分工合作，"专业的人做专业的事""专业的人做基础的事"，实现扁平化、项目化实施。同时我们还邀请第三方专业机构协助学校启动了"基于学生发展"的学校自我诊断，以促进学生发展为中心，重视学校发展过程的各个环节常态化、周期性、系统性的内需式改进。

四、夯实教师队伍建设基础工程

习近平总书记说："一个人遇到好老师是人生的幸运，一个学校拥有好老师是学校的光荣，一个民族源源不断涌现出一批又一批好老师则是民族的希

望。"对于学校发展来说，教师队伍建设是一项重要的基础工程。

（一）明确教师队伍建设方向

学校明确提出培养一支重人品、喜敬业、塑能力、崇成果的面向未来的专业教师团队。

"教师重要，就在于教师的工作是塑造灵魂、塑造生命、塑造人的工作。"其身正，不令而行。人品的关键是"关系"。要处理好师生关系、同事关系、家校关系，其中核心是师生关系。好的关系胜过许多教育，好的关系本身就是教育质量。要把学生放在正中央、心中央，要见"森林"、更见"树木"，要关注"丛林中的那棵树"，要竭尽所能去维护每个学生在他人和自然面前的尊严、能力和福祉。优秀教师要让学生充满希望。

教师要有"一俯一仰一顿笑"的敬业精神。一：主一无适、精益求精；俯：身在现场、聚焦挑战；仰：心怀敬畏、珍惜选择；笑：乐在其中、实现价值。教师应拥有职业信仰，爱岗乐业，用力、用智，更用心。教师要发展五种螺旋式上升的能力：服务能力、教学能力、教研能力、教育能力和教改能力。服务能力是为师底色，教学能力是看家本领，教研能力是学科素养，教育能力是以生为本，教改能力是实践创新。教师的工作成果往往表现在三个方面：学生的健康成长，教师的专业发展，学校的持续前行。要以学生的成功印证教师的精彩。成果等于人品、敬业和能力的乘积。

（二）构建教职工专业发展体系

学校起草了《育新学校教师专业发展标准》，将教师专业发展划分为四个阶段：职初教师的基本标志是"课堂自觉"，热爱课堂，能驾驭课堂，课堂有序有效，能达成课堂教学目标；成熟教师的基本标志是"学科自觉"，不拘泥于每一堂课，关注学科体系和素养。优秀教师的基本标志是"教育自觉"，育人为本，在学科教学中挖掘和渗透"德智体美劳"各育目标、使学生得到全面发展。卓越教师的基本标志是"文化自觉"，从教育与社会的关系角度认识学科教学，直击教育难题，重探索与创新，引领教育发展。教育教学实践中，四个阶段的教师界限并非截然有别，尤其是相邻的两个阶段互有渗透，循序渐进，渐臻佳境。学校现有市区级骨干教师、学科带头人 50 余人，近三年有四位教师被评为正高级教师，年轻教师在市区级课堂教学比赛中屡获殊荣。

五、建构纵横通融的立体课程体系

　　课程是学校最为重要的育人载体，也是学校的核心竞争力。基于学校育人目标，遵循开放性、多样性、贯通性、整合性、创新性原则，我校在课程建设过程中逐渐形成了"云盘"意向的三级六领域"育·新"课程体系。课程分为基础课程、拓展课程和发展课程三级，每级课程均涉及"道德与修养、数学与科技、人文与社会、艺术与审美、体育与健康、劳动与生活"六大领域。课程体系用"一个底座""两个传导器""三个网盘"组成灵活多变的"云盘"课程体系。"云盘"寓意着互联网时代下基础教育的新使命，要在每位学生头脑中建立一个知识的"云盘"，在价值观中建立一个品格的"云盘"，在心理世界建立一个能量补给的"云盘"。通过"云盘"来实现随时随地的数据调用、信息共享。基于 12 年学制的校情，我校以学科大概念进行纵向贯通，开发了"礼·悟"育德、科技创新、体育健康、艺术审美、劳动教育的贯通课程，以目标进阶化、内容结构化、实施多样化、评价系统化为设计思路，注重学生立体知识结构、必备品格、关键能力和正确价值观的培养。

　　小学部还积极探索从"五育并举"到"五育融合"的转化实践路径。在国家课程的实施中创新教学模式，语文"优阅"课堂、数学"优＋"课堂、英语"阅读＋"课堂都有了丰富的实践案例。还开发与建构"五育融合"的跨学科课程——"华夏智慧"主题课程，课程围绕"我与社会""我与自然""我与自我"生成"生活中的智慧""时间中的智慧"和"设计中的智慧"三大专题，打破学科之间的壁垒，以传统文化中小学生感兴趣的主题为载体，融合语文、数学、历史、美术、科学等多学科领域内容，集零为整，实现项目化、整体式学习。

　　课程建设为学校发展注入了新的活力，近几年我校先后承办了北京市级综合实践活动现场会、市级美术课程展示与交流活动、第三届全国思维型教学大会、第五届全国中小学未来教育高峰论坛、全国第六届小学教育研讨会等。特别是 2021 年 3 月承办的市级课程现场会被中国教育电视台、环球网等 26 家媒体争相报道，被列为北京市推进课程改革的一个重要案例。同年，我校被评为北京市基础课程建设先进单位。

六、变革课堂教学与学习方式

课堂是教师传道授业解惑的舞台，也是师生的有效成长源。学校坚持"课堂第一"的思想，强调"功夫在课堂、检查在课堂、评价在课堂、奖励在课堂"。

多年来，学校开展思维型课堂实践研究，提出了"五有五思一核心"的"551"思维课堂教学模式。"551"中的"1"指的是"一核心"，是将提高学生思维品质作为核心，作为教学设计归宿；第一个"5"指"五有"，是教学设计理念，即有序—有趣—有效—有情—有用；第二个"5"指"五思"，是教学设计环节，即创境启思—自探静思—合作辨思—训练反思—回归拓思。

2022 年版《义务教育课程方案》及各学科课程标准颁布，标志着国家课程改革进入新阶段，本次课改，以"素养立意""加强综合""深度思考""突出实践"为核心价值取向，立足于发展学生的学科核心素养，各学科课程目标均明确制定了对学生学科思维素养发展的进阶要求，基于此，学校要进一步架构小初高一体化"教—学—研—评—思"体系，整体推进、分步实施四大任务：构建学科素养目标体系，实施思维型单元整体教学设计，开发师生教学研评工具、积淀思维型教学模式策略。

七、借助信息技术赋能未来教育

2020 年世界经合组织发布报告《回到教育的未来》，提出未来学校四种教育图景：学校教育扩展；教育外包；学校作为学习中心；无边界学习。从发展趋势、学术研究到国家政策，都要求我们用更长远的眼界来看待教育事业，不断探索未来教育的新思路、新样态、新范式。我们无法清楚地定义什么是未来教育，但我们可以坚信：拥抱变化，勇于创新，就是我们迎接未来教育的唯一路径。当下即是未来，当下改变未来。

2021年，在教育部在线教育研究中心、首都师范大学的指导下，我校与清华校企慕华成志承办了第五届全国中小学未来教育高峰论坛暨首都师大育新未来学校成立大会。首师育新未来学校是一所平台型的"云端数字学校"，是一所共享型的"广域泛在学校"，是当下教育教学发展的"第三空间"。是联系线上线下、校内校外、当下未来的纽带和桥梁。它的发展目标是以万物互联和人工智能等信息技术为支撑，突破传统教育的空间、学制、班级、分科等束缚，打造学生学习共同体、教师发展共同体、学校交流共同体，探索面向未来的教育样态和育人模式。

一年来，我们在小学、初中、高中阶段都进行了一些探索，突出在线互动，内容涉及学生的学、教师的教、课堂的互动、学校的治理、教育的评价等。2021年12月25日，在以"概念到实践"为主题的第二届首都未来教育论坛上，育新成为首批"未来教育实验基地学校"。

今天我们站在一个新的起点上，分享着时代的红利，也分担着时代的挑战。农业时代时间是永恒的，春有百花秋有月，夏有凉风冬有雪，什么季节干什么季节的事儿。工业时代时间是效率。数字时代时间是当下。做好当下，选择当下，走向未来。登山则情满于山，临海则意溢于海。育新是一座山、育新是一片海，育新是育新人挥洒岁月和梦想的地方。我们会一直坚持一种温和的优质的影响终身的教育。"半亩方塘一鉴开，天光云影共徘徊，问渠那得清如许，为有源头活水来。"育新教育是一面镜子，映照着半亩方塘般的校园郁郁葱葱；育新教育是一泓清泉，滋养着育新师生清澈的成长。教育的本质功能是让每个教师、每个孩子变得更好。我们坚持每个人都是主角，每一步都是结果。每一个孩子都是独特的，每一个孩子的未来都值得期待。

陈恒华　教育博士，正高级教师，先后获海淀区优秀校长、海淀区优秀共产党员、北京市五四奖章标兵、北京市劳动模范等荣誉。主持了多项教育部重点规划课题和北京市课题，研究成果"高中学生发展指导课程"获北京市课程建设成果一等奖，发表了《创造幸福教育》《幸福源于发现梦想与规划人生》《五彩课程让学生绽放精彩》《教师怎么研究学问》等文章。

陈恒华校长印象

陈恒华英气勃发，眉宇间蕴含着他的稳健、从容、笃定、坚守。这位出生于新疆的读书人似乎专为北京二十中的发展而来，大学毕业后就分配到了这里，时任二十中老校长、教育家马成营先生慧眼识英才，很快就将他培养成了接班人，这样，30岁刚出头的陈恒华就开始全面管理北京二十中这所市级示范高中校。近20年的校长生涯使他的办学治学之道已炉火纯青。今天的二十中是海淀北部的教育高地，在海淀区和海淀北部持续保持着它强劲的影响力。一位校长能长久地掌门一所学校并使它的品牌不断增值，已经很成功了，更何况他领导的是名校林立的海淀区的学校。他在二十中的教育领地耕耘得很深很透，做得尽善尽美，让一拨又一拨老师获得了事业发展，培养了一拨又一拨优秀学生，造福了千万个家庭。他是二十中校史永远的功勋人物，是教育人生的成功者。

——老廖

做脊梁教育，育时代新人

北京市第二十中学　陈恒华

北京市第二十中学（以下简称二十中）创建于 1951 年，从一间烧酒作坊开始办学，到今天发展成为海淀北部的教育明珠，发生了沧海桑田般的变化。70 多年的发展，二十中人铸就了求真务实、坚毅担当、开拓进取的伟大品格，形成了"脊梁教育"的育人理念，培养了五万多名优秀毕业生，参与到新中国的三大改造、改革开放和科学发展之中，为新中国的现代化建设贡献了自己的一份力量。

一、脊梁教育的形成与发展

为了让北京西北部的清河地区工农兵子弟学知识、学文化，1951 年北京市政府创办了清河地区的第一所中学——二十中。当时，当地的经济社会发展极为落后，办学没有校舍，于是租用了清河镇上的一间烧酒作坊，简单布置后，作坊就变成了学校。多数教职工家都在城内，通勤只能坐火车，从西直门到清河站。多数老师为了有更多的时间照顾学生，干脆住在学校，周末再回城里的家。当时的老师说："只要能为新中国培养建设者、接班人，个人辛苦一些、牺牲一些都不算什么。"学校的第一届高中毕业生考入大专院校的远超当时北京市高考录取比例，对这样底子薄、条件差的学校来说，实属奇迹。

"文革"期间，学校深刻地认识到价值观教育的重要性，积极向区委组织部提出了在中学生中发展党员的建议，得到了区委组织部和教育部门的大力支持，学校成为最早的试点学生党校之一。时至今日，二十中"学生业余党校"接续开办了 40 多年，从未间断。

改革开放时期，学校把"爱党、爱国、爱社会主义"作为思想政治教育的核心，充分利用圆明园、李大钊烈士陵园、抗日战争纪念馆等教育资源，培养学生的爱国情感和奋斗志向；重视养成教育，构建了"五鞠躬、五起立""轻声右行、双手递接""仪容仪表整洁得体"等为主要内容的养成教育课程，把培养学生良好的行为规范落到实处；提出了"三原则""四字方针""五育人"的德育工作模式，构建了全员德育、全程德育的育人体系；以体育工作为抓手，树立"朝气、正气、志气"的学风、校风。

进入新时代，学校始终牢记为党育人的初心，坚定为国育才的立场，以树人为核心、以立德为根本，培育和践行社会主义核心价值观，努力培养担当民族复兴大任的时代新人，培养德智体美劳全面发展的社会主义建设者和接班人。学校在继承办学传统的基础上提出了"扬五彩青春，做中国脊梁"的育人理念。青春时代应该充满朝气、自由、自信和热情，让每一个孩子拥有一个五彩斑斓、健康充实的青春时代，才能让学生对未来充满无限憧憬。扬五彩青春，就是要尊重生命、因材施教，给予学生实现自我的信心与动力。做中国脊梁，就是赋予学生使命与责任，每个学生未来成为一个"勇担当、有作为"担当民族复兴大任的时代新人。

脊梁教育就是要把中华民族精神化为学生的特质、禀赋，让学生把个人的志向追求和祖国发展建设紧密结合起来，与时代脉搏、国家命运紧密相连，在实现中国梦的奋斗中成就自身的人生价值。

二、学校教育的变革与创新

（一）组织变革，让人站在学校的中心

随着教育理念的转变和教育工作专业化要求的提高，学校以前的组织管理及其运行中的一些弊端逐渐显露出来，比如：德育工作与教学工作割裂直接影响了教育整体性、统一性的发挥。针对这些问题，2011 年我们对学校组

织管理结构做了调整，改变了传统的处室设置，成立了三大中心，即学生发展中心、教师发展中心、课程与教学中心，让组织工作的目标都指向"人"。

通过组织结构的变革，减小了管理的跨度，形成了混合型管理团队，管理直接对接服务对象——老师和学生，育人活动的设计更加具有系统性、一致性，管理干部的全局观、协调力、合作力都得到了提升。组织结构的调整也促进了工作理念的转变，"部门"实现了从服务"做事"到服务"育人"转型，从"任务驱动"到"目标驱动"的转变，提高管理效能。

（二）开展发展指导，为学生发展注入新动能

随着时代变迁，传统德育工作实效性越来越不理想，在开展了学法指导、生涯指导、品德指导的实践后，我们建立了学校学生发展指导的"金字塔"模式，即一个理念、两个结合、三个途径、四类课程、五大指导。

一个理念，是学生发展指导立足于学生的人生幸福，"规划成就幸福人生"，有目标才会奋斗，肯奋斗才能实现梦想；两个结合，教育学生把报效祖国与实现个人理想结合，把自身能力特点与兴趣爱好相结合；三个原则，是全面发展与个性发展相结合的原则、课堂学习与课外实践相结合的原则、主导作用与主体地位相结合的原则；四类课程是学科课程、社团课程、社会实践课程和生涯规划课程；五大指导是基于学生德智体美劳全面发展和核心素养提升的需要，着力做好品德指导、学业指导、心理指导、生活指导、生涯指导。

另外，还开展社区志愿服务、校园模拟招聘、企业实习、职业体验、学长团咨询会、青春榜样进校园等活动，多层面对学生进行生涯规划指导。加强生涯规划指导与学科教学的深度融合，开展专题研讨活动，编制了涵盖14个学科的《学生发展指导学科融入指导意见》，提高了教师指导学生生涯规划的意识、责任和使命感以及指导的能力水平。

（三）建设五彩课程，促进每一个孩子全面而有个性地成长

为了促进学生健康成长，学校构建了一套"符合国家要求，彰显学校特

色，满足学生个性发展需要"的五彩课程，即"3L5F"课程体系。3L是指三个层级课程，包括共同基础类课程、拓展应用类课程和创新发展类课程；5F是从课程内容上划分出的五大领域，包括品德与修为领域、人文与社会领域、科学与技术领域、身心与健康领域、艺术与审美领域。课程内容既有培养学生全面发展的基础性课程，又有针对学生个性发展的特色课程；既有知识、技能的前后衔接，又有各自不同的培养定位。

在课程的实施中，我们不断完善评价方式。从过去的结论性评价变成鼓励性评价，从结果性评价为主，到更关注过程性评价，并且多方向探索增值性评价。其次，探索开展学科教学主题式整合。艺术课程贯通课内、课外、校外实践三大教学领域，横跨音乐（合唱、钢琴、古筝、吉他、口风琴、管乐）、美术（书法、国画、油画、素描、版画、陶艺）、舞蹈（芭蕾、民族舞、体育舞蹈）、戏剧（表达、创作和表演）、新媒体（摄影、动漫）等五大艺术类，开发了20门课程。课程内容丰富，形式活跃，拓展了课程的深度与广度，深受学生欢迎，充分发挥了艺术课程以美育人、以美化人、以美启智、以美健体、以美求真的美育功能。

我们还设计了多层次可选择的科技课程。包括小米智能家居设计课程、几何机器人、火星车设计、数据与数据结构、网络基础、机器人工程、无人机与人工智能、人工智能初步、3D打印等，以信息技术为特色的人工智能课程体系初具形态。

（四）重塑校园环境，建设家园文化

学校环境对人的全面发展水平和质量起着至关重要的支撑作用。校园环境不仅是教学活动的场所，更是一个学校育人理念的固态的、物质的表达，是学校文化的载体。墨子以染丝为例指出："染于苍则苍，染于黄则黄。所入者变，其色亦变。"正是在这样认识的影响下，学校非常重视发挥环境育人的作用。

学校建筑设施在重建、改建、扩建的过程中，都保留了中国建筑的传统风格，教学楼、图书馆都采用重檐、漆画、廊柱、琉璃瓦等中国古典建筑元素装点，与尊师阁、校友亭互为依托，散发出浓浓的传统文化的韵味，蕴藏着深厚的文化底蕴，彰显着中国建筑文化中天人合一、人与自然和谐的理念。

校园中还建设了友谊广场、文化长廊、中草药植物园。校园三季有花、四季有绿。春天槐花满园飘香，夏季茉莉花香沁人心脾，秋季海棠、柿子、石榴挂满枝头。苍松翠柏下的雷锋、李大钊、马永顺等人物塑像，以及绿草丛中的校训碑、中国脊梁群雕等，起到于无声处育心灵的作用。学生像热爱家一样，热爱这里，爱护这里。

三、建设一支"勇担当、有作为"的教师队伍

（一）用党建引领师德建设

用党建引领师德师风建设，坚持把教师思想政治素质和职业道德水平摆在首要位置。每年教师节我们都组织隆重的教师宣誓仪式，强化教师"为党育人，为国育人"的思想观念。新入职教师登上讲台的第一天，都要到学校的尊师阁向老一辈教育工作者致敬，学习他们的忠诚、担当的伟大品格。

非常重视基层党组织建设，将党支部建在年级。年级主任、教研室主任等骨干教师担任支部委员，让党组织成为各个年级开展教育工作的核心力量。年级的重点工作、主要工作，党支部都研究如何发挥思想政治工作、价值观教育的引领作用，学校各项改革，党员都先行先试，发挥榜样带动作用。

（二）构建教师发展共同体

把校本培训作为提升教师专业素养的关键抓手，创新教师研训形式和健全研训机制，为教师的专业发展赋能。

根据不同群体、不同发展阶段教师的需求，我们建立了教师队伍建设三大工程，即针对初入职教师的"启航工程"，针对已经初露头角的青年教师的"青蓝工程"和针对骨干教师的"名师工程"，每个工程项目都是一个教师专业成长的共同体。

研训方式实行结对子互助学习，以自愿组合与学校分配相结合。同时，每学期都会确定针对性的研训主题，定期进行组内分享交流，或开展不同项目组间互动，彼此借鉴，互助成长。

（三）提升教师研究能力

建立"问题即课题，备课即研究"的校本科研模式，提升教师学术素养。倡导教师每年都进行一个"微课题"研究，用研究的视角与方式来推进工作、改进教学，替代经验积累式的工作模式。教研室主任是课题管理人，教研即科研，将研究工作与日常教育教学紧密联系起来。

围绕研究主题，学校各部门还定期开展教学论坛、骨干教师研究课、课堂开放月等活动，为教师搭建展示与交流的舞台。分享交流进一步激发了老师们学习的热情，更是提高了思想认识，转变了教育观念。

陈爱玉 北京一七一教育集团总校长，北京第一七一中学校长，北京市首批特级校长，正高级教师。曾获全国五一劳动奖章、首都劳动奖章、全国五一巾帼标兵、北京市优秀教育工作者、东城区杰出校长、东城区有突出贡献优秀人才等荣誉。现兼任教育部特约督导员，教育部课程及教学成果评审专家，北京教育学院兼职教授。曾连任北京市政协委员和区人大常委会委员。陈爱玉校长是具有40年教龄、16年校长任职经验的教育领域思想家型校长。带着教育的理想做理想的教育，是她一生的志业。一七一中学教育集团现有6个教学点，"同频共振、多向聚能、一体成长"的效应日益显现和增强，切实体现了名校带动、优质辐射、整体发展的愿景，优质教育资源"蛋糕"越做越大，赢得社会各界广泛赞誉。

陈爱玉校长印象

如果你真了解东城教育就会知道，一七一中学已无可置辩地成了东城区顶尖优质校。就连它接管不久的曾经无人问津的资源闲置校附属青年湖小学，学科成绩也已领先于东城。在这里任校长的 16 年间，陈爱玉致力于"做有层次无淘汰教育"，努力追求"三优培养目标"，即"让优秀生更优，普通生成优，潜质生向优"，全体学生整体意义上的学习质量稳步提升，"雁阵效应"凸显。她本人也成为"一个好校长成就一所好学校"的成功范例。著名教育家陶西平先生曾参加东城区"陈爱玉校长办学实践研讨会"，高度评赞陈校长着眼于长远与大气的教育，赞扬她作为校长的胸怀与担当，底蕴与智慧，执着与坚守，业绩与成果。10 年来，陈校长和她的团队培育出了一七一教育集团的 6 个新兴教学体，实现了创办"老百姓家门口的好学校""把最好的东西给予儿童""办人民满意教育"的愿景。这位教育领域思想家型的校长，以管理、学术和人格魅力凝聚师生。她善于给年轻人铺路子、搭台子、拔旗子、递梯子，使得这里的每个人都在朝着做最好的自己的方向努力。陈校长的一七一中学就像一个巨大的磁场，在校者都爱它，离校的人想念它，希望入校的都向往它。陈校长也是一拨儿"校长们的校长"，现在东城好几所学校的校领导当初都在她麾下。

——老廖

把一件事情做到底

北京市第一七一中学　陈爱玉

尊敬的各位领导、专家、同仁、朋友们，大家好：

我今天汇报的题目是《把一件事情做到底》。

首先，把我们一七一中学向大家作个简要介绍。我们一七一中创办于1958 年，至今已有 61 年发展历史。年过甲子的一七一，历经一代又一代一七一人上下求索、锐意进取，从东城区重点中学、北京市示范高中逐步成长为北京市一七一教育集团。它是一个由九年一贯制学校、名校办分校、学区深度联盟校、城乡一体化建设校等多种办学实体组成的教育集合体，集团目前有 8 个教学点，教职工 1120 余名，学生总人数达 8000 余名。

我担任校长的 12 个年头，正是我们国家教育和首都教育、东城教育极不平凡的 12 年。我们一直在思考，如何使我们的教育事业，能够更好地同国家发展同频共振；如何使我们的老师和学生，能够更好地与时代要求同频共振，如何让我们的教育与百姓需求同频共振。

长期的教育管理实践让我深刻体悟到：要办强一所学校，首先得立起教育的"共同价值理念"。在一七一，这个共同价值理念就是"把一件事情做到底"。这里所说的这件"事情"，大而言之就是"办学治校"，就是"立德树人"，就是"办家门口的优质学校"；小而言之，就是在教育教学实操层面的执行落实，对认准了的事情，一张蓝图干到底，各司其职干到底，排除干扰干到底，愈挫愈奋干到底。始终坚持"一以贯之，凡事彻底，持续改善"的原则，纵深推进办学治校。集团在把一件事情做到底的价值理念浸润下，大家像愚公移山那样横下心来做事，"甘当教育的愚公"在一七一蔚然成风。

今天我也没有什么深奥的道理与大家分享，只是想实实在在地汇报一下，按照我们的理解和追求，在一所学校，在一个基础教育集合体，怎样才能"把一件事情做到底"。重点汇报三个问题。

第一个问题，如何培塑和细化一所学校的价值观，使之成为共同遵循。

办学实践告诉我们，一所学校有一所学校的逻辑起点，这就需要学校深刻把握大我与小我的关系，发掘和凝练既符合国家创导的共同价值、又契合学校实际的校本化价值观，实现校本化价值引领。

在北京一七一教育集团，我们的价值遵循凝练成一句话就是——把一件事情做到底。这个校本化价值观，是我们吸纳消化各类指导思想、工作要求、人民期盼的总枢纽和总端口，是凝聚学校力量、决定学校发展走向的"魂"。

为此我们曾创设多种情境，搭建多种平台，开发多种路径，使集团教职工把一件事情做到底的价值观念根植于心，使之成为我们办学治校工作的方向标、内动力。对此，我们侧重在以下三个方面下功夫：

第一，形成办好家门口优质学校的文化认同。

一是要秉持信仰。习近平总书记用"教书育人、呕心沥血、默默奉献"来评价教师。真正要做到这 12 个字，心里非得有信仰不可。当教师的人，要离神圣尽可能近一些，离世俗尽可能远一些，从而完善自身的精神结构、内心高度、德行厚度以及审美境界，做不忘本来、吸收外来、面向未来的人。

二是要尽心尽力。办家门口优质学校，办人民满意的教育，"满意"二字重千钧。只要尽心，就能找到良知良能，找回自己的天性、初心，从而找到方法、智慧和创意，找到抵达理想彼岸的"桥"和"船"。

三是要主动担当。我们现在总讲主体责任。怎样负责任？就是一句话——心里始终装有别人。担当应该是主动的、光荣的、幸福的，担当越多，人生越有价值。

四是要饱含公心。君子文化倡导要多吃亏。一个人是做不成事情的，凝聚力之所在就是要让教育团队更多的人去修炼一颗公心。

五是要落实到底。归纳起来就是三位：定位，归位，到位。在适宜的位置上，才会安心、才能实现其自身价值。定准自己的位置，把需要做的事坚持做到底。

第二，凝练"有层次、无淘汰"六字基本方针。

对学校而言，把"以人民为中心"落到实处，关键看学生。现在，"掐尖"的时代逐渐远去。对应的常态是学生情况千差万别，基础和能力参差不齐。面对这样的现实，我们必须着眼"人人能发展、人人有发展、人人力争高水平发展"，寻找科学的机制保障。"有层次、无淘汰"就是要关注学生的阶段发展、层级发展、优势发展、突破发展，探索面向全体，正确处理差异、实现均衡与质量高度统一的策略与路径。

第三，明确具有学校特质的学生培养目标。

现在很多人认为，我们在教书育人的目标上存在一定的矛盾。一方面，我们在认识层面都主张开展素质教育；另一方面，很多家长甚至教育界同行在现实面前坦言，"什么素质不素质的，高分才是'王道'"。所以，很多人会觉得素质教育难，素质教育"虚"。

我们的实践恰恰证明，素质好才能不怕考。因此必须将素质教育进行到底，也就是我们一再强调的，要往深里走，要往实里去。

将素质教育具体落实为学校的培养目标，我们提出四个维度的要求：一是健全的人格。教育的核心就是把学生培养成具有健全人格的人，让更多学生心智成熟、品行端正、为人友善大度、具有担当意识和责任意识。二是优雅的行为。通过坚持不懈的养成教育，将"优雅、自信、博识、卓越"的追求，内化于心、外化于行，让学生走出校门，一下子能识别出来。三是坚实的基础。基础决定高度，无论是知识的储备、运用知识解决问题的能力，还是文化底蕴的沉淀，越是坚实，走得越远。四是出色的智慧。要让每个孩子都有出彩的人生，抓手就是要办大气的教育，让他们在校内校外、课上课下有见识、长智慧、成格局，大气成就大器。

第二个问题，如何架构和定义把因材施教这件事情做到底的方法论，使之能够真正指导实践。

在集团化办学的状态下，因材施教的难度更为凸现。集团化办学注定校长的眼睛、嘴巴、耳朵不够用了，整个教育集团校长看不到、听不全、说不尽是必然。面对这种状态，作为一校之长，要把有限的精力放在搞好顶层设计上，明确时间表和路线图，确定更加行之有效利于规范操作的方法论。

我和一七一中学集团的各位执行校长们研究工作时总是反复强调，要回归原理，回归规律，回归定律。只要遵循科学的方法论，再结合实际生成解决问题的技术，就能推动学校由大向强。经过反复研究，我们明确了一个可以简称为"123"的工作思路。

"1"，就是一个基本面。我们认为，在实践层面，所有的成功都是基本面的成功。任何一个体系中，做出一两个可以展示给外人看的高峰，坦率地说这不是特别困难的事。但是，高品质的塑造，必须体现深厚的匠心，因为你需要"贯览东西南北中"。现在看，我们国家的强大，也是靠基本面的强大。

"2"，就是两句话，叫"只问耕耘，静待花开"。我们感到，在教育领域，压根儿就没有"毕其功于一役"的事，只有扎扎实实地厚植于规律之上，日复一日精耕细作，才能水到渠成，实现学校可持续发展、高水平发展。

"3"，就是我们根据因材施教原理，摸索获得的推进发展的三大定律：梯进定律、正强化定律、螺旋式上升定律。

一是梯进定律。一七一中学一以贯之的"有层次，无淘汰"办学方针，正是遵循这个"梯进法则"千锤百炼打磨出来的。我们认为，"阶梯"的提出，是当前解决适合每个孩子水平的教育问题的一个重要突破口，也可以说是个性化教育的实质。使不同水平的孩子各得其所，人人有发展，是解决"合格人才"和"拔尖人才"同步同堂双培养矛盾的一把金钥匙。

二是正强化定律。校长影响教师最有效的办法是带领他们进步，老师影响学生最有效的办法是唤醒他们的潜质。建立行之有效的师生评优评奖激励体系，是十分重要的一个基本方法。其方法论在于贯彻优势发展原则，把人的优势充分发挥出来，实质就是扶起人的信心。学校管理中一定要注重释放教师学生业绩表现，在他们赢得认可、赢得尊重、赢得成就感的同时，增强"自我塑造"，做更好的自己。

三是螺旋式上升定律。学校教育综合改革是一个系统工程，只有在有守有为、守正创新中不断实现螺旋式上升，才能走出平庸、突破瓶颈，才能实现质的跃升。我们重点关注五个方面：育人模式的螺旋式上升；合作机制的螺旋式上升；课堂改革的螺旋式上升；德育工作的螺旋式上升；管理机制的螺旋式上升。这使我们获益良多，从这个角度说，我们集团的发展正是得益于对这个定律的认识、把握和运用。

第三个问题，如何绘制和打磨把一件事情做到底的"施工图"，使之能够谋全局利长远。

科学的"施工图"的确是教育的最后一米，是直接用来实践的，但一定要清楚地看到，如果没有认识上的深化，没有合理的顶层设计，也就是共同的价值遵循，是不可能把"干货"直接搬走的。

当前，单一的改革已经不足以缓解学校进入改革深水区之后的发展要求，最终需要依靠体系的力量。"北京一七一中学教育集团教育内涵发展整体解决方案"，即"一七一行动纲领一百条"，就是在这样的形势下研究生成的。具体包括：以养成教育为抓手的德育体系；以课程、课堂、课案"三位一体"构建的教学实践体系；以合作共赢为价值驱动的教师发展体系；以海量阅读为特色的学校文化育人体系，等等。

下面我以课程、课堂、课案"三位一体"的教学实践体系为例，说说我们的"施工图"，说说在完成这个体系过程中，一七一人是怎样把一件事情做到底的。可以说这个体系是我校育人体系的核心，是一七一全体干部师生自下而上全力以赴、十年磨一剑形成的重要成果之一。

一是十年打磨课程体系。

用了十年时光，我们紧紧把握国家课程校本化、校本课程特色化、特色课程精品化三个目标，加强课程领导力与加工力的建设。

这十年中围绕国家课程校本化，我们研究了课案教学、海量阅读、自主高效课堂。最后摸索出国家课程校本化的基本路径：变课标为学标，变教材为学材，变教案为课案，变先教为先学，变接受为探究，变独学为合作，变同质为个性。

这十年里围绕特色校本课程精品化，早在十年前我们就开始了全员选课的尝试。40多门校本课程走上选课平台，面向全体，全校走班，先选先得，如有矛盾，教学处统一调剂。力图让每个学生都有选择性学习的机会，拥有个性发展与创造的机会，采用"工作室制"，实现由"专人、专项、专室"培养学生"专长"。

在一七一中学，学生在学校至少学会4门艺术、2门体育、1门科技，即

"4+2+1"特色课程。学生在选择中发现自己的兴趣、爱好，在普及中发现潜力，在学习中培养特长。最终实现各选所爱、各研所长、各成其才，努力实现个性化发展。

二是十年打磨课堂体系。

生命在课堂，教育在现场，必须下最大力气盘活学校最大无形资产——课堂。课改首要是改课。经过十年坚守，历经几度深改细磨，一七一中学目前已经形成具有本校特色的"五步自主高效课堂"，这五步分别是：

第一步，展示学习目标。教师简明扼要展示学习目标，让学生快速、准确地知道学习的重点难点是什么，从而自主把握后续的学习，做到有的放矢。

第二步，自学交流。学生根据课案进行自主学习，通过思考、合作、学习、交流，培养学生自主学习的能力。

第三步，展示提升。展示的前提是小组合作学习，不仅提升学生自主的思维能力和应变能力，而且不断激发小组成员基于自主、主动的语言表达能力与合作学习意识的培养。

第四步，教师精讲。充分发挥教师"教"的主体地位：做情境的创设者、疑难的解决者、方法的提炼者、规律的总结者。教师要能够具备这样一种硬功夫：围绕多数学生无法突破的难点，在短短几分钟时间里一语中的，从而为学生自主学习扫清障碍。

第五步，练习反馈。设计有梯度、有针对性、有适当知识和思维容量的题目，让学生练习并及时反馈，自主检查对所学知识的目标达成度。

把课改从改课开始这件事做到底，推广"五步自主高效课堂"，目的是实现三个转变：从关注结果向关注过程转变；从关注教学进度向关注学习状况转变；从单一评价课堂教学向多元评价转变。

三是十年打磨课案体系。

课案是我们一七一教育集团课改的特色产品。十年之前叫"学案"，后来改为"课案"，因为学案承载的价值越来越让我们觉得称之为"课案"更恰当。我们认为，课案是教学载体和抓手，实现课案的高效、高端、高质，从被动接受课案教学到主动推进课案教学，我们一七一教育集团每位老师实现了课案文化的自觉升华，拥有前所未有的获得感自不必说，特别是学生，不仅成为最大的受益者，而且成了课案文化的建设者。它有三个鲜明特点：

第一，把预习、训练、检测变为一件事情。

课案是学生自主学习的路线图。基本框架是：学习目标、自学指导（情境和问题链）、展示提升、目标检测、小结留白五个部分，对应五步课堂中"明确目标""自学交流""展示提升""讲解拓展""练习反馈"五个步骤。从功用上分为预习案、训练案、检测案，实行"三案"并举，体现学生自学过程、练习过程和落实环节。

通过课案教学，让每个学生自主解决学习问题、参与学习过程，落实应知应会的知识，形成基本技能，坚持课堂教学内容上的低端统一高端开放，从而实现课堂学习"有层次无淘汰"。

第二，管理层上，把课案这个抓手做到极致、唯精唯一。

在我们备课组内部，每份课案都要经过"个人初备—轮流主备—集体研备—优化整理—成果共享"五个流程。教学处安排专人对课案实施管理。以备课组为单位，按月管理，每学年整理成册。每学年之初，学校专门召开课案对接会，组织新老年级备课组长进行课案传承。教师在上一年备课组研究的基础上对课案进行新加工、细加工、深加工，用这项制度保证课案品质逐年提升。课案研磨成为教研组团队建设的纽带，成为教师专业水平快速发展的抓手，成为真正合作型、学习型团队形成的催化剂。

第三，实现星级化、生活化、学科价值化的统一。

以新中、高考改革终身教育、提升素养、以人为本的价值取向教育要求为牵引，我们不断丰富课案内容，使其含金量不断提升，从重视知识到重视思维，从平铺直叙到分层满足，从强化课本到凸显生活，从知识主体到应用价值，课案不断深化提升。我们明确要求，课案一定实现星级化、生活化和学科价值化的"三化"呈现。

一是课案的星级化。按照梯进定律，我们用课案的星级化体现"有层次、无淘汰"的基本方针。以保障低端统一为前提，在课案中以清晰明确的星级标注方式，体现知识分层和能力分层。

二是课案的生活化。如今新中、高考命题在设计上十分突出学科与生活实际的联系。为此，我们在课案编制中着力增加学科与文化新内容：语文与文化、数学与生活、物理与生活、化学与生活、历史与社会、地理与生活、政治与社会等，主动应变，与时俱进。

三是课案的学科价值化。新中、高考试题在设计上注重能力与价值观并举，彰显学科价值。我们的课案，通过老师的设计和执行，实现培养学生综合运用所学基础知识、基本原理分析问题、解决问题的能力。

综上所述，课案是抓手，课堂是学校最大的无形资产，课程质量是学校发展的生命线。将这三者有机融为一体，形成一个体系，这是我们集团教育内涵发展确保质量稳步上升的整体解决方案的基本面。而其他重要组成部分，如德育体系、教师发展体系、海量阅读特色文化体系、集团化办学管理体系等，随之辐射延伸丰富发展，并通过融合、交流、升华，共同构成我们集团教育内涵发展的整体解决方案。

多年来，"把一件事情做到底"的价值引领，让我们一七一人在推进集团建设中，经受过磨砺、体验过阵痛、遇到过纠结……但最终我们选择了坚守、化解了矛盾、生成了经验，让师生收获的是沉甸甸的事业学业硕果。在此由衷感谢每一位站到"把一件事情做到底"行列中的一七一人，感谢各级领导、专家、同仁曾经给予的支持和助力。

2019年5月24日东城区教育大会的隆重召开，赋予我们新的走向和定位，尤其是大会为我们的教育发展明确了五项重点任务，致力于解决"培养什么人、怎样培养人、为谁培养人"的根本问题，加快推进教育现代化，建设"东城品格、首都标准、中国特色、世界水平"的教育现代化示范区。我们一七一中学教育集团将按照这个思路和要求，对学校的内涵发展加以细化、深化、实化。我们深知，行百里者半九十，教改没有休止符，一七一人将继续秉持把一件事做到底的价值观念，甘做教育愚公，做好教育的愚公。为此，我们将在新的教育发展阶段率先探索实践，定义"东城品格""首都标准""中国特色""世界水平"，为建设全国一流的文化名校、质量名校、素质教育名校而努力奋斗。

以上汇报如有不当，敬请批评指正。谢谢大家！

（本文录自2019年在东城区委、区政府举办的陈爱玉校长办学实践研讨会上陈爱玉校长的讲话）

　　范胜武　北京市语文特级教师，北京市二十一世纪国际学校党委书记、校长。历任山东省北镇中学分校党总支书记兼校长、总校教学副校长。兼任中国教育学会中小学德育研究分会理事、中国民办教育协会民办教育研究协作会副理事长、中国教育国际交流协会民办教育国际交流分会理事等。曾获第三届"明远教育奖"，省部级先进工作者、省部级优秀教师、地市级"十佳优秀党员"称号，地市级党代表（三届），2018年荣登"北京社会好人榜"。出版《重构学校文化》《拥抱未来：范胜武的全人教育与世纪梦想》等著作，参与编写教材2本，发表文章70余篇，其中多篇发表于《人民教育》等核心报刊。先后主持国家级课题3项，市级课题3项，区级课题6项。多项教育教学成果获奖，如：两次获北京市基础教育教学成果二等奖（北京市政府颁发）。

范胜武校长印象

　　人生有多种际遇。对于作为特殊人才从山东延请入北京十一学校的范胜武来说，他当初应该从未想过自己会掌门一所民办性质的国际学校。任二十一世纪学校校长 13 年了，他真正成了二十一世纪学校的人，成了民办教育、国际教育的人，成了大牌专家和办学人的典范。无论民办教育、国际教育整体经历怎样的困难，二十一世纪国际学校都是风正一帆悬。他温文尔雅，谦逊可亲，而在办学实践中又敢啃硬骨头，让学校做得风生水起，在二十一世纪学校是这样，十多年前在山东一所学校做总校教学副校长兼分校校长、直接管理着 5000 学生时也这样。他对教育深刻的领悟力，高水平的办学才华，高度敬业执着的品质，成就了他的人格魅力。他是学校师生喜欢的、热爱的校长，是海淀教育高度认可的国际学校的掌门人，是民办教育、国际教育领域举足轻重的人物。

——老廖

我们怎样为学生成长织张
更牢靠的"关系网"?

北京市二十一世纪国际学校　范胜武

"双减"政策之后，社会的目光焦点一下子对准了校内教育，随之而来的一个问题需要每一位教育者好好思考：减轻了课后作业负担、校外培训负担，如何提升课堂效率和学生学习效率？

在这样的背景下，更加凸显出师生关系、同伴关系、家校关系这"三大关系"在学校教育中的独特价值。

如果把"三大关系""视觉化"，我们看到的不是一个三角形，而是一张可以无限延展的网。现在我们经常看到一些新闻，讲孩子空心、厌学、抑郁甚至自弃，如果深入去剖析，便会发现往往是由于这个关系网上的某个或者多个节点出了问题。

可以想象，一张千疮百孔的破网，怎么能支撑起孩子的幸福、协助他们顺利高效地完成学业呢？我们提出要让孩子健康快乐发展，必须要关注孩子成长所需要的内在和外在支撑，而由师生、生生、家校等关系构成的关系网，就成为托举孩子未来最强有力的支撑。

一、如何为"亦师亦友"的师生关系铺路？

从教多年，"亦师亦友"一直是我心中最美好的师生关系。做了多年教学和管理工作后，我觉得师生关系的关键在于老师自身要不断提升学术素养和人格魅力。提升学术素养就是要上好每一堂课，人格魅力就是要从内心关爱学生，对他们的成长切实负责。

来到北京市二十一世纪国际学校担任校长后，我和管理团队就一直在摸索如何为"亦师亦友"的师生关系搭建平台，做好设计，十多年来，我们收获了一些适合自己的可贵经验。

（一）让每个学生都得到充分关注和重视

学校目前的师生比是 1 : 4.5 到 1 : 5 之间，一般的学校是 1 : 12 到 1 : 13 左右，这意味着我们要"不计成本"。我们坚持的小班化教学顶着巨大压力，但这么做是有考虑的。

研究显示，班额太大时，精力有限的老师只能较多地关注很好和较差的学生，中间的学生往往一带而过。为了让每个学生都受到充分的关注，我们坚守小班制，座位也可排列成马蹄形、圆形、V 形、T 形等，大大拉近了师生之间的距离，更易于师生交流。只有真正服务于每一位学生的发展，"良好的师生关系"才有经得起推敲的基础。

（二）实行导师制，针对每个孩子的特点因材施教

一位导师肩负三重工作，一是及时掌握学生的学习状态、知识点的掌握和学习成果，通过过程性评价分析和总结，记录并反馈给家长、学生、任课老师；二是提供个性辅导，有针对性地解惑补弱；三是关注学生的学业进步及个性特长发展。

从六年级到十二年级，每个学生都会有自己的导师，而且可以自主选择年级里最喜欢的老师作为导师，只有亲其师，才能信其道。

另外，我们也希望通过这种"双向选择"让孩子感受到被尊重，感受到自己是学校的主人，这对培养良好的师生关系非常重要。

（三）坚持"校长有约"，营造平等的对话氛围

"校长有约"是个促进师生关系的平台，赴约的不仅是我，还有副校长和

年级主任。

除了"校长有约"，小学部还通过大队部征集学生们的意见建议。我们给学生发提案登记表，由他们填写建议缘由、建议解决办法，学校少工委、党委回馈意见，针对合理的建议，学校会积极改进。

在这样的氛围里，孩子会感受到这是属于他们的校园，在这里他们可以自信、民主、真诚地与老师交流，这是培养良好师生关系的前提条件。

二、如何为团结互助的生生关系搭台？

我们希望让孩子们感到校园就是第二个"家"。在这个"家"里，同伴关系是非常重要的。

（一）"大手拉小手"，拉出互帮互助的校园文化

"大手拉小手"是小学部做了十几年的活动。六年级的哥哥姐姐在每年的小学迎新仪式中扮演着重要角色，曾经的"小手"长大了，拉起现在的"小手"，将学弟学妹们领进校园，用一个月的时间帮助他们去适应寄宿生活。在"大手拉小手"活动中，同伴关系很自然地建立起来了，一种互帮互助的文化渐渐形成了。大家都懂得，在这个校园里，我们要互相帮衬，乐于分享。

（二）提供"学生自管院"，放手让孩子们做事情

初中的学生进入青春期，有了更明显的自我意识和主张。这个时候，我们提供一个"学生自管院"的平台，放手让孩子们去做事情，在具体的事情中学会与自己相处，与他人沟通。因为放手，孩子们可以形成自己的"组织"，有了更多与不同人共事相处的机会。我们相信，多提供一些这样的平台，让孩子们自悟与他人的相处之道，远远胜过生硬无力的说教。

（三）打造"学习成长共同体"，在良性竞争中相互促进

高中有个"学习成长共同体"的组织，在这里，品学兼优的高年级学长根据自己的学业特长，为同学开设辅导课程，他们将精心设计的方案公布在学校平台上，很多课程被"秒抢"。

其实，师生关系和同伴关系是你中有我、我中有你的。学校的老师没有专门的办公室，就在教室里备课办公，全天陪伴学生。老师间的同伴关系如何，会潜移默化影响学生。当孩子们看到老师们能互相协助、分享教学成果，孩子们也自然能效仿，处理好同伴关系。同样，老师们如果遇到师生关系问题，找几个同伴一起讨论商量解决，往往比一个人处理更加稳妥顺畅。

三、家校关系的核心："做最好的自己"

师生关系的前提是老师自身的德艺双馨，好的家校关系，核心也在于学校自身的实力。如果能通过学校的教育教学，让孩子的成长以"惊人的速度""肉眼可见"地呈现在家长面前，家校关系一定不会差。所以多年来，我们一直战战兢兢地做教育，一直把学生的利益放在心上，认真打磨我们的教学，很多方面走在了教育改革的前沿。

除了教学实力，沟通质量也是我们做好自己的重要方面。在家校沟通上，老师们已经形成了一种默契：遇事先找自己的原因，然后做出改进的方法。用这样的心态工作，老师的脸上总有笑容，心里总有阳光，心态积极了，沟通就有一个好的开始。

我们还强调"沟通的智慧"，教师团队定期就"沟通"这个课题举行研讨和演讲。在真实的教育实践中，老师们从细微处着手，处处都在用心。

我曾听老师们总结过几种情形。例如某班孩子在校出现了同学之间的矛盾，家长单方面只相信孩子的"一面之词"，强硬责怪对方同学和老师，这时候老师们会保持"空杯"心态面对家长的沟通，微笑倾听，让家长宣泄，然

后才是不带任何偏见，耐心解释，还原事实。

我们为建立、维护家校关系做了很多细致的工作，例如成立各级家委会，定期举办家长开放日，请家长走进校园、体验课堂，举办"家长讲堂"，学校给每一位老师发放通讯补贴，鼓励老师们多与家长沟通，等等，我觉得，学校自身的发展和教育教学实力是关键，做到在家长找我们说问题之前就把自身调理好了，这才是家校关系的核心。

四、如何托举师生关系、同伴关系、家校关系这张"关系网"？

如果校园中出现有老师不敬业，甚至违纪违规，把这位老师批评一通就行了吗？如果出现校园霸凌，把惹事的孩子找出来教育一番就可以了吗？"三大关系"中哪一项出了问题，我们都要顺着那条线寻摸，找到问题背后的问题。

我在前面说，提到"三大关系"，希望大家看到的不是一个三角形，而是一张可以无限延展的巨大关系网，网上的每一根线都可能是"敏感的神经"。如何把这张网织好盘活呢？二流的学校靠制度，一流的学校靠文化，要用积极向上的校园文化，托举这张"关系网"。

所以十几年前，我们提出"重构学校文化"：重构办学思路，重构教学生态，重构师资队伍，发挥党建在把关定向、选才育人、文化建设中的引领作用。

我们提出在校园里不能有巨大的"差别"，要让老师们过上体面的生活，要发挥榜样的作用，让每一座灯箱都成为"一面旗帜"，让校园文化成为无声的教科书……我们的"世纪文化"逐渐形成。

当一个学校建立起积极向上的文化，你会发现学生和老师们"不用扬鞭自奋蹄"。我们的"世纪文化"为校园中的各项工作、各种关系搭建起了一座立体多元的"立交桥"，学校管理者就能从全局的视野去做问题诊断，举重若轻。

　　其实教育是个挺有意思的平台，充满了各种机会，怀着一颗敬畏之心来做教育，敬畏学生的成长，敬畏我们为此承担的责任——为每个孩子负责到底，为社会培养出最优秀的人才，从这样的角度来看问题，我们就能看得更长远一点，做得更到位一些。

　　范雪梅　1968年2月生，中共党员，现任北京市西城外国语学校校长。从教32年，担任校长13年。参与编写《整体构建学校德育体系深化与推广实验》《班主任之友》《走进教育家——学校办学理念的理性思考与实践探索》《学校特色课程构建》等书籍。曾获西城区教育系统优秀教育工作者、西城区中小学德育先进工作者、西城区教育系统关心青少年工作好领导、西城区优秀共产党员称号，获评"创建全国文明城区先进个人"。《加强班级管理，提高管理效益》《深化德育改革，创出学校特色》《北京市西城外国语学校课程建设方案》等论文分别在全国、市区获奖。

范雪梅校长印象

　　学校不太讲究行政级别。不过，把西外这样一所正处级学校交给谁，组织部门对人选肯定会严格遴选考察的。雪梅校长两年前稳稳地接过西外校长的帅印，这也是她主政四十四中 10 年后接任西城一所大校的校长。她是德育名师，是学校管理专家，思想敏锐，立意高远，善于驾驭大局面大平台，调动一切有利条件为学校发展所用，以达成她所期待的"为教师专业发展、为学生健康成长"的办学愿景。在西外，雪梅校长坚持守正与创新的辩证统一，以守正为创新凝心铸魂，以创新为守正注入活力，推进西外行稳致远。两年来，西外的外语特色进一步彰显，英语学科在西城名校中力拔头筹；学校在外语特长的基础上，加强对学生"科创"精神的培育，突出艺术教育、体育等。雪梅校长在西外倡导的文化理念是"爱、阳光、幸福"，这一理念也与她个人的特质相吻合，她心态阳光积极，热情，达观，带给了师生满满的正能量和幸福感，让师生收获着爱与幸福，收获着成长与发展的愉悦。

——老廖

"双新"赋能，激发学校创新特色发展

北京市西城外国语学校　范雪梅

2020 年 2 月，北京市发布了《关于遴选建立普通高中新课程新教材实施示范区和示范校的通知》及《关于深化育人方式改革推进普通高中多样化特色发展的意见》，明确了"双新"实施示范区和示范校建设的总体目标和重点工作任务。2021 年 2 月，西城区发布"双新"示范区建设项目指南，西城外国语学校申报并立项了 6 个研究项目，以项目研究为驱动，系统、整体、协同推进"双新"项目深度实施与科学研究。研究过程中，深刻认识到以改革创新凝共识、激活力、增动力，"双新"赋能持续促进学校创新特色发展。

一、立足文化基础，价值共识赋能创新发展定力

深度价值认同与凝聚发展共识，是"双新"扎实落实与持续推进的重要保障。西城区深厚教育文化积淀和西城外国语学校特色文化理念，有效保障了"双新"项目创新发展。首先，西城区作为首都教育质量的高地，始终坚持教育研究与改革创新，在文化理念、课程建设、教学改革、考试评价等关键领域形成了较为成熟的西城模式与典型经验。其次，西城外国语学校作为北京市首批体制改革试点校之一，创新特色便成为了西外独特鲜明的文化基因，学校秉持着"为了孩子的一生幸福"的办学理念，始终践行着独具特色的校训：love life（热爱生活），share wisdom（分享智慧），enjoy challenges（享受挑战），教师们具有积极主动、敢于担当、勇挑重担、进取创新、乐观幸福的优秀品格和文化气质。西外的学生视野开阔、思维活跃、乐于表达，善于

交往。学校形成了"人本、多元、包容、创新"的文化氛围。优秀的区域文化积淀和学校特色文化基础，使我们能够很快地更深地理解"双新"，实现深层次的价值共识发展理念，让"双新"的有效落实，转化为提升学校创新发展的引领力量。立足文化传承与丰厚文化积淀，学校形成以"德"为育人核心、以变革为创新动力的价值追求：崇德立校——即形成"崇德"的文化底蕴；育德养师——即大力育德涵养教师；立德树人——即多层面立德培养学生，实现为党育人，为国育才的使命担当。

二、坚持多元融合，课程创新赋能系统育人活力

在"双新"背景下，普通高中多样化、有特色发展是推进高中育人方式改革的重要目标之一。坚持多元融合，坚持文化引领，建设课程育人体系带动学校的系统改革，既是育人方式变革的创新实践，也是学校高品质办学的使命担当。基于此，学校提出了建构"F+"多元融合课程体系。

"F+"意指在坚持外语教育特色的基础上，进一步强化优势，丰富内涵，实现跨语种融合，跨学科融合，跨文化融合，最终实现学校全面、多样、优质发展。具体表现为：一是开设多语种课程（西班牙语、法语），主修＋辅修；二是在外语特长的基础上，加强对学生"科创"精神的培育；三是在外语特长的基础上，突出艺术教育、体育教育等，形成学科融合课程群。

"F+"课程体系的基本思想是以素养为核心，以"为了孩子的一生幸福"为出发点，以培养"复合型、创新型、国际型"人才为目标，根据国家课程的八个学科领域，即语言与文学、数学、科学、人文与社会、劳动与技术、体育与健康、艺术、综合实践活动，依据学生发展需求设置了基于核心素养的基础性课程、选择性课程、拓展性课程三大层级课程，实施分层、分类、分项、选课、走班的课堂教学组织形式，涵盖了德智体美劳五大领域，形成五育并举、整合融通的课程体系。

在"F+"课程体系中，课程呈现为多样化、更具选择性的特点，能够充分满足不同发展方向、不同类型学生发展的需求，进而实现课程的设计与

"每一位学生"的需求和选择对接。在"F+"课程体系中，每一位学生都拥有一张独特的课表，形成属于自己的课程谱系。通过这些课程谱系，促使学生找到自己的兴趣点和内动力，从而促进学生全面而有个性地发展。

三、强化整体协同，教学相长赋能专业发展动力

强化整体协同，不断优化教学方式。整体协同是关注教学相长，帮助每一位教师和学生建立专业发展系统和基于个性化学习需要，建构自主、合作、探究学习系统。注重发挥"专业发展共同体"建设，持续创新推进"教师科研工作坊"，开展"双新"项目驱动下课题和教研专题系列培训与深度实施。

（一）优化教学组织形式，构建学生自己的学习系统

学校对国家课程、学校课程和校本化实施进行了重新统整，以满足学生的个性与未来发展的需要，优化教学组织形式，实行行政班与教学班并行的方案。

尊重每一个孩子的个性需求和不一样的成长方式，通过灵活的课程选择为不同学生铺设不同学习轨道。通过选课，课程与每一位学生联系起来，构建起学生自己的学习系统。通过课程内容结构整合，学科纵向的内在结构、逻辑体系、概念关联的统整形成大单元整合教学；通过对学科之间横向的联系，开发主题式教学，锻造更为"聚焦"的课堂，更有"整合"的课堂，更富"内涵"的课堂，更具"活力"的课堂，实现"知事融通、知识融合、知行合一、身心合一"，有效破解课堂教学低效难题。通过开展基于真实情境的项目化学习，突破了传统授课模式的框架，在不断发现问题、解决问题的渐进过程中，促进学生核心素养的全面发展。

（二）致真思远学术论道，构建教师专业发展支持系统

教师专业发展是学校教育质量的核心竞争力。多元举措为教师专业发展提供动力支持，激活教师专业发展动力是保障"双新"有效实施的关键力量。

学校坚持教学相长，努力创建促进深度学习的学术氛围。

致真学术沙龙是星期二下午的学术研讨，由高一英语备课组初高中衔接课程构想与实施专题研讨而发端，而后，一系列活动应运而生。高二英语备课组英文小说阅读嵌入教学专题研讨、初高中语文组贯通研讨，语文组、英语组以及历史组跨学科融合专题研讨，不断推而广之，形成令人期待使人快乐的专业成长活动。在这里，老师们研究真问题，表达真观点，探究教育本真，实现专业影响，体现了专业自主和学术民主。

思远学术讲堂的举办宗旨是崇尚科学，追求真理。学校邀请大学教师、杰出人物、学科专家走进校园，以专业的态度，践行学术追求和价值引领，强师提质，使师生的视野向更宽、更远、更深处打开。

学校持续建设"科研工作坊"，通过专家引领、课题研究、团体互动、个别辅导等方式，激发教师以研究促教学改革的动力，提升教师以学术促专业发展的能力。目前，"双新"的6个项目研究，核心组成员60人，占到高中教师总人数的75%，多点开花，带动全体师生共同参与，取得了良好的效果。

（三）始终坚持教学相长，打造课堂多维互动资源平台

学校坚持教学相长，形成了西城外国语学校的特色课堂，即课堂成为学生与教师、资源、环境互动的平台。

从高中课程改革开始，学校就高度重视课堂教学改革，教师以交互式电子白板为核心教学设备构建信息化教学环境，在继承传统的基础上构建了"以学生为中心，以互动、分享为核心"的教与学的全新环境，将课堂还给学生，让课堂焕发生命气息。"双新"背景下，伴随着信息技术与课堂教学的深度融合，学校又及时引进了互动表达器，教师在课堂上能够随时准确掌握学生的整体状况，又能精确到每个人的具体情况。精确的反馈数据成为了丰富的教学资源，教师及时调整教学策略与内容，找到精确的航标。西城外国语学校的课堂是互动的课堂、生态的课堂，教师和学生都是教学生态环境的主体，都在教学互动的过程中幸福生长着。

未来，学校将持续坚持以"双新"为驱动，不断激发学校办学育人活力。

将在开设英语、法语、西班牙语基础上，进一步拓展语种，开发德语、俄语课程，力争开齐新课标规定的 6 个语种，成为立足首都的全面开花的外国语学校，为我们未来更广泛地参与国际事务，站到世界舞台中央培养具有中国情怀、国际视野，通晓外语、熟悉国际惯例的人才。积极探索建立小学、初中、高中十二年贯通培养的体系和机制，促进学校特色化办学和内涵式发展，系统变革学校育人方式，在区域教育系统内，形成特色发展与育人方式变革的实践样本。

"道虽迩，不行不至。"更何况教育乃百年大计，漫漫长途，更需我们振奋精神，勉力前行。"双新"已为我们蓄积力量，展翅高飞，抟扶摇而上，这是西外的使命担当！勇于行，笃于行，智于行，以改革激活力，增动力，在双新道路上，让我们不断探索创新、携手同行！

　　林卫民　现任国家督学，北京市教育督导协会副会长；北京外国语大学校长助理，研究员、特级教师，北京外国语大学附属外国语学校校长，北京外国语大学外籍人员子女学校校长。曾先后担任浙江省教育厅教研室副主任，杭州外国语学校校长。曾当选为浙江省特级教师协会副会长，浙江省第九届人大代表。曾获全国优秀教师、北京市特级教师荣誉，获中国教育报刊总社第五届教育创新优秀校长奖。任人民教育智库专家、教育部发展规划中心智库专家。主要从事教育领导学、教学论和化学教育论研究，发表教育论文百余篇，出版专著《学校正面临挑战》《校长的勇气》。

林卫民校长印象

林卫民可是个人物——36 岁就在浙江做了特级教师，担任省教育厅教研室副主任，在杭州最有名的学校之一杭州外国语学校任校长，兼任省政府督学、省特级教师协会副会长、浙师大教育硕士导师。2010 年 8 月，林卫民调任北京外国语大学，做了北外的校长助理兼北外附校的校长。办学、读书、思考；做报告、畅谈、畅饮，是林卫民标志性的生存状态。他沉醉于教育和哲学书籍的芳香里，沉浸于教书育人的愉悦中。具有教育家、思想家气质的他在自己教育思想的领地纵横捭阖，这个领地承载着他的大学问、大境界、大胸怀、大抱负，也给他悲天悯人的大情怀留下了空间。属兔的他调侃自己的胆识和行为像兔子，而智商则像笨笨的熊，出国时喜欢抱几个"熊玩具娃娃"回家。他是可敬的、可亲的、可爱的教育大家。

——老廖

"认清儿童"——家庭教育的逻辑起点

——再读杜威《学校与社会·明日之学校》

北京外国语大学外籍人员子女学校

北京外国语大学附属外国语学校　林卫民

　　杜威的《学校与社会·明日之学校》（赵祥麟等译）这本书，跟着我已有20多年了，从县城到省城再到京城，从浙江省教育厅教研室的办公室到杭州外国语学校的办公室，现在已摆放在北京外国语大学西院我家中的书柜里，最近，我再一次重读此书，又一次受到了启发。

　　杜威说，获得教育孩子的良好效果其奥秘在于，"要让儿童更愉快地接受教师和大人的教导，要为儿童展示自己的能力提供各种机会，帮助儿童基于自身所处的世界从物质和社会的两个方面练习各种能力"。无论是学校教育还是家庭教育，都要从"认识儿童""认清儿童"着手，给予儿童手工技能、体力训练、家务操作，或者日常生活中的规训以及学科学习中的操练，从中观察、衡量更为确切的关于儿童发展的观念，把持学校教育和家庭教育的价值，以确保学校在教育儿童时能够保持正确的方向，及时纠正家长对于教育孩子的随意。

一、儿童是成人生活的最好准备，而不是成年人的生活准备

　　儿童是成年生活的最好准备，卢梭说："一个成年人确实必须知道许多东西，可是成年人所应该知道的一切，难道儿童都该学，都能学吗？"学校和家庭要想把教育儿童的事做正确，关键在于"把儿童用得着的东西教给儿童"。对于儿童不能领会的那些观念，与儿童生长的迫切需要毫不相干的东西，不

应该强行地教给他们。狭窄的课桌、繁重的课程，强迫孩子整个上午束缚在固定的位置上，静静地聆听各种复杂的基本知识……这不是真实的为了成人生活的准备。

必须时刻警惕教育儿童时的那种"想当然"的关于未来将会怎样的判断，并以此作为养育孩子的理性，在我的校长经历中遇见过好多因为孩子教育问题而沮丧的家长，他们总是从一个极端转换到另一个极端，我也很难描述这种转换是什么时候发生的，至少我要提醒家长理智地对待未来：孩子将所面临的未来，很可能与你或者其他多数人所预期的情况迥然不同。

正如杜威所说，"成年生活的准备"不是"成年人的生活准备"。大人们只想对儿童的未来负责任，竭尽全力地努力教育儿童，并且自信这种教育对于儿童的成长一定有好处，却很少去思考这是一个儿童在其年龄段的学习而不是一个成年人的学习。"儿童在成人之前还是儿童"，如果儿童从母亲怀里跳到了学校，能在瞬间就变成了一个理性的人，那么，当今学校的所有安排都是适合的，因为，有足够多的课程、足够长的学习时间以及回应家长索求学业"神奇般"提升的各种应对措施，包括家长不断地让儿童参加各种培训，似乎都是为了孩子的未来而应当做的事。

但是，儿童不是因为进入学校或者因为学会阅读、能够像大人那样坐在书桌前学习，就会"瞬间长大"；也不是家长有无尽的担心或提前加强训练，能够减弱所面临的"不可预测的未来"的压力。如果总想看到果子生长的结果却忽视了生长的过程，果子"没有成熟，没有味道，不到成熟就烂掉了"，同样道理，儿童教育如果颠倒儿童与大人的程序，就会结出不自然的果子。因此，家庭教育和学校教育需要坚守一个准则就是："要把儿童当儿童。"

二、儿童是感官尚未发育成熟之人，自我表现和制造作品是儿童的自然天性

对于小学低年级那些稚嫩的儿童来说，各种感官都还没有成熟，不宜从事那些精细、艰难的工作，不应当让孩子做一些抽象的阅读或者使用很小的

玩具、工具，没有必要反复训练孩子"总像蚂蚁一样，全神贯注于搬运面包屑，却无暇拓展视野"，孩子更需要的是想象力、好奇心和兴趣，需要拥有认知的直觉并不是急于去学习系统的知识。大人们逼迫儿童坐在书桌前做着关于学科的苦思冥想的事，而忘却了儿童在学校生活、人际关系、活动等方方面面针对感官的学习行动；教师站在讲台前对儿童进行滔滔不绝的讲述，家长在家里装成老师的样子给孩子"讲课"，而忘却了陪伴的其他价值，以及需要在日常生活中给予儿童广泛的官能训练。

　　儿童教育在开始之初，应当继续延续"进化"的自然进程，此时，感官体验显得十分重要，要选择让儿童感兴趣的材料，从一个有趣的事物跑到另一个有趣的事物，探索不同事物之间的联系和意义，因为，教给儿童的知识如果游离于儿童的感官之上，得不到任何使用，对于儿童来说始终是杂乱的、轻浮的和不确定的。知识的价值在于能够创造意义，真正名符其实的知识，是能够作为继续研究事物中能够获得更多的各种关系的知识，进而使儿童逐步养成对事物应付自如的才干。儿童获得真实知识的唯一途径，是借助于儿童自身的感官和身体，通过积极而密切的自主行动方能获取。

　　"好表现自己"是儿童的天性，这种自我表现的冲动有时会到达某种"自私的程度"；"建造性的冲动"也是儿童的天性，拥有自己的作品是儿童发自内心的追求。因此，对于儿童的早期教育要重视类似"口述课程"的一些体验型学习，例如画画、写字、手工、制作等，儿童探究的本能似乎是在创造性的冲动与交谈等自我表现的相结合中产生的。儿童只是喜爱做些事并密切关注要发生的事，遗憾的是某些学科教师常常只关注教师自身要做的基于学科知识的事，或者家长只是关注家长本人强迫孩子要做的那些事，而不是聚焦儿童出自天性而向往着要去做的那些事。大人们应当利用儿童的天性，指导儿童在"自私般的自我表现"和"追求自创作品的制造"行为中，产生顺其自然的有价值的学习成果。

　　杜威说："学习是一种为保护自己的实验物理学，真正的助教是自己的手、足和眼睛"，片面地只是用书本来代替它们，不去教会儿童用自己的感官去感知、用自己的经验和知识去推理，只是教儿童用别人的理智而不是自己的理智，最后的结果是让儿童"相信得多，知道得少"。教师以"爱孩子"或"提高学习效率"的名义，将自己咀嚼过的知识直接喂给儿童；家长以花钱于孩子书本学习作为"投资孩子的将来"的标志，只是寻求儿童获得了某项技能而带给家长的快感，营造一种假学习或假成功的现象以博得家长的炫耀和欢心，这是不可取的。家庭教育和学校教育需要寻找的是，经常运用看似缓慢的，但实质是可靠的办法，由儿童自身发现的过程去代替简单地强加给儿童的记忆。

三、儿童期是人生的浪漫期，自由是儿童的根本需求

小学阶段是人生的浪漫期，中学阶段是人生的精密期，大学阶段是人生的展望期。处在浪漫期的儿童，除了必要的纪律约束外，给予儿童发展的自由和自由发展的机会，显得特别重要。传统意义上的学校教育和家庭约束，所有的行动都是基于"训练孩子"的逻辑，教育孩子却成了"训练儿童"的同义词，像训练家里饲养的宠物那样，"它意味着安静，意味着一排排的儿童端坐在课桌旁，聆听着教师的讲课或家长的训斥，只有当要他们发言时才能开口"。

几乎所有的教育，包括家庭教育和学校教育，都有一系列类同的训练儿童的基本立场，例如，人类积累的许多东西是每个儿童必须要掌握的，否则长大后要变成文盲，为此，教师一遍遍地复述这些东西，直至儿童记住它们，至少记到考试和"升级"以后；应该教儿童学会服从，倘若能把人家叫他办的事办得很好，这就是一种成就，为此，家长要一遍又一遍地教导儿童要拥有讨人喜欢的、乖巧的行为；要教会儿童服从教师和学业，如果连坐都坐不住，更谈不上认真听讲、学习和完成作业；严加管束是对付儿童的唯一方法，因为没有这种管束，儿童就会成天喧扰；教育是弥补儿童成长为今后的成人之间的差距的过程，只有严格训练才能使一个小蛮人变成小大人……对于教育的概念总是连同严厉，连所谓教育孩子成功的父母也打上了"虎妈""狼爸"的印记，而忘却了自由对于儿童成长的重要价值。

杜威说："自由意味着不要给儿童过度的身体约束。"用襁褓包裹婴孩并不好，限制和阻碍了身体发育；直背式的课桌对于上学的儿童来说就等于婴孩的襁褓，将儿童整个上午固定在位置上，手要折起来，头要朝前看，眼球

要随着教师的位置转动而不得分神，这些束缚不仅对于身体乃至对于精神都是一种折磨。儿童的身体必须有场所可以活动、伸展和锻炼肌肉，疲倦时可以休息，否则，就是对儿童的迫害，更为恐惧的是，这些迫害还常常"以爱的名义"从学校延伸到家庭。

人们对于自由的误会通常是字面上的，自由并不是无法无天、放纵不管，学校当然离不开"关于规矩的训练"，如果能够少用"命令式训练"而做到"循循然善诱人"，教师就能意识到自由的价值和力量。对儿童来说，自由就是提供机会，使他能够做各种尝试，从中可以充分用自身的感官感知人和事，并扩展个体的经验，以致他可以避免那些有害的东西。

千篇一律地对待每一个儿童，任何教育都谈不上是科学的教育，因为，每个儿童都有很强的个性，让每个儿童都显露出他的真实面目，家长和教师才会发现在儿童成为完全的人的过程中，大人们需要干些什么。教育应当有很多这样的场景，教师熟识每一个儿童、家长懂得孩子的内心，掌握他们的个性特点和差异，针对每个儿童的个性用"善意的忽悠"去引导他们的自觉，并与他们的不守规则、调皮捣蛋作有智慧的斗争，众多戏剧般的"基于儿童"的教育故事，孕育了学校教育和家庭生活的丰富性，形成了具有多维结构的"训练儿童"的有机系统。

有效地教授儿童需要有一个给予儿童发展最大限度自由的计划，当儿童对于错误和正确的辨别力还没有开始发展时，禁止和命令对于他们来说是不能理解的，其结果必然毫无意义，出于恐惧，儿童会变得不坦率和欺骗。其实，只要教师和家长引导得当，儿童甚至比成年人更能够做到自己教育自己，这比起勒令他们必须做这个做那个，更符合教育的本真、更富有教育的韵味。

四、儿童的想象力特别珍贵，活动是开发儿童想象力的有效平台

杜威说："对儿童来说，在所有地方、在他心思和活动从事的一切事情上，想象力的价值和意义是用不完的"，想象力是儿童生活的媒介，现实的儿童是生活在体现想象价值的外在世界之中，神话和虚构故事对于满足儿童的需求有着特别的作用，用儿童生活经验之上的想象去开拓儿童的经验，可以

使儿童的生活变得更加丰富和有条理，当学校教育、家庭教育致力于保护儿童想象力的时候，自然和社会将能够进入儿童的世界，并牵引着儿童灵活性、视野和同情心等情感的不断丰富和拓展，使儿童不再是一个"小蛮人"，能够过上体现人的自然性和社会性的生活。

儿童之所以是儿童，其显性的特征是"在身体和精神两方面"不要被外来的力量束缚。儿童内在地渴望自己能做些事或者知道一些事，并不喜欢大人们总是在约束自己，更希望大人们能够放手让他自己去活动、去模仿、去发现。儿童对于身边的世界充满了好奇，决不像成人看来那样平淡无奇，当让儿童在身体上、心理上接触、感受这个世界，让儿童处在自然的观察、活动和体验中，这才是儿童获得知识、成长和全面发展的真正源泉。

观察儿童无目的、无价值的、自发的那些活动，可以发现有效地引导儿童成长的奥秘在于，教师和家长要像孩子那样去寻找到适合儿童生长的问题和目的，并且鼓励儿童怀着同样的热忱，伴随自发的活动去解决这些问题并实现自我成长的目标。当将儿童的本能活动与社会利益及社会经验结合在一起的时候，取得的成效就最大。

例如，每到暑期，对孩子即将入学幼儿园的家长，肯定要训练孩子类似系纽扣、穿衣、刷牙、系鞋带等生活技能，有家长向我反映，因遭受到孩子的抵抗而训练不了自己的孩子，并向我讨教。我给家长提议是，给孩子买一个穿有纽扣的衣服、穿有鞋带的鞋子的布娃娃，与孩子一道做帮助布娃娃穿衣、穿鞋、洗脸、睡觉等游戏，编制各种布娃娃不听话例如走台阶不小心以及意外摔倒、遇到陌生人要带其走等各种问题的情境，让孩子去解决这些问题，事实证明，这样以游戏方式的训练比强制儿童本人的训练，效果倍增。

教育儿童，必须要让儿童做些事情，让他玩耍、喊叫、劳动，当然还包括完成学科学习任务，让他忙于各类活动、完成适合他的年龄特征的任务。因为，教育儿童不是要把儿童引到很远的地方，迷失在遥远的虚拟世界，而是能够照着自然发展的顺序去理解、记忆和推理。因此，要培养儿童的智力，训练其体力是必须的；要使儿童懂得善良和聪明，身体的强壮、健康是必不可少的。严格的理智训练的关键在于，要用研究的兴趣引导孩子去发现，用一个发现引起另一个发现，而不是强迫孩子去注意。

　　林子尧 1969 年 11 月生，安徽桐城人，毕业于北京师范大学教育系教育管理专业，先后担任中学英语教师、校团委书记，海淀区教委副科长、科长。2014 年任北大附中香山学校党总支书记、校长，2018 年任海淀区教科院副院长，2020 年起，任北医附中书记、校长。

林子尧校长印象

　　读书是一种习惯。有了这样的习惯后，读书对他来说就像空气、水和粮食，已内化为其生活的一部分。子尧校长就是这样的读书人。他本科考入北师大教育学专业，这是他热爱读书的自然结果。从海淀一所学校任教到教委机关工作，再到海淀教科院做副院长，到北医附中做校长，这一进程其实也是子尧阅读力不断提升的进程。他在文史哲、教育学等知识的领地腾挪辗转，拓展了知识的深度，延伸了知识的广度，让自己深刻而自信。谈及子尧，海淀一位校长深有感触地说，"书真的不是白读的"。阅读伴生了他的读书人品质，比如，有才华，有见识，有深度，亦庄亦谐，但也有掩藏不住的傲骨，以及傲骨中的勇毅侠气。这几年，他大幅度地提升了北医附中师生的获得感幸福感，让这所学校具备了高质量发展的潜力。他坚定地选择了留在北医附中，让这所学校全方位主动地吸收北大和北大附中的养分，让它真正成为"北大系"旗下新的品牌校。

——老廖

临别时的嘱托

北京医学院附属中学　林子尧

仲夏草木盛，桃李分外香。今天，我们高三年级全体师生和家长，相聚"云端"，隆重举行北医附中 2022 届高中毕业典礼，首先，我谨代表北医附中，向高三 151 名毕业生表示最美好的祝福，向全体高三任课教师表示衷心的感谢，向三年来始终如一支持北医附中工作、细心呵护孩子们成长的全体家长朋友表示崇高的敬意！

今年"五一"后的两个月，是同学们复习备考的关键阶段。同学们从在校课堂学习转为居家线上学习，学习方式和备考环境发生突变，缺少了课堂监管，没有了面对面的讲、手把手的教，大家难以沉心静气，难免焦躁不宁，但两个月居家学习磨炼了同学们自主、自律、自强的品质。高中三年，一场疫情。让我们感知了生命的脆弱和变化的无常，让我们看到了中华儿女逆风前行的伟大坚毅，让我们懂得了敬畏之意义、奉献之价值和责任之内涵，我们每位同学都在这场终生难忘的成长经历中，得到人生的洗礼，收获成长的快乐。从这个角度来看，我们每一位高三同学、每一位老师、每一位家长都是别样的抗疫英雄，值得全校师生员工尊敬爱戴。

时间不能定格，但记忆可以永恒。同学们，你们是北医附中校园整体改建周转办学后，迎来的第一届毕业生。健德门外，牡丹园里，三年的学习生涯，有"青春季"的欢乐、赛场夺冠的喜悦；也有对食堂伙食的吐槽、对周转办学条件的抱怨，更有晚自习回家路上的艰辛和不便，但你们和全体老师共克时艰，知难而进，创造了北医附中近三年最好的高考成绩。

同学们，高考是我们人生路上的第一场大考，是我们独立成长的起点，但高考不是生命的全部，离开这条赛道后，我们需要重新锚定人生的奋斗坐标，在新的航道扬帆启航，此时此刻，我有六个字送给同学们：

首先是进取。我永远不会忘记，6月25日9：00刚过，不少同学就主动给我发微信，报告自己的高考成绩，让校长分享自己奋斗的喜悦，但也有一位可爱的同学，她经常下晚自习后和我一起乘坐西去的地铁回家，路上我们无话不谈，成为好朋友。那天，我主动发微信，询问她的高考成绩，但她一直没有给我回信，我想她可能还在为马失前蹄而难过。我想说的是，高考是人生一场战斗，更是人生之路上的一个站点。在人生旅途上，不可能一帆风顺，还有不少激流险滩。高考成绩再好，躺在"功劳簿"上睡大觉，也会一事无成。挫折是青春最好的老师，我们从挫折中汲取智慧，从"曲线"中体会"直线"，高考就会成为人生的又一个加油站。今年，北京语文高考中有一道作文题是谈学习的，其中特别引用了荀子《劝学》中的名言"学不可以已"，告诉我们要常怀进取之心，持续努力，不要认为进了大学就进了"保险箱"，要明白持续进取才是最后成功的关键。人生之路很长，只踩一脚油门，无论劲儿多大，也是无法抵达目的地的。

其次是感恩。一个感恩的人才是一个善良的人。民国时期大银行家陈光甫先生讲过这样一段话，"天地间万物有重于金钱者，好感是也。能得一人之好感远胜于得一人之金钱"。这句话的意思是说：世界上比金钱更重要的是别人对你的好感，得到一个人的好感，比得到一个人的金钱重要得多。好感从哪里来？从做一个善良的人、做一个懂得感恩的人那里来。"父爱如山，母爱似海"，我们要感恩父母，是他们给了你生命，给了你一个温暖的家；我们感恩老师，是他们教给你科学和真理，教会了你们做人做事的道理；我们要感恩同学和朋友，是他们给了你困难时的帮助、孤独时的陪伴。他们是你一生中的"贵人"！同学们，在走向未来人生的旅途中，没有"贵人"相助，我们必然要苦苦摸索更久。如果我们常怀感恩之心，常做感恩之举，就会有"贵人"提携，"贵人"帮助，我们就会上山有路，遇水有桥，迈上美好人生的金光大道。

第三是包容。同学们，你们即将进入大学学习，即将由12年的居家走读开始转为住校学习。宿舍里，多的六七个同学，少的四五个同学。大家可能来自不同的省份、不同的民族，来自不同的家庭、不同的学校，每个同学都有不同的生活习惯、不同的脾气秉性。同学们以后大学毕业、硕士毕业、博士毕业，走上工作、创业岗位，也会遇到同样的情况，唯有学会包容，相互尊重，才能和同学、和老师、和同事，相处好，合作好。世界上没有两片完全一样的树叶，也没有两个完全一样的人，他们共同构成丰富多彩的生态圈和人类世界，我们唯有存异而求同、求和，始终用包容的心态来看人，来合作、来共事，我们才会拥有和谐、舒心的学习环境和工作氛围。

骊歌复再起，山海不相忘。同学们，从明天起，你们就成为北医附中最年轻的校友了。在未来岁月中，相信你们还会偶然想起母校的难忘岁月和幸福时光，希望你们常怀进取之心，常怀感恩之心，常怀包容之心，去创造属于自己的幸福美好人生，母校和老师将永远牵挂着你们、关注着你们、祝福着你们！

（本文系作者在北医附中 2022 届高中毕业典礼上的讲话，收入本书时，略有删节）

　　林伟明　北京市海淀实验中学校长，中学正高级教师，政治特级教师，河南省劳动模范。曾在核心期刊发表《渗透式教学法的优势和价值》《论研究性学习课题的确定》《精神融合　生存暗示　语文经验》等多篇学术论文，出版个人专著《做一名好教师》，主编或参编多部教学著作；主持省级科研课题《指导式阅读与自由式阅读的对比研究》，主持教育部"十一五"科研课题《中小学安全教育与防范策略研究》并获一等奖；《"砺·智徽州"研学旅行课程》在2020年北京市中小学优秀研学旅行课程开发成果征集活动中获二等奖，《通过学习投入干预提高高中生学习品质的行动研究》在北京市海淀区"十三五"优秀教育科研成果评审中获一等奖。"十三五"期间，带领北京市海淀实验中学荣获北京市教育科研先进学校称号，使海淀实验中学成为了海淀区首批新品牌学校。

林伟明校长印象

　　如果套用《新京报》关于自身的广告语来点评林校长，那就是，林伟明"一出道就风华正茂"。林校长在原籍成名早，很早就评上了中学高级教师，当选了省第九届党代会代表，做了项城一高校长，主持过多项省级、国家级教研课题，在核心期刊发表过多篇论文，培养过多名全省文科第一名、第二名学生，多次获评全国优秀校长、省优秀教师、省特级教师、省优秀专家……进京后，在全国教育高地海淀地区，他带领海淀实验中学取得了一个又一个成绩，获得了一个又一个荣誉。他是教育的思想者，行动者，办学成功者，帮助人，成全人，塑造人，全力给人搭建成长发展的平台。他赢得了海实师生和民大附中集团班子的尊敬，融进了海淀名校长圈。

—— 老廖

赞赏·追求成长的自觉

北京市海淀实验中学　林伟明

摘　要：学科情感是影响学生学科发展的重要因素，学生只有对学科学习有了积极的情感，才愿意攻坚克难形成自我效能感，而这种积极的学科情感需要采用"赞赏教育"来激发。在教育教学的过程中，教师只有采用针对性的"赞赏教育"，才能有效地唤醒学生内心，激发学生的学习积极性，提升学生学习成就感、获得感和积极性，从而提高教学质量。

关键词：赞赏；赞赏教育；学习积极性

一、赞赏教育

赞赏由"赞"和"赏"两个元素组成，"赞"指赞扬、认可，多是对被赞赏者的激励；"赏"指欣赏、赏识，多是对被赞赏者发自内心的肯定。简言之，赞赏就是赞同，欣赏，钦佩。

"赞赏教育，是指教育者在教育的过程中，挖掘被教育者身上的优点和闪光点，及时给予赞美和赏识、鼓励和表扬，以此激发被教育者主动接受教育的方法。赞赏教育也称爱的教育或赏识教育。"

赞赏教育就是在教育教学过程中融入"赞赏"的方法，促进学生持续对学科的热情，克服学科困难，持续获得学科成就感，从而提高对学科的热爱。本文的赞赏教育，不仅仅是"语言"的赞扬，更侧重于"行动"的欣赏，比如"意见被采纳""成果被展示"等这种显性的、具有张力的"赞赏"，才是发自内心的被赞扬、被欣赏，更是持久的、有效的一种赞赏，可以对学科学习起到持续的动力。

赞赏教育存在于教育的方方面面。可以分为教育赞赏和教学赞赏。而教育赞赏：根据教育类型，赞赏可分为家庭教育赞赏、学校教育赞赏、社会教育赞赏。教学赞赏可分为：课前赞赏、课中赞赏、课后赞赏。

赞赏教育的内容：在教育中，对学生学习获得成果的赞赏、对学生解决问题的赞赏、对学生提出新问题的赞赏、对学生设计创新的赞赏、对学生有所进步的赞赏、对学生合作的赞赏、对学生努力的赞赏、对学生坚毅的赞赏、对学生各种能力的赞赏、关心他人的赞赏、与人合作的赞赏、对小组贡献自己智慧的赞赏，等等；在教学中，课前对学生预习的赞赏，具体有赞赏预习获得的知识网络、赞赏预习提出的新问题、赞赏预习找出的难点重点、赞赏预习画出的知识网络、赞赏预习发现与前面章节的联系，赞赏预习发现与后面章节的联系，等等；课堂中对学生的赞赏，有对积极提问的赞赏、积极合作的赞赏、积极思考的赞赏、对语言的赞赏、严谨与科学的赞赏、创造与发现的赞赏、合作与共赢的赞赏，等等；课后赞赏有对作业创新的赞赏、作业认真的赞赏、作业多样性的赞赏、作业规范的赞赏、作业多解性的赞赏、作业新颖的赞赏、作业简洁的赞赏，等等。

赞赏教育的方式：赞赏教育方式应该而且必须多样化，比如语言赞赏、体态赞赏、奖励赞赏、交流赞赏、展览赞赏、展示赞赏、教同伴赞赏（当小老师），公开赞赏（当着全班、全体同学的面赞赏）更加有效果，找机会让学生表现、展示和交流，是非常好的赞赏，可认为是高级欣赏。尤其展示学生的特长，这是润物无声的欣赏、挖掘学生的最近发展区，并发展学生的最近发展区，这样的赞赏力量无穷，可以实现学生的自我教育，达成转化学生的良好效果。

二、赞赏教育依据

（一）赞赏教育的理论依据

1. 马斯洛的需求层次理论

马斯洛的这一理论把需求分成生理需求、安全需求、社会需求、尊重需求和自我实现需求五类，依次由较低层次到较高层次。各层次需要的基本含义如下：

在马斯洛看来，人类价值体系存在两类不同的需要，一类是沿生物谱系上升方向逐渐变弱的本能或冲动，称为低级需要和生理需要。一类是随生物进化而逐渐显现的潜能或需要，称为高级需要。

教师对学生在生理上、学习上、心理上等的理解和关怀，会让学生感受到生理上、安全感、爱的需要被满足。教师在学生各方面的表现进行肯定，会让学生感受到尊重的需要得到满足。马斯洛认为，尊重需要得到满足，能使人对自己充满信心，对社会满腔热情，体验到自己活着的用处和价值。也就是说，教师赏识学生，能让学生对自己的自我效能感得到提升，并逐步朝自我实现的需要方向成长。

2. 斯金纳的操作强化理论

操作性条件反射这一概念，是斯金纳新行为主义学习理论的核心。斯金纳把行为分成两类：一类是应答性行为，这是由已知的刺激引起的反应；另一类是操作性行为，是由机体自身发出的反应，与任何已知刺激物无关。与这两类行为相应，斯金纳把条件反射也分为两类：应答性反射和操作性反射。斯金纳认为，人类行为主要是由操作性反射构成的操作性行为，操作性行为是作用于环境而产生结果的行为。在学习情境中，操作性行为更有代表性，因为这种反射可以塑造新行为，在学习过程中尤为重要。

操作性条件反射的特点是：强化刺激既不与反应同时发生，也不先于反应，而是随着反应发生。有机体必须先作出所希望的反应，然后得到"报酬"，即强化刺激，使这种反应得到强化。学习的本质不是刺激的替代，而是反应的改变。对于学生的正向行为（比如学习上的进步或努力等）给予及时的肯定，学生的正向行为会增加，逐渐养成有正向行为的好习惯。赏识教育就是要不断地发掘学生优点，通过欣赏学生优点的方式给予学生肯定，进而对学生进行有效激励的正强化教育。有时甚至需要教师去创造情境，让学生多一些积极体验，并借机会给予描述性肯定，从而达到强化的目的和激励效果。

3. 罗森塔尔的期待理论

"罗森塔尔效应"产生于美国著名心理学家罗森塔尔的一次有名的实验中：他和助手来到一所小学，声称要进行一个"未来发展趋势测验"。其实他撒了一个"权威性谎言"，因为名单上的学生根本就是随机挑选出来的。8个月后，奇迹出现了，凡是上了名单的学生，个个成绩都有了较大的进步，且各方面都很优秀。

根据罗森塔尔的实验，主要有如下四个社会教育心理机制：一是气氛，即对他人高度的期望而产生了一种温暖的、关心的、情感上支持所造成的良好气氛；二是反馈，即教师对寄予期望的学生，给予更多的鼓励和赞扬；三是输入，即教师向学生表明对他们抱有高度的期望，教师指导他的学生，对学生提出的问题给予启发性的回答，并提供极有帮助的知识材料；四是鼓励，即对所期望的学生教师总给以各种各样的鼓励，使其不断朝向期待方向发展。

这一理论是按"憧憬—期待—行动—感应—接受—外化"这一机制产生的。这就是说，期待者对期待对象产生美好的憧憬，并出现具体的期待结果，还要为这种期待付出具体的努力实践，如给予积极的评价、肯定、表扬、帮助、指导等行动，使被期待者感受到期待者对自己的特殊的关怀和鼓励，并从内心上接受期待者的种种爱心和帮助，以致做出相应的努力，把内在的潜能激发出来，达到了期待者所期望的结果。

（二）赞赏教育的现实需求

哲学家詹姆士指出："人类本质中最殷切的要求是渴望被肯定。"无论在哪个时代，赞赏都是教育必需的、有效地激发学生积极性的重要手段。

1. 校情决定我们需要赞赏教育

我校是海淀区的中档学校，这类生源共同特点：不太受老师的关注、或曾经很少受到过赞赏，所以对赞赏极其渴望。在对我校 1226 名中学生进行调查中发现：有 71.32% 的学生觉得自己并没有被老师赞扬或欣赏过，20.64% 的学生觉得自己甚至被忽视。这样的数据从一个侧面反映了中等或中等偏下的学校的学生，他们在学校常常处于被忽视、没有被关注，更谈不上欣赏。这些数据背后，是教育的冷漠，是对学生成长的漠视。基于我校的校情，要求教师用赞赏教育，点燃学生内心的热情。

2. 学情决定我们需要赞赏教育

在对高中 1226 人的调查中，当问及"老师真诚表扬或肯定你，你的心情如何？"有 82.3% 的学生很兴奋，觉得很有自信；当问及"即使你不喜欢某一门课，可是这门课老师总是表扬你、关心你、肯定你，你会认真学习这门课吗？"肯定会的占 59.62%，可能会的占 31.32%，两项加起来大约 90.94%，这是一个惊人的数据，从一个侧面反映学生对欣赏的渴望；当问及"什么情况下学习效率最高？"心情愉快占 68.92%。从数据中，我们可以看出，赞赏是点燃学生学习激情的有效手段，赞赏教育对我校有着非常重要的现实意义。

3. 教师观念需要我们赞赏教育

在对 1226 名学生的调查中发现：当问及"你经常得到老师的赞扬或肯定吗？"经常只占 17.16%、很少占 53.26%、从来没有占 19.58%。当问及"你的作业老师有鼓励性的评语吗？"有鼓励性评语的占 15.76%；没有鼓励性评语的占 84.24%。调查显示，我校教师在教育教学中，很少利用赞赏促成学生持续学习的热情。基于学生对"赞赏渴望"，而教师对"赞赏忽视"这对矛盾，我校教师必须提升赞赏意识和赞赏能力。

所以，基于此我校提出赞赏教育。用赞赏优化教师的评价方式，促进学生持续成长。

三、赞赏教育策略

（一）赞赏教育实施思路

我们怎样在中学的教育和教学中，实施赞赏教育，实施的思路是怎样的？

教育赞赏思路：发现→发掘→挖掘

教师发现学生亮点，教师赞赏学生亮点；学生自我发现亮点，学生自我欣赏亮点；教师挖掘学生亮点，展示学生亮点；学生自我挖掘亮点，自我展示亮点，最终实现学生自我欣赏、自我赞赏、自我展示的目的，这就是教育的唤醒，教育的终极追求。

教学赞赏思路：课前→课中→课后

课前自主预习有赞赏，通过赞赏，巩固学生的预习获得，获得预习成果的体验，增强获得感；课中互动体验有赞赏，通过课中探索实践而获得的赞赏，使学生感受到努力获得的成就，增强成就感，从而他们愿意为学习付出努力，是一种正面的强化；课后巩固实践有赞赏，通过习得的知识、能力和方法去分析问题、解决问题，使学生真正感受到独立解决问题的心理体验，从而实现真正的自我欣赏。让赞赏贯穿学生的所有学习体验中，让赞赏贯穿教师的所有教学中。

赞赏也有等级之分，低级的、直接的赞赏，高级的、润物无声的欣赏。语言的赞赏、行动的赞赏；他人赞赏、自我欣赏；个别赞赏，公开欣赏；结果导向的赞赏、过程导向的赞赏；智力因素的赞赏、非智力因素的赞赏；知识的赞赏、能力的赞赏、方法的赞赏、情感态度价值观的赞赏等。不同的语言赞赏、不同情境场合、不同赞赏方式，都会给被赞赏者带来不同的心理感受，最终起到不同的赞赏效果。

（二）赞赏教育实施原则

1. 赞赏要考虑学生的差异性

对于学习成绩较差的学生，教师应该设计有梯度的问题，给他们创造获得成就感机会，适时恰当地赞赏，修复他们的自信，逐步树立起学习信心。对于成绩较好，但有些自傲的学生，要提出更高、有挑战性的问题，在表扬的同时还应指出其不足之处，激发其持续的斗志。

2. 赞赏要注意语言的针对性

"你很好""你很棒""你很优秀"，等等，这样泛泛的表扬缺乏针对性，也就失去了"赞赏教育"的目的。赞赏的用词需要"具体的、适时的、恰当的"。比如"你朗诵很好"，好在"语言清晰"、好在"吐字清楚"、好在"情感饱满真切"、好在"停顿合理"、好在"语速恰当"，等等，这样的"赞赏"才有针对性，赞赏才有实效性。因此，表扬的语言要有针对性，让学生能明白自己的长处和不足之处。

3. 赞赏要注意方法的多样性

赞赏的语言，特别是相同的语言，学生听多了会产生麻木感、虚伪感。因此，赞赏要用多种方式。可以是肢体语言，如用手轻拍学生的头；可以是文字表达，如在学生的作业本上写鼓励语言；适当的时候，可以是实物，比如准备一些小礼品等；可以是名单表扬，比如在教室班级宣传栏贴上测验进步名单；也可以是口语赞赏优胜者；时间允许，最好提供学生展示交流的机会，这是最有效的赞赏。

4. 赞赏教育的适恰性原则

适恰性原则就是指赞赏教育的出现恰到好处，不是随机、随地的赞赏，不是对任何人都赞赏，不是对任何事都赞赏，这样的赞赏很廉价，就不会被赞赏者接受，反而适得其反。赞赏适恰性原则是指在恰当的情境下、恰当的时机，对恰当的人或事、适度地赞赏。

（三）赞赏教育实施策略

教育无处不在，赞赏就无处不在。教育最终目的是唤醒，唤醒学生对未来的渴望，唤醒学生内心的梦想。怎样在教育活动中，唤醒学生内心的梦，最好的方式就是赞赏。

策略一：发现学生的优点，将优点外化，让学生认可自己的优点

教师的职责是发现，发现学生的优点和亮点，哪怕是一点点的优点，这就是打开学生内心世界的钥匙，激发他前进的阶梯。一个长期被否认的灵魂，需要认可，需要认同，需要优点或亮点来温暖那颗冷却的心。发现学生优点是教师教育学生的起点，而学生的自我认可就是那把钥匙，教师就是发现这把钥匙的重要人选。这样的"发现优点—优点显性—展现优点—认可优点"的赞赏策略，是打开学生内心的钥匙。

策略二：发掘学生的兴趣，将兴趣外化，让学生发挥自己的兴趣

更高层次的教师是在发掘，发掘学生的兴趣，深层次地发现学生的内在兴趣，并将这个兴趣外化，通过活动的形式，让学生发挥自己的兴趣特长，在活动中，展示学生的特长。这样富有兴趣特长的灵魂，如果展现在大众面前，能很好地发挥学生的兴趣，活动完成之时，就是自信建立之时。教师发掘学生的兴趣，外化兴趣，是建立学生自信的重要途径，这样的"发掘兴趣—建立平台—展示交流—发挥兴趣"的赞赏策略，更是赞赏教育的有效策略。

策略三：挖掘学生的最近发展区，发展学生的最近发展区，让学生真正走向自我欣赏

最高层次的教师应该是挖掘学生的最近发展区，通过深层次了解学生，挖掘学生内在的、深层次、隐藏在学生内心深处的最近发展的需求，通过学生的一定努力和坚持，并创造恰当的平台，通过精心的准备和努力，展示与交流，最终获得成功，让学生走向新的发展区。这样的"挖掘潜能—精心准备—坚守初心—成功展示"的赞赏策略，足以让学生走向"自我欣赏"之路，这才是教育的最终追求。

（四）赞赏教学实施策略

德国教育家第斯多惠说："教育的艺术不在于传授本领，而在于善于激励、唤醒和鼓舞。"我们可以看出，教育的本质就是激励和鼓舞，最终实现唤醒。而激励的最有效方式就是赞赏。落实赞赏教育的平台就是课堂，在课堂中实现赞赏教育。

赞赏课堂，即在赞赏教育理念的引领下而开展的学科教学，在课堂教学的各个环节，师生都能自觉启动赞扬、欣赏、认可、肯定等正向教学评价，有来自教师的赞赏、同伴的认可、自我欣赏，等等。"赞赏"贯穿始终，以持续促进学生学习的热情。

赞赏课堂的开展，旨在落实赞赏教育，实现学科课程标准落地，落实学科核心素养等。学校鼓励教师依照"自主学习—合作探究—展示交流—检测提升"的课堂教学模式，开展"自学赞赏—合作赞赏—展示赞赏—反馈赞赏"的赞赏模式，以规范教师教的方式和学生学的行为，激发学生学习积极性，提高教学质量。

1. 自主学习—自学赞赏

学生通过学案自我预习、自我诊断、自我发问、自主探究。教师依据课标、学情和自主学习成果等，设计多样性的自主学习赞赏方式。

方式一：教师认可学生预习成果和预习的效果。

方式二：教师欣赏学生自主学习发现的优质问题。

方式三：教师赞扬学生自主学习的良好习惯和自学意识。

方式四：教师提供让学生语言展示交流或黑板展示交流机会。

方式五：学生对自己预习成果的自我欣赏等。

通过自学赞赏，持续催化学生的自主学习的能力，持续激发学生自主学习的自觉性，持续激发学生自主学习的积极性，最终形成主动自觉的自学能力。

2. 合作探究—合作赞赏

在自主学习的基础上，整合提炼学生在自学中提出的问题，生成可供学生合作探究的问题，让学生进行合作探究体验。利用学生的差异性和异质性，同时辅以教师的点拨，发挥集体智慧，攻克难点，解决问题。在此过程中，教师设计多样性的合作赞赏方式。

方式一：肯定学生积极参与意识。

方式二：赞赏学生团结协作的精神。

方式三：欣赏学生相互倾听、合作学习的能力。

方式四：赞美学生求同存异的美德。

方式五：赞赏学生相互采纳意见、博采众长的胸怀等。

通过合作赞赏，促进学生参与意识、合作精神、倾听能力、求同存异的美德和博采众长的胸怀，最终促成学生高效、优质的社会化。

3.展示交流——展示赞赏

学生的成长需要平台，而学生的绝大部分时间在课堂。如何将课堂变成学生成长的平台，展示与交流是最好的一种成长方式，也是最有效的一种手段。课堂展示，为学生搭建成长平台，提供成才的机会，鼓励学生展示、交流合作探究成果。在此过程中，教师设计多样的展示赞赏方式。

方式一：肯定展示交流者的积极发言、语言驾驭能力。

方式二：赞美展示交流者的仪态端庄、机智大方。

方式三：赞扬展示交流者的思路清晰、逻辑合理、思维敏捷能力。

方式四：认可团队的处理问题、问题解决能力。

方式五：欣赏发现新问题、解决新途径的奇思妙想等。

通过展示赞赏，促进学生参与展示积极性，敢于交流、善于交流，培养学生语言能力、表达能力、逻辑思维能力，在展示赞赏过程中，完成学生自我认知、自我完善、自我成长、自我认可的过程。

4.检测提升——反馈赞赏

课后检测提升，分层布置检测题，以检测教与学的效果；同时进行面批面改及时反馈；并实施个性化答疑、有针对性的辅导，并进行个性化的补充强化和提升。在此过程中，教师设计多样的反馈赞赏方式。

方式一：肯定学生作业整洁性、规范性、及时性、认真性。

方式二：赞美学生作业的方法创新性、思维独创性和真知灼见。

方式三：赞扬学生作业思路清晰、逻辑合理、书写简洁。

方式四：欣赏学生解决难题的坚韧品质、良好的学习习惯和学习方法。

方式五：认同和欣赏学生良好的表现和极大的收获，促进学生良好的自我效能感生成等。

通过反馈赞赏，强化学生规范意识、创新精神、坚毅品质、自我认可的能力。激发学生求知欲，实现学生良好的自我效能感和成就感。通过反馈赞赏，完成学生的自我蜕变。

（五）管理和服务中赞赏实践

赞赏不仅仅在教育教学中，在学校管理和服务中，也需要赞赏。我校提出这样的赞赏理念：有人的地方，就应该有赞赏；有事的地方，就应该有欣赏。赞赏让管理更有力，赞赏让服务更周到。赞赏无处不在。

比如：学校给老师提供发言的机会；学校教育教学年会的表彰、班级表彰大会、年级表彰大会、学校表彰大会；上级对下级的表扬，下级对上级的欣赏，等等。赞赏，让学校融洽，是人际关系的润滑剂，是激发人动力的新能源。

四、赞赏教育的实施要求

（一）学校应该如何管理

对于学校管理团队，需要清醒认识到，赞赏教育是激发所有教职员工的有效方法，也是润滑人际关系的润滑剂，所以，管理团队必须认识到：

（1）认真学习赞赏教育理论：尤其是马斯洛的需要层次理论、斯金纳的操作强化理论、罗森塔尔的期待理论。

（2）增强赞赏的能力：通过学习赞赏的操作方法，把赞赏应用到教育教学管理中。

（3）加强赞赏的意识：用发现的眼睛和欣赏的心态，去观察和领悟人和事。争取做到一人一赞赏、一事一欣赏，逐步实现自然的赞赏，让赞赏成为习惯。

（二）教师应该如何发展

有赞赏的教育和教学，必须从教师抓起。教师是实现真正赞赏的核心人物。没有欣赏理念的教师，很难做出赞赏的行为。所以，教师应该做到：

（1）教师应该意识到个体差异：每一个学生，来自不同的家庭环境，受到不同的教育，个体差异是必然的，并认同个体差异性。

（2）教师应该掌握赞赏的理论知识和操作方法：只有从理论上掌握了赞赏，才有可能在行动上实施赞赏，赞赏教育才能成为可能。

（3）教师应该树立赞赏的意识：理论学习得再好，操作再清楚，但如果没有赞赏的意识，这些方法和知识，都会被束之高阁，因此，教师需要培养自己的赞赏意识。任何人、任何事都具有赞赏的因子，就看我们从什么角度去发现赞赏的人、挖掘赞赏的事。一切都有赞赏的可能，就看你能否发掘赞赏的因素，抓住赞赏的契机。

（4）教师在教育教学环节中预设赞赏：教育确实是大事，也是难事。真正的教育没有简单的。所以赞赏教育也一样，需要预设。教师在教育活动中，这些环节可以预设赞赏：如何设计赞赏、怎样去赞赏、通过什么方式赞赏、对谁进行赞赏、赞赏到什么程度、赞赏的契机、赞赏的事；在教学活动中，这些环节可以预设赞赏：赞赏的契机、赞赏的方式、赞赏的内容（智力方面——知识、能力、方法等，非智力方面——坚持、坚毅、合作、协作、态度、情感、价值观等）、赞赏的方法（语言、文字、展示、交流、体态等）。

（三）学生应该如何培养

教育的终极追求是唤醒学生的心灵，做到自我认同，自我悦纳，自我调适。培养学生成为一个阳光、积极、乐观向上的少年。

（1）通过"发现亮点，外化亮点，认同亮点"，实现学生自我认同。教师要善于发现学生的闪光点，并且将闪光点显示出来，让学生自己看到，让学生自己知道，从而认同自己的亮点，唤醒自我，实现自我认同。

（2）通过"发掘兴趣，认同兴趣，展示兴趣"，实现学生自我悦纳。展示是赞赏的高级层次，是一种潜移默化的欣赏。教师要深层次观察学生，了解学生，发现他的兴趣所在或特长，为学生的兴趣特长搭建平台，让学生能够发挥自己的兴趣，展示自己的情趣，让他看到自己的兴趣，把他的兴趣展现在同学们面前，让大家认同，从而获得更多的"他人认同"，建设自己的"内心自信"，自我悦纳。

（3）通过"挖掘潜能，发展潜能，强大内心"，实现学生自我调适。怎样才能让学生实现自我欣赏，达到"我可以的，我没问题，我能行"的状态？教师要挖掘学生的最近发展区，通过学生和教师的共同努力，展示自己的潜能，发展自己的潜能，从而实现内心的自我认同。这种来自努力后的成就感，唤醒学生的强大自信，巩固学生的悦纳成果，自然而然走向"自我调适"的行列。一个真正阳光的少年，不是没有烦恼，不是没有困境，不是没有遭遇，而是能够自我调适。

我国学者刘畅提出："赞赏是世界上最有效的教育法则"，尤其对于正在成长的中学生更是如此。美国心理学家特尔福德认为，激发学生学习兴趣有两种方式：一种是社会交往；另一种是荣誉。基于这两种动机，若要让学生持续保持对学科学习热情，教师应该准确、恰当赞赏学生。得到欣赏是每个学生内心深层次的需求，是学生成长过程中不可或缺的养分。赞赏是开启学生学科潜能的金钥匙、赞赏是激发学习积极性的催化剂、赞赏是润滑师生心灵的活化酶、赞赏是增强学生自尊、自信、自强的高效手段。教师的一次恰当的赞赏、同伴的一句适时的肯定、学生一次被欣赏的展示，都有可能使学生从软弱走向坚强，从懒散走向勤奋，从失败走向成功。

结语

多年的教育实践证明，赞赏教育是唤醒学生内驱力的有效手段。自主赞赏是唤醒学生自主学习的动力；合作赞赏是形成学生合作协作的活化酶；展示赞赏是炼成学生自我完善的催化剂；反馈赞赏是成就学生自我效能感的内驱力。恰当的、准确的赞赏教育能够持续、有效、高效激发学生向善、向好、向阳全面发展。我们必须正视赞赏理念，它永不过时，它与教育同在。

参考文献

[1]陈德收.让赞赏成为课堂教学的引擎[J].基础教育，2019（14）.

[2]和法梅.赏识教育在初中英语教学中的应用探讨[J].中华少年，2017（16）.

[3]赖礼渊.赞赏教育的激励作用[J].文理导航，2016（9）.

[4]黄传梅.赏识教育在中学课堂教学中的运用策略研究[J].湖南农业大学，2021（6）.

[5]林伟明，卢明.好的教育离不开赞赏[J].教育杂志，2021（33）.

　　周建华　博士，中国人民大学附属中学正高级教师、中学数学特级教师，曾任人大附中党委书记、副校长，现任人大附中联合学校总校常务副校长、人大附中航天城学校校长。政协北京市海淀区第十届、第十一届委员，创新人才教育研究会常务副会长，《创新人才教育》常务副主编，教育部教师"国培计划"专家库专家，教育部校长"国培计划"专家库专家，教育部基础教育教学指导委员会数学指委会委员，教育部国家乡村振兴重点帮扶县教育人才"组团式"帮扶工作专家顾问委员会委员，教育部中学校长培训中心第8期全国优秀中学校长高级研究班学员，北京师范大学校长培训学院兼职教授，中国教育后勤协会中小学后勤分会副理事长兼秘书长。主持或负责多项国家级科研课题，成果获第四届全国教育科学研究优秀成果二等奖，已在《教育研究》《课程·教材·教法》《中国教育学刊》《数学通报》等刊物发表论文130余篇，近20篇论文获国家、省级论文评选一等奖，多篇论文被《新华文摘》、人大复印资料全文转载，获全国教育科研杰出校长、北京市优秀教师、北京市师德先进个人、北京市高校优秀共产党员等荣誉称号。

周建华校长印象

今天，人大附中航天城学校已是一所品牌校，这是无须争论的事实。周建华校长是打造人航品牌的功臣之一。他身上带着人大附中的多种标识，曾任附中党委书记、副校长，现在还是附中联合总校常务副校长。作为博士、正高级教师、数学特级教师，他以专业的力量和人格魅力师垂典则，范示群伦，颇有大儒之风范、有国士之雅望。他熟稔于教育教学管理的每一个环节，创办一所优质校对他来说是"一切尽在掌握"。周校长所领导的人航秉承了人大附中的办学思想，与人大附中的基因高度契合，它的课程设置、主题教育活动、校园文化建设等都是高起点高水平——让学生成为最好的自己，让学校成为海淀北部的"人系"名校新坐标。

——老廖

教育解放心灵

人大附中航天城学校　周建华

　　每个人的心里都有一盏灯，一盏可以照亮心灵的灯，只是许多人将它的光芒遮蔽了，从而束缚了自己的心灵。而有些人却能够点亮这盏心灯，于是小小的一盏心灯，在照亮自身心灵的同时，也给他人和整个世界带来光明。

　　点亮心灯，必须改变人生的态度，这样才能改变人生的高度，进而改变心灯的亮度。"位卑未敢忘忧国。"作为教师，点亮心灯，就会点亮孩子的未来，点亮国家和民族的未来，点亮人类的未来！作为校长，更是如此。30多年的教育实践，催生了我的教育思想：教育解放心灵。

一、教育解放心灵的阐释

（一）教育解放心灵的界定

　　（1）"心灵"的概念界定。所使用的心灵概念既指"反映功能"的心灵，也指"精神实体"的心灵。心灵作为过程和功能，它是对外在于心的事物的反映能力。心灵作为精神实体和符号系统，它是心灵的反映能力的结果，是人和环境交互作用对人脑功能形成的稳定的影响的体现。

　　（2）"教育解放心灵"的概念界定。本文对"教育解放心灵"的操作性定义是，以教育实践为载体，以心灵的反映能力为中介，以丰富人的心灵，促进心灵的完整，进而促进完整的人（德智体美劳全面发展）的生成为目标的教育活动。

（3）"教育解放心灵"的提出的依据。从教育的目的看，解放心灵是为了培育心灵完整的人；从教育的过程看，解放心灵是解放心灵、丰富心灵、促进心灵完整的过程；从教育的方式看，解放心灵是走出当下教育异化的有效方法。

（二）解放心灵的教育主张

教育解放心灵，着眼点是学生，着力点是教师，关键点是校长，保障点在学校。下面，围绕教育解放心灵这一思想，给出学生、教师、校长、家长、学校的画像。

（1）学生画像。主要包括指向"德"的以德律心者，指向"智"的以智明心者，指向"体"的以体壮心者，指向"美"的以美悦心者，指向"劳"的以劳立心者。这五者，并非互相割裂，而是一个有机整体。

（2）教师画像。教育解放心灵的着力点是教师。脑是心灵的器官，心灵是人脑的功能。韦钰院士认为："作为灵魂的工程师，教育实质上就是在建构人的脑。"脑科学研究的许多成果，对开发学生大脑潜能具有重大的指导意义。教育解放心灵的教师画像，是对学生有爱心者，预防不可逆的脑损伤；有耐心者，丰富的环境刺激和经验可促进大脑的功能发育；有慧心者，提升智慧生成，促进学生大脑"链接"；有恒心者，脑功能具有终身可塑性。

（3）校长画像。应是高明的"读心者"，亲切的"同心者"，有效的"疏心者"，持续的"润心者"，卓越的"强心者"。

（4）家长画像。习近平总书记强调："家庭是人生的第一所学校，家长是孩子的第一任老师。""孩子的第一任老师"重在成为孩子的人生启蒙师、营养保健师、习惯培育师、体育陪练师、状态分析师、心理疏导师。

（5）学校画像。具体到学校办学实践层面，就是要解放教师和学生的心灵，打破各种不利于师生成长的枷锁，追求丰富完整的心灵放飞和精神家园的重建。即要打破组织的禁锢、打破制度的禁锢、打破文化的禁锢、重构精神家园等。

（三）教育解放心灵的校长专业发展

（1）专业精神。主要包括敬业精神、人文精神、科学精神和创新精神。校长的专业精神是现代校长精神的基石。

（2）专业伦理。校长的专业伦理是指校长在专业发展过程中应遵循的伦理规范。校长专业伦理的核心应是"公平"，即公平地对待每一个学生、公平地对待每一位教师，以及努力促进教育公平。

（3）专业智慧。教育制度源于教育实践的需要，规范着校长的行为，但制度往往滞后于实践的需要，与当前教育改革面临的复杂情境并不完全匹配，这就需要校长的专业智慧。校长的专业智慧主要包括哲学智慧和实践智慧。

（4）专业成就。校长的专业成就主要体现在校长显著的办学成果、在一定区域的示范引领作用以及对教育理论（形成独特的教育思想）的贡献。

二、教育解放心灵的办学实践

2017 年 1 月，按照组织程序，我被任命为人大附中航天城学校校长（法定代表人），在教育解放心灵的思想引领下开展人航办学实践之旅。

教育解放心灵指导下的办学实践，主要包括：

（一）立德树人是解放心灵的根本任务

立德树人是教育的根本任务，在学校层面将其落到实处，一是明晰学校德育的具体要求，即坚持正确方向，坚持遵循规律，坚持协同配合，坚持常态开展。二是注重学校德育体系的建构，主要包括目标体系、内容体系、途径体系、评价体系、规律体系等。三是"解放心灵"德育实践的创新，主要包括德育是心育，要将体验的功夫做足；德育是课程，要将阵地的建设做强；德育是践行，要将参与的渠道拓宽。

（二）课程建构是解放心灵的重要载体

教育的根本任务是立德树人，课程是教育的载体。一是完善课程结构，聚焦学生发展核心素养。主要包括把握世界教育变革的趋势，凝练与提出核心素养；注重从育人目标到核心素养：梳理、关联与落实；以核心素养统领课程变革；以核心素养为统领建构学校课程结构体系。二是优化课程实施，提升学科核心素养。主要包括牢牢抓住课程实施的关键因素是教师；课程实施应基于课程标准；课程实施的路径开拓与策略凝练。三是改进课程评价，促进师生发展。主要包括明确教师是重要的课程评价者；拓展教师积极参与课程评价的角度与路径；梳理教师参与课程评价的大致进程。

（三）课堂教学是解放心灵的主要阵地

课比天大，课堂教学是培养学生核心素养的主要渠道和阵地。一是改革最终发生在课堂。具体地，新时代对学校育人提出了新的要求，课堂教学要凸显学科育人；课堂教学是提升核心素养的主阵地；课堂教学改革是新一轮的课改的核心节点。二是课堂教学变革什么。主要包括课堂学习目标的统整取向：突破分解割裂，注重融会贯通；课堂学习内容的典型取向：突破面面俱到，注重深度理解；课堂教学方式的实践取向：突破单向传递，注重建构分享；课堂学习评价的个性取向：突破整齐划一，注重多元开放。三是课堂变革的推进策略。如推进单元整体教学；发挥优秀课例的引领作用；把握课堂教学的基本原理；引导教师转变角色，顶天立地（教学理念顶天，教学基本功立地）。

（四）教师队伍建设是解放心灵的根本保障

解放心灵，深化立德树人，着眼点是学生，着力点是教师。一是教师入口：选好苗子。着重看教师对教育的热爱、人品和智力。二是构建教师专业发展生态系统。主要包括：宏系统：教师专业发展的社会环境系统；中系统：教师专业发展的学校组织系统；微系统：教师专业发展的个体系统。三是教师队伍建设的策略。主要包括点燃教师成长激情，树立教育理想；实施"三航"工程，建设教师梯队；注重团队建设，建设教师共同发展机制；为教师量身定制发展平台，助力教师实现人生价值；加强校本研训，引领教师成才；关爱教师身心健康，营造宽松和谐的工作氛围。

（五）智慧校园建设是解放心灵的技术支持

教育已经步入包括宽带网络、数据中心、云计算、大数据、物联网等要素的教育智慧化时代。一是打好智慧校园建设的硬件基础；二是从"人航小应"到智慧后勤，智慧校园建设由简单到复杂，由外围到核心；三是建设"人航大脑"，助力精准教学；四是智慧校园建设的推进策略。如重视顶层设计；注重资源建设；注重需求推动；注重开发和购买服务并举等。

（六）家校社共育是解放心灵的重要基础

家庭教育是教育的起点，家长要注重言传身教、身体力行，不仅教知识，更要育品德，帮助孩子迈好人生的第一个台阶。家校社共育是解放心灵的重要基础。一是邀请家长走进学校，完善家校互动的渠道和支持系统；二是提升教师家庭教育能力，为家长赋能；三是提高家校社合作的全纳性，营造公平互信的家校合作氛围；四是"我的家庭教育主张与建议"。在不同阶段，家庭教育的重心是不一样的。小学阶段，家庭教育重在陪伴；初中阶段，家庭教育重在尊重；高中阶段，家庭教育重在放手；成年阶段，家庭教育重在欣赏。

　　姜源　教育管理专业硕士，中央美术学院附属实验学校校长，北京师范大学继续教育学院客座教授，中国成人教育协会常务理事兼教师继续教育专业委员会副理事长。先后撰写发表了百余篇教育教学论文，举办各种讲座百余场，出版《行思行远》等十多部教育管理、学生教育和家长教育等相关专著或教材。曾获全国教育科研优秀校长、全国特色教育先进工作者、全国教改实践先进个人、省级模范教师、市级标兵校长等荣誉称号。

姜源校长印象

如果不是姜源校长，说不定就不会有被称为"中央美院附属实验学校"的这所优质校。姜源校长是打造央美附校的主要贡献者之一。为事业打拼，能留下一些让自己欣慰的印记就是成功者。姜校长就是成功者。央美附校将永久带着他的印记。他的出生地黑龙江也带着他的印记，他担任过黑龙江省同江市教育局副局长，主政过省重点中学同江一中。姜校长总让我想到唐朝诗豪刘禹锡，为诗为文雄浑壮阔，豪气冲天；为人刚毅坚强，洒脱豪迈，永不失读书人之节操。姜校长敢于发声，敢于仗义执言，在教育圈子、校长圈子有良好的口碑。他在办学中紧紧抓住学校的美术特色，创造性地嫁接对接央美，使学校的美术特色和办学水平有口皆碑，高水平地成就了央美附校师生。央美附校的一寸土地都体现了他的理念和办学特色。姜源校长完全可以为全国美术特色校代言了。

——老廖

美术特色课程的美育思考

中央美术学院附属实验学校　姜　源

摘　要：美术是美育最密切的、最直观的、最有效的学科渗透载体，美育也是美术教育最根本的、最深刻的、最崇高的教育目标，美术和美育有着天然的、亲近的血缘联系。美术特色课程的美育建构将会推动学校的审美教育，成为学校精神特质的一部分，实现审美教育的目标。

关键词：美术特色；美术课程；美育

学校的所有工作都应该围绕课程建设和学生发展而进行。美术特色课程的建构就是以推进素质教育和审美情趣为宗旨，以学科教学和美育功能相融合为突破口，促进教师不仅在教学形式、教学方法上有创新和发展，还需要在教学理念和美育意识上有巨大转变。美术特色课程的美育建构将会推动学校的教学改革，提升学校的综合实力，同时也会弘扬真善美，成为学校精神特质的一部分，并实现审美教育的目标。

一、美育在教育中重要地位的认识

人们习惯把我们的教育分为德育、智育、体育、美育和劳动技术教育，其中的美育即审美教育是学校教育的组成部分，也是素质教育的重要内容。美育由于有自己特定的内涵、系统和体系，所以有其独立性。其基本特征体现在，具有示之以形的形象性、动之以情的情感性和寓教于乐的愉悦性。但其开发智力、陶冶情操、培养美感和愉悦身心的作用，又使其同德育、智育、体育和劳动技术教育相互渗透，相辅相成，不可割裂。学生道德品质的养成，正确世界观的形成，以及审美能力正确导向的促成，都和学生对美的认知和评价密切相关。审美教育可以使学生树立具有正能量的审美观念，提升发现美、认知美、创造美的能力和对日常生活中美丑善恶正确评价观。因此，美育是培养学生全面发展的需要，有了美育才是全面发展的教育，更准确地说，没有美育的教育是不完整的教育，没有审美能力的人也不是全面发展的人。

二、美术教育与审美教育内在关系

也可以这样说，没有审美教育的美术教育是缺失的美术教育，没有美术教育的审美教育是虚无的审美教育。美术是美育最密切的、最直观的、最有效的学科渗透载体，美育也是美术教育最根本的、最深刻的、最崇高的教育目标，美术和美育有着天然的、亲近的血缘联系。

美术被称为视觉艺术，它以自身特有的手段——点、线、面、形、体、色等造型因素，运用各种不同的工具和材料，构成各种形式的美和美的形式，并通过人的视觉感官，形象地传导于欣赏者大脑，作用于欣赏者的心灵，激发欣赏者对真善美的向往，对假恶丑的憎恶，是富有感染力的、直观的审美教育载体。所以，美术是美育的重要手段，它在锻炼学生的视觉敏感力、观察力和丰富学生的想象力和创造力的同时，也更好地培养了学生对自然美、艺术美和社会生活美的正确审美观和洞察判断力。在美术学科教学和学科活动中，需要美术教师把绘画理论与造型技术的传授，艺术思维与想象能力的培养，艺术灵感与创作欲望的激发，同审美情趣与鉴别能力的提升四个方面有机结合和渗透，才能真正实现美术教育的课程目标。

同时，培养好学生正确的审美情趣与鉴别能力，才能真正促进学生积极主动学习美术和激发学生对美术的发自内心的热爱，同时也会反作用于教师的素质和业务的提升。教师学生一起在对美术感性认识和欣赏创作实践的基础上，共同发现美的规律。使学生通过素描、色彩、速写和设计等基础知识与技能的学习和训练，研究掌握各种造型艺术的技巧，掌握作品的构思与欣赏要素，选择恰当的表现形式和技能技巧，实现内容与形式的统一。也使我们的学生在审美意识和审美能力逐步积淀的基础上，逐步把感性认识提高到理性认识，发现并运用美的规律，产生判断美、评价美、表现美和创造美的欲望与行为，致力于追求崇高的审美理想。

三、美术课程美育建构的基本原则

一所学校不仅要有特色的办学理念、办学模式和办学成果，更应有特色的课程。美术课程体系的建构就是形成素质教育统率下的贯穿审美教育的课程、教材、教法模式，并在教学实践中不断发展和完善学校的课程体系和课程建设。并且美术课程体系的建构既要重视课程的专业性与选择性，又要重视课程的综合性和普及性，更要关注课程的审美性和美育性，以及课程设置分配的合理性和侧重性，为学生未来发展打下坚实的美术基础和审美素养。美术课程体系是实现审美教育的核心，其主要目的是使学生较全面地了解掌握美术基础知识、美术技能和造型创意与表现方法，提高艺术综合素质和学科表达能力，提升学生的审美意识和发现美、创造美的能力。

根据美术学科特点，要注重学生审美能力的培养，注重夯实美术基础，彰显特色教学的时代特征。在美术课程体系建构过程中，我们首先要寻求到理想的具有美学意义的参照系，并将自己学校课程体系建设置于广阔的美育视野中和多元的课程形式中加以审视，使每个学生都具备合格的文化知识和良好的艺术素养的同时，还要具有审美的能力和修养，所以美术课程必须承担美育的责任，并且是责无旁贷的。"人无我有，人有我优，人优我精"是特色课程体系应具备的品格，也是特色课程的核心要素和主体精神，美术特色课程体系建构就是这种理念的具体实践。适应素质教育和时代要求，根据学生的身心特点和审美认知能力，调动学生发现美、欣赏美和创造美的主观能动性，提升学生的审美能力是非常重要的课程体系建构前提，也是美育的基础和载体。

四、美术课程美育建构的关键要素

首先美术课程的内容和形式，要面向全体学生，符合全体学生发展的美育要求，并借鉴多元智能的积极理论，使学生的基本功训练、形象思维训练、感受能力训练、技能技巧训练、审美能力和审美情趣训练同步进行。为实现此目标，在总体关注美术训练与审美教育相结合的同时，我们还注重了四个结合：审美能力与创造能力相结合，基础技能提高与个性审美拓展相结合，课内美育渗透与课外拓展感知相结合，教师示范指导美与学生自主学习探究美相结合，最大限度地提高学生的审美情趣和美育成效。

更重要的是，美术学科的美育效果，关键在于美术教师的学科素养和美学修养。所以注重美术教师综合能力的培养，并对美术教师的综合能力提出更高的要求，采取各种形式加强美术教师的专业培训，提升他们的专业素养和美育能力，是至关重要的。同时大力宣传美术教师在美育中的地位与贡献，组织课堂观摩，交流学习美育经验，及时疏导存在的问题，加强教师间的相互沟通，换位思考学生的审美需求，形成学科甚至学校的美育合力，是卓有成效的方法。

同时，制定合理的美术课程和活动评价标准，发挥教学评价对教学活动和审美教育的导向功能，因势利导，会促进教师和学生个性化、多元化发展与提升。也能防止美术专业训练单一化、程式化，而忽视美育功能的倾向出现，使教师更多关注学生的个性差异和审美教育，并尊重、引导、纠正和认可学生的审美价值取向。还要发挥评价的诊断功能，实现查漏补缺、纠偏正标的目的。更要发挥评价的激励功能，激励教师把美术教育和审美教育有机结合，全力培养学生学习美术、追求真善美的兴趣。

不可或缺的是要为美术特色教育和审美教育营造良好的氛围。学校要以美术特色课程为中心，在校园环境及文化的建设中凸显美术和美育功能，同时要根据美术课程的设置和美育的需要配备足够的硬件设施和软件资源。如专用教室，多媒体教学设备和器具，足够数量的美术和美育的图书与资料，还要广泛利用校外的各种美术课程资源和审美教育基地，聘请专家教授和名师参与本校美术教学教研，围绕课程方案和美育渗透的内容多形式、多渠道地拓展美术教学空间，整合美术教学资源。还要积极开发信息化美术课程和审美教育资源，充分利用网络获得最新、最前沿的教育信息资讯，不断调整、扩充和开发新的课程内容。

（这是姜源同志任北京青年政治学院附中校长期间的论文。姜源同志现任央美附属实验学校校长——编者）

参考文献

［1］羊亚平.美术教育与美育［J].大舞台（双月号），2008（5）.

［2］高志兴.关于学校美育的思考［J].海南师范学院学报（社会科学版），2003（3）.

［3］何志汉.关于美育的几个问题［J].西南师范大学学报（人文社会科学版），1983（4）.

［4］王晓婧，陈钦权.论美术教育与审美教育的关系［J].艺术教育，2010（5）.

［5］徐志乐，李柏宁.美术特色学校文化的追求与建构［J].教育学术月刊，2012（11）.

夏青峰　1971年生，安徽庐江人。华东师范大学教育博士，北京中学校长，北京市特级校长，正高级教师，数学特级教师，北京市人大代表，北京市特级教师协会副会长，中国陶行知研究会副会长。曾任朝阳区教育委员会副主任。

夏青峰校长印象

夏青峰是朝阳区引进人才中的杰出代表。这样的人物能引进一位，朝阳的人才引进工作就算成功了。他的发展昭示了一个浅显的道理：如果你守住初心，心系大众，这个社会托举得起你的理想。前些天我看了夏校长写的《同行的岁月》一书，着实被他的励志之路所震撼。凭借实力和机遇，夏青峰不断续写着他的教育人生传奇：从安徽到江苏华士学校，从江苏调任北京一所学校校长，再任北京中学校长并兼任朝阳教委副主任；从中师升本科读硕士最终读博士——他的每一步都稳健有力。他的人生拒绝平庸，有着为教育打拼的初心，始终有一颗奔腾的心。北京中学是朝阳区近年来打造得最为成功的教育品牌之一，它和朝阳的品牌集群校的出现，实现了朝阳教育品牌与北京教育强区品牌校的相互呼应。夏青峰是北京中学品牌校的主要贡献者。他的影响力早已超出朝阳，成了北京和全国的知名校长。他风度儒雅，眼光平和温暖，包容着身边的世界。

——老廖

学校教育，需处理好三个关系

北京中学　夏青峰

在创办北京中学的过程中，我们设想过理想学校的很多样态，我们也讨论过，绝对不能把学校办成什么样子。绝对不能把学校办成什么样子呢？我们当时提出两个，一个是绝对不能把学校办成监狱的样子，不能把学生看作是犯人来改造。另一个是绝对不能把学校办成军营的样子，不能把学生当成战士来训练。在我们内心中，还是特别想将学校办成家的样子，有家园的温馨，在家里是放松的，是舒展的，最关键的是，在家里，内心是安全的。如何让校园成为师生的精神家园，让学生内心产生温暖感与安全感，我们觉得需要回到原点，处理好三个方面的关系，分别是学校与学生的关系、教师与学生的关系、学生与学生的关系。

一、学校与学生的关系

学校是为学生成长服务的，办好学校就是为了更好地促进学生的成长，办学是为了育人，办学是手段，育人才是目的，这道理大家都懂，也都是这样说的。可是，反思教育现实中的种种问题，我们会发现，就是这样简单的道理，往往给我们弄反了，将目的与手段颠倒了，办学成为了目的，而校园里的人，包括教师与学生，不知不觉地变成了手段，变成了载体。嘴里说的是要以学生成长为中心，但实际操作起来，却很可能变成了以学校发展为中心。

比如说，我们要争创学校特色或者特色学校，这本无可厚非，让学校更加吸引学生，更加有特色地促进好学生的成长，这是多好的事情啊。可是，在实际操作中呢？由于要形成学校的鲜明特色，就会调动学校的大部分资源来支持这项工作，而且要有参与率，最好是全校的所有教师、学生都能够参与进来，大家都要做相同的事情。大家都做相同的事情也没关系，很多事情就是每个人都得要做的，比如说体育锻炼，课外阅读，等等，但是有些事是不能强制每个人都去做的。我们要去争创一种特色，就让所有人都去做好这事，这时候我们要想到，全校一定有很多学生是不擅长、不喜欢、不适合做这件事的，他们的兴趣点与特长不是在这上面，而是在另外一方面。我们一定要注意到，我们绝大部分中小学的入学方式，不是按照特色来入学的，而是按照居住地、户口、考试分数等来入学的，它与特色无关。这所学校要创科技特色，而我偏偏不擅长于科技，而是擅长于艺术，那我进入了这所以科技特色为主的学校，所有的资源都是支撑科技特色，我就有可能被边缘化，我的特长不能发挥，兴趣不能培养，我的内心就无法安全与舒展。我们很多时候是以学校内部的相同，来形成学校外部的不同，从而创建自己的特色。那我们究竟是以学生成长为中心呢还是以学校发展为中心呢？我们的目的与手段是否已经发生了颠倒？所以，办成什么样的学校，不是目的，培养出什么样的人才是根本。我们要尽可能地为每位学生搭建成长的平台，尽可能地关注与促进学生真正的全面发展，按照学生成长所需来配置资源。这是第一方面，要让学生心理安全，首先要处理好学校发展与学生成长之间的关系，不能本末倒置。

二、教师与学生的关系

在学校里，教师是主导，学生是主体，我们已经说很多年了，这一直是我们的指导思想。但有时，主导太强势了，主体就失去意义了，凡事都主导着，主体就很难发挥作用。有时候，在一些学校、一些地区，主导作用变成了"加工"，这个学校的加工能力很强，那位老师的加工能力很强，把学生主体变成了加工的对象，这是很可怕的。

教育的过程是生长而非加工。生命有其内在的生长力量，每个正常发育的孩子都如同一颗"种子"，只要提供给它必要、充分且适合的土壤、阳光、水分和营养，并保护其不受外力伤害，它就能正常地生根、发芽、开花与结果，长成它最好的模样。咱们教师，就是要提供这种外在的良好的成长环境，让生命的内在成长力量与外在良好环境进行有效互动，通过外部环境去唤醒、激发、滋养、支持、引导内在的生命力量。如何提供好这种外部环境？既要"保护"，又要"帮助"，尽可能阻止外来干扰因素的破坏，尽可能帮助这些"种子"获得它所需要的土壤、阳光、水分与营养。教师需要充分相信生命的力量，要对生命的力量怀有深深的敬畏感。在此基础上，重点关注、理解并实施以下几个词语：

一是"信任"。信任孩子，是教育的前提。如果教师在内心深处根本不信任孩子，那教育就无从谈起。我们要深深地相信，每个孩子都是善良的，每个孩子都希望得到爱、尊重与鼓励，每个孩子都希望发展得更好，每个孩子都有创新的潜能。

二是"发现"。在信任孩子的基础上，教师首先要做的不是急于教给孩子什么，而是要认真做一个观察者，发现孩子的优点、特点，包括缺点。教育孩子，必须要了解孩子。了解孩子，就要认真细心地去发现孩子。教师需要不断地追问自己：我们真的了解自己的孩子吗？

三是"支持"。我们无法设计孩子的成长，更无法替代孩子成长，我们能做的就是给他们的成长提供帮助与支持。他们的成长究竟需要什么样的环境？不同的种子所需要的是不一样的，我们该提供什么样的支持，才能让他们寻求到适合他们的阳光、水分与营养？个性化、有针对性的支持，可能才是孩子们在成长中最需要的帮助。

四是"引导"。生长的过程，是从一个不成熟的状态向成熟状态迈进的过程，处于不成熟状态的孩子们，尽管有内在成长的动力，有向上向善的愿望，但一定会在这个过程中面临方向与方法上的困惑或偏离，需要我们的引导。支持与引导，很多时候是互为一体的。

信任、发现、支持、引导，这四个词语是北京中学的教风，是我们认为教师面向学生时，应该重点发挥的四个影响，也是处理好教师与学生关系的关键。

三、学生与学生的关系

一个校园里，那么多学生在一起，一定有很多共同点，一定又都是不一样的。物之不齐，物之情也。这些，学校的管理者，学校的教师需要明白，同时，也要让学生们自己明白。在北京中学，我们将校风确定为和而不同、乐在其中，将校训确定为世界因我更美好，出发点之一，就是要让同学们明白这其中的道理。没有抽象的学生，每个人都是具体的，成长的"花期"各有不同，有人成熟得早，有人成熟得晚，但都在成长中。同学之间各有各的发展优势领域，有的喜欢画画，有的喜欢踢球，有的擅长言说，有的擅长算题，有时很明显，有时未被激发。同学之间，一定要相互欣赏，相互支持与帮助，同心同行、结伴成长。这些都是我们所倡导的。

在学生与学生之间，我们要尽量鼓励合作，淡化竞争。这就需要一个很好的机制。有时，机制不好，良好的愿望会向相反的方向走。比如，学校里经常开展的一些比赛或者评比，我们往往是设置奖项或者评比名额的。由于名额限制，很多竞赛评比都会形成"你上我下"的局面。很多孩子就可能因此形成了让竞争对手"最好生病""最好转走"等不良想法，期望别人不如自己。在孩子刚刚踏入"社会"，开始领会与人相处的道理的时候，这种评比机制不利于孩子健康心理的形成。我们要变那种"你上我下"的恶性竞争，为"你上我也上"的良性竞争。中小学的各项评比竞赛，最好采用"达标"的方式举行，即设立条件和标准，学生只要能达到这个标准，就能获得奖项，不受名额限制（实际上可以通过标准的高低来调节名额）。这样鼓励学生与"标准"竞赛，不断地挑战与超越自我，而不是与同伴竞赛。更重要的是让学生都愿意看见甚至帮助其他同学一起达标，期望大家都好而不是自私地只想自己好。

通过一些机制的调整与优化，让学生们更加能和谐相处。同伴相处好了，内心的安全感一定会加强。

　　徐华　潞河中学党委书记、校长，北京市特级校长，中学正高级教师。全国民族教育专家委员会委员，教育部国家乡村振兴重点帮扶县教育人才"组团式"帮扶工作专家顾问委员会委员，北京市人民政府督学，北京教育学会副会长，北京师范大学校长学院兼职教授，教育部中小学名校长领航班第二期广东省培养基地和第三期清华大学培养基地、北京教育学院培养基地实践导师。先后获得通州区杰出人才、通州区名校长、中国可持续发展教育项目教育管理专家、中国可持续发展教育20年优秀人物等荣誉。

徐华校长印象

　　"教育家型校长"有这样几个属性：理论功底深厚，人文素养宽广，家国情怀浓厚，办学治校突出，实践创新显著，社会担当积极，示范引领给力，在本地乃至全国发挥领航作用。这几个属性就像专门根据徐华校长的特点设定的。徐华校长是通州地区的文化符号。从潞河中学毕业的他，因其对潞河中学的特别之爱，凭借他作为物理专业者长于观察和思考的禀赋，凭借他对教育规律的深刻领悟和把握，凭借他对教育改革的执着精神，在守护和传承潞河中学"思想自由、人格健全"的一贯精神中，使得潞河中学再一次实现了高起点、高站位的新发展。徐华校长认为，教育更应该是唤醒，是点燃；教育者的使命，就是要尽力营造充满氧气的空间，让年轻的生命鲜活而强健。当下，作为城市副中心的通州优质校集群如雨后春笋般发展，而作为本土优质校的代表，徐华校长的潞河中学与新兴优质校在竞合中交相辉映，美美与共，凸显了潞河中学的品牌价值，完善了通州的教育生态。

——老廖

提升校长教学领导力促进教师专业发展的研究报告

北京市通州区潞河中学　徐　华

一、问题的提出

（一）选题的缘由

从教育改革和发展的需要来看，教育承载着先导性、全面性和基础性的工作任务，完成这一任务离不开一支高素质的、专业化的教师队伍。《关于全面深化新时代教师队伍建设改革的意见》提出："教师承担着传播知识、传播思想、传播真理的历史使命，肩负着塑造灵魂、塑造生命、塑造人的时代重任，是教育发展的第一资源，是国家富强、民族振兴、人民幸福的重要基石。"字字千钧，从国家层面对教师及教师工作提出了新标准。

自 2017 年北京市高中进入新一轮课程改革试验，其改革理念集中指向学科核心素养和学生关键能力培养，特别是为学生全面而有个性成长提供了更多的选择机会。与之相关联的就是教育者的学科核心素养和教学关键能力成为制约新一轮课程改革能够顺利开展的核心问题，教师专业发展尤为重要。

2018 年以市级机关全面搬迁通州为标志，北京市城市副中心真正落地，由此，对通州基础教育发展提出了新的要求和标准，也为潞河中学教育发展带来挑战和发展契机，对学校教师专业发展提出了更高的要求。

校长是学校发展的领路人，是学校和教学发展的至关重要的主导因素。新课程改革以来，校长领导的理念逐渐成为了学校、教师和学生三者相互依赖发展的关键点。教学领导正是这样的一种先进的校长领导理念。[①] 在新课程改革实施的背景下，要想真正实施好课程改革以及课程的转型，校长在教学上的引领和管理应该归为最核心的工作。校长作为学校的总指挥，拥有教学领导力是教师专业发展和课程改革背景下的必然趋向之一。[②] 校长教学领导力的发挥会对教师和学生未来的发展造成必然影响。而教师所发挥的作用逐渐被人们关注，重视教师的发展，最根本来讲，就是要重视教学。因此，中学校长教学领导力提升问题值得研究。作为学校教育教学最高领导者，校长肩负着带领全体教师完成课程目标的任务，也担负着改进教学方法从而提高学生的整体成绩的重任。随着我国课程以及教学的改革及素质教育的不断深入推进，提高校长教学领导力已经逐渐成为推动教学改革、提升教学质量的中心任务。

中学校长教学领导力就是以校长为中心的学校领导团队尊重教育规律、教学规律和学生身心发展规律，主动引导教师明确学校科学的教学理念，引导学校教学组织与教师形成明确并可操作的教学目标，通过民主方式形成发挥教师和学生创新精神的教学管理制度，确立有效开发及科学配置教学资源的原则，指导学校相关教学组织提高效能，激励并协助教师改进教学，以提高教师专业发展，从而增进学生学习效果，提升学校整体综合的教学质量水平。

二、国内外研究现状

（一）核心概念界定

1. 教师专业化

教师专业化是教师职业具有自己独特的职业要求，有专门的标准、管理规范和培养体系。教师专业化的基本内涵既包括学科专业性，也包括教育专业性。教师专业发展是一个持续不断的过程，是一种终身学习、不断更新的自觉追求的过程。在新一轮课程改革中教师的专业性将面临巨大的挑战，新

① 刘薇 . 乐平市初中校长教学领导 [D]. 江西师范大学，2010.
② 关景双 . 教学领导力不容忽视 [J]. 上海教育，2006（6A）：52.

课程对教师在专业技能、专业精神、专业情感方面，都提出了全新的要求。新课程要求教师有崇高的职业理想和职业道德，有宽厚的知识和实践技能，有先进的教育教学理念，有娴熟的组织与监控教学的能力，有民主、平等、文明的师生关系的经营能力，有健全的人格特质。在新一轮课程改革中，教师的教学行为和方式将发生革命性的变革。

2. 教学领导

教学领导有广义和狭义的理解之分。广义上的教学领导概念则涵盖了能提升教师的教学品质和学生学习成果与之相关的活动。狭义的教学领导概念就是指校长介入课堂教学内容设计、观察现场教学、学校的教学管理与教学监督等行为。

本文中的教学领导是从广义的角度来使用这一概念的。由于影响教与学的因素很多，为了使教学领导得到更好的效果，本文中的教学领导指涵盖所有影响学生学习的活动和行为。通过教学领导促使教师更加积极努力地从事教学工作，学生的成绩得到明显的提升，并且促进学校朝更好的方向去发展建设。

3. 校长教学领导力

杜芳芳认为，校长教学领导力是校长根据自身教学理念，采取一系列相关教学活动进而引导教师开展教学改革，逐步完善学校教学目标并达到教学愿景，提升教师专业能力，积极鼓励教师开展各种教学实践活动，创造良好的教学文化氛围，并提供教学支持等领导行为，以对教师的教和学生的学产生积极影响，其核心目的在于提升教学品质，促进学生发展。[①]

本研究中的校长教学领导力，主要是指，校长通过学校教育教学活动主体的领导，促进学校教师专业成长发展和学生学业成绩能力的提升，并通过实施教育教学变革，实现教学愿景，从而促进学校整体发展。

（二）已有研究概述

1. 校长教学领导的内涵

一直以来，我们都把目光聚焦在校长行政领导角色，却忽视了校长对学

---

① 杜芳芳. 校长教学领导：内涵、特征和培养策略 [J]. 基础教育，2011（3）.

校教育教学工作的引领作用。在学校，教学是重要工作，也是校长教学领导的核心和关键。

早在20世纪70年代，美国的学者就已经关注到了校长教学领导对于学生学业成就的影响。此后，校长教学领导开始逐渐受到人们的重视。贝沃斯（De Bevoise，1984）认为，校长教学领导是校长或校长授权相关人员为提高教师教学品质和学生学习效果而采取的措施并开展活动。这些活动或措施有以下几方面：学校发展愿景或目标的制定，提供相关教学资源，视导评鉴教学，制订及整合教师发展计划及与其他教师建立学术性关系。

20世纪90年代以后，研究学者对校长教学领导内涵的表述和理解更加宽泛和丰富。包括了更多的内容，其中有更成熟发展观的传递、强调教与学的核心技术、运用数据资料进行决策的主张等。此时，对校长教学领导的强调已经超过了对"教"的关注，对校内因素的关注已经超过了对校外因素的关注。[①] 例如，美国教育管理学家海林杰（P. Hallinger）表明，校长教学领导者是"与学校教育计划相关知识的主要掌管者，人们希望校长具备与教学相关的知识与技能，并能介入教师教学，进而促进学校改革与教学创新，同时给教师及学生高度的期盼，进行有效的管理与监督教师的教学，整合学校的综合课程方案，时时关心学生的进步状况"。

综合国内外相关文献来看，校长教学领导大多重在理念策略的体现，体现在校长教学领导的内涵、行为层面、具体作为、特征等方面。笔者理解的校长教学领导，它应是"理想、智慧、才能和直觉、胆略紧密结合的一个产物"[②]，综合体现了校长在教学领导的理念和方法等方面的智慧与胆略，校长具体的实施策略应是综合考虑学校内外具体的学情和环境办学条件相互生成的，即具有校长有效教学领导的共同特征，又具有学校独特的个体独立差异性。[③]

2. 校长教学领导力维度的研究

学者们从不同的维度对校长教学领导进行了深入研究。

---

① 陈如平.校长教学领导：提高学校效能和促进学校变革的策略 [J].当代教育科学，2004（20）.

② 迈克尔·富兰.变革的力量——透视教育变革 [M].北京：教育科学出版社，2000：212.

③ 汪振山.校长教学领导策略研究——基于江苏宜兴实验中学王俊校长的案例分析 [D].南京师范大学，2011.

海林杰（Hallinger）和墨菲（Murphy）通过对学校校长的教学领导行为的观察和关于学校效能的文献研究，提出了教学管理模型。他们通过相关经验介绍和理论分析，建立了一个由三个维度组成的教学管理框架。这三个维度分别为"明确使命""管理教学流程"和"提高学校良好的氛围"。这三个维度共由 11 个岗位职能组成。"明确使命"的岗位职能包括"建立传播目标"。"管理教学流程"的岗位职能包括"监督和评价教学""协调课程"和"监控学生的进步"。"提高学校良好的氛围"的岗位职能包括"保证教学时间""提升专业发展水平""保持与师生的频繁接触""激励教师""推行学业标准"和"激励学生"。这三个维度和相应的岗位职能可用表 1 加以概括。

表 1　海林杰（Hallinger）和墨菲（Murphy）的教学领导力模型

明确学校使命	管理教学流程	提高良好学校氛围
·建立学校目标 ·传播学校目标	·监督和评价教学 ·协调课程 ·监控学生的进步	·保证教学时间 ·提升专业发展水平 ·保持与师生的频繁接触 ·激励教师 ·推行学业标准 ·激励学生

龙勇、孙锦明（2012）采用内容分析法对 2002—2012 年国内关于校长教学领导力理论层面的文献进行分类、比较、分析，从校长作为教学领导的主体、领导什么、怎样领导三个维度展开研究述评，以了解现有研究的进展，并进一步明确新的研究方向。发现目前国内研究者已经能初步回答中小学校长教学领导究竟该"领导什么"和"怎样领导"这两个问题。[①] 学界理论上为校长教学领导力呈现了相对完善的策略描述，发现这些策略对于提升校长教学领导力有多大的相关性研究较少。指出校长教学领导的具体知识和能力的研究应成为未来研究的主流方向。

赵毅（2007）合并教学领导的历史与现状进行研究，运用教学论、教育学、管理学、组织行为学等相关理论知识对校长教学领导进行较深入的分析和探讨，结合文献、历史和比较研究，提出并构建相对完善的校长教学领导理念

---

① 龙勇，孙锦明 . 近十年中小学校长教学领导力研究述评 [J]. 中小学管理，2012（11）.

和策略。从领导学、组织行为学等角度，提出校长教学领导的理念，包括：学校愿景的规划，树立国际意识；以教学为主并提升教学质量；校长对教师进行榜样的引领，激励众人共同努力奋斗；鼓励竞争，更需团结合作；发扬民主和谐的精神等。以教学论、组织行为学等理论角度为主，探讨校长"怎样"进行教学领导等具体问题，最后，提出教学领导的策略，主要包括：教学目标的领导相关策略，教学主体、内容、教学研究、教学方法等相关领导策略。[①]

从以上研究中可发现校长的教学领导是改进学校效能的一个重大因素。校长教学领导角色，是在效能学校中的直接证明。由此可见，"教学领导"已成为了校长新的教育教学要求，进而鼓励学校校长成为更加关注学校教学方案和促使教职员关注学生成就的领导。

3. 校长教学领导力与教师专业化的关系

校长教学领导力与教师专业成长存在有密切关联。校长实施教学领导可以有效地引导教师专业成长并且通过校长教学领导来确保课程与教学品质，并可以提升学生的学习成就。

麦克伊沃（McEvoy）在五年的远西（Far west）实验室研究中发现，"校长通过以下教学领导的作为，能有效引导教师专业成长：为教师提供专业成长的机会，鼓励教师发展专业上的兴趣；传达专业的课程教材；集中教师的精力放在教学上；对教师观点进行指引；鼓励教师实施新的教学技巧；认知教师的个人成就"[②]。

杜芳芳（2011）在分析校长教学领导力时提出，随着教育改革的深入推进和教学专业化的凸显，校长不能仅仅扮演行政管理的角色，还应该成为一名积极的教学领导者。校长行使教学领导，其主要通过创建共同愿景、关注走向课堂、促进教师专业发展、构建中层领导干部团队等途径来实现。校长教学领导力的提升，不仅要通过训练帮助校长提高教学领导，也同时减少校长过多的行政负担，但是，最重要的是校长自身的修炼和提升。[③]

---

① 赵毅. 论我国中小学校长教学领导理念与策略 [J]. 西南大学学报，2007（4）.

② 李俊湖. 国小教师专业成长与教学效能关系之研究 [D]. 国立台湾师范大学教育研究所硕士论文，1992.

③ 杜芳芳. 校长教学领导：内涵、特征与培养策略 [J]. 基础教育，2011（3）.

（三）对已有研究的评价

综合众多学者们的观点，校长为提升学校的整体发展，根据其自身的教育理念，通过制定学校教育目标来发布教学任务，从而提高课程教学品质以及促进教师专业成长，校长要在教学过程中发挥引领作用，鼓励教师主动参与各项教学改进活动，从而协助教师实现教学目标，以达成学校教育目的。

在欧美校长教学领导力的相关研究中，学者们从校长教学领导力对教师专业成长、学生学业成绩的提升、提升教育质量的目的背景出发，通过大量相关的实证分析，认为校长教学领导力的提升与学校发展有密切关系。校长教学领导力的提升既能促进教师专业成长、提高学生学习成绩，同时也使学校得到有利发展。

在进行调查研究时，笔者发现现有的教学领导力大多注重于校长教学领导的框架式的基本整体研究，对校长教学领导力进行系统研究较少，即便有一些系统研究，也只不过是"开处方式"地摆出一些理念和策略，告诉校长们什么应该做，对于校长们实际上在做什么却一无所知。这些研究对于提升校长教学领导力有多大的相关性，究竟这些策略对校长教学领导力产生多大的影响？校长教学领导力的提升能否促进教师的专业发展和学生学习成绩的提升？对于这些问题，国内研究相对较少。

三、研究内容的确立

（一）学校仍缺乏对教学领导力的重视和理解

中学校长站在学校教育发展改革的最前沿，必须要明确办学思路，深入教学一线，校长要担负起领导全体教职工为学校目标而努力的任务，充分发挥校长教学领导力。大多数教师都将校长的教学领导力看作是一种行政手段。教师们错误理解教学领导所发挥的实际作用，认为校长参与听评课也只是用来检测他们的教学成果的手段。大多数教师觉得他们的校长对于"学校的日常事务安排"占用的时间最多；有部分教师表示他们的校长"在应付上级部门的检查"上花费的时间最多；还有部分教师表示他们的校长在"评价教师和学生及反思学校工作"上花费的时间最多。对以上的反馈进行分析不难得出，在现阶段我们的教育体系中，很多校长没有足够的时间将精力投入到教育教学管理中去。

（二）教育教学质量评价指标简单化

有效的教学评价制度是保障学校教学有效实施的重要机制。新课程主要强调评价的教育调控发展功能，注重使被评价者得到更好发展，关注学生差异，重视评价的多元化，有利于学生的全方面发展。但是就目前的状况，仍存在教育教学质量评价比较简单化的状况，虽然大多数人主张对教师及学生从过程和结果方面展开评价，使评价的内容多元化。但是多数学校习惯上还是更加倾向于针对结果进行评价。

（三）教师教学专业知识技能仍有欠缺，专业能力有待提升

作为校长，要想使学校办得有特色，要想开拓学校的发展前景就要想方设法不断地开发教师的潜能。既要有长期规划，又要有学校的近期目标措施。既要对学校师资有系统的培养，又要根据学校教师的状况进行具体的分析规划。每个学校的情况不同，校长面临的学校师资情况也不同。

要促进教师将先进的理念内化为教学行为，使教师在教学实践中研究掌握实施新课程的有效方法，不断积累课改经验，提高实施素质教育的能力。教育教学能力培训以教师的教学基本功和教学基本技能为主要内容，开展五项通用基本功、学科教学基本功、综合能力基本功训练和以信息技术为主要内容的现代教学技能培训，以及教育学、心理学等基础理论的培训。要注意结合中青年教师的不同特点采取不同的培训方式，使每一个教师都掌握扎实的教育教学基本技能，具有较高的教育教学水平。

四、研究结果与反思

（一）指向学校层面的教学领导策略

1.明确发展目标，规划发展愿景

校长关注学校教育教学发展，提升教学领导力，需要结合学校的发展时际，根据学校具体情况进行规划发展，构建学校未来的美好发展愿景。

潞河中学创办于 1867 年，至今已跨越了三个世纪，学校的办学过程几乎经历了中国现代史上的所有事件，也目睹和见证了近代中国教育的变迁。长期的办学实践表明，一代又一代潞河人牢牢把握教育的本质属性——教育促进人的发展，教育促进社会的发展，根据社会发展要求，更新教育观念，牢固树立"以人为本"的办学理念，坚持"健全人格"的培养目标，开展"人格教育"的办学实践，故而潞河教育能够历久弥新，在新世纪更加凸显魅力和活力。

2011 年 4 月，我校八届一次教代会通过了《潞河中学 2011—2020 年发展规划》（以下简称《规划》），制定了"完成与北京世界城市、通州现代化国际新建设城相适应的潞河教育体系构建，潞河教育品牌在北京地区形成广泛影响；潞河教育文化优势、育人特色凸显；学生、教师个性化发展平台完善，效果突出"的发展总目标，明确了培养、课程、队伍、管理、文化的五大具体目标，并规划了实现目标的三个阶段、三大发展策略、八项工程、六个重点实验项目。

同时进一步明确了未来十年学校办学的指导思想和学校发展愿景，在坚持人本位与社会本位相统一的教育观、坚持一切为了学生发展的办学宗旨、坚持健全人格的培养目标、坚持多元开放的学校发展方向的基础上提出：努力构建有利于促进学生全面、健康、和谐发展的教育体系。坚持教育以学生为本，强化人人成才观念，让学校成为每个学生幸福成长的乐园；坚持办学以教师为本，尊重教师创造性劳动，让学校成为教师幸福工作的精神家园；

坚持"三个面向"，注重内涵发展，让学校成为各类人才成长的摇篮；加强文化建设，提升教育品位，让学校成为引领师生文明生活的首善之地。

学校发展实践证明，《规划》确立的办学思想始终是引领潞河教育新世纪发展的旗帜。《规划》的制定与实施既是潞河人推动学校科学发展的一次完整的实践过程，也是潞河人把握机遇、科学决策、主动进取、锲而不舍、敢于胜利的一个成功案例。同时，也为我们今后的发展提供了坚实的理论支撑和宝贵的实践经验。

2.合理进行学校资源配置，提高校长教学领导能力

就学校的资源配置来说，包括学校资金、奖金、职位、外出进修等机会。合理的学校资源配置有利于学校发展，促进校长教学领导。

为了促进教师专业发展，我校采取了7项举措：①"走出去"和"请进来"活动，组织骨干教师到洋思、东芦、杜郎口和昌乐二中以及浙江、上海等课改先行学校学习；聘请北师大、北京教科院等专家为教师做学术报告；②建基地，与北京生命科学园、清华大学和首师大等科研院所与高校建立合作关系，派骨干教师去接受培训和学习；③送出国，与美国、英国、德国和澳大利亚的友好学校建立联系，送教师去交流和学习；④再进修，选送骨干教师去国内外高校脱产或在职攻读高一级学位；⑤助教研，创造条件鼓励和支持教师积极参加市区各级教研和培训活动；⑥结对子，每年组织青年教师与骨干教师结对子，相互学习和促进；⑦配资源，支持教师购买学科专业用书、学术期刊和教育理论书籍；学校为老师配备台式机和笔记本电脑；购买学科网、CNKI等数字资源库的使用权；与创先泰克合作，建设数字化校园，实现优质教育资源的共享。

在对各种教学资源进行合理整合配置中，学校领导一定要意识到人力资源合理配置的重要性，因为优秀的人力资源必定需要高质量教师队伍，这是更好地完成教学任务、提高教学质量的重要保障。校长在进行教学领导的过程中，要善于发现有潜力的教师，根据每个教师的优势合理分配工作岗位，从而达到学校人力资源的最优化，才能充分发挥教育教学活动的作用。在学校的绩效考核激励机制方面，校长应不断进行完善。在学校建立有效的教师

绩效考核体制和激励机制能充分调动他们的积极性。根据每个教师的教学成果给予一定的奖励，满足教师的成就感，从而使教师在教学工作中更加高效地完成学校的教学目标，进而促进校长教学领导。

3. 学校层面教育教学科学研究的行政助力与示范引领

"中学科研是改进教育教学的探索，是对教育教学实践的反思和提升，是教师专业发展的有效途径，是学校凝练办学特色和提升学校品质的过程。"这是我校一致认可的中学科学研究的作用。因此中学科研是学校对教育教学宏观问题顶层设计下的追问、凝练与提升，是教师团队对核心问题的探索实践与反思提升，是教师个人对微观问题和困惑的疑问、实践、总结与反思。

潞河中学对科研定位是：行政助力、研究引领，推动学校事业全面发展。潞河中学始终把学校科研作为学校发展的推动力，在《潞河中学2011—2020年发展规划》中明确提出"以文化建设、人才培养和课程特色为重要抓手，以国家和市、区支持下的校本教研为重点，集中解决学校改革与发展中重、大、难的课题。坚持行政助力、研究引领，发挥全体干部教师的才干和创造精神，落实科学发展观，推动学校事业全面、和谐和可持续发展。"并在规划的第一阶段推出六大实验课题。这六个学校实验课题既是潞河教育的追求，也是潞河教育当下实实在在要做的工作，是举全校之力予以推进的。学校按照"行政助力、研究引领"方式，采取顶层设计、任务驱动、科研渗透的策略，利用实验项目推进各项工作，引领学校的发展。

4. 加强教学文化建设，提高校长教学领导实践经验

发挥校长教学领导力离不开一定的教学文化氛围，学校教学文化氛围直接决定着校长教学领导力发挥的程度。学校的文化通常可以被人们理解为人们在学校的一种生活方式和习惯。这里也可以理解为学校中各个群体的思想观念和行为方式。其中最具决定作用的是思想观念，特别是要有正确的价值取向和教育理念。

我们把学校文化作为隐性课程建设，大力提升其育人功能。努力建设具有深厚底蕴和鲜明特色的文化环境，努力营造师生"健康、乐观、和谐、向上"的心理环境，努力构建"平等、互敬、互爱、互帮"的人际环境，把学

校文化建设作为提升潞河教育、管理、育人层次的重要支点。

学校倡导的教育、教学观念，课程体系，管理制度等是学校文化的重要载体。要将"四个坚持"的办学思想，"一切为了祖国"的校训，以及"爱国、乐群、自律、修身"的校风等，落实到学校的管理改革、制度创新、活动组织、课程建设等具体环节中，并作为学校非物质文化建设的重点，使其成为潞河教育特有的文化现象。着力创建1—2门校本课程，将学校的办学思想、文化取向及核心价值体系融进课堂，成为广大师生工作学习的重要组成部分，使文化的熏陶在潞河人的成长经历中留下鲜明的印记，成为影响其终生发展的重要因素。

（二）指向教师专业发展的教学领导策略

中学校长教学领导力的提升对学校教学质量的提高和教师专业教学发展有着举足轻重的作用。校长在教学领导过程中，对教师的引领和指导是非常重要的。校长要指导教师认真并且有针对性地开展课堂教学研究。校长要及时了解真实的课堂，学生和教师，以便及时对课堂教师的教学行为进行调整，构建适合本校发展特色的课堂教学结构，以保证学校教学沿着正确的轨道健康推进并且有效地实施。

1.建立教学评价规范

校长进行有效教学领导需要建立科学有效的教学评价规范。教学评价规范对于教学导向、考核鉴定以及对教学信息反馈等方面发挥着重要作用。

学校完善了由学生评教、教师个人自评、教师互评、处室考评的教师评价制度，坚持问题告诫制度和优秀奖励制度，通过召开学生座谈会、学生问卷调查、学生全员评教、家长问卷调查、举行各类课程公开观摩和研讨活动，资助出版校本课程成果等方式，坚持多元评价，注重发展性评价和过程评价。

建立健全相应的评价、奖励、流动机制，改进和完善包括期中、期末教学质量检测的课程评价方法；建立教师的师德档案和业务档案；建立对优秀教师评选、优先学习、培训、带薪创作和晋级的奖励机制；建立教师工作问题告诫制度和教师流动机制。对教学的评价采取多元评价方式，由学生评价、家长评价、教师自我评价和学校评价四部分组成。加强过程评价，每周建立教学日志，要求行政领导、教研室主任、所有教师必听课节数，听课后的反馈及改进措施。

2. 聚焦教师教学发展

课堂教学决定学校的质量与品位。每一所优秀的学校，都会引导教师，心怀神圣地对待课堂，潜心深入地研究课堂，凝神静气地准备课堂，智慧创新地享受课堂。校长在聚焦教师教学发展的同时，要审视自身，提高自身的素质及对学校的教学进行整体的把控，提高自身的教学领导力，领导学校教师在每堂课的教学实践中，不断深化完善教育理念，实施教学策略，展示教育智慧。

为了引领课堂教学研究，我们一直要求教研室、工作室坚持8项研究：

● 教学的"十个研究"——研究学科本质、教学目的、学生特点、学习规律、教学内容、教学过程、教学方法、教学手段、教师角色和教学评价；

● "四个意识"的研究——学生主体意识、全面目标意识、情感激励意识和反馈指导意识；

● 课堂教学"六个重点"的研究——激发兴趣、指导方法、培养习惯、夯实基础、提高能力和塑造人格；

● 多样化教学方式的研究——把启发与探究、讨论、参与、讲授等多种方法有机结合，加强知识形成过程教学和思维活动过程教学；

● 可持续发展教育课堂教学研究——突出课前、课上和课后学生的主体探究，突出对知识的"再发现"和"再创造"；

● "课例研究"——组织特级教师、学术委员和教研室主任随堂听课；举行各级公开课、研讨课、评优课和示范课；

● 教学教育资源的研究——CNKI资源的利用，数字资源的开发利用，甚至是承办研讨会而探讨专家资源的利用；

● 教师专业发展的研究——建立名特优教师工作室。

这些措施促使教师潜心深入课堂教学研究，不仅思考"教什么""怎么教""谁来教"和"教得怎样"的问题，而且研究"学什么""谁来学""怎么学"和"学得怎样"，使教师不仅要做"教者"，还要做"学者""研究者"和"创造者"，不断提高课堂教学的质量和品位。

3. 加强教师团队建设，提高教学领导团队领导力

提高学校核心学习力和学校效能必须进行团队学习，必须注重学校组织学习系统的建设，注重树立共同愿景、分享合作的文化氛围和鼓励创新的机制，学会发现问题、分析问题、解决问题，注重教师的团队学习和在学校场景中的行动反思，不断促进知识的掌握运用和创新。2013年我校开始了学习型学校建设实践，以建立学习共同体的策略构建教师团队建设。

以现有组织为依托，建设学习共同体，注重行动反思。每周教研组和备课组开展集体学习、研讨、反思、备课等活动。每月年级组开展学习研讨活动，反思存在的问题，针对问题进行研讨并提出改进措施。每学期期中、期末进行教育教学及管理工作的总结反思，每年寒暑假召开两次学校工作研讨会，对学校工作进行集中研讨。我校语文教研室2009年跟随学校进行自主课程的实验研究，2010年我校承担国学项目并指定语文教研室负责。在实验和项目推进中，语文组构建了重新整合的国家课程和以国学、运河文化、文学社为特色的校本课程的课程体系，并提炼出"追求有丰富阅读，有思维深度，有探求意义的语文课堂"，研究成果获得了北京市第四届教育教学成果奖。学校为了支持语文教研室的研究，以文学社为切入点，在语文课堂、校本课、社团活动"三管齐下"的同时，为文学社配备了专职不上课的指导教师，中国校园文学馆建在我校。

以课题为导向建设学习共同体。通过行动反思发现问题，把问题转化为课题，以课题为导向建设学习共同体，开展团队学习。《内地新疆高中班与本地普通高中教育比较及一体化过程的实践研究》《初中整体改革试验》《高中特色发展实验》《健全人格教育评估体系构建实验》《示范高中创建学习型学校的实践研究》《可持续发展教育实验》等课题引领着一批批教师开展团队学习。2012年、2015年、2017年我校就"学生的可持续发展"这同一主题举行了中国可持续发展教育十一次国家讲习班、中国可持续发展国际论坛、可持续发展教育北京副中心交流研讨等研讨会。研讨会上，教师的课堂教学精彩

纷呈，受到听课专家和老师的很高评价，达到了研究教学和培养教师的目的。在反思中，李岩老师谈道："喜欢历史，却不爱上历史课这是我从教以来遇到的来自学生方面的最大问题……一切为了考试而不是学生的可持续发展，是教学工作中的最大误区。"正如北京教科院方中雄院长高度评价的那样："这些体会，让人真实感受到了老师们认识和思考的深化。老师们所谈到的问题，都是在反复研究中感悟到的，真正把对教学的思考引向对教育的思考，对教育本质和目的的思考，对教育思想的思考，而不仅仅是方法和技巧等教育教学技术层面的思考。"

以任务为导向建设学习共同体。学生社团是潞河多元多层次课程体系的重要组成部分，一批教师承担着学生社团指导的任务，他们围绕社团工作建设学习共同体，让社团更好地发挥育人功能。比如模拟联合国社团、模拟政协社团，教师从工作中摸索总结，没有任何成熟的教材和资源可以利用，没有任何有经验的教师引领，老师们从零开始，真正做到了新课程要求的教师和学生共成长。年轻的"模拟联合国"课程的指导老师梁莹莹这样说："浩如烟海的背景资料、闻所未闻的模联专用词汇、复杂的大会议程都曾经让我们茫然无措。同时要面对的，还有我的工作压力、同学们的课业负担。不是没有想过要放弃。模联以它独特而非凡的魅力吸引着我们，在这里我深切地体会到了教师主导作用和学生主体作用的美妙结合，体会到了跟学生一起共同成长的喜悦与付出，体验到了国际视野的强烈冲击，也拓宽了作为一线政治教师的授课空间。"

以名师为导向建设学习共同体。截至 2021 年末学校有特级教师 14 人、市级学科带头人、骨干教师、骨干班主任 26 人，区级骨干、青年骨干教师及骨干班主任 58 人，骨干教师占比达到专任教师的近 1/3。为此我校建设特级教师工作室，发挥特级教师引领示范作用，开展"十个一"工程；开展骨干教师与青年教师结对子活动，围绕学科教学、班主任工作开展团队学习。基于我校教科研工作的教研室、年级负责制，我们大力整合校内外的专家资源，构建教研室（年级）、特级教师工作室、名师工作室金字塔型团队校本教研体系。在编制不足的情况下，学校深挖教师队伍潜力，盘活存量，优质增量，出台专门政策支持在职教师参加学历、学位进修、岗位技能培训，打通使用初中、高中、附属学校、国际教育等不同学段、不同学科教师资源，充分保障了学校各项教育工作的顺利开展。全体教师静心教书，潜心育人，专业发展成绩喜人。这支"师德高尚、业务精湛、结构合理"的教师队伍是潞河教育最宝贵的资源，是学生成长最有力的保障，是潞河教育可持续发展最重要的动力。

以校本培训为依托促进教师专业发展。新的社会需求、新知识的不断涌现、不断变化的学生以及整个社会价值取向的变化无不影响教师的专业发展。在文化开放、个性发展的今天，教师专业化校本培训必须跟上这种思想、文化、价值取向的变化。同时也应看到，教师专业化培训不仅是一个单一层面的教育问题，而是一个与社会政治、经济、文化及民族心态相适应的综合性、系统性工程，也是我们需要花大力气必须要解决的问题。

以学校发展诊断为抓手促进教师改进提升。围绕"学生发展"这一中心开展学校诊断，目的是要重新确立学校和教师个体的共生关系，加强学校教师的身份认同，不断调整组织结构以适应教育综合改革的需要。其中教师的职业要求也发生变化和调整，比如要"有效陪伴学生快乐成长，帮助学生有效学习"、帮助学生建立"有帮助、激励、正向引领的同伴关系和群体"、为学生设计"可选择，满足学生个性需求，引领学生未来发展的课程"、实施"激发学生学习内驱力的教学活动"，等等。所有这些为教师专业发展提出了新的思考和实践的基本遵循。

"有怎样的校长，就会有怎样的学校"是教育学界普遍认同的观点，理论与实践研究也证实校长是影响教师教学表现、教师工作态度及学生学习成绩的重要人物，校长的领导关系着学校的发展[①]。面对新时期国家对中学的教育改革和发展的需要，进一步研究校长教学领导力是对校长专业化发展和校长教学领导角色的再认识，我们要更深入地透析校长职能，更清晰地揭示校长本身的职业特点，通过对校长教学领导力更深入的研究，以期进一步改善校长教学领导，追求更好学校教育表现与学生的健康成长。

---

① 李进. 教师教育与教育领导 [M]. 北京：北京大学出版社，2009：201.

　　郭杰　1967年3月出生，中共党员，正高级教师，现任北京汇文中学校长、北京汇文中学教育集团理事长。首都劳动奖章获得者、东城区十七届人大代表，东城区优秀校长。五年来主持承担及参与市区级研究课题3项，担任校级正职以来开展办学经验交流讲座7场，在2020年第七届全国中小学校长论坛做《传承文化　作育英才》专题报告；在2022年首都师范大学毕业典礼上做《任重道远　不负使命》专题报告。在担任校长期间，有关集团化办学和学校教育教学改革的多项教育教学成果获北京市基础教育教学成果奖，其中多篇学术论文在《北京日报》《人民日报》《人民周刊》《北京教育》等各类报刊公开发表，在《北京青年报》郭杰评论专栏发表文章10余篇。

郭杰校长印象

郭杰有当今名校长的超前意识和高站位，又有老式知识分子的厚重、谦和与内敛。他温文尔雅，个人气质与汇文的气质高度契合。他是"骨子里的汇文人"，凸显出汇文的精气神。我甚至能想象出今天身材颀长、身着西服的郭校长若改穿百余年前汇文长衫、走在汇文校园的样子。穿西服或长衫的郭校长都会带出汇文的文化韵味，带出汇文的中国精神、中国气派。他是汇文文化最典型的代言人。他从容地传承着汇文的光荣与梦想，使汇文在新东城、在整个北京南城、在北京市始终发挥着一类优质校的示范作用，使汇文的金字招牌更加闪亮耀眼。他赢得了汇文师生的高度认同。带队伍、抓教育教学、做学问，郭杰校长在每个方面都做出了境界。

——老廖

传承文化　作育英才

北京汇文中学　郭　杰

各位领导、各位同仁：大家上午好！

我今天发言的题目是：《传承文化　作育英才》。

学校文化对一所学校的发展非常重要，很多专家学者都对学校文化做了精辟的论述。顾明远先生说：学校文化是学校的灵魂，它凝聚了全校师生共同的价值观、共同的信念、共同的愿景、共同的努力方向。因此，学校文化起着统领的作用、规范的作用、激励的作用、熔炉的作用。

一直以来汇文中学把办一所有理想、有特色的学校作为自身的追求。而所谓的理想和特色都源自汇文中学长久以来形成的学校文化。

北京汇文中学诞生于民族危亡之际的 1871 年。受"自强之道，以作育人材为本"的思潮影响，在学校建立之初，培养为国家民族强大做贡献的栋梁之材，就成为学校的使命，也成为延续到今天汇文中学的培养目标。汇文中学走出的学生中，仅两院院士就超过 30 名。革命家、军事家彭雪枫、863 计划倡导者科学家王大珩、国学大师启功等都是汇文学子的优秀代表。明年汇文中学将会迎来建校 150 周年。借助这个契机，学校再一次认真梳理学校文化。经过研究我们对学校文化有了更新、更深刻的认识。对继续发挥学校文化引领作用，培养国之栋梁进一步明确了方向。汇文文化对学校发展的影响主要体现在：

一、形成注重学生未来发展的培养模式

1926 年，汇文中学第九任校长高凤山先生提出将"全人教育"理念作为办学宗旨，其内涵主要包括"增进身体健康，涵养审美情感，培植职业知能，预备升学基础，练习善用闲暇，学作良好公民，养成高尚品格"。"全人教育"的办学理念，不仅在当时具有先进性，而且与现今党中央提出的培养德、智、体、美、劳全面发展的社会主义建设者和接班人的培养目标相一致。1998 年时任汇文中学校长的李仲秋先生提出了基于"全人教育"思想下的"以人为本，重在发展"的新时期办学理念。强调教育必须为人的发展服务，学校要主动适应社会发展的需要和人的发展需要，为学生终身学习奠定坚实基础，为学生可持续发展创造良好条件。将人的发展摆在了学校办学的最突出位置。

在全人教育办学宗旨和"以人为本，重在发展"的理念引领下，汇文中学从建校开始到今天，一直坚持学生的全面培养：首先，汇文中学的课堂民主、开放；注重思维能力培养；其次，汇文的课程面向未来，选择性丰富。除文化课之外，学生的体育、美育、劳动教育也得到重视，全面发展取得一系列成果。

在培养模式上汇文中学一直坚持采用初高中的一体化方式。这种方式以核心素养的培养为导向，一定程度避免分数、升学对教育的负面影响。通过初高中一体化课程的实施，各学段教育的功能定位、育人目标等方面有机衔接，奠定学生未来学习所需的知识、方法和能力的基础，保持初高中教学的一致性、连续性和有效性，促进学生获得可持续的发展能力。

汇文中学始终秉持"人的发展至上"的原则，自觉摒弃实用和功利主义所追求的分数至上、升学率至上，关注学生的全面发展、健康成长，就是关注学生的生命意义及价值，学生身上焕发出的活力，将持续助力他们的未来生活。

二、重视学生理想信念、家国情怀的培养

中学阶段是理想信念、家国情怀培养的关键期。汇文中学的校史中有丰富的相关教育资源。1919年的五四运动，在13所参加这场运动的学校中，汇文名列其中。从此一所普通学校的命运和国家民族命运的发展正式交汇。1926年，彭雪枫同志在汇文中学学习。汇文中学历史上第一个党支部，在他的主持下建立起来。新中国成立之初，汇文中学请到革命家、作家吴运铎做了《把一切献给党》的报告。听完长达7个小时的报告后，被英雄感染、震撼的同学们，创建了北京汇文中学第一个以英雄命名的班集体"吴运铎班"。从那时起，用英雄激励自己，立志一生跟党走的创建英雄班的活动一直延续到今天。

立德树人是教育的根本任务，学校不仅是科学的殿堂，还是文化的圣地、心灵的故乡，学校应该始终扮演时代和社会精神灯塔的角色。学校从挖掘、整理、利用丰富独特的校史资源入手，充分发挥汇文中学的红色基因在育人过程中的重要作用，让汇文中学的红色文化、革命传统、敢为人先的创新精神、求真务实的学风，从课堂教学、课外活动、学校文化等多角度，全方位地构建教师和青年学生精神家园、打好精神底色。引导青年学生自觉坚持党的领导，在新时代里继续争做时代先锋。

三、让教师成为思想者

在日常工作中，汇文中学全体干部教师自觉践行以平等、尊重、包容为核心内涵的学校文化。教师和学生在民主、开放的环境中工作和学习，自我发展的动力强，标准高。形成不用扬鞭自奋蹄的状态。在教师的主体性得到尊重的文化氛围中，对教育有自己的认识和见解的老师不断涌现。

今年高三一模考试汇文学生成绩很不理想，特别是高三（1）班的成绩让我非常的担心，我就跟高三年级主管提出：高三（1）班要开一个班会给学生

振奋一下精神，另外，班主任宋老师第一次带班上高三，没经验，我要参加这个班会，鼓励一下学生，也给宋老师助助阵。但是几天之后我得到回复说：高三（1）班的班会已经开完了。不仅没通知我，也没通知别的干部参会。得知这样的情况，我确实不太高兴。高考后的总结会上，宋老师作为班主任代表发言，她介绍了那次班会的情况，她为开好班会做了精心的准备，取得了非常好的效果，高考的结果也证明了这一点。但她始终认为，如果校长参加他们的班会，学生会承受更大的压力，会适得其反。这件事让我看到了汇文教师的思考与担当。

教师的成长有外部需求的驱动，但更多的是激发教师内在专业发展的驱动，这种"内在"是对自我发展的需要和追求，是对职业愿景的规划和期待。"教师之成为教师，更多的是'自造'，而不是'被造'，更大程度上要依赖于'自助'"，汇文中学平等、尊重、包容的学校文化，能够帮助老师们在专业发展的过程中主动实践，并在实践中自觉进行经验的反思和实践知识的构建，进而把握好自己与外部教育实践的关系，这个过程是优秀教师成长必须经历的，而这种经历也会直接反映在对学生的培养过程中。

四、让学生找到自我

自我意识是人的自觉性、自控力的前提，对自我教育有推动作用。人只有意识到自己是谁，应该做什么的时候，才会自觉自律地去行动。一个人意识到自己的长处和不足，就有助于他发扬优点，克服缺点，取得自我教育积极的效果。自我意识是改造自身主观因素的途径，它使人能不断地自我监督、自我完善。

汇文中学追求的是一种有包容度的教育。学校在管理上重视规则意识的养成，同时坚持底线管理，学生在学校的学习生活所获得的自由度比较大。学生犯错，肯定要有相应的惩戒，但惩戒仅针对错误本身。更重要的是我们认为：在青少年阶段，问题和错误的出现是正常现象，学生是在不断的试错过程中获得成长。在这个阶段学生的问题错误解决得好，会使他们的自我认知逐渐清晰，在与周边的社会的碰撞中找到自我，就像日本著名服装设计师山本耀司说的："自己"这个东西是看不见的，撞上一些别的什么，反弹回来，才会了解"自己"，所以，跟很强的东西、可怕的东西、水准很高的东西相碰撞，然后才知道"自己"是什么，这才是自我。

中国学生发展核心素养有三大方面，自主发展是其中之一，自主发展能力是其他能力发展的基础。北师大褚宏启教授说：自主发展能力是一种原发性能力，是引发牵动其他多种能力尤其是人的 21 世纪核心素养与关键能力（诸如创新能力、批判性思维、交流与合作能力）的生成与发展。创新能力被列为"核心素养的核心"，其形成与发展必须以自主发展为前提。而学生的自主发展能力的基础是学生自我意识、自我认知的不断清晰。有包容度的教育，可以是促使学生自我觉醒，过程虽然并不美好，但经常带来意想不到的收获。

在各方面的支持下，在汇文中学全体师生的努力下，汇文中学在培养学生全面发展方面取得明显成果：

近年来汇文中学有 3 位同学，在"明天小小科学家"奖励活动中赢得"明天小小科学家"称号；有 6 位同学获得"北京青少年科技创新市长奖"。在刚刚结束的北京市足球锦标赛中，汇文中学足球队代表东城区取得了第三名。学校的艺术团队也取得一系列令人瞩目的成绩。

2018 年张凯风和黄天行同学参加第 35 届全国中学生物理奥赛获得两枚银牌。在 2019 年，张凯风同学高考 704 分，东城第一名，北京市第 8 名。

2019 年在第 33 届中国化学奥林匹克决赛中，姜广源、黄何两位同学双双收获金牌，并入选国家集训队。

2020 年高考，我校成绩喜人，与入学成绩相比提高明显，学校的加工能力得到充分的体现。

这些成绩的取得令人高兴，但是我更看重的是在汇文学习生活了 6 年的学生取得的成绩。

今年 5 月 14 日，北大化学系研究员邹鹏荣获 OKeanos-CAPA 青年学者奖（OKeanos-CAPA Young Investigator Award at the Chemical and Biology interface）。邹鹏是汇文中学 2003 届毕业生，2002 年邹鹏同学同时获得数学和化学奥赛的

北京市一等奖，并获得这两个学科参加全国奥赛的资格。当时我非常希望他能够集中精力参加一项竞赛，以争取获得入选国家集训队，代表国家参加国际奥赛。但是邹鹏同学执意两项比赛都参加，学校最终支持了他的选择。虽然最终的结果不是很理想，他获得了 1 金 1 银，没有入选国家集训队，我们都感觉很惋惜，但是他表示：两个比赛我都尝试过了，很满意，一点都不后悔。之后他保送进入北大化学系；本科毕业后留学美国，获麻省理工学院博士，2015 年回国在北大任教，今年获奖。

对于一所学校来讲，学科竞赛成绩、中高考成绩当然重要，但是为国家培养栋梁之才是我们永远的追求目标。汇文中学 150 年的发展，让我们深刻地认识到，一所好的学校，一定要有自己的文化主张及自己的坚守。它关注校园外环境的变化却不随波逐流；它尊重教育规律，人才成长规律，注重校园内指向于生命成长与发展的变革，却不闭门造车。它传承历史，而又图新变革；它仰望星空，而又脚踏实地。作为汇文人我们要坚守和不断传承汇文的学校文化，让百年老校在新时代培养更多的国之栋梁。我们将为此不懈努力。

谢谢大家！

2020 年 11 月 7 日

郭锋 教育学硕士，北京市特级教师、正高级教师，省部级教学名师，中国教育学会理事，北京市"卓越校长"培养对象。现任北京市陈经纶中学民族分校（原北京市民族学校）校长。

1991年参加工作，历任湖北、北京多所学校校长及教科院副院长，创行"四界语文"获学界高度认可和广泛传播，学校育人模式与语文教育改革均获北京市基础教育教学成果奖，并分别出版相关系列专著及《听读能力课》等多部，在核心期刊发表文章30余篇。

郭锋校长印象

　　郭锋有东晋名士风度。有超出凡俗的旷达，纵浪大化中，不喜亦不惧。有不以俗物萦怀的儒雅，卓荦不羁，雄姿英发。在荣誉面前有不安之色，在困难面前内心坚定。作为特殊人才被延请入京之前，郭锋在湖北宜昌做过两所学校的校长，是当时湖北最年轻的语文特级教师。在北京，他做过朝阳区教研中心副主任，担任樱花园实验学校校长。在樱花园，他提炼丰富了学校文化，让师生有了更多的获得感幸福感。前年底，郭校长掌门陈经纶中学民族分校，他以"金石榴教育文化"为旗帜，从外到内，完成了课程、课堂、教师、学生、环境一系列的建构，校园文化建设已成体系。"丰悦于心，慧通于世"这八个字，是他对人的生命境界的追求，也是他对教育塑造的人的画像。教育家顾明远先生对此给予了高度肯定。他的专业思想"四界语文"，浅而言之，是将课文、生活、文学、文化整合融通，其成果已被吸收进入现行全国统编语文教材系统。他是语文课堂的大师，是课堂的艺术家，是魔术师——让学生在惊奇惊喜中领略到了文学和语言的巨大魅力，让语文界的老师们专家们对他充满了敬意。

——老廖

谈谈学校管理中的"聚人以和"

北京市陈经纶中学民族分校　郭　锋

　　"和"，是我们中华传统文化中一个经典的理念。

　　"君子和而不同，小人同而不和。"（《论语·子路》）和，在这里指的是认同和容忍事物的差异与多样，"和而不同"的命题展示了兼容并蓄、海纳百川的包容精神。

　　"礼之用，和为贵。"（《论语·学而》）"礼"作为社会规范与制度安排，规定了社会成员的层级以及相应权利义务和行为边界，礼的作用，贵在能够和顺，制度化的"礼"与精神性的"和"，两者刚柔相济，不可或缺。

　　《中庸》曰："喜、怒、哀、乐之未发，谓之中。发而皆中节，谓之和。中也者，天下之大本也。和也者，天下之达道也。致中和，天地位焉，万物育焉。"这里谓"和"为"中节"，"中和"的说法强调不偏不倚，无过不及，恰当适度，有所节制，最佳平衡。

　　在现代人的语境里，"和"，往往被人们意会为"一团和气"。这四个字，本是说待人接物方面的事。朱熹《伊洛渊源录》卷三中引用《上蔡语录》说道："明道终日坐，如泥塑人，然接人浑是一团和气。"原来表达态度和蔼可亲的语词，演绎成了互相之间只讲和气，不讲原则。

　　为了实现共同的办学愿景，学校当然需要"和而不同"的包容精神、"和为贵"的团队氛围、"致中和"的理性状态，甚至包括"一团和气"的交流态度。而在管理组织体系的视角下，也需要对"和"的意义予以新的定义与诠释。

　　中国的汉字形义相关，别有韵味，总是能给人丰富的精神启迪。"和"字也是如此。它由左右两部分组成：右为"口"，这是人体身上极为重要的器官，主要功能有两个，一是饮食吃饭，二是交流说话，引申开来，也是人们需求的两大重要元素——人人要吃饭，人人要生存，属于物质层面；人人要说话，人人要参与，属于精神价值层面。左为"禾"，是谷类植物的统称，也是人类生存所依赖的自然中极具重要价值与意义的事物，引申开来，也是人们需求的两大重要元素——锄禾莳苗，稼穑劳作，懒惰逃避只会导致缺粮少食，陷入饥饿，也属于物质层面；禾生陇亩，沐风浴日，不断生长才能保持旺盛生命，传续文明，属于精神价值层面。

由此，中国汉字的"和"字应该可以让我们获得四点领悟：在学校这样一个教育共同体中，人人要吃饭，人人要生存，应该充满公平的精神；人人要说话，人人要参与，应该发扬民主的精神；人人皆劳作，人人皆勤勉，应该强调任事的态度；人人皆上进，人人皆生长，应该肩负着发展的责任。有了这四者，也就实现了学校教育中"和"的完整意义。办学，讲求"聚人以和"，就是以公平的精神、民主的意识、任事的态度、发展的责任来凝聚群心众力，共同推动学校发展。

一、公平的精神

任何一所学校，都是由各个不同部门、不同方面共同组成；每一位教师都会有不同的来源与背景，有的甚至会有相对复杂的历史渊源和曲折的发展经历。因为学习与工作的需要，大家又置身在不同学科不同岗位工作。不论历史与现实、不分来历与位置，学校应该为每一位身处学校的教职员工提供贡献自己的力量的岗位，表现自己才干的机会，在各自岗位平台上大家享有自己的职业权利，在各种展示机遇中大家谋求自己的发展空间。

二、民主的意识

每一个教师都是学校的主人，都能够为学校发展建言献策，通过教职工代表大会、校长信箱集多种沟通渠道表达自己的政治诉求，反映自己的实际情况。现代学校管理依法治校，有一整套科学、规范的决策流程，从动议、调研到计划、论证，最终做出决策，其间设置了吸收民智民声环节与渠道；也有一整套严谨、完善的行政流程，从决策、推进到反馈、调控，最终完成工作，其间也设计搜集运行信息和意见建议的安排与平台。只有人人参与到办学行动中来，学校的事业才能发展得更加健康，更加迅速，更加稳健，更加精彩。

三、任事的态度

"主人翁"不仅仅是团队主体的权利，同时也意味着主体的责任。每一位学校中人无论身在什么样的岗位，应该站稳做实，实现人与岗合二为一，这样才是团队中的人，才是学校真正的主人。如果身在岗位，但不能任事担责，就意味着人只是自我的个体，对于团队没有价值与贡献，那只能算学校中的"空壳人""局外人"，不能成为真正意义上的"主人翁"，这是要不得的。学校是由一个个岗位相互关联而形成的群体组织，每一个岗位上的人能不能负起责任，从组织关系中而言也是能否尊重群体中的其他人的地位与劳动，因一穴而致堤溃，因一岗而致行滞，因一人而致事败，这于整体的事业而言将是极大的伤害。

四、发展的责任

　　"流水不腐，户枢不蠹"，生命在于不断运动，不断推陈出新，不断刷新自我。如同禾苗生长，须深扎根系，汲取丰富的养料，争得阳光雨露，拔节而上，分蘖散叶，受粉吐穗，方能沉淀结实。这个过程是一个需要广泛吸收，剔除弊粕，积极内化，突破自我的经历，每一个岗位上的人的发展与此何其相似——革新观念，端正思想，吸收信息，熟练技能，适应变革，及时调整，再生素质……守成自封，意味着活在过去，进入不了现代的生活；啃吃老本，意味着停步不前，被别人一步步超越；抱残守缺，意味着僵化顽固，必将被新浪潮淘汰。只有不断学习，不断完善，不断向上，方能在日新月异的今天站稳脚跟，也增益于人。

　　公平、民主、任事、发展，都汇集于一个"和"字之中，这意味着它们彼此不可孤立而言。如果没有什么岗位贡献，却索要待遇一致的公平，甚至以民主之名表达自己不切实际的欲求，触及和影响他人的权利；只求生活安逸，不愿适应形势而谋求发展，对推动学校发展向前的工作说三道四，扰乱团队的脚步；又或者，一味堵塞听闻，不切实际地盲目蛮干；或者只顾少数，偏信偏用，忽略全体的呼声与利益，都应该是片面理解和直接背离了"和"的要义，无法以和聚人，不仅不能凝集推动事业的力量，反而会对事业造成不可估量的损害。

　　归结而言，只讲公平与民主，不能任事，不求发展，只能是空谈、侈谈；只求任事与发展，不讲公平，不讲民主，必将导致人的物化。只要全面落实公平、民主、任事、发展，每一位学校中人必定能真正唤醒主人翁的意识，必定能切实担当起和衷共济的使命，实现"校"和万事兴！

（本文选自中国青年出版社出版的《走向英华》，有删改）

　　唐挈　曾任北京四中物理教研组组长，西城教育研修学院中学部副主任，北京八中教学副校长、常务副校长、党委书记。西城区教育委员会副主任（挂职）。现任北京十三中党委副书记、校长。特级教师，北京市首批中学正高级教师。教育部基础教育教学指导专业委员会物理教学指导专委会副主任委员。中国物理学会常务理事、中国物理学会中学物理教学委员会副主任。

　　主持或参与科研课题20余项。曾获全国第三届青年物理教师现场授课大奖赛高中组一等奖，全国第一届教育工作者发明与制作大奖赛一等奖，中国教育学会物理教学专业委员会论文评比一等奖等，在各级专业期刊发表文章50余篇。

唐挈校长印象

　　唐挈可以落落大方地居庙堂之高，也可以气定神闲地处江湖之远；可以上马击狂胡，也可以下马草军书；可做一校之长，也可以主政一方教育；可沉醉于教育书籍的芳香，也可醉心于墨海翰文。想到唐挈，我总是会想到唐朝宰相张九龄。这可能是他端方的人品、深厚的学养与他作为湘人却带着张九龄广东籍贯的岭南面容等带给我的自然联想所致？唐挈北师大物理系毕业后在西城外国语学校工作7年，后到四中当老师，2000年由一级教师（一般高级教师才行）一步到位做教研组长，2008年到了研修学院，2009年做研修学院中学部副主任。3年后，唐挈直接做了八中副校长。不久，唐挈又到区教委挂职副主任，主管小学中学职成教育。2020年，唐挈再回八中当书记。2023年1月，唐挈履新就任十三中校长。有教育家情怀的唐挈掌门的十三中，一幅更精彩的教育画卷正完美展开。"70后"的他可望成为西城教育新一代的标志性人物。

——老廖

构建新的学校体育教育模式要关注"四性"

北京市第十三中学　唐　挈

2020年9月22日,习近平总书记在教育文化卫生体育领域专家代表座谈会上提出:"要坚持健康第一的教育理念,加强学校体育工作,推动青少年文化学习和体育锻炼协调发展,帮助学生在体育锻炼中享受乐趣、增强体质、健全人格、锻炼意志。"此后中共中央办公厅、国务院办公厅出台了《关于全面加强和改进新时代学校体育工作的意见》(以下简称《意见》),《意见》要求不断深化体育教学改革,要开齐开足上好体育课,严格落实学校体育课程开设刚性要求;要加强体育课程和教材体系建设,聚焦提升学生核心素养,注重大中小幼相衔接;要推广中华传统体育项目,让中华传统体育在校园绽放光彩;还要强化学校体育教学训练,逐步完善"健康知识 + 基本运动技能 + 专项运动技能"的学校体育教学模式。在这样的大背景下,新时代学校体育教育受到了极大的关注,基础教育阶段的体育教育尤甚。

学生从小学到高中,共上了多少节体育课呢?平均每周按3节计算,每学期20周,12年基础教育在校期间至少上了1440节体育课。从现实情况看,学生是喜欢上体育课的。但我们也必须理性地反思现在基础教育阶段体育教育的效能。如何评价基础教育阶段体育教育的效能呢?从《意见》要求来看至少应该包含三个方面,一是学生离开学校时能够擅长一项体育运动技能的占比有多少?《意见》要求"义务教育阶段体育课程帮助学生掌握1项至2项运动技能";二是学生离开学校时具有体育锻炼习惯的占比有多少?《意见》要求"着力保障学生每天校内、校外各1个小时体育活动时间,促进学生养成终身锻炼的习惯";三是学生在校期间体育课在促进学生身心发展上效能如何?《意见》要求"引导学生养成健康生活方式,形成积极向上的健全人格"。

传统的体育教育重"身"轻"心",缺乏对人的全面培养,存在重机能轻意志、重技能轻人格、重整体轻个体、重指标轻体验等诸多现象，距离"帮助学生在体育锻炼中享受乐趣、增强体质、健全人格、锤炼意志"的要求，还需要更多的创新实践。也正是基于此，《意见》中提出"健康知识＋基本运动技能＋专项运动技能"的学校体育教学模式，真正落实"以学生为本"的教育理念。

构建新时代学校体育教育模式需要关注"四性"，即差异性、持久性、全面性和体验性。

一、关注差异性是"享受乐趣"的必然要求

学生的身体素质、体育专项爱好、体育专项技能水平等客观上存在差异性。传统的按行政班级上体育课的方式，基本上是全体学生在同一老师指导下，从事同一训练内容，无论从教师的专业能力，还是课程安排，都无法顾及学生的差异性，当然也无法满足学生的兴趣爱好、技能专长的个性化需要。

体现差异性的根本是进行供给侧改革，学校要尽可能提供不同运动项目的课程供学生修习，学生可以按自己的兴趣和特长进行选择。《普通高中体育与健康课程标准（2017 年版）》在"基本理念"中就有"尊重学生的学习需求，培养学生对运动的喜爱"的表述。在课程结构上既体现共同要求也体现了个性发展，必修必学课程包括体能和健康教育两个模块，是对学生的共同要求；必修选学课程包括球类运动、田径类运动、体操类运动等 6 个运动系列，每个运动系列由若干运动项目组成，例如球类运动包括足球、篮球、排球、乒乓球等，每个运动项目包括教学内容相对独立的 10 个模块，学生从中选学 10 个模块即可。国家层面的课程方案为实现体育课关注差异性提供了保障。

二、关注持久性是"增强体质"的必然要求

体质的增强，绝不是"一口吃个胖子"的事，而是需要持久性的体育锻炼。一是每次锻炼都需要达到一定时长的中高强度；二是需要相当长的一段时间的坚持。传统的体育课，40 分钟或 45 分钟，上课之初教师要讲 5 分钟本节课的活动内容和要求，下课之前还要做 5 分钟的总结，一个班 40 人左右，轮着来练习，基本上每位同学一节课有效活动时间不会超过 10 分钟。

要体现持久性，一是要实行小班化教学，每个教学班人数最好在 20 人左右，这样能够保证每位学生每节课都会有比较长的运动或练习时间；二是要开展运动项目的"进阶式"教学，学生在连续几个学期都可以选择同一个运动项目进行修习，但无论是在运动技能，还是修习内容上都应该是"进阶"的，这样有利于学生在进阶的修习任务中保持兴趣，持续锻炼；三是确保学段之间体育教学模式的贯通，如果学生在基础教育阶段的 12 年中都能按自己的兴趣修习其中 1—2 个运动项目，学生不仅能够在技能上达到"半专业"的水平，还能提高对该技能的理解和鉴赏水平，从更加丰富的角度感受到运动的乐趣，从而确保体育运动的持久性。

三、关注全面性是"健全人格"的必然要求

健全人格一般指人的各方面正常和谐发展，心理学角度认为健全人格包括性格、品质、责任感、情绪稳定性、思维开放性五个维度。传统的体育课重运动技能的训练，而对学生情绪管理、包容合作、严谨坚韧、责任担当等运动技能之外的人格发展关注不够。

关注体育教育的全面性，一是提高体育教师对体育教育在培养学生健全人格方面的理解。例如《普通高中体育与健康课程标准（2017 年版）》中明确体育学科核心素养包括运动能力、健康行为和体育品德三个方面，体育教师要深刻理解学科核心素养的内涵，不仅要"知其然"，还要"知其所以然"；二是强化体育教师的示范作用。一般情况下，学生对体育教师都存在亲切感，甚至低年级的学生大多比较崇拜体育教师，"亲其师，信其道"，体育教师的性格、品质、责任感、情绪稳定性、思维开放性等对学生会有非常重要的影响；三是在体育活动中嵌入全人格教育。教研组要深入开展核心素养导向的课堂教学实践研究，以体育项目的技能提升为抓手，在提升学生运动能力的过程中，指导学生养成良好的健康行为，引导学生涵养优良的体育品德。

四、关注体验性是"锻炼意志"的必然要求

心理学研究认为，"意志是人自觉地确定目的，并支配行动去克服困难以

实现预定目的的心理过程"，其主要特征是目的性明确、与克服困难直接相联系、直接支配人的行动。"纸上得来终觉浅，绝知此事要躬行"，意志的锻炼一定是在事上磨炼出来的，不经历风雨、不直面困难、不衣带渐宽，是很难锻炼意志的。传统的体育教育学生活动时间短、对抗程度轻、学生技能水平低，很难营造促进学生体验体育精神和体育品格的环境。

要增强体验性，一是增加学生自修的时间，例如可以开展"4+1"或"3+2"的体育教学组织形式，即每周5节体育课，可以4节或3节由教师主导，另外1节或2节由学生自己组织，自己修习，教师可以做裁判或维持秩序；二是建立体育项目运动队，让每位同学在体育方面都能找到自己的组织，充分发挥"群体效应"和"同侪教育"的效能，充分利用"师兄师姐"带"师弟师妹"的价值；三是组织体育项目比赛，学校的体育运动会不能仅仅是田径运动会，田径运动会只是擅长田径项目的同学的"乐园"，学校的体育运动会要成为每一位学生展示自己体育专项技能、展示自己对体育的理解、展示自己的体育团队的"舞台"。

（这是唐挚同志任北京八中书记、副校长期间的论文。唐挚同志现任北京十三中校长——编者）

参考文献

[1]习近平.在教育文化卫生体育领域专家代表座谈会上的讲话[R].2020.

[2]中共中央办公厅、国务院办公厅.关于全面加强和改进新时代学校体育工作的意见.[2020-10-15].

[3]普通高中体育与健康课程标准（2017年版）[S].北京：人民教育出版社，2018.

[4]王建.上海市高中专项化体育课程改革的效果评估研究[D].上海：上海体育学院，2020.

[5]凌占一.教育心理学视角下的体育教育人格塑造功能[J].德育研究，2015.

　　桑春茂　　自幼居住及就读均在北京南城，后考入首都师范大学数学系。毕业任教多年后，再次考入首师大，就读教育管理学在职硕士。工作之初，有过从初一连续任教到高三的教学经历，是一名既受学生喜爱，也深爱学生、深爱课堂的数学教师。2009年至今，分别在三所学校任校长。三所学校的特点都很独特，让他感受不同学校文化魅力的同时，也对教育与育人的理解越来越深刻。目前任职于北京市育才学校。北京育才学校是一所九年一贯、十五年建制的优质名校。

桑春茂校长印象

春茂校长人好——这是西城校长对桑校长一致的评价。他的"好"首先表现在人缘上，教育官员、校长、师生都喜欢他，他在每个学校做校长时班子关系都很融洽。他有着老北京人的范儿，守着老北京的礼儿，热情，周到，诚恳，谦和，给人以"平民校长"的印象。其次，春茂校长的"好"表现在专业上，课堂上他光彩照人。再次，表现在管理上，他注重班子的凝聚力打造。在宣外，他几年听课2000 次，通过评价促进课堂教学水平的提高。无论是当年在育才做副校长，在宣武外国语学校和四十三中做校长，他所管理过的学校，都在原有的基础上获得了新的发展。几年前，春茂校长又回归育才了，育才人热情地迎接了他们喜欢的"小桑校长"。名校育才盼着它的新掌门带着它走向新的辉煌。桑校长短期的履职，使育才频频展露出了一所大校的气象。育才现在是西城体量最大的学校，从幼儿园到高中，师生近 7000 人，也是北京市颇具特色的学校，拥有多个高水平科技艺术体育社团。充满教育情怀的"小桑校长"正好有了教育的用武之地。充满活力的他现在还每周踢球至少一次。

——老廖

"双减"背景下教师专业发展文化体系重构

北京市育才学校 桑春茂

本次"双减"① 工作是教育深度改革的重要举措。做好"双减"工作，关键在于教师队伍建设及其作用发挥。教师是教育发展最宝贵的资源，关爱教师、成就教师就是成就学生。面对"双减"，我认为帮助教师转变观念、提升技能，做到擅教、慧教、乐教，让教师在事业发展的同时实现自我发展、感受幸福，是对他们最大的支持与关爱。因此，构建"双减"背景下的教师专业发展文化体系，是教师队伍建设的重要工作之一。我希望帮助教师做到"植根于内心的学习自觉，践行于工作的理念感悟，对学校文化的认同与归属，对身心健康的自我管理"，以适应"双减"政策对教师专业发展的新要求。

一、价值引领贯穿教师发展全过程

党的十八大以来，习近平总书记明确提出成为一名党和人民满意的好教师要具有"四有""四个引路人"和"四个相统一"标准。面对教育新形态，学校的校长首先需要提高站位，通过正确的价值引领，引导教师确立科学的价值观，激发教师个人成才、成长的内在需求和发展动力，引领教师站在高处理解怎么做一名新时代好教师。

当前我们正处在百年未有的大变革之中。2017 年故宫实施全网络售票，这一信息化变革在当时曾引发热议，但是今天元宇宙、ChatGPT 等却又相继

---

① "双减"专指中共中央办公厅、国务院办公厅印发《关于进一步减轻义务教育阶段学生作业负担和校外培训负担的意见》。

出现，可见世界变化之快。当前教师的"教"与学生的"学"随着网络技术的发展，双向同步性越来越强，给师生都带来巨大的变化。对于老师而言，已经从"一年不学习自己知道、两年不学习同行知道、三年不学习学生知道"，变成了"如果不学习，根本就工作不了"。这里说的"学习"，绝不是单纯的指学习教材的变化，而是面对持续变化的教育环境和教育对象，我们要提升的认识、要改变的观念。但是由于信息技术发展太快，很多师生不适应这种变化，手机依赖就成为了信息化素养跟不上信息化技术的突出表现。所以为了学生的长远发展，我们更要关注学习习惯、思维能力、创新意识的培养，帮助他们养成良好的信息化素养。但是这点并不是所有教育工作者都能落实到教育实践中。由此我认为：今天一些工作出现问题不是态度问题，而是观念问题、认识问题。有些老师也有这样的困惑：为什么自己付出很多，但是工作成效不大，甚至效果不好，自己也特别灰心。这是因为学生、教育背景都发生了变化，而老师不能做到与时俱进，和学生不能在同一频道沟通，无法同频共振，导致教育的效果事与愿违，甚至越来越糟。因此，作为学校，坚持正确的价值引领，帮助老师们树立正确的教育观念就显得尤为重要。

二、情绪的管理也是教师专业能力

情绪管理包括管理好自身情绪与疏导学生情绪两个维度。

教师面对不断变化的新形势、新要求，压力越来越大，做好情绪管理显得尤为重要，否则不仅无法完成好工作，更会造成教师个人的身心损伤。情绪管理是教师职业教育的薄弱点，很少有专门的课程或培训，基本是靠教师个人的经验和素质来调控个体情绪。

我们可以根据实践中的案例对教师进行培训，让教师能够对各种可能发生的情况有预案、有准备，能约束好情绪并与工作对象进行有效沟通。最重要的，我们要引导大家回归对教育本质的认识。教育是指引学生的人生发展方向，而不是把每个学生放在预设好的人生道路上沿着既定的路线前进，这样每个人才会走出不一样的人生。

人在成长过程中出现问题是正常的，出现问题之后帮助学生解决好问题，也许会变成促进学生成长的关键。面对问题我们要科学地引导，而不是简单地堵住和阻止问题的继续发生。当我们回归对教育基础的这种认识，坚持这样的问题观，再去看学生时，我们就不会仅仅盯着学生身上的短板和问题，而是会通过挖掘学生身上的优势和潜能、提升学生优长的一面去带动学生身上的短板不断提升。这也是育才学校一直倡导的"以优促长"的理念，是育才学校在办学中坚持"优长育人"的重要策略。

在班级建设和管理的过程中，做好学生的情绪管理和疏导，是当前特别重要且需要教师抓紧学习的内容。师生冲突、家校冲突、亲子冲突、生生冲突，这些问题背后有一个很重要的原因就是学生情绪管理不当。学生不会对自己的情绪进行有效管理，由此带来的心理问题也越来越多。教师要特别关注学生情绪的变化，通过对学生的个性、成长经历、家庭情况的了解，了解学生的心理状态，并予以疏导和帮助。教会学生进行自我情绪管理，是教育工作者的一个重要课题。引导学生学会遇事平心静气，方能临大事而不乱，处危机而不惊，我们的社会才会成为文明而和谐的社会。

三、在课堂锤炼教师的教育智慧

现阶段，"双减"工作中的课后服务是课内教育教学工作的延伸，也将是学校今后整体发展的重要组成部分。如何优化学校的课程体系，准确定位课后服务在课程体系中的作用，是我们在制订课后服务计划中需要重点考虑的问题。但是"双减"的重点还是要放在提高课堂效率上，最终推进课程、教学、作业、评价和管理的综合改革。

要引领教师进一步加强对提高课堂质量的研究，让学生在课堂上最大限度地获得知识，提升学生的核心素养和学科能力，满足学生的需求。

教师是有思想的实践者，而不只是执行者，否则教师思考的需求会消退，对读书、学习、研究的热情会消退。教师在教育教学中有不同的对象和情境，教师本就应该是能够不断有发现的研究者，而不是他人经验的照搬者。即使借鉴他人好的经验，也是用来打开思路，反思自己，因为任何教育过程都需要教师独特的个体素养参与其中。

针对这个目标，学校可根据不同层次教师专业发展需求，采取行动研究法的校本教研、组本教研等形式，研究提升课堂效率的实质性办法。同时还应提倡教师在关注教知识的同时，更关注学生学习的过程与方法，并进行情感、态度、价值观的引导；在关注学科教学的同时，更关注跨学科能力的培养。

四、真正的课程是教师的理解与生成

美国学者古德莱德说，课程具有五个层级，即理想的课程、正式的课程、理解的课程、运行的课程、获得的课程。而教师对课程的理解是贯彻五层课程的关键。每所学校都会围绕本校的办学理念，制定国家课程的校本化实施方案和构建自己的课程体系，这是一所学校最重要的顶层设计。

如果我们把课程比喻成一座宝塔，每一节课就是构成宝塔的小小砖石。作为新改背景下的教师，要整体理解本学科课程的结构系统，熟悉课程方案，从学科、课程的角度审视自己的课堂，进而收获高效的课堂。同样，学校的校本教研重点不应该是简单地研讨某一节课怎么教，而应该是站在学科课程的角度来看这节课应完成的目标是什么，明确这节课在整体课程体系中的位置，进而研究这节课应该教什么和怎么教，这也是今后学校教学管理的方向。

叶澜教授曾说："教师不是学科知识的简单传递者，而是学科知识的重要激活者；不是学科技能的机械训练者，而是学科育人价值的开发者。教师的智慧就在于把学科知识激活，让学科内在的生命能量呈现出来。"这就需要学校带领教师研究自身学科课程的实施方案，帮助教师成为课程的建设者和开发者。同时，真正将学生作为学习的主体，围绕学科核心素养进行课堂教学研究，正确认识教材的地位和功能，引导教师从"教教材"走向"用教材"，从学科教学走向学科教育。

"十四五"期间教育的主题是高质量发展，"双减"开启了高质量发展的运行键。进一步加强教师文化体系构建，系统提升教师素养，是实现"双减"落地和高质量发展的关键。

曹雪梅 北京市六一幼儿院党总书记、院长，正高级教师，北京市教育系统先进工作者。曾任东城区东总布胡同小学，海淀实验小学教师、副校长，海淀学区党总支副书记，中关村一小、中关村三小党支部书记。

曹雪梅同志自1994年7月担任现职。她坚持传承具有革命历史的北京市六一幼儿院（原延安第二保育院）的红色基因，以"爱在四季"的思想办教育，提出了"摇篮教育"的理念，"坚持立德树人，做有灵魂的教育；坚持以人为本，做有色彩的教育；坚持红色传承，做有担当的教育"，努力构建一座"儿童城市"，打造"最美幼儿园"，实现培养"脸上有笑、心中有爱、行动有力的六一小主人"的教育目标。有多篇文章在《理论视野》《行政管理改革》《学前教育》等核心刊物发表，著有《一日生活组织与实施细则》《幼儿园保育员关键能力必修课》《爱在六一》《爱在四季》等专业书籍和教材。

在她的带领下，红色六一再铸辉煌。先后获北京市先进基层党组织、北京市爱国主义教育基地、首批全国足球特色园等称号，2022年获得北京市"京教杯"（学前）展示活动团体总分第一；《中国教育报》通过"走进名园"活动推广了"六一"经验。

曹雪梅院长印象

六一幼儿院的地位可以从它名称中的"院"看出它的不一般。这是一家全国学前教育的知名品牌，诞生于延安，具有光荣的革命历史，传承着红色基因，在幼教行业具有广泛的影响力。从 2014 年至今，曹雪梅院长掌门这里已经近 10 年了。她是少有的跨越小学、学前领域的资历颇深的幼教专家。雪梅此前长期在海淀小学领域工作，很早就进入了学校书记的领导岗位，在中关村一小、中关村三小、海淀区实验小学、海淀学区等地任职书记或副校长，也在海淀教工委组织科挂过职。进入六一，是雪梅职场的华丽转身。她生命中给人温暖的力量，她的亲和力、沟通力、协调能力，她的担当作为，她的成全他人、顾全大局的工作品质，给海淀教育人留下了深刻而美好的印象。她在幼教领域持续保持着专业发展的影响力。在六一，雪梅院长坚守并丰富了"马背摇篮"的红色传承，提出"摇篮教育"的理念和"永远和孩子在一起"的愿景，致力于对孩子"展望未来的陪伴"，致力于对孩子在陪伴中的发现、引导和支持。幼教，已与雪梅院长的生命融为一体。

——老廖

以传承红色基因为抓手提升新时代幼教管理①

——北京六一幼儿院红色教育的个案与经验

北京市六一幼儿院　　曹雪梅

摘　要：学前教育阶段的德育工作旨在帮助幼儿适应社会生活，促进幼儿个性健康发展，进而为促进社会主义精神文明建设打下扎实的基础。幼儿教育是人生的启蒙教育，直接关系到"扣好人生第一粒扣子"。习惯性格养成、思想品德熏陶是幼儿教育的重要内容。利用革命历史资源、开展红色文化教育是学前教育阶段立德树人的有效途径。本文基于北京六一幼儿院74年的红色资源积淀和红色基因传承实践，阐述新时代开展幼儿园红色教育的意义及经验。

关键词：新时代；红色教育；红色基因；实践与创新

2019年3月18日，习近平总书记在学校思想政治理论课教师座谈会上强调，我们党立志于中华民族千秋伟业，必须培养一代又一代拥护中国共产党领导和我国社会主义制度、立志为中国特色社会主义事业奋斗终身的有用人才。在这个根本问题上，必须旗帜鲜明、毫不含糊。这就要求我们把下一代教育好、培养好，从学校抓起、从娃娃抓起。学前教育阶段的德育工作旨在帮助幼儿适应社会生活，促进幼儿个性健康发展，进而为促进社会主义精神文明建设打下扎实的基础。幼儿教育是人生的启蒙教育，直接关系到"扣好人生第一粒扣子"。习惯性格养成、思想品德熏陶是幼儿教育的重要内容。

---

①【基金项目】北京市海淀区教育系统党建研究课题"红色文化传承中的幼儿园教师思想政治工作实践研究"（2018K4）。

利用革命历史资源、开展红色文化教育是学前教育阶段立德树人的有效途径。本文基于北京六一幼儿院（前身是成立于 1945 年的延安第二保育院）70 多年的红色资源积淀和红色基因传承实践，阐述新时代开展幼儿园红色教育的意义及经验。

一、新时代红色教育的内涵

红色教育是依托红色资源进行革命传统、思想政治、品德人格、历史文化等多方面教育的实践活动。红色资源也叫红色文化资源，是在中国革命、建设、改革实践中不断丰富和发展的社会文化资源，其核心是在中国共产党领导的伟大革命实践中积淀而成的革命精神及其载体。这里所说的革命精神通常包括井冈山精神、苏区精神、长征精神、延安精神、沂蒙精神、西柏坡精神等，物质载体是指能集中反映这些革命精神的历史遗迹、实体遗存、物态表征等，如纪念馆、博物馆、烈士陵园、英雄事迹、艺术作品、节庆活动。[①] 红色教育的核心就是学习革命精神、继承革命传统。我们党历来重视利用红色资源开展有目的、有计划、有系统的革命传统教育。进入新时代，红色教育成为爱国主义教育、革命传统教育、民族精神教育的会合点，在学校德育一体化中显示出更加重要的意义。

（一）红色教育是新时代"以德为先"教育理念的体现

进入新时代，学校德育工作被提到了突出的地位，立德树人成为中国教育改革发展的首要任务和中心工作。党的十八大提出，要把立德树人作为教育的根本任务，培养德智体美全面发展的社会主义建设者和接班人。党的十九大报告再次指出："要全面贯彻党的教育方针，落实立德树人根本任务，发展素质教育，推进教育公平，培养德智体美全面发展的社会主义建设者和接班人。"习近平总书记也多次阐述了立德树人的重要意义。2016 年教师节前

[①] 李贤海，李文瑞. 对"红色资源"概念界定的思考 [J]. 井冈山大学学报（社会科学版），2011（3）.

夕，习近平与北京八一学校师生座谈时强调："基础教育是立德树人的事业，要旗帜鲜明地加强思想政治教育、品德教育，加强社会主义核心价值观教育，引导学生自尊、自信、自立、自强。"在 2018 年 9 月 10 日召开的全国教育大会上，习近平强调，党的十八大以来，我们围绕培养什么人、怎样培养人、为谁培养人这一根本问题，全面加强党对教育工作的领导，坚持立德树人，加强学校思想政治工作，推进教育改革，加快补齐教育短板，教育事业中国特色更加鲜明，教育现代化加速推进。2019 年 2 月中共中央、国务院印发了《中国教育现代化（2035）》，提出了推进教育现代化的八大基本理念，首要就是"更加注重以德为先"。

红色教育是新时代"以德为先"教育理念的鲜明体现。特别是在"大中小幼"学段德育一体化体系中，红色教育是一脉相承的德育主线，是立德树人的重要抓手。幼儿教育是人生"第一课"，要结合新时代特点，深化红色主题教育，让孩子们从小接受以红色文化为底色的革命精神和爱国主义的熏陶，引导幼儿从小树立正确的人生观、世界观、价值观，让爱国主义精神、革命理想信念在幼儿成长之路中牢牢扎根，筑牢信仰之基，补足精神之钙。

（二）红色教育的关键和目的是传承红色基因

红色教育不仅要把革命历史知识传播下来，更要把红色文化和革命精神传扬起来，让红色基因代代相传、发扬光大。红色基因是一种形象化的表述，它实际上是指那些伟大革命实践所蕴含的、重大历史事件所承载的、先进革命人物所表现的坚定的革命理想信念、赤诚的爱国主义情怀、优秀的思想道德风范、顽强的艰苦奋斗作风等精神内核。习近平总书记在多个场合、多次强调要"把红色资源利用好、把红色传统发扬好、把红色基因传承好"。2018年 3 月 8 日，习近平总书记参加十三届全国人大一次会议山东代表团审议时强调："红色基因就是要传承。中华民族从站起来、富起来到强起来，经历了多少坎坷，创造了多少奇迹，要让后代牢记，我们要不忘初心，永远不可迷失了方向和道路。"2018 年 5 月 30 日，习近平给陕西照金北梁红军小学学生的回信中说："希望你们多了解中国革命、建设、改革的历史知识，多向英雄模范人物学习，热爱党、热爱祖国、热爱人民，用实际行动把红色基因一代代传下去。"这些论述深刻揭示出红色基因传承的内容、途径和意义。

红色基因闪现着中华民族的文化血脉和中国人民的奋斗精神，传递着中国革命的历史"本来"和中国共产党人的初心使命。习近平总书记多次强调，弄清我们是从哪里来的，才能明确我们今后往哪里去；不忘本来才能开辟未来，善于继承才能更好创新。传承红色基因，是不忘本来开辟未来的必然要求。

二、传承革命文化，珍爱红色资源

承载革命历史、凝聚革命精神的红色文化资源是德育的重要依托。学前教育旨在帮助幼儿更好适应社会生活，促进幼儿健康发展，为儿童的德智体美劳全面发展打下坚实的基础。红色资源具有重要的启智育人功能，在幼儿成长发展中具有潜移默化的无声浸润作用。北京六一幼儿院具有优良革命传统，革命岁月赋予她鲜明的红色品格和深厚的红色资源；新中国成立后，六一幼儿院不忘红色根本、继承优良传统，不断积聚红色资源、传扬"马背摇篮"精神；进入新时代，六一幼儿院更加重视革命理想信念教育，不断探索传承红色基因的新途径，谱写红色教育新篇章。

（一）以"马背摇篮""驮行"延安精神

北京六一幼儿院的前身是抗日战争胜利前夕成立的"中国战时儿童保育会陕甘宁边区分会第二保育院"，后来称为"延安第二保育院"。1944年抗日战争进入反攻阶段，延安的大批军政干部奔赴前线。为了适应革命形势的需要，照顾抚育好参战干部和革命烈士的幼小子女，按照党中央的部署，在周恩来、朱德、康克清等的关怀指导下，"延安第二保育院"于1945年6月1日成立。创建之初，保育院在院长张炽昌的带领下，以"大工作、大学习、大生活"的思想，克服种种困难，确定"保教合一，教养并重，保中有教，教中有保"的办院方针，明确"坚持革命观点、健康观点、爱孩子观点"三原则，逐步建立"幼儿一日生活26个环节"具体流程，建立了一系列规章制度。①为确保保育工作顺利开展，幼儿院开展以辩证的革命观教育为主题的党建工作，从政治建设、思想建设和制度建设入手，打造具有创造力、凝聚力、战斗力的保教队伍。具体来说：其一，通过政治建设，提升政治觉悟。党员率先垂范，政治上坚定革命信念，行动上坚决服从党中央部署，树立讲政治、顾大局、听党指挥的标杆。其二，通过思想教育，化解思想困惑。讲明保育工作与革命事业的辩证关系，阐发它与上前线、赴战场的同等重要性。其三，通过制度建设，推动战争时期保育工作的制度化，提升工作效率，保障幼儿安全。以辩证的革命观为主题的党建工作迅速扭转困局。保育员的革命斗志转化为积极投身保育工作的热情，保育工作顺利开展。②

解放战争爆发后，保育院奉命于1946年11月撤离延安。保育院工作人员提出"一切为了革命，一切为了前线，一切为了孩子"的口号，将136名幼儿放在临时赶制出来的小驮床里，开始了全程3300多华里、历时2年10个月的"马背摇篮""长征"。他们以"大人在，孩子在；大人不在，孩子也要在"的坚定决心，按照组织要求，把37名东北干部的子女送往哈尔滨，其余儿童全部安全地带进北京。③尤其可贵的是，即使在紧张的数千里征途中，保育员们也从未停止"保教合一"的本职工作，适时而为、因地制宜，制作玩具，创作儿歌等。尤其可贵的是，保育员们在行军途中坚持学政治、学文化，钻研业务，从实践中提出问题，又到实践中摸索规律，寻求答案，用集体智慧，总结了一整套教养幼儿的基本观点，即革命观点、健康观点、爱情观点、劳动观点、集体观点、团结友爱观点、科学观点、勇敢坚强观点，以及反对打骂、威胁、欺骗等错误教育方法。年轻的保育院经历了一次革命战火与生存困苦的考验，在数千里"长征"锻炼了自己的革命品格。

延安第二保育院的创建和发展本身就是弥足珍贵的红色资源。她的血液里涌动的红色基因就是延安精神。这种精神，就体现在"一切为了革命，一切为了孩子"的全心全意为人民服务中，体现在千里行进时"大人在，孩子

① 姚淑平. 马背摇篮：忆战火中的延安第二保育院 [M]. 北京：中国妇女出版社，1995.
② 曹雪梅. 论新时代基层党建工作融入红色文化的现实价值 [J]. 理论视野，2018（6）.
③ 曹雪梅，祝彦. 延安第二保育院"长征"记 [J]. 党史博采（上），2018（8）.

在；大人不在，孩子也要在"的无私奉献、自我牺牲中，体现在克服困难、不负使命的自力更生、艰苦奋斗中。

（二）在和平年代续写革命本色

1949年9月延安第二保育院安全到达北京，1950年更名为六一幼儿院。从延安宝塔山到北京玉泉山，六一幼儿院走过了一段艰难、曲折、光荣的里程。但不管环境怎样变化，六一幼儿院牢牢把住延安精神不放，"一切为了革命，一切为了孩子"的口号已经深入人心，变成了办院宗旨和职工行动的指南。

六一幼儿院迁址北京后，是新中国成立初期，物资极度匮乏，面临着无教材、无教具状况，但是全体保教人员克服困难迎难而上，发挥集体智慧，根据在老区和行军途中创立的经验，仅用三个月时间就收集和创编了3000多篇教材，在工作中边实验边修改，并且根据这些教材的内容创造出适当的方式方法，使幼儿很好地领会和接受。之后，他们又用20多天的时间，自制1097件玩具，每一件都令孩子们爱不释手。1952年，更是创造了"游戏大会"的活动形式，一直延续至今。

在六一幼儿院，先人后己、艰苦奋斗、甘于奉献的延安精神一直在延续。老院长张炽昌调走后，继任院长陈剑戈坚持延安革命传统不动摇，第三任老院长姚淑平是自六一幼儿院诞生便在其中工作并终身为之服务的"老延安"，在她主持六一幼儿院工作的20多年时间里，始终不忘对全体工作人员进行传统教育。她的头脑里有这样三个支点：一是要使本院全体职工人人不忘延安精神；二是要使延安精神落实到每个人所从事的具体工作之中；三是要使人们坚信延安精神不能丢，延安精神永远不会过时。为了保证延安精神在六一幼儿院生根，成为全院每一个工作人员思想上的座右铭，除了有一支老同志的队伍在言传身教以外，还建立了一套制度做保障：政治学习制度。每周二进行，上午上班的同志下午学，下午上班的上午学。在改革开放之后的一个时期，许多单位已不再组织政治学习，但是六一幼儿院几十年如一日坚持进行；义务劳动制度。义务劳动作为六一幼儿院的传统，在美丽整洁、花香四溢、果实压枝的院子里，始终是"天经地义"的；随着改革开放，各种思想此消彼生。为了使共产党员严格守住自己的操行本分，党总支专门制定了"党风党纪责任制"。一级抓一级，党小组抓好党员，党支部抓好党小组，党总支抓好党支部，党总支则把监督自身的权力交给上级党组织和广大党员。[①]这就是六一幼儿院的传统，一代又一代，历史在延续，传统在发扬。

（三）新时代再展红色信念

2016 年 4 月，习近平总书记在革命老区安徽金寨调研时指出："革命传统教育要从娃娃抓起，既注重知识灌输，又加强情感培育，使红色基因渗进血液、浸入心扉，引导广大青少年树立正确的世界观、人生观、价值观。"六一幼儿院作为延安精神的继承人、红色历史的续写者所特有的红色教育资源以及历史情怀，承担起了历史所赋予的使命——为新时代的社会发展奠定学前教育的红色基石、为国家的千年大计打下牢固的精神底色、为越来越多的孩子树立坚定的理想信念。

进入新时代以来，新一届六一幼儿院领导班子带领全体教职工在传承中创新，在创新中前行。通过不断提高队伍建设、课程建设、校园文化建设的水平，带领党员干部和教师迎接新时代、新任务，弘扬延安精神，续写新时代马背摇篮的新篇章。其一，让传承红色基因的阵地"活"起来。探索总结了红色阵地建设的"六项标准"——看得清、听得见，摸得着，立得住，贴得近，传得远。建立院史馆，记录六一幼儿院的红色发展历史；利用"老物件"，创设党员学习室；编写《不忘使命初心　传承红色基因》学习材料；建立微信公众号实时发布相关信息；教师队伍建设、课程建设、校园环境建设等作为广泛传播红色文化和革命精神的载体，让"马背摇篮"精神内化为教师发展、幼儿成长的内在动力。2018 年，六一幼儿院获批成为"海淀区爱国主义教育基地"。其二，立足幼儿德育，树立"培养共产主义接班人"的目标。六一幼儿院一贯坚持着在延安时期就提出的"为革命培养接班人"的目标，始终不忘初心，牢记使命，坚持在课程中传承红色文化，在传承中发

---

① 长江 . 金光灿灿的延安精神——记北京六一幼儿院 [J]. 人民教育，1990（1）.

展。开展"爱在四季"园本课程体系的研究，在"摇篮课程"中，明确新时代"保教合一"的儿童课程发展整体观，初步形成了"知爱、尚德、善思、乐创"的幼儿课程目标。以丰富的教育活动为载体，通过开展"我是六一娃、我从延安来、我是中国人、我为中华骄傲"等系列课程，唱国歌、打腰鼓、讲延安宝塔的故事，讲三千三百里炮火硝烟中的行军转移，加深幼儿与教师对六一幼儿院红色之"根"的理解，赋予孩子们独特的"红色"气质，对幼儿的价值启蒙和思想培育起到潜移默化的重要作用，丰富了红色文化教育理念的内涵，使得红色文化教育更具时代的感召力与吸引力，在幼儿的心中植下社会主义的核心价值理念。

2018 年 3 月，六一幼儿院积极响应党中央援建雄安新区的号召，调派优秀党员干部、党员教师、青年团员进驻雄县幼儿园，正式成立北京市六一幼儿院雄安院区、雄安邢村院区。至此，北京市六一幼儿院已经形成一院五址的办园规模。从延安到雄安，从玉泉山下到白洋淀湖畔，红色基因不断传承。在师资力量不足的情况下，六一幼儿院发扬艰苦奋斗、甘于奉献的革命精神，举全院之力成立专家团队，分层次、分批次、分项目开展支教工作。现在雄安院区院所文化、师幼风貌发生了很大变化。同时六一幼儿院团队还向雄安周边乡村辐射，向容城、安新两翼发展，为实现京雄两地幼教资源共享和跨越式发展贡献力量、传播能量。

三、传承红色基因的实践与创新

六一幼儿院在教育理念、基层党组织建设、师德建设、课程管理等方面传承红色基因、践行红色教育理念，进一步提升新时代幼教管理。六一幼儿院始终坚持"四结合"的原则，尤其是将党建工作与教师队伍建设结合，形成了"传承红色文化，以新时代师德建设立党建工作之魂"的特色和亮点。

（一）加强党建工作，弘扬红色园本文化

红色是六一幼儿院的本色，也是六一幼儿院园本文化的底色。新时代的

今天，价值观领域的多元化趋势反映在幼儿教师队伍中就是信仰理想的缺失，反映在幼儿教育上就是重知识灌输、轻身心培育的不平衡发展趋势明显。这些问题必然导致幼儿教育无法满足和适应新时代的发展要求。于是，如何塑造一批既符合现代幼教发展要求，又具有高尚人格魅力的教师队伍，如何在实现中华民族伟大复兴的历史征程中促进幼教理念创新发展，就显得尤为重要。在新的时代课题面前，六一幼儿院以传承红色文化为依托，充分发挥基层党组织对幼教事业的领导和引领，从思想建设、作风建设、组织建设三个方面加强新时期基层党建工作：

其一，依托红色文化加强思想建设。通过开展不忘初心、牢记使命的主题教育实践活动，组织党员、团员教职员工重回革命圣地延安，感受老一辈革命家在艰苦环境中努力探索幼儿教育的革命信念。

其二，依托红色文化加强作风建设。通过宣传老一辈革命家和革命时期幼教工作者的优良作风和高尚人格，宣传他们不畏艰苦、爱岗敬业的职业素养，宣传他们以生命捍卫责任的党性原则，全体党员教师和全体职工感深受教育。在对照反思中，全体党员和教职工坚定了在新时代传承和弘扬延安保育院的优良传统和作风的决心，坚定了和社会不良风气做斗争的决心。

其三，依托红色文化加强教育和宣传。在校园文化建设中融入红色文化，让红色基因与校园的自然景观相结合。在教学理念中大量融入红色文化的内容，并以此为基础创新办学形式，提出了具有丰富红色文化内涵的幼教理念。伴随着院所的快速发展，党总支坚持党建工作的四个原则：党建与园本文化相结合，党建与保教工作相结合，党建与教师队伍建设结合，党建与创新发展相结合。

（二）注重教师培育，秉承立德树人传统

"学为人师，行为世范"，教师的一举一动、一言一行都会对幼儿产生重要影响。现代社会的多元价值观趋势影响着每一个人，如何建设一支既符合现代幼教发展要求，又具有高尚人格魅力的教师队伍就显得尤为重要。六一幼儿院以传承红色文化为依托，充分发挥基层党组织对幼教事业的引领和示

范作用，在党总支领导下，利用工会和共青团组织在师德建设中坚持开展"六个一"的传统活动。读一本书：老院长姚淑平所著《马背摇篮：忆战火中的延安第二保育院》；走访一次老同志：倾听历任院长、书记、劳模、教师、保育员讲述她们经历的教育故事、老故事；采访一名"摇篮"孩子：邀请毕业生讲述他们在保育院、幼儿院和老师之间发生的故事；参观一次院史馆：一张张照片，一本本笔记，一个个感人的故事，让老师们从历史中感受教育前辈对幼儿精心养护和科学保教的敬业精神；写一篇感受：表达自己对传承红色基因的认识和理解；作一次讲解员：要求每个老师都能讲好六一幼儿院过去的故事，做六一幼儿院红色基因的传承者。

提升幼儿园教师的职业道德素养，是幼教管理的重中之重，在师德建设与师资培养方面，六一幼儿院践行"四位一体"师德建设与师资培养体系：其一，以70余年院史为基础，传承红色基因，加强爱党、爱国主义教育。帮助教师树立共产主义远大理想和中国特色社会主义共同理想，肩负起培养社会主义接班人的历史重任。其二，注重与爱岗敬业相关的教育政策、法律法规学习。定时组织教师学习国家的教育方针、政策以及新出台的法律法规，从宏观层面把握新时代对教师的新要求，从而提升教师的职业素养。其三，开展基于先进教育教学理念的儿童发展教育培训。帮助广大教职工不断提升自己的职业技能、专业素质以及竞争意识，提高教职工在工作中的责任感、荣誉感和使命感。教师树立正确的儿童观对幼儿的发展尤为重要，六一幼儿院的教师能够将先进的教育理念与中华优秀传统文化、红色文化相结合，站在"儿童视角"尊重幼儿，把他们作为有思想、有能力、有权利的生命个体去呵护。其四，基于行为人师的教师语言礼仪教育。3至6岁的幼儿主要通过模仿来养成自己的行为习惯，所以，教师的语气、动作、眼神都会对孩子产生潜移默化的影响。

（三）创新管理制度，传承科学育儿理念

1. 不断挖掘幼儿"一日生活的26个环节"的科学价值

"一日生活的26个环节"是六一幼儿院建院早期的宝贵学前教育体系，

历经 70 多年的风雨依旧闪现着动人的光辉。如何在历史传承中进行改革创新、更加适应新时代的幼儿教育？如何将其内在的红色基因以更为现代的方式展现出来？六一幼儿院专门组织教师对其展开了细致深入的研究。研究发现，现代的孩子在主动学习、深度学习、有意义学习等方面具有鲜明的特点。这些特质既是信息时代的产物，也与孩子更为开阔的视野、更为丰富的家庭教育、更为多元的社会教育息息相关。因此，在坚守"保教合一"的基础上，如何进一步提升保中有教、教中有保的水平是创新课程的立足点。一方面，通过"我是六一娃、我从延安来、我是中国人、我为中华骄傲"等一系列教研活动，进一步加深孩子与教师对六一幼儿院红色之"根"的理解，这是六一幼儿院课程教学的基础和灵魂，同时也是一个教学相长的过程。教师细致动人的讲解润物无声地熏陶着孩子，孩子真诚童稚的表达，也在无形中感染和影响了教师。另一方面，根据现代社会教育发展的前沿理论、不同年龄阶段幼儿的特点，在传统的课程体系中，融入了"爱在四季"的理念，在传承中创新。比如"爱与自然"的课程，以项目活动、问题导向的方式开展教学活动，顺应孩子自然天性，打造出更加丰富多元、和谐统一的课程体系。围绕"一日生活的 26 个环节"的研究活动，不仅赋予了传统课程以新的时代理念，时代特色，同时也在实践中让全体教师经受了思想的洗礼和师德的教育。

2. 以爱育人，构建"爱在四季"课程体系

幼儿园课程的实施，是为了引导和促进幼儿朝着社会所需要的人才方向发展。我国是中国共产党领导下的社会主义国家，我们的教育必须把培养社会主义建设者和接班人作为根本任务，为党和国家培养德智体美劳全面发展的人。我们的学前教育必须为培养这样的人奠定基础，必须思考怎样实现这一育人目标。

"爱在四季"课程体系遵循时时刻刻有教育的原则：来自"马背摇篮"的精神传承和保教合一的专业坚守，为幼儿提供和创设精心设计、丰富多元的教育环境，教师像遵循季节规律一样遵循幼儿发展规律，全心全意保育幼儿，支持幼儿获得全面和个性化的发展。

首先，"爱在四季"课程体系的构建回答了"为谁培养人"的问题。六一

幼儿院继承延安精神的红色之爱，在战争年代保育员老师们就形成了用生命保护幼儿的敬业之爱，在一日生活中与幼儿建立依恋关系，帮助幼儿形成安全感，给予幼儿适宜支持，形成专业之爱。这些润物无声的爱在革命年代诞生，在历史中传承，在发展中丰富，共同构筑了六一幼儿院"以爱育人"的办院理念。

其次，"爱在四季"课程理念形成的过程，反映了六一幼儿院对"培养什么样的人"这个问题的思考：更加关注幼儿的选择、表达和交往；更加关注养成教育的重要作用。更加坚定了这样的教育理念：教育要顺应幼儿天性、依照幼儿身心发展规律实施教育；在自然的状态下培养自信、自主、自由成长、全面而富有个性的人；生长出"脸上有笑、心中有爱、行动有力"的"六一娃"。

最后，"爱在四季"课程的落实，也是六一幼儿院实现"怎样培养人"的途径。即，支持幼儿时时处处有学习：使他们在自然丰富的教育环境中生活、玩耍、探索。通过直接感知、亲身体验、实际操作，培养幼儿积极、主动、创造等学习品质，获得多元经验。在环境中体验，在自然中学习，在游戏中发展，在自由中创造，在一日生活中养成，在四季轮回中成长。

六一幼儿院是一所经受住了历史的重重考验、具有光荣革命传统的幼儿院。这是一所用自己的亲身经历证明延安精神永远不会过时，延安精神定会永放光彩的幼儿院。在新时代，六一幼儿院依然要坚守初心，传承好红色基因，努力实现院所内涵发展，构筑全球视野下中华民族幼儿教育的美好愿景，做学前教育的筑梦者、追梦人。

六一幼儿院70多年来一直传承"马背摇篮"精神，利用红色文化资源开展德育工作，坚持以人为本、全面发展，坚持以爱国主义、集体主义、社会主义教育为主线，以行为规范、学习规范、生活规范为重点，努力实现幼有所育，学有所教。习近平总书记在党的十九大报告中提到"不忘初心，牢记使命"。新时代幼儿教育者的初心就是立德树人，使命就是为党和国家培养未来的建设者和接班人，因此，包括六一幼儿院在内的所有幼儿园，应当在这种初心和使命的指引下，坚定立场、涵养德行、遵行操守、砥砺奋进，为新时代学前教育的发展做出更大贡献。

崔楚民 北京市第十一中学党委书记、校长，兼任附属精忠街小学、附属定安里小学校长，高级校长。荣获北京市东城区优秀校长、北京市优秀教育工作者称号。北京市第十五届人大代表，北京中小学德育研究分会副理事长，中国教育战略研究会教育评价专业委员会常务理事。

主持国家级、市级课题多项，包括北京市教育科学"十三五"规划课题《大单元教学在学校层面推进的实践研究》，该课题成果获得北京市基础教育成果二等奖。在人民日报、中国教育报、中国高等教育杂志、北京教育等核心报刊发表论文30多篇。

崔楚民校长印象

　　十一中未来可期，因为有崔楚民在此做校长。作为东城传统校，十一中需要守正，更需要创新；需要传承，更需要发展。在发展中尤其是高质量的发展中，十一中就能得以涅槃和新生。崔楚民是履历丰富的校长，他从九十中到一零九中做教学主任，再到广渠门中学教育集团做常务副校长，做过平谷中学校长和崇文门中学书记，多个层面学校的历练使他对一所学校的把控有了新视角，有了打造或再造一所优质校的智慧、实力、底气和担当。在十一中，他以高站位引领，构建大发展格局，盘活一切有利资源来助力学校的发展。在他的努力下，十一中有了更大的知名度和更高的美誉度。十一中是充满希望的、发展蒸蒸日上的学校，它的超速发展指日可待。

——老廖

学校高质量发展的实践路径探索

北京市第十一中学　崔楚民

党的二十大报告强调要坚持教育优先发展，对"办好人民满意的教育"作出系统部署，为推进教育高质量发展指明了前进方向，提供了根本遵循。学校和教育部门要深刻把握"教育是国之大计、党之大计"这一重大使命，"立德树人"这一根本任务，"坚持以人民为中心发展教育"这一价值追求，"加快建设高质量教育体系"这一重要部署，把党的二十大精神贯彻落实到教育改革发展各方面全过程，推动教育事业高质量发展。教学事业的高质量发展归根结底要依赖于每一所学校的高质量发展，我结合自己的思考与学校实践谈一点感受，与大家交流。

在这里，我先简单介绍一下我们北京市第十一中学，十一中学位于北京市东城区，主校区位于天坛公园北门附近，目前学校是四校五址办学，两所小学对接中学，形成了从九年一贯向十二年一贯过渡的办学模式。

十一中首任校长，人民教育家傅任敢先生指出，"教育之目的，以造就完人为宗旨"。十一中始终秉承傅校长的"完整人格"教育思想，深化研究型学校建设，抓基层，强基础，练好基本功，守正创新，聚焦育人质量，着力"办好老百姓家门口的好学校"。

党的二十大报告提出来"建设高质量的教育体系"。这是一次全新的提法，建设教育强国最早是胡锦涛同志在第四次全国教育大会讲话中提出的，包括加快从教育大国向教育强国迈进，加快从人力资源大国向人力资源强国迈进等内容。此后，党的十九大报告也提出，建设教育强国是实现中华民族伟大复兴的基础性工程。二十大也提出加快建设教育强国的要求。

建设教育强国要求教育要有质量地发展，办好人民满意的教育要求质量，建设高质量的教育体系也要求质量。那么什么是质量，是什么的质量，怎么检验质量，如何提高质量？这些是大家所关心的问题，必须要有明确的回答。

什么是教育质量？教育质量是在党的教育方针指导下，德智体美劳全面发展的质量，是立德树人的质量，是学生综合素质的质量，不是几门学科的分数，也不是升学率。

什么的质量？我们所说的质量是宏观质量，是全体学生的质量，是全民族的质量，丢掉了多数只面向少数的教育不是高质量的教育。

怎么检验教育质量？检验教育质量的最终办法是通过社会实践检验。学生毕业以后去工作，他们在工作岗位的态度、能力、表现、贡献等都是检查教育质量的最高标准，也是最终标准。考试分数和升学率也是一个标准，但不是最终和最高标准。

如何提高质量？这需要全社会共同努力，各个有关部门形成合力，只将提高教育质量的任务压在教育部门身上是不全面的。除了学校和教育主管部门以外，家庭、社会、企事业单位都应发挥着重要作用。基础教育只是打基础，人才的培养还要靠高等教育和工作单位。同时，提高教育质量一方面要面向多数人，另外一方面也要注重拔尖人才的培养，这也是习近平总书记在二十大特别强调的。

回到基层学校，我们如何回应，如何参与高质量教育体系的建设？我们认为，作为学校应该着重建设高质量的教师队伍，建设高质量的课程实践体系，建设高质量的人才培养模式。下面我就围绕这三个方面，结合个人的办学实践，谈一点看法。

一、建设研究型学校，搭建教师专业成长的舞台

如何促进教师的专业发展，解决教师的专业倦怠问题，这是一个长期困扰我们基础教育的"卡脖子"问题。我们的实践做法是，学校要不遗余力地营造学习和研究的氛围，不遗余力地为老师提供专业成长的舞台，让老师在

各种专业舞台上发现自己的专业价值。

我们想方设法激励老师在常态中研究，让研究成为一种工作状态，养成老师的底气，形成学校的底蕴。研究就是坚持在"事上磨"的文化自觉和价值认同。20年前，我们率先提出建设学习型学校，形成了学习型学校文化特色。18年风雨无阻，持续开展教师职业发展月，展示教师的专业发展和职业精神，提升学习意识和研究能力，形成了"以质量为中心，以学生为中心"的学校价值观。

做实课题引领教师专业发展。做课题就是要真做，真研究，坚持研究。"十三五"期间，学校先后立项17个课题，其中市级课题13个。"十四五"已经立项12个市级课题。同时，激励老师结合当下的课改热点问题，提出阶段性的新任务，搭建阶段性的研究平台，例如，我们每个学年都会提出学年的研究主题，本学年我们的研究主题就是"单元教学背景下的核心概念教学，思维能力培养，过程性评价等三大研究主题。"老师们的研究目标明确了，任务确定了，我们就会围绕这个主题和目标整合各种资源来搭建研究平台，老师们就能获得各种专业展示的机会，这种专业展示对老师来说就是最大的价值体现，获得专业成长的幸福感受。就像今天我们管理专业委员会为我们搭建的专业分享平台，我们都乐意在这里分享我们的实践经验，我们的内心是幸福的。

"研训做"一体化破解工研矛盾。没时间，没精力是基层学校老师做科研最大的困惑。在实际工作中，我们把教研，科研，培训，课程建设等各项工作进行深度整合，形成了"围绕一件事""研究一件事""专注一件事"的工作策略，让老师感觉工作比较聚焦，比较专一，比较有条理。

成效见证学校发展。近年来，学校先后四次获得北京市科研先进校称号，2021年被评为北京市研究型学校。在新一届市区骨干评选中，人数比上一届翻了一番，本学年，市级以上教师获奖数量是2019年的1.6倍。

二、创新学生成长机制，改变育人模式

在全新的课程背景下，学生的成长路径亟须全新的创新实践，构建以学

习者为中心的开放式成长学习模式，我们在实践中重点构建一体化长链条培养课程体系。

一是创建一体化培养机制，构建新型育人模式。

学校为完善德智体美劳全面培养体系、探索多元人才培养模式、健全评价方式，为实现学段贯通，更好地纵向贯通，创新机制，成立了"一个学院、两个中心、三个工作室"，为实现一体化特色发展做好机制保障。

二是发展建设一体化的"成长"课程，提高学生素养。

学校"成长"课程分三个层级五个维度延展，大思政课和学生发展指导贯穿学生成长各个阶段，设计为"双螺旋式"主轴，以领域课程形式展开实施。领域课程群是我们探索一体化建设的实践创新，目的就是为了让学生最大限度地实现分类分层发展，满足学生的差异化发展需求。

基于当前的国家重大发展战略人才需求，以及当前的选科、强基、综合素质评价等综合背景，提供多样化课程供给，满足我校小、初、高三个学段学生的个性化发展与长远需求，形成我校一体化育人的特色领域课程体系。

三是创建一体化培养育人模式。

学校逐步实现一体化教研，教师跨学段任教，实施多学科，跨学科，超学科的教学实践（举例说明，多学科学习就像西餐里面的拌沙拉，各种食材还能分辨，但是已经初步融合；跨学科学习就像豆腐炖鱼，已经是深度融合，你中有我、我中有你；超学科学习就像做蛋糕，奶油黄油巧克力已经融为一体，分不清你我）。同时我们还尝试打通小学和初中，初中和高中，高中和大学的学段界限，允许学有余力，有明显学科倾向的学生跨学段选科学习，为一体化培养建设打下坚实的课程实践基础。

三、构建"一化两课三全育人"实践体系

"童蒙养正，少年养志"是基本的教育价值观。设立"大思政课研究室"，就是要解决在课程主阵地，课堂主渠道落实立德树人的问题，这是学校教育面临的最大挑战。近年来，十一中就如何破解质量难题，如何促进学生"立

德铸魂，启智润心"等问题进行突围，走上提质增效的快车道，我们进行了一系列课程探索，要实现"立德铸魂，完善人格"我认为就是要做好两件事情。一是上好大思政课；二是上好学生发展指导课程。按照这个逻辑，我们在实践中构建了"一化两课三全育人体系"。

一是上好大思政课。大思政课是铸魂工程的奠基石，中学是政治启蒙和价值认同的关键期。我们已经建立起了"党建引领，思政主导，一纵两横，一核两翼"的大思政课实践体系。依托国家规划课题，探索学段贯通的思政课衔接机制，衔接课程。制订《11中大中小思政课程实施纲要》《11中大思政课家校协同实施方案》，开发多学科的课程思政，与北工大马院建立常态备课教研机制。

连续两年承办了全国大中小思政课实践论坛，全国首个"大中小思政课实践研究共同体"落户东城，十一中当选共同体秘书长单位。

二是上好学生发展指导课程。十一中开设学生指导课程可以追溯到40年前，早在1982年，在全市首开青春期健康教育课程，出版第一本青春期健康教育教材，1986年，全市第一家青少年心理咨询机构在十一中挂牌。今年被评为北京市心理教育特色校，本学期再次承办北京市学生发展指导研讨会，我们依托学生发展指导中心，围绕学生综合素质评价，立足五大功能，面向全体学生，开设独立生涯课程、专题生涯课程、融合生涯课程、实践生涯课程等，同时充分发挥班级组导师制的作用，明确导师的职责，创新开展"一课三会"制度，打通家校共育的壁垒，实现班级管理到班级治理的转变，进入学生发展指导探索的深水区。

四、做实大单元教学，落实核心素养

什么叫大单元教学呢？我觉得首先要有一个理解，就是教材单元不等于教学单元，形成教学单元还需要对教材单元进行加工。

教学单元也不能等同于学习单元。必须要从学生学情出发，了解学生在学习这个单元的时候，他原有的知识经验是什么？他的兴趣、问题、需求是什么？了解之后才能把教学单元转化为学习单元，这个学习单元就是我们重点研究的大单元教学。也由此，我们把大单元看成是课程实施中最小的单位。

大单元是在学科大概念的统领下，由学习目标、学习主题、学习任务、学习资源、学习评价（反思改进）、学习环境等要素构成的学习系统。这避免了以往发展核心素养会出现的割裂的问题。

通过大单元学习，我们可以在整体上优化教学，避免原地踏步的重复，同时也让整个教学活动变成有彼此关联、结构化的活动，让教学变得完整、有章可循。

大单元教学锚定教学评的一致性，撬动教与学方式变革，破解核心素养落地大难题。坚持系统思维，问题导向，总结了大单元课堂教学实践框架。推进集备制度改革，生成了新的"三备一说"机制。强化作业设计，纳入集备环节，重构作业标准，形成了校本化作业实施体系。

围绕课堂质量下功夫。一年来，聚焦单元教学设计，我们做各类研究课600多节，两次举办市级教学专题论坛，展示研究课170节，市区两级教研员近200人次到现场指导。这项研究成果我们也获得2022年北京市的教育成果二等奖。

在高频度、长周期、强聚焦的实践过程中，见证了师生成长，完成了课堂生态的第一次迭代，实现了从"教会"到"学会"，再到"会学"的升级。

总之，通过建设研究型教师队伍提升教师队伍的整体质量，通过机制创新建设一体化的新型育人模式，通过大单元教学的课堂教学变革，落实学生的核心素养，我们认为这是建设高质量学校的创新实践与积极探索。

面向未来，我们将立足"完整人格"教育，在实践中传承创新，不断深入推进研究型学校建设，持续完善学校教育生态。坚持五育并举办学实践，坚持以高质量发展为目标，以学生为中心，不断提升育人质量，形成内涵更加丰富，实践更有成效，影响力不断上升的十一中育人样本。

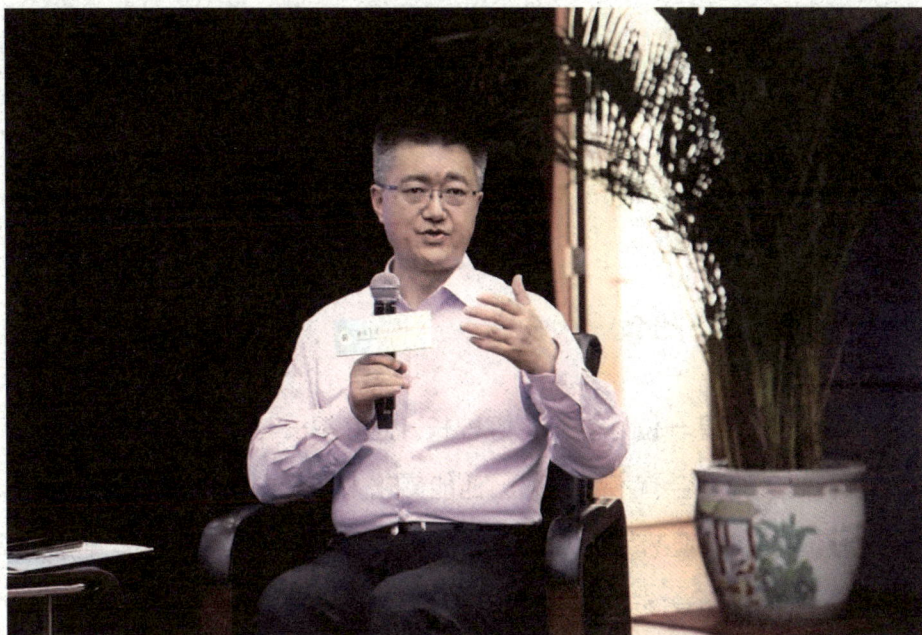

　　董红军　云南宜良人，出生、长大在山村，小学未出村，初中到县城（宜良二中），高中到省城（昆明一中）。有志做中学语文老师，1991年考入西南师范大学，就读汉语言文学专业。1995年本科毕业来北京海淀工作，至今28年。其中21年都在北京市海淀区教师进修学校附属实验学校工作，现任党委书记、校长。乐于和学生交流沟通做朋友，长于和家长、学生共商学业规划、成长路径，三年前开辟"老董漫漫说"音频栏目，谈亲子沟通、谈自主成长，颇受师生欢迎。

董红军校长印象

董红军是一位好老师，好校长。他好得一丝不苟，好到了原则里。他身边不会有不好的人，他能感化人向真向善向美，他本身就是真善美，坦坦荡荡，大气磊落，怀赤子之心，修至诚之道。他爱教育，爱讲台，爱孩子，爱老师，爱校园——爱到愿意把自己化成一团火，温暖他的职业生涯；爱到自己拼命钻进教育哲学文学美学专著中专注执着地吸吮养分，来滋养他教育的沃土。他试图要让每位师生、每个家庭感受到教育的温度，感受到教育带来的愉悦。他希望每一个孩子都能感受到教育能量的场，体验到校园的亲切、温暖，体验到成长的快乐。红军校长以思想深刻见长，他卓荦观群书，坚持海量阅读，熟稔于治学办学育人。他在教进附校坚守了 21 年，以他的初心在这里播撒了教育的种子，他的根扎进了这方土地。他潜心办学，要让这里成为教育的乐土。他愿意一辈子做老师、做校长。

——老廖

三个问题与三个建议
家长和教师要想清楚做明白

北京市海淀区教师进修学校附属实验学校　董红军

谈到教育和培养孩子，我们提出"学校的归学校，家庭的归家庭"，这不是为了划清家庭和学校的"楚河汉界"，而是着眼于构建家庭和学校相互尊重、协同共育的良好关系。"双减"背景下，家长朋友们需要更加关注孩子的成长，把一些朴素的、本质的规律性问题想清楚，才能做明白。

需要"想清楚"的三个问题

这里围绕孩子的学习和成长，先提出家长和老师需要"想清楚"的三个问题。

其一，是要"分"，还是要"人"？

这是一个非常"本质"的问题。教育，终归是为了培养一个健全的人。一个健全的、积极进取的少年人，当他投入学习、需要学习的时候，理解知识、掌握能力、建立起学科体系，是他认知能力范围的事。这时候，在相关学科考试中得分，是顺理成章的事。

也就是说，当我们目标始终坚定地指向培养"人"的时候，既能得到"人"的成长，又能得到"分"。而我们有的父母，过于单纯地看重"分"，有可能很难得到"分"，甚至有的时候还会失掉"人"。

其二，希望孩子为当下而学，还是为未来而学？

国家下决心从源头治理，出重拳予以整顿，"双减"系列政策是为了重塑基础教育良好生态，是为了让教育回归本源，为国家和社会育良才。"双减"反对的是短视的、功利的、浮躁的单纯为了"提分"的培训，"双减"倡导的是长远的、可持续的、积极健康而着眼于青少年核心素养提升的优质教育。

我们培养的每一位青少年，必须为适应未来社会发展需要而学习，要为积淀未来能担当国家建设、社会发展的能力和素养而学习。

其三，学习是为了会"做题"，还是为了会"解决问题"？

很多人一想到中小学阶段的"学习"，总是伴随着"做题""刷题"以及"题海战术"等，校外学科培训大多也是围绕"题目"进行，不断地"讲题"和"做题"，衍生出很多技巧、诀窍。我们在这方面投入太多，以至于"内卷"。但人的"学习"是更广阔的，是为了获得适应生活、创造生活的"问题解决能力"。

"双减"要减掉的，是那些机械的、重复的、消耗人宝贵时间和精力（包括学习热情、探索欲望）的无止境的"做题"；"双减"要建设的，是提升人思维水平的、形成持久理解的、和社会生活相衔接的"解决实际问题"的能力。

有的人会说，这些"道理"我们都懂，但现实不允许啊。

我从来不同意这样的认识。一个人"懂"或者"不懂"，要从他的行为选择来判断。有的家长一味让孩子参与到报课外班的"军备竞赛"中，有的家长盲从于一些无来由的"小道消息"而焦虑，就是因为没有认真去把这些基本的问题"想清楚"。

关于"怎么办"的三个建议

那么，"双减"来了，家长和老师该怎么办呢？

第一，学习和领会政策，协调家庭和学校良性互动关系。

家长要善于管理自己的信息获取方式，从权威媒体了解教育政策，不盲从、不迷信一些自媒体或校外培训机构发布的消息；遇到不清楚的问题，尤其是教育改革及考试招生政策的调整，一方面要有"求证"的意识，一方面多了解教育主管部门的权威解读，或直接和学校老师沟通。

相信和尊重学校教育教学安排，对不理解的、或不满意的，直接和学校老师或相关负责人沟通。每一所学校都清楚，培养孩子是家庭和学校的共同责任，都希望和家长形成平等与相互尊重、相互信任的"同盟"关系。

第二，认识和理解孩子，建立平等尊重的亲子沟通关系。

有些家长教育孩子比较"焦虑"，往往是因为并不全面地了解自己的孩子，或者没有意识到自己需要"认识"自己孩子的特点，"研究"孩子成长过程中的问题和烦恼。很多"焦虑"产生的根源，可以归结为一点：有些家长没有把孩子看作一个独立的、能够主动成长的生命个体，过多地"代劳"，过多地"控制"，剥夺了孩子成长的"主动性"，致使孩子成长过程中表现出种种"不满意"、种种问题，所以"焦虑"。

最好的办法，是把孩子放归"学习"，放归集体。首先，引导孩子更广泛地学习，感受学习的魅力，享受学习的成就感。其次，让孩子处在"学习的集体"中，相互激发、相互促进；作为家长，更多地帮助，引导孩子学会和人相处，与人合作。更重要的是，让孩子独立承担学习，容许他自己"摸着石头过河"。老师和家长要千方百计、想方设法，穷尽一切可能，让孩子意识到"学习是自己的事""自己要对自己的学习行为和结果负责"。

第三，观察和展望未来，引导并创造发展性的成长环境。

家长朋友们要理解，治理整顿校外学科类培训大方向是对的，所采取的措施是为了维护家长切身利益、保护孩子健康成长。曾经有家长询问如何看待校外学科培训，我提出一个思考的维度：青少年时期学什么有价值？看他长到三四十岁的时候，他靠什么样的能力和素养支撑他在社会立足，帮助他更好地应对工作、生活的挑战，那么，从他十几岁的时候，就学习和锻炼这样的能力和素养吧。

我们的家长朋友要能从自己的社会阅历、工作经验、生活感悟当中，观察和展望未来社会发展、产业变革、科技进步对人才的需求，为孩子创造发展性的成长环境，让孩子的学习边界不断拓展，让孩子能够看见广阔的社会和充满更多可能的未来。"双减"减掉的是制约孩子成长的那些冗余的负担，要收获的是具有成长性的本领。

当我们从更长远的时间尺度来看待孩子的成长，就能意识到"双减"的价值：

——让教育回归本真，全社会找回初心；

——让学生回归校园，立德树人育全人；

——让教师回归本心，潜心育人守本分；

——让学习回归本质，夯实基础有动力；

——让孩子回归家庭，和谐身心更健全。

　　景小霞　北京市海淀区中关村第一小学教育集团校长，特级教师、正高级教师，任中国教育学会中小学整体改革专业委员会副秘书长、中国教育学会小学教育专业委员会理事会学术委员会委员、教育部新时代中小学名师名校长培养项目导师、北京师范大学小学教育研究中心研究员、中国人民大学伦理学与道德建设研究中心中小学德育研究所研究员、北京市学习科学学会常务理事、北京普通教育名师研究会校长委员会副监事长。先后被授予全国百名教育管理杰出人物、全国百佳创新型校长奖、北京教育领军人物、北京市杰出校长奖等荣誉及称号。

景小霞校长印象

　　不融入海淀教育圈，你就想象不出景小霞校长在海淀教育领域有多受欢迎。当然，从她作为班长的领导班子的全区教师"双测评"结果，也可看出她的受欢迎程度。去年，她从万泉小学调任中关村一小校长，干部、教师对学校班子的"双测评"调查满意度达到了99％以上。这是多么难得可贵的高比例。景小霞的成功秘诀其实很简单，就是真心实意地尊重、爱护、信任大家，对干部、教师、学生好，成全每一个人，承让每一个人，给每一个人搭台子、递梯子，多看人之长，多用人之长，允许人有短处，包容人的无心之错，把成长和发展的机会给予每个人。当然，她首先是靠自己精深的教育教学专业功力和深厚的管理能力立足。在中关村一小工作的大半年，她和书记精诚合作提拔了一批该提拔的优秀干部，促成了干部、教师大面积地平稳轮岗，为干部和老师们的专业发展提供了机会。每一件事都做得风平浪静，也做得尽善尽美。我猜想景小霞一定过着优雅而有品质的生活——这样的人就该过上优雅而有品质的生活——我从她优雅的气质和温暖的笑容中得出了这样的推断。

——老廖

以培养中层干部"三划能力"推进学校治理体系现代化

北京市海淀区中关村第一小学　景小霞

　　中层干部是学校组织的中间结构，处于承上启下的关键位置，是连接校长与教师的纽带和桥梁，发挥着"信息传导"功能，是学校科学决策和民主决策得以推进和落实的重要环节和有力保证。党组织领导的校长负责制旨在确保党组织履行好把方向、管大局、作决策、抓班子、带队伍、保落实的领导职责，健全发挥好这一体制机制，学校管理应该始终把提升中层干部的领导力作为学校治理体系现代化的重中之重，加强中层干部队伍建设，引导中层干部履职尽责。

　　那么，如何发挥中层干部的模范带头作用？可以从培养中层干部"三划能力"入手，引导中层干部"立足当下，面向未来；立足本职、宏观站位；立足细节，走向卓越"，努力建设一支思想政治过硬、德才兼备、改革创新意识浓、战略思维素养高、决策执行能力强、服务保障质量好，具有开放视野、团结协作、进取向上、作风正派的中层干部团队，推动学校的全面、健康和可持续发展。

一、"三划能力"内涵分析

（一）什么是"三划"

　　将学校管理中的"三划"定义为规划、计划和策划，这三方面相互联系、相互补充，形成统一的整体。

1. 规划是对学校未来发展的整体设计，解决的是"做什么"的问题

"规划"是一种文本式的学校发展综合方案，要立足过去、指向未来。定"规划"就是要迫使学校认真思考，明确自己的办学理念与办学追求，客观分析自己的优势与存在的问题、面临的挑战及可能捕捉的机遇，寻找途径努力把想法变成事实。通过制定"规划"，学校可以明确今后3—5年乃至10年的发展方向、办学目标等。

2. 计划是落实规划的途径与举措，解决的是"怎么做"的问题

计划是学校发展的阶段性规划，是站在学校未来发展角度而制订的行动计划。计划制订得好坏，决定着学校日常工作走得稳不稳、干得实不实、效果是否达到预期等。好的计划会让学校忙而不乱、累而有果、干得有价值。不好的计划是难以实施或达不到好的预期的计划。没有计划则会令学校像无头苍蝇一样东跑西撞，会使大家感到盲目、忙乱、茫然。

3. 策划是干部和教师做好工作的方式、方法，解决的是"如何做好"的问题

策划是处理工作时的一个点子、一种安排、一项设计或创意，是做好工作的方式、方法。它既不重复别人，也不重复自己；它挑战策略，凝聚智慧。好的策划可以实现低投入高回报，使整个组织过程活力无限。

规划、计划、策划"三位一体"，密不可分。从时间跨度来看，规划的跨度一般为3年或5年；计划的跨度一般为1个学年或1个学期，甚至还有更短的；策划基本上是一次活动，时间一般为几个小时、一天或几天。从功能来看，规划是制定长远发展目标，计划是对规划的落实，而策划是把计划当中的每一件事做好、做细、做完美。从实施步骤看，首先要制定学校的发展规划，一般3年或5年制定一次；计划则不同，需要每学期、每年制订；策划则需要在每一件事实施之前都做好。

（二）什么是"三划能力"

所谓"三划能力"，是指浸润在内心深处的在制定规划、计划和进行策划过程中所具备的基本能力。"三划能力"应该包含以下几点内容。

第一，把握办学政治方向的能力。习近平总书记多次指出，领导干部要"注重提高政治能力""加强政治能力训练""使自己的政治能力与担任的领导职责相匹配"。作为一名学校中层干部，应把握好教育的政治方向，要明确我国教育的根本任务就是培养社会主义建设者和接班人，培养一代又一代拥护中国共产党领导和社会主义制度、立志为中国特色社会主义制度奋斗终身的有用之才。

第二，具有未来战略谋划的能力。管理家德鲁克曾说"战略不是研究未来我们要做什么，而是研究我们今天做什么才能有未来"，学校中层干部首先要明确教育不是为了今天，而是为了明天，要为学生的未来发展做好准备。在人工智能时代，社会将发生深刻的变革，学校要懂得未来社会的人才需要具备什么素养，每一名干部要有未来战略谋划能力，积极为未来做好准备。不能面向未来的教育不是好的教育，这是对历史方向的洞察，我们必须真实地面对社会的飞速发展。

第三，持续学习创新的能力。在终身学习的今天，学习是一个人成长进步的动力源。具体来说，学校中层干部应向书本学习，扎实自身的理论基础；应向实践学习，丰富自身实践阅历；应向领导学习，树立正确的政治观念、大局意识以及学习其领导艺术；应向身边同事学习，在相互合作中提高；应向外界学习，不断拓宽自己的视野、完善知识结构。

第四，不断超越自我的能力。当今领导者的核心能力是学习创新和超越自我的能力。学习不仅是要学习新知识、新技能，更重要的是学习新思想、新概念。学习的目的不是巩固原有的经验和理念，而是为了发动变革、进行创新和超越自我。只有不断地超越自我，才能逐步提高自身的能力，进而推进工作的有效开展。

笔者认为，"办学政治方向的能力"是统帅，决定学校办什么教育、育什么人的根本问题；"面向未来教育的能力"是基础，这是由教育本身必然和使然决定的；"持续学习创新的能力"是方法，在面临各种挑战中需要不断地汲取营养；"不断超越自我的能力"是要求，面对新时代、新形势、新变化，我们只有不断地实现自我超越，才能办人民满意的教育。

二、提升"三划能力"的实践做法

（一）用习近平新时代中国特色社会主义思想武装头脑，强化责任

理论是行动的先导，用习近平新时代中国特色社会主义思想这一最新科学理论成果武装全党头脑，是当前和今后一个时期的重大政治任务。理论武装，关键在于转化。习近平总书记强调，要在学懂、弄通，做实上下功夫。其实都是讲的理论转化问题，即所谓内化于心，外化于行。

常言道，方向比行动重要，选择比努力重要。作为一名中层干部，把握正确的政治方向是教育的首要问题。它直接决定办什么学校、育什么人的问题。学校中层干部要不忘为人民谋幸福的初心、牢记为民族谋复兴的使命，要保持清醒的头脑，权为民所用、情为民所系、利为民所谋，全心全意办好教育。这既是我们的一份责任，也是我们的一种使命。

方向明确了，制定学校规划就不会跑偏；任务落实了，制订计划就不会走样；责任清晰了，策划的活动就会更加精彩。

（二）培育格局和前瞻意识，在做人、做事中提升战略谋划能力

格局，涵养精神、造就人生、成就事业。有什么样的格局，就有什么样的胸襟气度和精神境界。学校规划的制定需要制定者有战略谋划能力，而制定者的格局和前瞻意识决定了战略谋划能力的形成。格局大，则眼光远、心胸宽、定力强。在实践中，学校要求中层干部不能局限在本校的小天地，要走出去积极参加各种论坛和各项活动，拓宽自己的视野，并能够在各级各类平台上发表自己的意见和见解。同时，中层干部要善借他山之石，在不断学习和磨炼中提升自己的格局和修养，使视野更宽阔、考虑问题更深刻。

（三）培育"三位"意识，让计划低成本高产出，更富有实效

"三位"就是定位、越位和退位。把握计划的"定位"，就是要清醒地认

识自身的职责，明确哪些是本部门的事，必须确保完成；哪些是其他部门的事，需要协助完成；哪些是多部门交叉的事，应当共同努力完成。对于自己分内的事，必须独立出色地完成；属于每个成员都应该做的事，必须带头完成；属于副手做的事，应当配合完成；属于下属的事，应当放手指导去完成。这些虽然讲的是分工，但却是计划中的重要内容。明确计划的任务、做好人员分工则是计划实施的重要保障。"越位"就是要从全局角度来考虑本部门的工作计划或方案，而不能局限于本部门的小利益，更不能因为局部利益而损害全局和其他部门的利益。"退位"就是要站在低一层次和具体的角度来考虑有关管理制度和办法，充分考虑如何提高实施效率和降低实施成本。

学校中层干部在工作中尤其要防止大包大揽的工作方式，不论大事小事都自己做，看起来是以身作则，实际上是做了别人应该做的事。这样做不仅得不到同事的认可，还会损害同事的积极性和自尊心，最终落得"出力不讨好"的结果。

（四）把握策划的实质，在策划中不断超越自我

策划是策划者对于各种客体资源的把握能力，是将自身的资源与外界资源相融合，达到事半功倍的效果。学校在做策划时需要把握好以下三方面：一是要有明确的目标，这是策划成功的前提；二是要有明确的思路，一流的策划人员要善于洞悉事物本质，把握事物发展方向；三是做好资源的重新整合和运用，这是策划成功的关键。成功的策划者善于发现资源和资源之间的内在联系，把看似不相干的资源整合起来，使其产生更大的效用。

在开展每项工作前都会做好策划，一次工作总结就是一次很好的策划实例。例如，为提升干部的全局意识，学校策划了这样一次总结会，将以往"各自为战"的总结方式改为"主题性总结"。学校将工作分为六大模块，即行政文化变革，德育工作变革，教学工作变革，教务工作变革，后勤工作、安保、固定资产等服务性工作变革，党工团队伍建设工作变革，由主责干部负责陈述，其余干部要协同主责干部进行总结。学校要求每个人以学期计划中完成的最成功、最有价值且具代表性的工作为基点，站在全校发展的高度，

以管理团队的视角，围绕"为什么做这项工作""怎么做""有什么收获和遗憾""如何改进"等方面进行汇报。

实践证明，教育策划是一种战略管理，它具有源于现实而又超越现实的智慧，它用一种全新的视角来打造和规划着教育的各种行为，让教育得以健康、快速地发展。

三、"三划能力"提升的实践效果

（一）为学校教育内涵发展奠定了坚实的基础

在基础教育阶段，学校教育进入一个自我管理的新时代，借助"三划能力"提升促进学校发展已成为很多学校管理者的选择。"三划能力"的提升，融入了广大教师的意见和智慧，使工作更加精简、突出重点、效果明显。经过长期的实践，我们认识到，规划和计划制定的过程、活动策划的过程本身就是一种研究、促发展的过程。

（二）提升中层干部的谋划水平

规划、计划和策划在学校管理中发挥着核心作用。好的规划和计划应具有预见性、可行性、约束性、扎实性、反馈性、有序性、协调性、效率性等特征。如果目标定得过高，措施无力落实，规划和计划就是空中楼阁；如果目标定得过低、措施方法都没有创见性，虽然容易实现，但并不能取得有价值的成就，规划和计划就形同虚设。同样，好的策划需要智慧、需要谋略，需要在多种资源整合中寻求最佳方案。这就要求学校中层干部会做事、善想事、善谋事、能成事；要少说大话、空话、套话，重扎实性，工作布置后要及时落实、反馈；要增强成果意识等。

学校发展因规划而长远、学校工作因计划而扎实、校园生活因策划而精彩，以"三划能力"提升为依托，培养锻炼干部队伍，不断提升学校发展品质。

　　雷海环　1964年10月出生；1983年7月参加工作。北京明天幼稚集团党委书记、总院长，北京中外友好幼儿院院长，首批特级校长，特级教师，正高级教师。从教30余载，她始终坚持立德树人、无私奉献、深耕教育、锐意创新，以其执着的教育追求和富有成效的教育实践，推进了幼儿园的集团化综合改革，开创了幼儿园文化教育协同发展模式，推动了学前教育的高质量发展，承担了幸福教育、教师成长内生机制等数十项国家市区级课题，编写出版了《幸福明天》等论著，在《中小学教育》等期刊发表了30余篇论文。教育贡献突出，先后获全国优秀教育工作者、全国三八红旗手、全国巾帼建功标兵、北京市劳动模范、北京市优秀德育工作者、北京市优秀幼儿园园长等荣誉称号，并当选为海淀区人大代表、区妇联兼职副主席。一直以来，她始终坚持用爱浇灌希望，用心点燃梦想，用坚守实现信仰，把最好的一切奉献给每一名儿童。

雷海环总院长印象

　　雷总院长带的是小孩子，做的是大事业。她是全国知名幼教专家，专业引领力、高水平的管理效能成就了她的地位。她以高位引领为魂，唤醒她专业团队的教育情怀，促进幼儿多元发展和快乐健康成长。她的管理之道即以全面文化管理战略为切入口，全面提升集团化办园的质量。她致力于实现打造幸福高地的终极目标，注重集团精神的形成、塑造和传播，唤醒员工的内生动力，凝练出"求真、立美、至善"的核心价值，构筑"让每一个幼儿都快乐成长，让每一个教师都幸福发展，让每一个园所都稳步提升，让每一个家长都同程共进"的工作目标。在雷总院长的引领下，北京明天幼稚集团老师们开的是大眼界，见的是大世面，做的是大课题，成就的是幼教大事业。雷总院长常年要聘请北京乃至全国各领域名家在集团举办几十场高端讲座，这在全国幼教领域实属罕见。有这样的眼光、胸怀、气度、大手笔，教育人生焉有不成功之理？

——老廖

文化铸造师魂　专业成就幸福

——北京明天幼稚集团教师队伍建设

北京明天幼稚集团

北京中外友好幼儿院　雷海环

"百年大计，教育为本；教育大计，教师为本。"在教工委、教委的高位引领下，北京明天幼稚集团作为拥有 5000 名幼儿的大型学前教育机构，不仅要有社会责任与担当，更需要缔造一份文化与精神。而这一切，不仅影响着在这里学习与生活的每一个人，也可能成为影响这个行业乃至整个社会的积极力量！我们所做的探索不仅仅停留在了对"教育"的思考上，而是将"教育"提高到了"教育文化"的高度来定位。

基于这样的认识，我们在幸福教育的文化引领之下，坚持立德树人的根本目标，紧紧围绕"求真　立美　至善"的集团核心价值，提出了"科学求真　艺术立美　人文至善"三位一体的教师培养目标，按照"四有教师"和"四个引路人"的标准，强调师德与师能的全面培养，扎实推进了"中国好老师"行动计划，在幸福教育视域下集团化办园的改革实践中，初步形成了"思想引领、文化铸魂、学习固本、幸福赋能"的教师队伍建设路径，以转变教师思维方式为切入点，大力培养教师的科学素养、艺术修养和人文涵养，持续推进了教师队伍建设的四大工程——"强化理想信念，坚定教育信仰的强基工程；深化文化自信，提升思想境界的铸魂工程；推进行动学习，提升专业素质的锻体工程；追求终极价值，关注教师生命质量提升的幸福工程"，取得了初步的工作成效。

一、强化理想信念，坚定教育信仰

拥有教育信仰是成为优秀教师的必备基础！教师有了教育信仰，可以唤醒生命，促进发展。而培养和造就信仰之师，是师德建设中必不可少的重要一环。我们在师德建设工作中，充分发挥党组织的政治核心和战斗堡垒作用，依托"中国好老师行动"计划的推动、促进和升华，不断完善集团化办园师德建设模式；我们始终坚持开展"四观"教育，通过树立典型、学习榜样、阅读经典、专家讲座、集体反思、团队分享等途径，将世界观、人生观、价值观和教育职业观渗透到教师的学习教育中来，引导教师在平凡的工作岗位中来挖掘人生和教育职业的价值，从根源上来解决教师的思想问题；全面推进新时代"四有好老师"和"四个引路人"行动，开展了"中国好老师""四有教师""四个引路人"的系列评选活动，塑造先进典型，组织集体讨论，让"四有教师"的标准在每一名教师的内心扎根，成为他们日常教育的行为标尺，帮助教师建立崇高的教育理想和信仰。

我们让每一位明天人都成为先进思想文化的学习者、践行者和传播者，为每一名教师的血液中都注入了红色基因，夯实了明天队伍建设的思想基础。

二、深化文化自信，提升思想境界

教师的全面培养离不开集团文化的精神引领。以文化人是明天队伍建设的重要特点！我们利用全面文化管理的开放平台来推动教师队伍建设，充分发挥文化的引领、规范和激励作用，做好符合新时期"四有教师"要求的价值观传递和行为锻造，从而推动队伍建设水平的整体提升。

（一）抓住思想根源，启动全面文化管理

我们以精神文化建设为突破口，抓住教师建设的思想根源，启动了以集团核心价值观建设为基础，承载师德建设、专业发展、教育管理、品牌文化

等诸多内容的全面文化管理，解决了教师"追求什么""如何追求""干什么"三个重要问题，形成了"教育高地　文化高地　幸福高地"的共同愿景。

（二）分析教师现状，探索文化落地路径

我们强调文化的内化于心、外化于行，科学分析诊断教师发展现状，积极探索文化落地的方法与路径，一方面，我们以活动为载体，将学习、教育和反思结合起来，推进文化落地，例如开展团队拓展活动来孕育团队精神，开展"文化伴我行"征文等活动，抓住每个契机对师生深入开展爱的教育，将"求真　立美　至善"的集团精神转化为每一位教师的思想和行为；另一方面，我们构建了师幼互动、教学相长的幸福教育文化，开展了"爱与责任同行""爸爸游戏吧""让爱创造奇迹""美的种子在发芽"等四届"六一"大型主题教育庆祝活动，既促进了幼儿的健康成长，也通过大型教育活动的组织实施来强化文化的落地。此外，在管理文化上，我们将"精细实"的理念落实到教育实践中，即工作方法上追求"精"，工作流程上追求"细"，工作效果上追求"实"，凝结成"事上练　心上修　做中悟　思中成"的教师成长精进策略，全面推进了"求真　立美　至善"在教师教育行为中的落地生根。

三、推进行动学习，提升专业能力

"严谨笃学，与时俱进"是新时代教师应有的终身学习观。学习是教师专业发展的根本！只有不断加强理论、业务学习，才能不断超越自我，满足时代和教育发展的要求。因此，我们在全体教师中全面推广了行动学习的工具方法。在行动学习的推进中，我们高度重视培养教师系统的辩证的科学思维方式，将行动、反思和对话统一起来，对传统学习进行了深度的再造，组织全员的、全面的、全过程的学习与教育，实现了以问题为导向的实践学习与持续精进。

（一）整合资源，在开放中学习

行动学习的基本前提就是要建立开放的团队学习场。我们充分发挥集团化办园的优势，创新协同育人的教育模式，整合总部行政部门和业务部门的优势力量，积极引入专家资源，建立从总部到 20 所幼儿园，再到 150 多个班组，涵盖近千名教职工的各层级学习场，利用教学实践、会议研讨、互助小组、行政教研等各种途径来进行反思和对话。

（二）搭建平台，在合作中学习

行动学习中我们注重引导、支持、帮助教师建立终身学习、团队学习、反思学习、研究学习的理念。为了引导教师专业成长，我们搭建了师法友的学习平台，优化了学习情境，创新了学习工具。在师的层面，我们提倡，寻找生命导师；自己成为别人的老师；三人之行，人人是我师；以书为师，以史为师，以事为师，以物为师。在法的层面，我们提倡：焦点向内，做好自己是根本方法；为学日益，为道日损的个人成长方法；互相帮助、互相督促的团队成长方法；线上、线下研讨、分享、教练的浸泡式学习法；能力提升、形成习惯的事上练的方法。在友的层面，我们倡导：形成共同学习伙伴，携手同行；互为镜子，互相砥砺；共同切磋，快乐学习；坦诚交流。

（三）课题引领，在研究中学习

行动学习中我们高度重视行动，我们以承担的市规划课题《幸福教育视域下幼儿园综合改革实践研究》、市政府重点课题《协同教育视角下儿童学习品质的培养研究》等重点课题为引领，引导全体教师在实践中研究，在研究中学习，在学习中进步，并注意教育科研成果的总结、固化和传播。

（四）系统思考，在反思中学习

行动学习中我们注重反思环节，我们探索"晨思""午会""晚省"的例会制度，分层级落实 PDCA，推广问题归因正见法则，以"六镜意识"来指导教师反思和进步，即：放大镜，悟收获；显微镜，找问题；望远镜，重规划；广角镜，拓思路；平面镜，识差距；后视镜，促提升。让教师具备事前、事中和事后的自查自省、系统思考和自我精进的能力！

我们倡导"让优秀成为习惯，让学习随时发生"，将行动学习作为教师转变思维方式、助推专业成长的根本动力和实现途径。

四、追求终极价值，共赴幸福高地

只有幸福的教师才能实现幸福的教育，才能培养出幸福的明天儿童！我们对学习型组织进一步升华与进化，构建了幸福型组织，以此作为培养明天幸福教师团队的重要平台，引导教师深入理解教育的使命和意义，关注生命价值和职业价值的统一，关注人内心需要与尊严，夯实师幼幸福的基础。

我们从顶层设计入手，以幸福型组织作为重要载体，大力打造了组织动力系统、组织学习系统和战略执行系统等三大系统，建设了以专业能力提升为核心的九大模块，抓住每一个教育实践环节的契机，辅以幸福觉察日记、幸福生活分享、幸福教育课程等幸福构建的工具方法，系统建构幸福型组织。并以此来推进幸福教师的觉醒觉察，强化教师在教育工作中的主体性和主动性，引导教师自主自发地挖掘和体验工作生活中的意义和价值，同时，注重以专业成长来增强教师自我成就的动机，从而提高教师幸福胜任力。更让每一名参与其中的教师都找到了归属感、尊重感、成就感、意义感、幸福感！

集团化办园模式下的幸福型组织建设为教师成长提供了新理念、新平台和新路径，书写了"文化铸造师魂"的明天教育新篇章！

在幸福教育的文化引领之下，在全体明天人的共同努力下，集团已经形成了以立德树人为根本任务，以德能兼备为培养目标，以党组织思想政治建设为引领，以幼儿园全面文化管理为路径，以幸福型组织建设为平台，以幸福教育实践活动为载体，以行动学习为重要工具方法的教师队伍建设模式，造就了一大批以四有好老师、四个引路人为职业成就目标的明天幸福教师，共同开创了"专业成就幸福"的明天教育新辉煌！

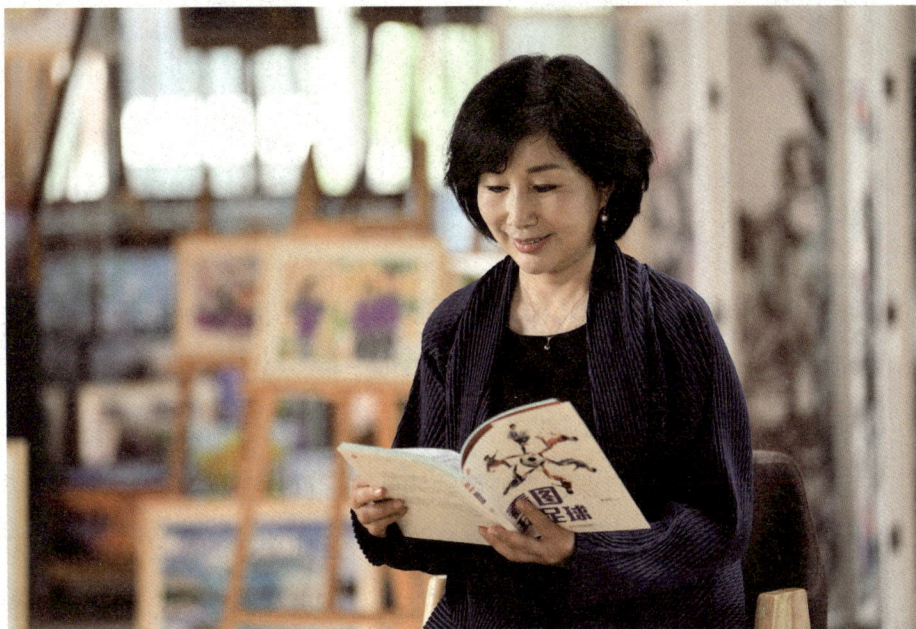

    窦桂梅　清华大学附属小学校长、清华大学基础教育研究所所长。特级教师、特级校长、正高级教师、教育学博士。教育部大中小学思政课一体化建设专家指导组副组长、教育部基础教育教学指导委员会委员、国家教材委员会专家委员会委员、国家义务教育语文课程标准修订组核心成员、北京市政协常委。

    曾获得全国教书育人楷模、全国模范教师、当代教育名家等荣誉称号。2014年、2018年主持的《小学语文主题教学实践研究》和《成志教育：小学立德树人的校本实践》均获第一届、第二届基础教育国家级教学成果奖一等奖。2021年《让儿童站立学校正中央：从"三个超越"到成志教育的升华之路》获"第六届全国教育科学研究优秀成果奖"二等奖；先后主持和参与4项国家级规划课题，在《教育研究》《课程·教材·教法》《中国教育学刊》等发表多篇论文；《牛郎织女》《秋天的怀念》《丑小鸭》等课堂教学成为全国师范类学校及全国语文教师的经典研究范例。

窦桂梅校长印象

　　窦桂梅是清华附小校长，还是清华基础教育研究所所长，特级教师、特级校长、正高级教师、教育学博士……多年来，她躬耕实践，研究探索小学语文主题教学，同时研究基于立德树人的学校"成志教育"这一国家社科课题。她带领团队先后两次获得基础教育国家级教学成果奖一等奖。她的"儿童站立学校正中央"的教育哲学，以及"1+X课程"实践创新，让儿童在体育、阅读和科技等方面实现德智体美劳全面发展的个性与个性全面发展的有机统一的成功探索，为培养有理想、有本领、有担当的时代新人打下坚实的基础。十几年来，她作为一体化集团总校长并兼任成志幼儿园长，担当公益使命，先后在朝阳、昌平、海淀跨区域辐射办学；而今又带领团队，纵向不断探索九年义务教育新课程标准下小幼衔接和小初衔接的贯通培养，横向探索不同区域儿童适性扬才之研究，得到学生和家长的认可和尊敬。多年来，窦校长和她的团队秉持自强不息奋斗精神，培养了"敬业博爱儒雅"的教师集体人格群像，为渴望追求"教育家精神"的老师提供了一种样本，也为"做有专业精神"的个人发展获得了一种价值确立。

——老廖

过好每一日学校生活

清华大学附属小学　窦桂梅

怀特海在《教育的目的》中强调："教育只有一个主题，那就是五彩缤纷的生活。"清华附小从百年历史中积蓄并淬炼提出成志教育，立足新时代聚焦学生发展核心素养目标，始终在探索"如何把立德树人宏观蓝图放置在一所具体学校的微观场域之中"和"如何把高质量育人目标落实到儿童每一日学校生活之中"的两个命题，并提出了"两个站立"的治校哲学，即教育学意义上的"儿童站立学校正中央"和管理学意义上的"教师站立学校正中央"。立足当下，引领教师思考如何把教师发展与学生成长相统一，赋予学校建设"理想抱负、意志品质、实践行动"的成志教育时代内涵。学校以学校主体价值本身为逻辑起点，以国家义务教育课程标准为基础，以主题教学教学论与方法论为切入点，深度凝练育人思想与实践经验，构建了学校"全天候 1+X 课程"体系和支撑学校育人主体的"四大统筹运行"机制。

坚持"儿童站立学校正中央"的主体性逻辑，锚定学校育人主体的高质量发展内涵。先谈谈高质量育人。从高质量"特质说"来看，教育不同于经济，是能够客观反映教育本身的内在属性，是区别于其他事物的性质，是具有客观性的；从"程度说"来看，是教育一种相比较后的程度差异，是人们对教育事物特性的满意度，具有一定主观性和相对性；从"内适应与外适应统一说"来看，是教育所提供的成果或结果满足教育目标系统所规定标准的程度，是学校内部教育系统以及与社会国家需要匹配的程度，具有对称性。回归教育现场的学校，高质量育人价值意蕴呼唤学校主体责任的育人本体回归：把本该用于孩子快乐成长却被家庭占用急功近利刷题的时间抢回来，把培养社会主义事业建设者和接班人的价值观塑造主动权从注重盈利的培训市场夺回来，把义务教育阶段学校的教育教学主体责任担回来，即构建儿童一日学校生活的新教育生态。

挖掘学校真实场域微观单位的育人价值，赓续成志教育历史精神的价值性逻辑。学校始终聚焦"儿童一日学校生活"的源头和底层逻辑解决"高质量育人"的本质问题。作为一所具有"服务属性"的大学附属小学，应大学要求早在 2002 年就开始"课后托管"，多年来一直致力于破解课内与课后打通的问题。一方面我们持续优化有着"服务"含义的办学质量；另一方面探索对课内的固本培元和课后服务的强助攻，并统筹实现课内与课后的双育人统筹。20 多年来，我们迎难而上变"脱管"为"托管"；从"课内课后脱节"到"课内外联结"；从"课后服务"提升为"课后育人"。从课后托管到课后育人，学校在努力构建"课内课后统筹的双育人体系"。

既然如此，如何让学生"过好学校一日生活"？从学校历史发展来看，从语文教改的"三个超越"到主题教学获得首届基础教育国家级教学成果一等奖；从"全天候 1+X 课程"体系跨越到成志教育育人模式的第二届基础教育国家级教学成果一等奖。学校创造一个又一个里程碑意义的事件背后，还是回到学校师生每一日的学校生活里，去不断思考儿童一日学校生活如何不断优化？如何审慎思考摒弃什么，坚守什么，与时俱进什么？成为学校当下研究落实未来五年、十年，乃至新百年学校成志教育发展的逻辑前提。

于是，我们会看到，清华附小以校园里矗立在成志大道上体现中华古代文化"与时俱进"之寓意的日晷作为学校一日生活的图景。学校结合日晷形状进行了图谱的结构划分，构成儿童"过好一日学校生活"的完整画像。以实践多年的"全天候 1+X 课程"为基础，系统梳理课内课后育人的"内容与时间、空间与路径、机制与保障"，统筹构建"课内课后双育人"高质量格局。将学生学习内容规整和精选，将学生一日生活细分和优化，并形成日、周、月、年的动态周期成长序列，苟日新、日日新、又日新，每天都有进步，都有发展，让师生"过五彩缤纷的生活"。下面仅从机制方面分享我们的实践和思考：

一、价值共创：共同绘制学校育人主体责任的精神图谱

十多年来，以《清华附小发展规划》《清华附小办学行动方案》凝聚一致的育人共识，共同构建和创造有意义、有价值的成志儿童一日学校生活的价值基础，多元主体通过互动并参与学校生活获得价值体验和体认。

首先，从儿童作为每日课内与课后自我教育与自主学习责任主体考量。从"学校有什么给什么"，逐渐转变为研究儿童"需要学什么、体验什么、收获什么"，注重培养同理心、道德感、想象力，加强科学精神、社会责任感与生态意识，于是有了《儿童课程选择和自创菜单》《儿童每日生活规划清单》等系列举措。

其次，教师是每日"课内课后""双育人"责任主体。《清华附小教师手册》结合学校一日学习生活，把过去强调"课比天大"的要求迁移到课后服务中，强调课后育人同样比天大。把课内课后"双育人"备好、上好作为师德标准。

第三，家庭是每日课后"依法带娃"任务的责任共同体。《中华人民共和国家庭教育促进法》的出台意味着全社会为基础教育保驾护航，家校社儿童需一起构建一日生活"共同体"，家庭、社会要协同学校形成集体共识、团结合作社会契约。

价值共创是协同相关"共同体"实现"立德树人"，共同培育有理想、有本领、有担当的未来时代新人，要多元共担，集思广益，共同探索构建高质量的新关系场域，家校社儿童共同推动更多的价值创造，不断创造属于我们这个时代的共同认知，并讲好彼此赋能的"家校社育人好故事"。

二、路径统筹：重构儿童一日学校生活体系

《义务教育课程方案和课程标准（2022 年版）》强调生活逻辑、学习逻辑，更多体现了以学习者为中心、从课程素养走向学生素养，并紧密联系生

活实际的"学习逻辑"。我们围绕儿童一日生活，研发《清华附小"全天候1+X课程"指南》，系统梳理育人要素，聚焦核心变量，强化要素关联，形成统筹路径。

首先，注重学段的衔接。清华附小按照成志主题方式，纵向绘制"幼小衔接、启程（低学段）—知行（中学段）—修远（高学段）三进阶、小初衔接"的"衔接＋进阶"的一日生活的图谱，构建完整贯通的育人阶梯，促进儿童在呵护兴趣、培养乐趣、砥砺志趣的渐进中实现健康、阳光、乐学的生命样态。三进阶的关键是要做到每一个学段科学衔接，呈现多元时空知行合一的角色体验。比如通过儿童低学段升入中学段的"8岁小成人礼"、中学段升入高学段的"10岁的天空"、高学段升入中学的"12岁毕业修远"等具有明显学段特性的角色进阶，见证儿童6年完整成长过程。

其次，优化一日时间结构。开发基于课程标准又可供儿童自主选择的《"全天候1+X课程"课程表》。我们经常说"'质量'高不高，关键看课表"。时间节律上，注重一日学校生活更加符合儿童身心节律，从"晨启时光"开始，用学生自主体育锻炼的身心律动唤醒一天的学习节奏，然后在"学习时光"的课堂中沉浸式体验与互动，每日中午午休、游戏，包括每周三"午秀时光"自创展示的"水木秀场"和每周五的"水木童心"自主分享，再到下午的营养加餐和"暮醒时光"的沉淀和梳理等，在不同的时间模块里，学生实现了"我的课间我选择，我的课堂我喜欢，我的项目我做主"。

第三，课程内容统整优化，注重更加全面而又丰富的选择。基于新课程方案，在课内教学的基础上丰富课后育人的X课程供给，即增加"学科＋"的学业强基内容、基于兴趣培养的内容和基于特长持续发展的社团内容等。

第四，统筹整合"课程—课堂—课业"高质量靶向诊断清单。促进"教—学—评"一体，发挥作业的诊断、巩固、学情分析等功能，将作业设计纳入教研体系，系统设计符合年龄特点和学习规律、体现素质教育导向的基础性作业。鼓励布置分层、弹性和个性化作业。

第五，引入与融合社会优质资源，创新家校社协同新关系共建场域。家庭、社会是培养学生的重要场所，是学校教育的自然延伸。一方面，学校打破空间围墙，让"高质量"有"长脚性"走出去，实现儿童与生活打通；让高质量的学校一日生活有"生长性"，引领协同家庭和社会的步伐，把更好更多的资源供给学校里的，即把"盛开的玫瑰移植到学校园地里"，让名师和社会公认的好课程资源进入到课内与课后协同育人中。

路径统筹不仅要依靠一批又一批教师的责任自觉和使命担当，还要依靠家庭、社会和政府的共识和助力，既要有学校教师专业育人的"水仙花"，还要有更多校外"课程的面包供给"，构建全社会共同育人的优良传统和社会风尚。

三、激励相容：实现组织自适应循环的共生治理

"培养什么人"的重要前提是紧扣"谁在培养人"。高质量育人理念下，全面提升教师课内与课后"双育人"胜任力。10多年来，通过《"一日蹲班"全景式观察》《央央有约活动指南》等，调节教师身心节律与情绪、做好学校与家庭的平衡、保持身心健康、成长赋能等，彼此激励共同建立教师专业可持续发展的长效机制。

首先，宏观调控，运用清华大学"五元理论""三定方案""四个激励体系""岗位说明书"进行学校综合治理。统整学校组织机构设置，融通队伍培养，让岗位与能力相匹配，实现基于学校一日工作生活的"课内＋课后"的整体高质量育人评估。

其次，柔性对接，创建儿童"自主选课＋学伴小组群"学习模式，打好"平行与交叉"组合拳。本部组建了450多个线上与线下的"小师带小徒的生生学伴亲友团"和"大手拉小手的师生学伴亲友团"。学校所有管理干部都要下沉到教学一线，把管理建立在班级这个微观基础上。学校除了为每个班级配备班主任之外，还让其他任课教师担任副班主任，行政后勤人员担任第三班主任，第一、二、三班主任的责任分工与配合机制，有效分解了传统班主任的重担。

第三，诊断盘活，保持10余年的"一日蹲班"传统，整合各方评价要

素有机体，创新"一日学校生活"全景式内生治理机制。这种"整合式""管理＋教研"的方式经过多年的坚持与逐步完善，打破了单一学科的课堂备课与学生观察，能够围绕儿童一日学校生活进行全过程、全方位观察、记录与反馈，立足班级开展"班主任＋副班主任全日随班陪伴教导＋第三班主任项目跟进"全天候沉浸式同行研讨。以"各项管理者＋学科教研员＋家长＋专家"多种类型组合为项目小组走进某一班级观察和诊断，形成跨组教研、跨年级、跨岗位、跨校内校外评价分析，把教师被撕扯的各种碎片时间、多头管理和各种检查等，统筹在一日的时空里进行诊断与被诊断，帮扶与被帮扶，进而促进老师认识到"一日班级"即星辰大海。

激励相容是努力从教师需求出发的管理赋能，从管理者角度反思的"一日蹲班"，实现部门拧麻花，聚焦学科教师间对课时和内容整体观察，实现团伴间时间统整的"利他"与"禅让"，实现教师个体目标与学校整体目标的兼容，不断实现教师学校一日生活里效能感的最大化。

四、数智赋能：塑造一日学校生活的数智化生态

紧抓数智化转型契机，创建"儿童线上一日学校生活平台"，建立智慧校园智能管理系统和智慧学习系统，探索具有"包容""外链"能力的"一网覆盖"的数智化高效运行的每一日学校生活系统。

首先，环境升级。持续推进新型基础建设升级，深化大数据应用提升，全面提升师生数字素养，创新教育教学方式及其全面融合等。用数智变革成果切实服务育人工作，使数智化成为学校提升育人质效的内生驱动力。

其次，应用融通。如学校运用智能手环对相关年级的学生在学校一日生活中的运动过程进行动态健康评估与诊断，尝试制定《"一人一张"健康运动反馈与改进报告》。

第三，分析诊断。班级数据进行横向分析，总结优势方法，集中解决学生体质健康问题，实现从滞后的结果性诊断到过程中实时反馈的转变，为每个儿童提供及时的最智能、最便捷、最新动态的成长反馈单，进而统筹时长

评估与效率评估。

第四，管理赋能。通过大数据、人工智能等数字智能技术赋能学校治理，促进数智校园建设，实现各类管理数据与学校管理职能部门对接共享，推动学校管理有效运转。完善学校治理机制，深化教育教学改革创新，提升学校治理能力和水平。

第五，课堂变革。重塑线上线下教与学的双边关系。通过 Classin、腾讯会议、翻转课堂等平台，充分发挥线上线下的各自价值与功能，形成优势互补，提高课堂参与度、学习互动性与目标的达成度。

数智赋能让数智化深度嵌入学校生活，不断提升师生的数字素养，形成一日生活在真实与虚拟两重空间的管理能力和全新学习力，提升学校治理的效能与效率，激发和构建学校智慧教育新业态。

以上"价值共创""路径统筹""激励相容""数智赋能"四个机制，让师生既在每一日学校生活中得到个性舒展与蓬勃，又源源不断地滋养着与祖国和时代同频共振的内生力量，这是对高质量育人本质的生动实践和理念应答，更是在学生培养、教师成长与学校发展等方面取得了高质量的集成效应。

培养了一批自主性强、可持续发展的成志少年。以日、周、月、年为时间序列，让一日生活成为儿童成长的日常基础与成长意义通道，形成"日积跬步，以致千里"的六年动态积累与成长进阶，在学习品质、身心健康、意志品质、创新能力以及社会担当等方面整体发展。

造就了一批内生发展、双育人胜任力的成志教师。"一日学校生活"为教师全天候、全生命周期育人赋能，引领全体教师完成集体人格塑造。"一日蹲班"根本上改变了学校的教研体系，教师研究与育人能力整体提升。

形成了一种家校社共育互见度强、社会引领辐射广泛的教育集群效应。形成"学生一日生活手册、成志教师手册、家长共育手册、全天候'1+X课程'方案、优质教育均衡公益引领方略"等系列可操作物化成果，以儿童一日学校生活为圆点，形成多元共治的、同生共长的学校生态圈。

随着教育改革的深入推进，学校仍面临诸多困难、不足和挑战，但是多年的教育实践启示我们：障碍本身就是前行道路的组成部分，方案往往会成为我们明天的答案。我想明天，一个个明天，我和每一位年级主任和学校部门，会韬光养晦，会居安思危，也会积极面对更多冲击与挑战。将继续从"学校声望等级，可用资源，学生成果，以及学生的个性天赋增值"这四个高质量目标维度，为实现基础教育的中国式现代化贡献学校智慧和方案。

管杰 北京市第十八中学校长，正高级教师，北京市特级校长。国家特约教育督导员，教育部基础教育质量监测国家视导员，教育部基础教育教学指导专业委员会综合实践活动指导专委会副主任委员，全国中小学教师信息技术应用能力提高工程2.0专家。北京市政府督学，北京市教育学会中小学德育专业委员会理事长。

获第三届"明远教育奖"，第五届全国教育改革创新杰出校长奖，基础教育国家级教学成果二等奖。北京市基础教育教学成果一等奖，首都优秀科学传播奖。北京市优秀教育工作者，首都五一劳动奖章，北京市优秀德育工作者。

主持了4个国家级课题，6个市级课题，出版了《做云时代教育的领跑者》等7部专著，在《人民教育》等期刊发表论文30余篇。

管杰校长印象

从十一学校副校长岗位走出海淀的管杰，人生已经深深地打上"丰台教育"的烙印。在丰台的岁月中，管杰的主要教育贡献在于重塑并大力提升了十八中这所丰台优质校的影响力，使十八中成了丰台和北京南城的教育地标之一，进一步优化了丰台的教育生态。管校长是深刻的教育思想家和教育的坚定行动者，善于驾驭更多更大的教育集群校，善于调动一切社会资源为教育所用，善于从纷繁复杂的事务中寻找规律，善于调动教师干部的积极性来完善他们共同的事业，善于发现并培养其教育集群校的骨干而使他们的群体更优秀。他像海洋中的岛屿，可以让师生在飞翔中有温暖的歇息之处。他的影响力早已突破丰台，在全市基础教育领域名望也颇高。

——老廖

做教育路上的积极"追梦"人

北京市第十八中学　管　杰

1989 年，我从北京师范大学毕业后到北京十一学校任教 19 年，先后担任过团委书记、教育主任、副校长，参与了学校的办学体制改革、育人模式改革，亲历了学校创新改革的起步、发展到转型、卓越的过程。2008 年，我从北京十一学校来到北京十二中，担任了学校 3 年的党总支书记。她在 20 世纪 80 年代率先进行分配体制改革、人员聘任制改革，促进了教育改革。

2011 年 6 月，组织上任命我为北京十八中校长。1990 年到 2009 年，迁址后的北京十八中从完全中学变成了纯粹的高中，优质初中剥离，生源断层，办学进入一个历史的低谷。方庄地处丰台区东部，毗邻西城、东城，曾是亚洲最大的社区。随着社区日渐成熟，它聚集了丰富的社会资源，具有广泛的国际影响力，是近百个外国领导人参观考察的现代化住宅示范区。

开放的房地产市场为百姓"用脚投票"择校提供了空间。曾经在每年的升学季，方庄地区都要流失一批优质生源，他们会选择去海淀、西城、东城等教育资源丰富的地区读书，使我们的发展面临很大挑战。为振兴十八中，几任校长开始了接力赛。

一

北京十一学校和北京十二中的经历，使我刻骨铭心地认识到，对于继任者来说，承前启后、继往开来、做大做强北京十八中是使命；对于改革者来说，困境就是冲锋令，唯有改革谋求新平衡才是出路；改革策略有别，改革路径多样，改革手段多种，不可简单复制，必须与学校所处的生态环境和历史阶段相适应，自主创新实践，这就是首创精神。

从海淀到丰台，28年来我一直坚守在首都基础教育第一线，在基础教育领域进行了积极的实践和探索，取得了显著成效，逐步形成了自己的教育信念。我认为，基础教育应该生态性发展，区域教育的发展要建设一个丛林式教育生态系统，一个以多元化的特色教育满足教师、学生个性化需要的区域教育共同体。

随着我国经济的崛起，文化复兴是国家进一步发展壮大的必由之路。文化复兴需要教育发展改革的支持，更需要教育人的文化自觉。教育治理要以文化的力量来实现，构建教育的文化实现机制。

当前，命运共同体成为时代潮流，全球共享服务促进着世界资源的协作开发，"一带一路"战略实施促进着我国在全球共同体中发挥着越来越重要的作用，京津冀协同发展和新的北京市城市总体规划等推动着区域共同体发展。我们要培养适应命运共同体时代潮流、符合命运共同体发展要求的人才，紧紧围绕学生发展需求探索在区域教育共同体中如何得到连贯性满足的系列问题。

二

借着北京市绘制教育新地图，进行优质教育资源均衡化改革的良机，2010年5月，在丰台教委的主导下，北京十八中所在地方庄地区的27个教育单位进行整合，建立了以十八中为龙头的方庄教育集群，成为北京市的第一个教育集群，由我担任集群第一届理事会执行会长。

紧紧围绕学生发展需求在区域教育共同体中如何得到连贯性满足的系列问题，方庄教育集群7年来以共享促协同，以协同促发展，以自组织激活他组织，27家成员单位形成区域教育合力，以特色课程衔接促进学段衔接，以课程有效供给能力建设推进教育供给侧改革，满足了方庄地区近8000名学生发展的多样化需求。

在解决问题过程中，方庄教育集群经历了三个阶段，即以物质资源和人力资源共享为主要功能的形态、以课程共建共享为中心的区域教育共同体形态、以学段有效衔接为核心的区域教育共同体形态，探索出了五条实践路径：存量资源盘活共享，资源差异及优化配置，课程规模化、常态化开发，区域教育结构、功能优化，协同学习型和谐社区建设等；形成了五个体系：课程体系、教师专业发展体系、智慧发展体系、家长谐美推进体系、治理体系等。

现代化教育治理不仅需要多元主体，还需要多元主体的理性参与，通过多元主体互动、协作等方式，建立一套有效的治理体系，使不同的教育主体能够共同参与教育的决策、执行和监督，进而实现教育改革和发展目标。

在集群治理方面，方庄教育集群构建了开放、民主、多元主体共同参与的集群治理体系，实施资源配置的竖井式布局，提高了资源使用和配置的效率与效益。集群尊重成员既有存在，坚持互相尊重、共赢共生、自发生长，通过发挥各自优势，满足彼此诉求，形成区域教育合力；尊重原有教育生态，注重教育生态涵养；注重调动有利因素，在供给途径与机制方面，引入适度良性竞争机制，提高了集群资源的使用效能，积极推进集群生态建设，让每个因子在自己"生态位"上发展。集群以"自组织"实现区域教育资源的共有、共享、共治、共赢、共荣，最大程度地提高区域内教育资源的利用率，推动了方庄地区基础教育的优质、均衡发展。

集群在发展中意识到，需要凝聚和壮大区域教育合力，改变区域教育结构。通过建立集群代表大会及其理事会、监事会和人民调解委员会等机制，面向社区开放共享集群云平台，开展职业技能培训、技术服务等，使社区居民参与集群治理，切实成为集群的参与者、获益者，从而推动集群教育的社区化进程，促进区域教育治理能力的提升，探索一条社区协同共建"人民满意教育"的路径。

三

十余年来，集群通过创设一个区域丛林式教育生态系统，对成员间关系进行非正式组织状态引导，形成集群意识，发展集群能力；推行"竖井式"项目管理，以多元化特色教育促进了教师专业发展；创设一个让教师畅通的校际流动机制，实现教育能量流动由单向到多向的转变；使教学场域扩大到区域层面，通过"群内跨校制"的实施，使集群教学场域由静态的存在转变为动态的生命体验，满足学生的成长诉求，成为一个以课程为核心的区域教育共同体。

方庄教育集群已经建设成为一个"丛林式"教育生态系统，一个以多元化的特色教育满足教师、学生个性化需要的区域教育共同体，一个由各个领域的教育特色品牌组成的教育丛林生态系统，形成鲜明的地缘性、生态性、内生性、自主性、社区化的运行特点。

十余年来，集群不断推进集群课程体系升级，促进教师专业成长，推动集群育人模式转型，创新集群教育治理模式，实现了集群教育的内涵升华，极大地提高区域教育资源利用率，促进区域教育优质、均衡发展，推进学习型和谐、智慧社区建设，赢得了区域居民的认可，越来越多的方庄地区的孩子选择在家门口上学。这实现了区域教育共通、共识、共治、共享、共赢的目标，推动了方庄地区教育的优质、均衡发展。

方庄教育集群不是一个如同行政单位的他组织，而是一个实践社会治理的自组织。我们不仅要把集群学校团结起来共同发展，更好地服务于学生；把资源整合起来提高利用率，发挥最大教育效益。还要更充分地彰显每一所学校的个性，实现每一所学校的自我发展，发挥每个成员的首创精神。按照比较优势理论思维，教育集群突破了原来学校之间不合理的竞争，变成相互间的协作，打造教育集群的特色教育生态丛林系统，促进区域教育遵循人的成长规律，依照学校的办学规律来协同发展。

教育集群应该挖掘每所成员校的特色和优势，让每所学校都有自己的声音。学校不应该有好坏之分，差异是宝贵的资源，教师的差异、学生的差异和学校的差异、家庭的差异、社区的差异都是资源。教育不应该把学校、家庭和社区与教师、学生、家长等同质化，剥夺教育服务对象的选择权。

教育集群不应追求一家独大，理想状态是"各美其美，美美与共"。"美"

不是用来争艳，而是因为共享互增色彩，因为协同实现共育。各美其美是指特色衔接，每所学校要坚持自己的特色；美美与共是指方庄在打造一个集群"美"的平台，建设一个互惠互利、普惠普利的平台。

有"好教师"，才会有教育的优质。如果优秀教师能在集群内流动起来，就可以减少学校之间所谓的差距。方庄教育集群承担教育部委托的"区域教师的专业发展与人力资源的共建共享"课题的行动研究，正在探讨建立集群内的首席教师制，引领集群教师共同成长。

教育集群最大的意义，就是找到了第三空间，把政府、学校、企业、社会的力量有效地整合起来，形成教育合力。办好一所学校，开辟一条通道，引领一个区域，创出一片天地，这是我的教育梦想。苏格拉底说："世界上最快乐的事，莫过于为理想而奋斗。"作为一个积极的"追梦人"，尽管付出了太多的艰辛，但我是幸福的。教育没有终点，它永远朝向未来，我要为自己的教育梦而奋斗终身。我们所有人的梦想，将会汇集成一个大大的中国梦，中华民族复兴的伟大梦想就一定会实现。

（本文发表于《中国教师》2017 年 11 期）

谭小青　中共党员，北京十五中校长，硕士研究生毕业，中学化学高级教师，化学奥林匹克主教练。历任北京四中教研组长、教学处副主任、主任、副校长。长期从事中学化学教学、化学奥林匹克竞赛辅导、科技教育和教学管理工作等。辅导的学生参加省市及全国化学竞赛共有百余人次获一、二等奖，多次获全国化学奥林匹克竞赛"优秀园丁奖"。积极辅导学生进行科技小课题研究，数十名学生在市、全国及国际科技竞赛中获一、二等奖，他个人也因此多次荣获市区"科技园丁奖"。在各种刊物和会议发表论文几十篇，主持编写了多部著作。合作主持科技部和教育部多项国家级研究项目，多个课题研究荣获国家级教学成果二等奖，市区一、二等奖。2009年9月荣获"北京市优秀教师"称号。他还是北京市西城区第十二届、第十三届党代会代表。

谭小青校长印象

　　谭小青是个好校长。他把更多的时间花在了校园，把更多的时间留给了师生，陪着师生发展成长——把时间留给谁，谁在我们心中的分量就更重。显然，师生在谭校长心中重千斤！他似乎不太愿意做无谓的交际应酬。但一见到师生，他就表情生动；一谈到教育专题，他就专注认真。这种可爱的读书人气质是他的标签。他专业精湛，从广东华南师大附中调到北京四中做奥赛教练和科技老师，后来做了四中教学副校长，再在十五中做校长。北京，给了这位湘人校长以事业的平台。谭小青办学稳健有章法。在著名的北京四中分管过教学，他知道自己要把十五中这所老宣武的名校带向何处。他把十五中置于名校云集的老西城的坐标系上，取法乎上。他为十五中的发展制定了切实可行的目标，十五中正焕发出新的生机。他是一团火，温暖着十五中，照亮了十五中前行的路。

——老廖

乘"双新"东风，促学校发展

——北京十五中"双新"项目建设的探索与思考

北京市第十五中学　谭小青

北京市西城区作为教育部首批全国普通高中新课程新教材实施国家级示范区，立足于促进国家更高水平人才培养体系、更高质量的教育体系建构，在课程建设与课程组织管理、考试与评价、课堂教学改革、学校治理等关键领域积极探索，为进一步统一思想，更新观念，把在"双新"实施中形成的经验，在推进普通高中育人方式变革、促进学校多样化有特色发展方面发挥引领、促进作用。2021 年 10 月 15 日，中国教育学会高中教育专业委员会 2021 年年会暨普通高中新课程新教材实施国家级示范区交流研讨会在北京市第十五中学举办。本次交流研讨会主题是"新课程、新教材、新探索、新发展"。北京市第十五中学作为国家级示范区"双新"工作重点参与校，以《乘"双新"东风，促学校发展——北京十五中"双新"项目建设的探索与思考》为题，总结了学校一年来在高中新课程新教材实施工作中的一些做法与想法。

一、统一思想，不断更新教育教学观念

我们调查发现，对于高中新课程新教材绝大部分教师的态度是积极的，但也有少部分教师的观念有待改进：有些教师的观念还停留在"我按照老方法教很有效，为什么要改"的层面上；有些教师能理解新课程、新教材的必要性，也做出了一些突破，但教学效果还不太明显，因而心态不够自信。所以，我们认为推进新课程新教材工作的第一个关键，就是统一思想、更新观

念，更要避免"穿新鞋走老路"的现象。

如何避免这一现象，如何更新观念？我们觉得"双新"项目建设是一个非常重要的契机，通过申报"双新"项目课题，可以增强老师们的研究意识，让更多老师以研究的心态来对待新课程新教材、对待教育教学，当老师们追求在工作中研究，在研究中工作时，自然会有观念的更新，也才能更好地让新课程新教材逐步落实到位，更有效地避免"穿新鞋走老路"的现象。

2020年7月，北京市西城区被教育部确定为全国首批普通高中新课程新教材实施国家级示范区，我校作为西城区"双新"项目实施重点参与校，积极参与"双新"项目研究。根据西城区三年推进计划我校也制订了北京十五中"双新工作三年推进计划"。

2021年1月26日，西城区召开"双新"项目建设推进工作会，就示范区建设工作进行再动员、再部署。根据推进工作会的精神，我校成立了"北京十五中双新项目建设领导小组"，组织高中全体教育教学干部及教研组长召开了"双新"项目申报筹备会。要求每个教研组要以积极的心态来面对，以扎实的行动来落实，把"双新"项目建设与教师专业成长和教研组建设结合起来。根据相关要求，各教研组利用寒假的时间以问题为导向，认真研究确定选题，反复修改项目申报书，最终成功上报了25个科研课题。研究主题涵盖课程建设、课堂教学改革、考试与评价、学校治理等四大领域。

经区项目组评审，我校最终立项的"双新"项目有22个：包括5个区级重点课题，16个区级一般课题和1个校级重点课题。学校的许多干部和教研组长都成为了项目负责人，全体高中教师都参与其中，实现了"组组有课题，人人都参与"的目标。也充分体现了我校干部教师的研究热情和专业探索情怀。

二、以研促变，整体推进"双新"项目建设

为了更好地推进项目研究，2021年4月19日学校召开了"双新"项目工作推进会。推进会上，学校从校级层面做好顶层设计，结合我校实际，进

一步完善了"双新"项目建设学校工作方案和年度工作计划。并努力做好以下几方面工作：

（一）进一步明确了项目建设的指导思想

以习近平新时代中国特色社会主义思想为指导，全面贯彻新时代党的教育方针，落实"立德树人"的根本任务，遵循"惜时、笃学、修诚、尽责"的十五中精神，努力实践"师生共时、和谐成长"的北京十五中教育理念，以"培养德智体美劳全面发展的社会主义建设者和接班人"为最终培养目标努力培养"有品质、饱满的人"，以"双新"项目建设为抓手，结合学校实际情况，突出重点，突破难点，统筹人力、财力、物力、智力资源，在课程建设、教学改革、考试评价、学校治理等关键领域积极探索实践，努力完善"价值引领、五育并举、多元发展"北京十五中特色课程体系；提升学生核心素养，提高教育教学质量，力争形成可借鉴、可推广的有效经验和成果，在推进普通高中育人模式变革、促进学校多样化有特色发展等方面发挥示范和引领作用。

学校最近重新完善的"根系模型"学校课程结构图：价值引领、五育并举、多元发展（如图）。

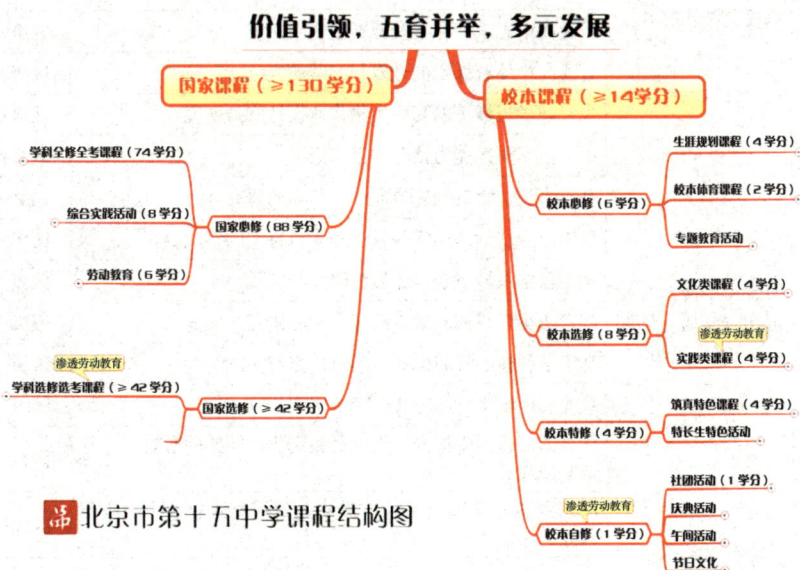

北京市第十五中学课程结构图

（二）建设"1234"工程

"1"是指明确一个目标：聚焦"双新"探索，培养有品质、饱满的人；

"2"是指突出两条主线：学生成长和教师发展；

"3"是指聚力三个抓手：德育、教学和科研；

"4"是指做好"四个聚焦"（如下表）：

（1）课程建设与课程组织管理：聚焦校本课程建设及资源开发（共5个研究课题）；

（2）课堂教学改革：聚焦"有品质、饱满的课堂"探索（共15个研究课题）；

（3）学校治理：聚焦"家、校、社"共育的治理体系建构（共1个研究课题）；

（4）考试与评价：聚焦"教、学、评"一体化设计（共1个研究课题）。

序号	项目类别	课题名称	级别
1	课程建设与课程组织管理（聚焦校本课程资源开发）	普通高中美育课程的开发与实践研究	区级重点
		高中语文校本课程的开发与实践研究	区级一般
		"一体三位"生涯教育指导体系的构建与探索	区级一般
		普通高中思政课课程资源开发实践研究	区级一般
		普通高中体育课程的开发与实践研究	区级一般
2	课堂教学改革（聚焦"有品质、饱满的课堂"探索）	单元教学视域下的高中生物作业设计实践研究	区级重点
		中学数学关键能力培养的策略研究	区级重点
		基于真实情境的问题导向的教与学的研究	区级一般
		高中思想政治课从学科教学到学科育人的实践研究	区级一般
		单元教学视域下的作业设计研究与实践	区级一般
		基于历史学科核心素养的深度学习研究与实践	区级一般
		基于学科核心素养的深度学习研究与实践	区级一般
		普通高中学生学习方式的变革实践研究	区级一般
		探寻英语教学中提升中学生民族文化认同感的有效策略研究	区级一般
		动态数学软件 GeoGebra 在高中数学探究式教学中的应用研究	区级一般

序号	项目类别	课题名称	级别
2	课堂教学改革（聚焦"有品质、饱满"的课堂探索）	基于高中政治核心素养的议题式教学实践研究	区级一般
		高中政治学科构建问题导向式教学模式研究	区级一般
		高中化学不同学段相关主题教学内容的核心素养分析与实践研究	区级一般
		从学科教学到学科育人的实践研究	校级
3	学校治理（聚焦"家、校、社"共育的治理体系建构）	后疫情时代下基于学生发展的"家、校、社"共育的治理体系研究	区级重点
4	考试与评价（聚焦"教、学、评"一体化设计）	基于学科核心素养的"教、学、评"一体化设计研究	区级重点

（三）学习研讨，整体推进

有了研究的项目只是一个开始和重要基础，如何依托项目，务本求实，积极开展实践探索才是根本，才是最重要的。为此，学校领导小组特别强调两个加强：一是加强学习与培训；二是加强研讨与交流。

（1）加强学习与培训：学校非常重视"双新"项目的学习与培训，积极组织高中部各教研组全员参与"双新"项目通识培训，更好地落实"双新"项目建设工作精神，提高老师们的理论素养和研究能力，促进"双新"项目研究向纵深发展；特别是教育部的"指向核心素养的深度学习教学改进项目研修班"，我校许多教师都参与了学习。

（2）加强研讨与交流：学校也非常重视加强"双新"项目的研讨与交流，努力以"双新"项目为引领，提升校本教研的实效性。各项目组按照学校的整体部署，及时召开交流研讨会，进一步讨论项目研究方案，在专家的引领下完善项目设计，明确项目研究的问题、过程与方法、重点工作和预期成果等，并制订了学期项目研究计划。各教研组将项目研究与校本教研有机融合，深化项目研究、提高实效性、助力教师专业化成长。

三、以研促教，积极探索课堂教学改革

我们注意到教育部课程中心刘月霞副主任特别指出：课改——改到深处是教学。的确，我们也体会到深化课改就是要抓住和优化课堂生态的这个"牛鼻子"，只有教室变了，学生才会变，学校也才会变。

我们认为："双新"背景下一线教师工作的核心是就转变自己的教学行为和学生的学习方式，学校"双新"项目研究主要是为了改善课堂教学，提高教学效率；把课堂教学作为"双新"项目研究的主阵地，真正使"双新"项目研究为教育实践、教育改革服务。

学校通过推进"双新"项目建设，进一步打造十五中特色的"有品质、饱满的课堂"，什么是"有品质、饱满的课堂"？我们认为：一是自主课堂：关注学生的主体性和能动性，倡导学生手动、口动、脑动、心动和情动；二是实践课堂：关注知识的获得和问题的解决，注重完成真实、复杂情境下的项目或任务；三是智性课堂：关注思维的深度与广度，努力培育学生核心素养；四是温暖课堂：关注生命的价值，使学生能够在"与客观世界、与他人、与自己的对话中"获得学习与成长。努力做到素养目标化，让课堂体现价值；主题情境化，让课堂富有情趣；活动问题化，让课堂灵动起来；内容结构化，让课堂智慧生成；评价持续化，让课堂丰富多彩。

学校各教研组结合本组的"双新"研究项目，确定主题，精心设计、打磨，通过课例研究的形式，开展实践研究。老师们在实践、观摩、反思、交流、探讨过程中，深化研究目标、内容的理解，生成新的认识、新的教学方法、模式等，有效推动了"双新"项目的开展。

特别是2021年5月11日，我校作为北师大教育研究中心"中小学学习共同体建设研究"项目首批合作校之一，召开"中小学学习共同体建设研究"项目市级研讨会。会上艺术组、生物组、政治组结合"双新"项目，开放了三节研究课。这几节课通过教师的引领，学生围绕具有挑战性的学习问题，全身心地积极参与，通过合理的教学设计和有效的提问使得课堂不再是教师强迫学生进入的，而是学生自然而然地走入问题，进行深度学习、深度思考，寻找答案，在这个过程中教师的角色也从讲述者成为了倾听者，课堂的风景也悄然发生了改变。

活动最后日本教育家佐藤学教授也通过视频连线的方式给教师们进行了点评，他认为三位老师的课堂都重视学科本质，并建立了良好的倾听氛围，能够把课堂的重点放在挑战性的任务上给学生足够的自主思考和完成的空间。并对三位老师的教学设计给予了很高的评价。

2021 年 10 月 15 日，中国教育学会高中教育专业委员会 2021 年年会暨普通高中新课程新教材实施国家级示范区交流研讨会在北京市第十五中学举办，学校围绕"双新"项目研究，推出 100 余节观摩课和研究课，包括来自全国多地的 11 所学校的 13 位老师进行同课异构，目的在于交流，在于探索，在于研究，在于改进，也取得了较好的效果。

　　熊劲　中学高级教师，中共党员，毕业于北京师范大学数学系。荣获北京市优秀人才培养项目资助，获北京市先进教育工作者，东城区优秀校长称号，入选北京市第二批名校长发展工程，主持了多项科研课题，获市、区级一等奖。历任北京市第一七一中学副校长，北京宏志中学校长，现任北京市东直门中学校长，兼任九年一贯制东直门中学附属雍和宫小学以及深度联盟学校北京市第一六五中学校长。在宏志中学担任校长期间，他积极探索符合时代发展特征和基础教育发展规律的宏志教育模式，宏志教育已成为基础教育战线上颇具影响力的教育品牌。在推动东中教育联盟发展过程中，他以优化联盟管理架构，完善学校课程架构，探索学校人才培养体系架构"三个架构"；推动学校文化建设，教师队伍建设，课堂质量建设"三个建设"为着力点，努力实现学校发展从优质走向卓越。

熊劲校长印象

　　对于有能力的人来说，北京真是干事业的福地。短短几年，熊劲从一七一中学做副校长，到宏志中学做校长，又到了东直门中学做校长。他的发展靠的就是深厚的学术功底和卓越的管理能力，靠的是他带着重庆辣味的教育激情和热情，靠的是他对于教育、老师、学生倾注的感情。北京，给了这位来自重庆的读书人以育人的大平台。他的新的更大的发展值得期待。当年，熊劲以高考全县第一的成绩进入北师大数学系。他有悲天悯人的情怀，怀着一颗正直良善的人文初心，有"一枝一叶总关情"的怜惜同理之心，有渡人渡己的功德之心。他原意塑造人，成就人，成全人。"爱出者爱返，福往者福来"，熊劲成就了他人，也成就了自己。东直门中学，朝平两岸阔，风正一帆悬，乘风破浪，正其时矣！

——老廖

基于一体化长链条人才培养的学校探索与实践

北京市东直门中学　熊　劲

东直门中学厚重的历史充满了"青春"鲜活的生命力、饱满的热情和远大的抱负。历经了近百年的积淀，形成了"爱国爱校　尊师爱生　自学严谨　自强不息"的办学传统。学校坚持"没有差生，只有差异；没有不好，只有不同；没有不能，只有可能"的教育理念，尊重每一个生命，让每一个个体充分发展，让每一个孩子都精彩。多年来，学校紧紧围绕提升学校办学品质，努力扩大学校办学实力和办学影响力这一目标，努力践行教育的责任和使命担当。

我们坚持不断地弥补办学过程中的短板，做强办学过程中的长板，在传承中思变，在继承中发展。东直门中学学生从入口到出口提升幅度较大，体现了学校较强的加工力。优秀学生培养要突破瓶颈，学校发展的特色要更鲜明是迎接学校发展当下和未来面临的教育命题。

一、坚持问题导向，守正创新，破解学校人才培养的瓶颈性问题

东中教育联盟有九年一贯制和深度联盟校。依托教育联盟的优势，统合考虑小学和初高中阶段教育，特别是在小初和初高中衔接培养方面进行课程、教学、评价等系统研究，开始探索人才长链条培养的路径和实施策略。学校在注重学生全面发展的基础上，根据学生发展差异性，加大对特殊学生的培养力度，提供有利学生个性特长充分发展的平台，以推进拔尖人才培育链的构建为抓手，进一步实现东直门中学可持续的高位发展。探索"3+3"的初

高中贯通人才培养模式，"6+3"的九年一贯制人才培养模式，以及"6+3+3"的12年一贯制的人才培养模式。东直门中学教育联盟在艺术、科技、体育长链条人才培养的实践中逐步形成成熟和稳定的培养机制，取得了一些成效，也积累了丰富的经验。如何加强拔尖创新人才培养，破解制约学校高位发展的瓶颈是我们近年来一直在不断摸索和实践的一个课题。优秀生的培养需要做好培养规划，需要学生建立成长发展的目标愿景，需要在家校的引领下增强自我发展的自觉性、主动性和持久性。

二、实施"英才"计划，探索拔尖创新人才一体化培养机制

（一）完善一体化人才培养机制，形成具体培养方案

从培养方案的制定、人才的选拔、特色课程构建、项目管理与评价等全方位完善培养机制。学校立足于学生的数学基础和能力，选拔出品学兼优，全面发展，具有自我规划和自主发展愿景的有潜质的初中学生纳入"英才"计划进行有针对性的培养。培养目标是"数理见长，文理融通"。以培养宽厚基础、学术能力、深度学习、创新能力、科学精神、人文素养为着力点进行初高中贯通培养。学校制定"2+1+1.5+1.5"培养方案。初一、初二强化数理基础和能力，以数学思维和数学能力的系统培养为重点，加强科学精神和创新能力培养。初三确定优势方向与高中贯通，面向强基计划要求与大学、科研院所实验室和人文社科基地合作，以培养拔尖创新人才为导向，培养学生强势学科和创新能力，人文素养和科学精神。在培养方式上采取"一生一案"的个性化培养模式，采取"双导师制"，即大学教授和校内外的博士老师为专业导师，学校为每名学生配备学校相应教师为发展导师，确保每个孩子得到充分的支持和培养。

（二）强化课程供给，特色课程建设保障一体化人才培养

强化课程供给，努力为每一个孩子创设一个丰富多彩的、适宜的成长环

境，以满足学生基础性的成长需要、升学需要、个性发展需要，让学生真正在学校里更好地学会做人、学会做事、学会做学问、学会自主发展。东直门中学的课程建设经过多年的努力，逐步构建了系统的、开放的、文理融通的东直门中学"三层五领域"的课程体系，各学科也建构了初高一体化的学科课程体系。裴娣娜教授带领的北师大等高校组成的专家团队深入东中开展新课程调研，对学校课程建设成果给予了很高的评价。

着力"英才"培养构建特色英才课程。为不同发展类型的学生在学习链条上设计课程，形成学生自己的学习链条。课程设计本着"基础统一 高端放开 尊重个性 发展特长"原则。高度放开即依据学生发展需求在导师的指导下自主选择的课程学习。主要涉及以下几类：（1）培养参与学科竞赛能力强和强基选拔的数学、物理、化学、生物、信息竞赛课程和强基课程。（2）面向学科基础能力优秀的学生，培养学生对基础学科的兴趣，提升能力，引领方向，播种情怀与担当大学先修课程。（3）拔尖创新人才培养课程。依托高校科研院所开展项目式课题研究、论文、专利课程等。（4）院士课程，聘请两院院士做针对中学生的基础和前沿科学报告，让学生了解各领域研究方向和发展方向，促使学生做好专业学习规划和发展规划，学习德高望重的科学院和工程院院士的科学精神和治学研究态度。（5）跨学科综合学习课程。主要是以人文学科为背景开展跨学科学习，培养学生思辨、批判、综合、问题分析和解决能力。（6）推荐优秀学生参加清华、北大等高校夏令营、冬令营活动课程，开阔视野的同时引领学生树立目标志向。

每个学生根据自主发展意愿和目标，选择合适的课程，形成有学生自己的个性和体现学生发展追求的学习链条。

（三）赋能教师发展，推动一体化人才培养的学科团队建设

精心招聘，精准培养，精细建设"英才"计划教师团队。以学校市区骨干教师和骨干班主任为核心负责"英才"学生日常的教育教学和管理指导工作。为满足不同学生学习需求和发展需求，精心选拔近两年加入学校教师团队的知名985院校博士、硕士专业毕业生及优秀竞赛强基学科教师，组建数、

理、化、生、信息学科的竞赛和强基培训队伍及以人文学科为背景开展的跨学科学习教师团队。学校组织多形式、多途径的培训，搭建交流展示平台，快速提升教师专业能力和水平。加强有丰富竞赛和强基培训经验的老师引领学科团队。强有力的学科团队为学生的学习和发展提供保障。

三、多方整合资源，充分满足一体化人才培养全面发展的需求

整合社会资源，培养学生的综合素质、创新精神和综合实践能力。

学校携手微软、华为、猎豹移动、创新工场、华大基因等十余家顶尖名企，开启东直门中学创新思维训练营，让学生走进这些名企，通过基于真实场景和情景的学习，鼓励学生在探访中观察与分析企业创新模式的价值所在，通过与企业导师的深度互动交流，从而让学生在探访中能够寻找自己真正的兴趣与志向所在，以期最终建立起自己对未来发展的愿景。同时以思维训练课帮助学生构建创新思维模型，破解社会真实案例，形成一套完整的思维路径。学校与高校和科研院所合作，开展拔尖创新人才培养，突出实验与实践相结合，培养发现问题的眼睛，研究问题的方法和创新精神。给孩子们创造机会走进高校、科研院所，在科学家身边成长。学校与十余所高校和科研院所十九个专家团队合作，开展涉及数学、物理、化学、生物、信息技术五个领域的课题研究。学校尝试整合课内外资源，围绕跨学科、主题性开设大文科课程，以视野、思辨、素养、输出为课程目标要素，培养具有较强人文素养的学生。

我们期待，以一体化人才培养的实践和探索为支点撬动学校特色化发展和高质量建设。用智慧激发起学生内心需要生长的渴望，让课程从多方面为每一个学生全面而有个性的发展提供适合的"土壤"，让每位学生找到适合自己的学习方式、发展道路，实现各得其所的发展。创造未来，孩子们定将与众不同！

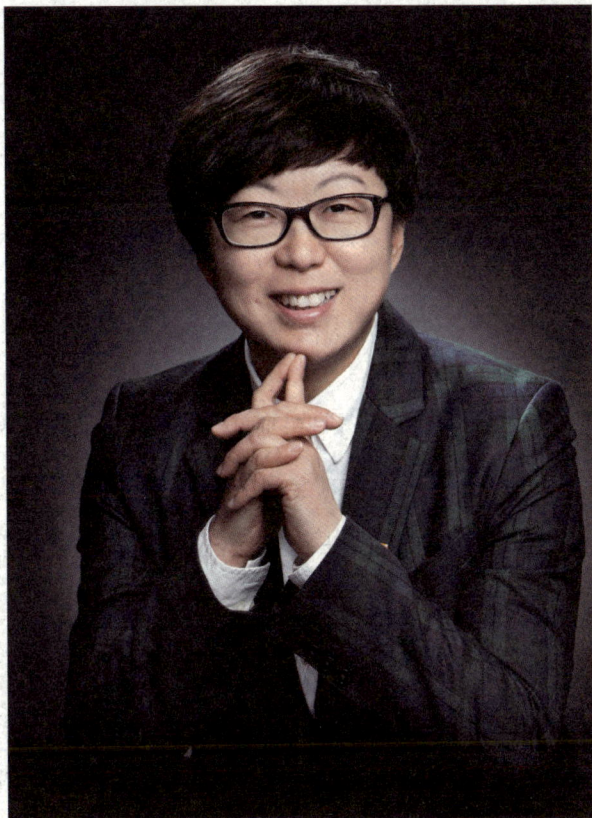

滕亚杰 正高级教师、北京市特级校长、北京市特级教师、北京市督学。现任北京市东城区府学胡同小学、美术馆后街小学、什锦花园小学校长。曾任府学胡同小学教师，和平里第一小学校长，史家小学分校党支部书记、校长，灯市口小学党总支书记，灯市口小学、北池子小学、东高房小学校长。

北京市第十五、十六届人民代表大会代表，议案审查委员会委员。中国民主促进会第十五届中央委员会委员，教育委员会委员。北京市东城区第十一、第十二、十三届政协常委，北京市东城区第十四届政协委员。北京市民进市委委员、东城区区委委员。CCTV《中国少年说》栏目特约"少年成长见证官"。

曾获全国优秀教师、全国德育先进工作者、北京市先进工作者、首都劳动奖章、北京市三八红旗奖章、北京市优秀教师、北京市学科带头人、东城区有突出贡献优秀人才、东城区杰出校长、东城区人民教师称号。

滕亚杰校长印象

滕亚杰是当下东城小学教育的标志性人物。她有理想，有智慧，有能力，有情怀，全身心都致力于学校发展、教师专业发展和学生身心健康成长上。去年她接任府学校长，事实上她是回归了府学——府学是她事业起步的地方，她最早在这里做老师；旋即在和平里一小、史家小学分校、灯市口小学做校长。接手每一所学校，她都能做出增量，赢得师生和家长的尊敬。如同优秀的赛手，她总是稳稳地接过另一位优秀赛手的接力棒，再让自己跑出更快的速度。她是深刻的教育思想者和教育理想主义的践行者，既仰望星空又脚踏实地。她高站位潜心打造学校品牌，也关照每一个习性千差万别的个体。她是中华优秀传统文化的传承者，不断提炼挖掘府学的传统文化元素，以此激励学生热爱并弘扬优秀传统文化。她一袭中式衣衫，穿出了中国范儿，穿出了她和府学的文化韵味，穿出了她和府学的精气神。

——老廖

"五育"融合，让每一个生命绽放光彩

北京市东城区府学胡同小学　滕亚杰

习近平总书记在全国教育大会上提出"培养德智体美劳全面发展的社会主义建设者和接班人"，这为做好新时代教育工作提供了根本遵循，也为深化基础教育教学改革指明了方向。

2014年，在东城区深化基础教育领域综合改革背景下，灯市口小学优质教育资源带成立，秉承"让每一个生命绽放光彩"的办学理念，培养德智体美劳全面发展的社会主义建设者和接班人。在此过程中，注重以文化立校，以"'点亮'行动"为学校文化品牌定位，形成了"成大器，内外兼修"的校风，"育英才，中西合璧"的教风，"法贤者，上下求索"的学风，提出"让生命闪光，为中华添彩"的育人目标。学校严抓质量、创新思路，打造体育、美育、科技以及传统文化品牌，开展丰富的教育教学活动，始终保持高位发展水平，五育融合，切实为每一个孩子提供优质的教育。

一、突出德育实效，培根铸魂

坚持德育为先，教育引导学生爱党、爱国、爱人民、爱社会主义。在"让每一个生命绽放光彩"的办学理念引领下，学校注重开展全员育人、全过程育人、全方位育人的"三全育人"，通过开展道德与法治课程、少先队活动等，做好思想政治教育，做好理想信念教育，大力弘扬和践行社会主义核心价值观，培育"责任担当者"。

爱国主义教育是主旋律。通过每周举办特色升旗仪式、开展爱国主题教育等多种活动，学校在各级各类平台中根植学生家国情怀，树立民族自豪感。除了校内搭建平台，学校师生代表还多次承担国家级演出任务。例如，参与庆祝中华人民共和国成立 70 周年大会，成为"体育强国"方阵的队员、金帆合唱团承担千人合唱团任务以及广场"快闪"任务，将自己的成长、个人的发展和祖国的繁荣富强紧密相连，把自己的梦想与中华民族伟大复兴的中国梦融为一体，践行"国家兴亡，我的责任"的理念。

学校提出"以中华优秀传统文化为底色"的教育理念，培植家国情怀，通过开展"非遗进校园"、京剧文化教育、国学经典诵读、中医药知识应用以及探访名人故居等教育内容，丰富学生文化内涵，增强对中华民族文化的自信心和自豪感，实现"以文化人"的目标。开设篆刻、围棋、北京琴书以及非遗项目等传统文化类课程及小组 18 个。"非遗进校园"项目已成为学校的品牌，几年来，学校共组织百余次活动，共计万余人次受益。定期开展诗歌朗诵会、古诗词大赛等。用"'点亮'行动"塑造独特的校园文化，以"学校是座博物馆""学校是座美术馆"为理念，大力推进"九个博物馆"和"一个美术馆"建设，持续打造校史博物馆、书法文化博物馆、炫彩美术馆等，让孩子们浸润在传统文化氛围中。

二、"光彩"课程＋"亮彩"课堂，提升智育水平

为学生提供丰富多样、可选择的课程，让每一节课都精彩，在满足不同学生对知识渴求的同时，激发学生创新意识，提升智育水平，培养"学习实践者"，促进学生全面、自主、个性发展。我们提出并不断深化"生本、自主、开放、创造"的课程和课堂文化，构建了三大层面、七大板块的"光彩"课程体系，共 81 门课程。三大层面指的是基础性课程、丰富性课程和综合性课程。七大板块分别是："德·彩"课程即道德礼仪＋社会成长、"文·彩"课程即语言能力＋人文素养、"健·彩"课程即体育技能＋健康与心理、"美·彩"课程即艺术修养＋审美情趣、"创·彩"课程即数理思维＋信息技术、"劳·彩"课程即劳动教育＋生活技能、"综·彩"课程即主题式综合实

践活动类等课程。

　　基础性课程就是国家课程和对国家课程进行完善的课程，包括书法、主题式阅读、体育必修课如篮球、足球、游泳等。丰富性课程就是校本课程，目前，资源带统一开设七大类、66门校本课程。每周拿出半天时间，以校区为单位，打破年级、班级界限，实行"走班制"。学生们可以根据自己的兴趣和潜能，自主选择课程进行系统学习。在课程建设中，充分发挥资源带优质师资力量，主张教师"1+n"培养模式，教师除教授国家课程外，还要为学生提供一门自主课程。如彩塑、烘焙、三维创意、体育舞蹈等。此外，为丰富课程内容，学校还聘请专业人士授课，组织学生集体到场馆上课，如滑冰、高尔夫、博物馆等。2021年，结合建党百年契机，学校还与商务印书馆合作开展"商务印书馆出版史与阅读"课程，包括"革命传统与历史使命""中国现代出版史从这里开始""辞典的力量"等，并进行实地参观、体验图书印制装订。

　　综合性课程包括主题式综合实践课程及研究性学习课程、戏剧实践课程等，用每周半天实施。每个校区、年级侧重不同主题。如结合地域优势，开发"童心看中轴"主题式综合实践系列课程，一年级至六年级12个学期都有各自的分主题，结合各年级年龄特点，对中轴线上14组建筑群进行实践研究。以礼士校区为例，围绕老北京的城门、中轴线周边的胡同等开展"大城门、小胡同"主题实践课程，以北京中轴线申遗为契机，探索中轴线文化教育，不断弘扬、传承中华优秀传统文化，夯实文化底蕴，增强文化自信。

　　学校的"亮彩"课堂以"生本、自主、开放、创造"的课堂文化为引领，鼓励学生自主探究、小组合作、互动交流，在此过程中，突出问题意识与质疑、突出互动交流与辩论、突出创设和谐氛围、突出生生评价等的课堂模式，使学生亮出光彩，创设以学生发展为本的自主、高效的课堂，使学生掌握适应未来发展的必备知识和综合能力。在构建"亮彩"课堂的过程中，更加关注深度学习和不同学科的核心素养。

三、以体育德，倡导"双格"教育

学校坚持"以体育德"，倡导"双格"教育，即健全人格，强健体格，做"健康生活者"。通过每日早锻炼、早操、体育大课间等举措普遍提高学生身体素质，体育课分基础课、专项课、特色课等，包括篮球、田径、游泳、射箭、武术、足球、旱地冰球、滑冰等课程，使学生在小学六年掌握多门体育专项技能。精心打造火焰篮球队、田径队、武术队、体育舞蹈队、旱地冰球队、冰壶队等体育社团。定期举办体育运动会、"篮球，我的朋友"篮球赛季暨啦啦操活动、冰雪嘉年华等活动，磨炼学生意志品质，提高学生体质，营造浓厚的体育文化氛围。

四、以美育心，全面普及艺术教育

学校提倡"以美育心"的美育理念，以"艺术绽放人生"为艺术工作指导思想，全面普及艺术教育。资源带四校区开设 33 门艺术课程，打造北京市金帆话剧团、金帆合唱团、金帆书画院，以及东城区星光京剧团、育星曲艺团等大小艺术社团 56 个，培养"美好创造者"，旨在"以美育心、立德树人、追求美好"。例如，学校携手中国儿童艺术剧院全面开展戏剧课程，包括形体舞蹈、表演基础、剧本赏析、英文戏剧、即兴表演等。自 2014 年 9 月开始至今，各类课程共开设万余节 / 次，大力普及戏剧教育，使戏剧教育深入人心。开展年级戏剧节活动，提高学生们的艺术素养和审美能力。学校排演的大型音乐剧《马兰花》5 年 5 次公演，还登上第九届中国儿童戏剧节闭幕式，这是由儿童演绎的剧目首次登上国家级的平台。还赴新加坡与当地儿童联合公演了中新版的《马兰花》，讲好中国故事，向世界传播中华优秀文化。

在经典剧目的带动下，学校戏剧教育涉及剧目越来越丰富，英文剧、话剧、默剧、歌舞剧等，并不断探索原创剧。编创并演绎了反映社会热点、校园生活、普及防疫知识等各类原创剧 10 余个。学校金帆合唱团和金帆话剧团的学生共同演绎原创儿童剧《小红军》亮相庆祝中华人民共和国成立70周年校园戏剧展演活动。随着学校戏剧文化愈加浓厚，教师们在戏剧课程的开设过程中穿越角色边界，从讲台走上舞台，成立教师"力行"戏剧社，并在北京人民艺术剧院公演了话剧《雷雨》，赢得了广泛的社会好评。教师们将戏剧教育与课堂教学相结合，音乐课上创作音乐剧，语文课上赏析剧本片段……师生共同提高艺术修养和审美水平。

在定期举办的合唱节、戏剧节、书画展、京剧专场、曲艺专场等活动中，我们强调"以美育心"，向学生的内心注入美好，让他们能发现美、感受美、创造美，能够更好地面对生活，面向未来。

五、"劳动"+"科技"，提升实践与创新能力

学校倡导做"创新劳动者"，提出"以劳动树立劳动价值观"，将劳动教育融入到各种活动中，帮助学生树立正确的劳动观念。在"非遗进校园·一周一传承"综合实践活动中，学生们体会着劳动人民的工匠精神。在日常校园生活中，各年级和各班都设立了小小值周生、值日生等岗位，使学生不断增强劳动意识。坚持开展"以废换绿"以及树木认养活动，并每月开展校园公益日活动，学生还成为小小志愿者，外出参加美术馆志愿讲解、垃圾分类宣讲、景山公园护花小使者等社会公益服务。

科学精神是学生们必备的核心素养。学校提出"以科技育科学精神"的教育理念，打造丰富的科学课程，除科学课外，还创设了小汽车筑梦课堂、创客教育、创意构建等选修课程，以及"神奇的DNA"等综合实践类的课程，培育学生科学素养和创新精神，提升综合实践能力。打造东城区星光机器人、无人机、3D打印等科技社团，定期开展科技节、益智大擂台、纸车大赛等活动，营造浓厚科学氛围。近年来，学生荣获 WER 世界锦标赛全国拓展任务小组赛第一名等优异成绩，在国际、国家及市区级比赛中共计千余人次获奖，在学生心中埋下科技兴国的种子。

学校始终以促进学生德智体美劳全面发展为己任，落实"五育"并举，

使"五育"相互贯穿渗透，互促互进，协同彰显育人作用，着力在坚定理想信念、厚植爱国主义情怀、加强品德修养、增长知识见识、培养奋斗精神、增强综合素质上下功夫，培养学生成为"责任担当者""学习实践者""健康生活者""美好创造者""创新劳动者"和"未来建设者"，做"让生命闪光、为中华添彩"的少年，在"五育"融合的教育场域中收获成长、不断绽放，努力成为德智体美劳全面发展的社会主义建设者和接班人。

（本文刊发于 2021 年 10 月《北京教育》）

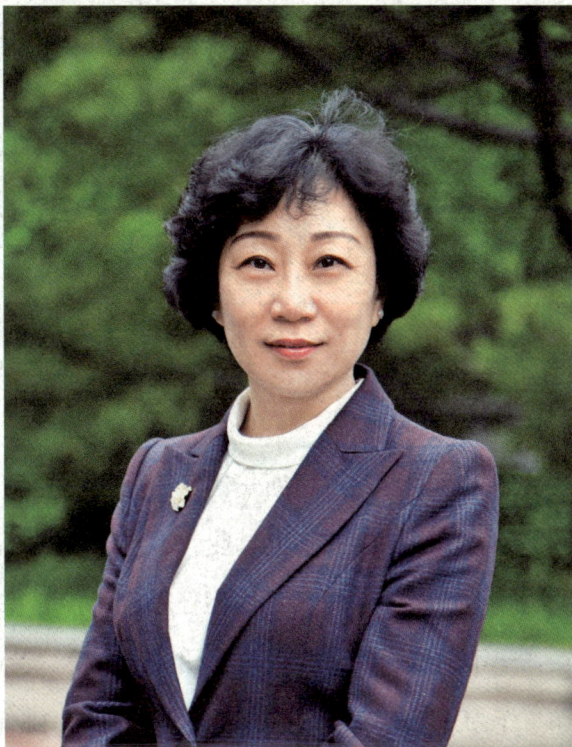

　　薛丽霞　北京市第二中学党委副书记，北京市第二中学、北京市第二中分校、东城区史家实验学校校长。教育部国家特约教育督导员，北京市第十六届人大代表，北京市第十一、十二届督学，东城区第十三届政协委员，东城区第十六、十七届人大代表。中国教育学会第八届理事会初中教育专业委员会理事。入选教育部新时代中小学名校长培养计划。完成了北京市第三批名校长培养工程。是北京市中小学综合实践活动课程研究开发中心指导专家、首都师范大学实践育人导师、中国政法大学研究生实践指导教师。

　　薛丽霞校长长期从事学校教育教学管理工作，秉持着"潜心授业　厚德泽人"的教育理念，大力推进学校治理体系现代化建设。她坚持以思想引领、专业导航助力干部教师队伍成长，带领学校建构小初高一体化育人体系，开展卓有成效的多学段一体化课程建设，办学与育人成果在全市处于领先水平。她认为教育是为了让每个孩子都拥有属于自己的光，二中集团学生的那束光一定是温暖的明亮的，心怀热爱、步履坚定、勤于思考、勇于实践、追求卓越、志在家国。

　　薛丽霞校长先后获全国五一巾帼标兵、中国可持续发展教育优秀人物、首都劳动奖章、北京市优秀教育工作者、东城区杰出校长等荣誉称号。

薛丽霞校长印象

　　薛丽霞是东城新一代名校长的优秀代表。她接过钮小桦校长的帅印，承继二中的不世基业，带着二中稳健高水平地前进。薛丽霞校长履历丰富，最早在二中担任书记，接着掌门六十五中、东直门中学，一年前再回到二中教育集团。在大校、普通校的轮番历练，成就了她作为大校校长的气魄、气量、气质。她作为教师的干练、勤学、善思，带队伍时对师生的体恤，管理中的大气和智慧，成了她鲜明的个人特质。二中的校长需要这样的领导特质。她坚定地继续打造二中的优质教育品牌，让二中的金字招牌不断增值并带来巨大的附加值，让二中永久地成为东城教育文化的坐标。她为二中"空气养人"的理念而守正，又在"吸收空气并创造空气"的理念上予以创新。

——老廖

打造名学科基地　推动学校高质量发展

北京市第二中学　薛丽霞

学习贯彻党的二十大精神，构建高质量的教育体系，满足人民对公平而有质量教育的向往，是新时代党和国家对教育的新要求、新期待。教师是教育发展的第一资源，人才队伍建设在教育发展中举足轻重。"十四五"时期学校通过创建"名学科"基地，不断提升教师队伍专业化水平，为优秀教师搭建高端发展平台，努力造就师德高尚、理念先进、视野广阔、思维创新、业务精湛的教育家型教师集群，推动学校教育高质量发展。

一、从教研组到学科基地——让"名学科"基地
成为学校发展的助推器

何为"名学科""名师"，如何建设"名学科"基地、培养优秀教师，我们一直在思考和实践。2006 年学校新校舍落成，教学楼前恢宏的对联时时涤荡着教师的精神——"赫赫黉门馨百代地灵人杰厚德敬业，悠悠铎韵续千秋薪尽火传务实求真"，这其中凝结着的是北京二中厚重的历史文化，更是新时代催人奋进的使命和责任。

使命在传承，责任在接续。"名学科"基地成为教育高质量发展的崭新通途。打造理念先进、文化鲜明、实践鲜活的"名学科"基地，将为学校成长提供更多支撑点，助力学校综合实力的提升。

名校之"名"，一是名师，二是名学科。一所学校要有名师群、名学科群、优秀学生群。

由名学科的建设发展到培养名师、形成名师群体。依托名学科基地这个平台，培养更多老师的专业精神、专业素养，使更多的老师获得长足成长，形成名师群。

借助名学科基地建设，在学校课程的统领下，由名学科建设形成更多优秀的课程，各学科课程之间不是彼此割裂的，而是依托各自学科的素养与本源相互支撑交融，形成课程群。

"名学科"建设也是促进和深化当前教研的一种方式。在学科群中逐渐形成以基地为核心的研修群体，提升学术力量、繁荣学术研究，探索和实践新的教学方法，形成更为广阔的学术教研发展共同体。

名学科、名师群、课程群、教研共同体，乃至优秀学生群，环环相扣，层层递进，使学校持续发展。"一个人走得快，一群人走得远。""学科建设的时候不光有同事，还要有知音。"这就需要学校不断完善治理体系，优化顶层设计，抓住学校发展的关键环节，切实推进"名学科"基地建设。

二、从学科群到课程群——让"名学科"基地成为学校发展的支撑点

一所学校之所以受到社会的认可、家长和学生的选择，在很大程度上取决于学校的课程。在国家课程基础之上，在学校课程统领下，学科基地要实现由学科建设上升到课程建设，从学科群形成课程群，打造丰富的课程体系。学科基地要以课程建设为主线，围绕核心素养、立足学科本质、凝练学科基地创建和学科课程文化，引领教师团队不断提升教育理念，促进学术研究，以鲜活的实践，创新教学和育人方式，丰富学校发展的内涵。

自 2007 年新课程改革启动以来，我们始终坚持以课程引领学校的创新发展。十余次的"走进二中"新课程改革研讨至今历历在目，研讨获得精进，方向越发明确。2017 年新一轮改革，学校将学生核心素养的培育贯穿学校课程和学科课程体系打造的全过程。在十余年的课程改革经验和实践成果的基础上，学校邀请课标组核心专家领航学科基地课程体系建设；依托教育部和市区课程科研、教学实践平台，推进学科基地课程改革的实践和研讨；贯彻

教、学、评一体化的思想，与考试、评价领域的专家共同研究，促进教师育人理念与教学理念的新发展。学校各学科基地课程体系完备，文化特色得以彰显。

学科基地的课程建设，我们主张不能办成"世界杯"，而要办成"奥运会"，让每一个学生都能通过各学科基地的课程资源，依据自己的特长、爱好和未来的规划，选择适合自己的课程，获得全面而有个性的成长，让每个学生的人生都出彩，促进优秀学生群的形成。

从学科群到课程群，打破学科壁垒，形成课程融合，让学科基地成为助力学校发展的支撑点。

三、从名学科到名师群——让"名学科"基地成为教师发展的生长点

清华大学原校长梅贻琦曾说，大学之大，不在于大楼之大，而在于大师之大。大学如此，中学亦如此。一所学校要发展，就必须依赖学校的核心资源——教师，不仅要有名师，还要有名师群。名学科基地建设，一项重要任务就是进一步完善学科教师的培养体系，要让学科基地成为一个能适应并促进不同类型、不同特质、不同年龄阶段教师发展的全方位立体化的体系。在这个体系中，每一位普通老师，每一个不同发展阶段的老师，都能找到一条行进的路线，因利乘便，成长为特色教师、优秀教师乃至卓越名师。

学校与北大、清华、中科院多院所、北理工、北师大等高校签订了战略合作协议，形成高校学术引领、科研带动、项目合作的机制，助力教师的专业成长。二中在助教计划、师徒结对、青蓝工程等多项教师培养机制的基础上，通过名学科基地建设，充分挖掘发挥名师所蕴含的教育资源，成立了由特级教师、市级骨干、紫禁杯优秀班主任领衔的"名师工作室""名班主任工作室"，启动教师发展联盟"领航计划"，完善教师专业发展新机制，推动二中教师队伍综合素质、专业化水平和创新能力不断提升和发展。着力培养一大批骨干教师、形成卓越教师群、造就教育家型的教师，实现学校打造一流教师团队、名师团队的目标。

我们期待学科基地能成为教师发展的生长点，在学科基地中，名师个体的影响力得以充分发挥，带动团队每一位教师的专业提升，进而促进教师团队的发展。展望未来，我们的愿景是闪耀的名师个体汇集成璀璨的银河，在夜空中留下永恒光影。

四、从名学科基地到区域教研共同体——让"名学科"基地成为教学科研的发力点

学科基地建设还有一项重要职责，就是以基地为核心，组织开展教学研究。

二中的各学科基地，积极整合市区、集团、校内多层面的教研资源，聘请学术专家担任学校的指导、顾问，建立市区教研、集团校教研、校内教研等多层级教研体系；借助大数据、云平台、4G网络教室等技术手段，将区域性教学研究与线上教研等新形式有机结合。与上海、江苏、浙江、广东等课改先行省份的学校形成教研共同体。

二中各学科基地通过集团联合教研、集团备课、同步直播、双师课堂、名师专递授课、集团同步授课等形式，形成跨学校、跨区域、跨省市、跨学科的线上线下学术研究新样态。教研形式有创新、互动课堂有活力，有效推动教育思想的交流、互鉴、生发和探究。

学科基地的教研应当是一种源于学科本源的领会把握、源于教育规律理念的学习深化、源于课堂教学实践基础上的研究探索。这种教学研究应当是"名学科"基地的教育自觉。

凝聚研究力量、探索教学实践，使"名学科"基地成为科研攻关的发力点。让教学研究的方向更明确，让研究的品质更有保障，引领学科教学改革与创新，探索基础教育拔尖创新人才培养路径，以研促教，不断完善教学模式，不断更新教育理念，促进学校高品质的发展。

面向未来，"名学科"基地建设，融汇智慧与活力，荟萃经验与创新，融通理念与实践。期待老师们在这里收获持续发展的能力，学校收获更丰富广博的内涵。倾力打造优质"名学科"基地，推动学校教育向着更高质量发展。

  戴文胜 1990 年从教，1999 年开始从事学校教育管理工作，先后担任德育主任、德育副校长等职务。2006 年任北京市万泉河中学校长、党支部书记。2010 年任北京交通大学附属中学校长。2015 年经历北京市深化教育领域综合改革，绘制北京市教育新地图，成为集团化办学的学校。目前学校形成一校六址的教育新样态，为区域教育向优质均衡化发展做出积极贡献。北京特级校长，正高级教师，海淀区第十届、第十一届政协委员。

  基于近 20 年的学校管理经验，编著出版《在阳光中我们一路同行》《走进学生心灵的班级文化》《幸福看得见》等书籍。学校曾获北京市先进基层党组织、全国教育先进集体荣誉。

戴文胜校长印象

　　戴文胜校长大学毕业就在交大附中工作，用他的话来说，是交大附中培养了他。因此，他对交大附中的师生感情深厚。他注重学校优秀文化的传承与发展，在传承与发展中，形成了适合学校发展的办学愿景——建一所富有生命动力的幸福学校。他关注师生的幸福感，着重培养师生拥有幸福的能力，致力于培养知恩感恩、阳光包容、博学笃行、健康雅趣的幸福学子。学校连续位列北京市各学校教育增值发展能力的前茅。在名校如林的海淀，交大附中学生得到多元发展，学生创新意识和实践能力的培养更是全面增强。在交大附中校园，你看到的是学生灿烂自信幸福的笑容。戴校长的交大附中工作作风是朴实、扎实、务实的，团队凝聚力强，讲究合作，干部、教师享受着工作的愉悦。他是深受师生喜欢的、让师生尊敬的校长，让人温暖，令人感念。他在海淀校长圈长期保持着美誉度。

——老廖

让生态文明教育成为幸福校园的风景线

北京交通大学附属中学　戴文胜

党的二十大报告提出：全面建设社会主义现代化国家，尊重自然、顺应自然、保护自然，是全面建设社会主义现代化国家的内在要求，必须牢固树立和践行绿水青山就是金山银山的理念，站在人与自然和谐共生的高度谋划发展。

学校作为学生成长的主要场所和实施教育教学的主阵地，肩负着培养学生建设生态文明所需主体意识、基础知识和基本能力的重要任务，使学生成为生态文明建设的设计者、建设者和传承者。

学校在核心位置，矗立一个环保雕塑，是由地球仪和朱镕基给我校环保小组的回信组成，上面说："初二学生如此关心环保，情真意切，实令我等长辈惭愧。请商人民日报予以刊登，并加评论，以促进全国人民提高环保水平。"这既是上世纪90年代以来我校开展环保教育的成效成果肯定，也是新世纪以来我校开展可持续发展与生态文明教育的一粒"种子"。

从1999年开展环境保护最初的环保小组活动、到可持续发展教育再到生态文明建设，我们实践和探索了20多年。有付出、有艰辛、有困惑，但更多的是收获和坚守，是师生幸福的生活、学习与成长。

一、践行生态文明教育理念，引领幸福学校可持续发展

2000年我校参加了联合国教科文组织的可持续发展教育（ESD）项目，作为北京市示范高中校和可持续发展教育国家实验学校，20多年来，我们一直行走在这个项目上，并始终把可持续发展和生态文明作为开展各项工作的

重要依据和行动指南。

学校依托生态文明教育理念进行学校发展顶层设计，塑造全校师生共同愿景，通过"幸福环境、幸福团队、幸福课程、幸福课堂"这四大载体，建设一所富有生命动力的幸福学校，践行"学生在成长中体验幸福，教师在成功中体验幸福"的办学理念，将生态文明与可持续发展思想融入幸福学校建设，不断深化学校的生态文明和可持续发展教育。

二、秉校长工作室成立之势，深化可持续发展与生态文明教育

为了深化可持续发展和生态文明教育，交大附中教育集团于 2021 年 10 月创建了"生态文明校长工作室"，旨在基于顶层设计，整合集团校各项资源，以生态校园文化为引领，带动更多的集团校和师生参与生态文明建设工作。

作为开展生态文明教育的研修基站，以指导当前与长远发展相结合为原则，校长工作室通过务真、务实、务本的工作风格，充分发挥示范、引领、带头作用，深化生态文明教育教学实践，提高教师育人能力；创新学生环保活动，培养可持续发展意识和生态文明价值观；结合科技、艺术、劳动、道德宣传等内容，开展丰富多彩的生态文明教育活动。

三、建设绿色生态环保学校，打造怡人人本幸福环境

幸福环境是幸福学校的四大载体之一，在可持续发展教育和生态文明教育理念的引领下，通过多年的绿色生态校园建设，学校获得联合国教科文组织可持续发展教育示范学校、可持续发展教育国家实验学校、节能减排示范学校、联合国教科文组织中国可持续发展教育项目"教育促进可持续发展创新奖"等多项荣誉称号；成为海淀区、北京市绿色学校，为广大师生营造了节能、环保、育人、怡人的幸福环境。

四、安装使用节能减排设施，践行绿色低碳生活方式

（一）安装并使用节能减排设施

环境设施是开展可持续发展与生态文明教育的重要条件之一，为了让学生在校期间就承担起节约资源、保护环境、进行生态文明建设、促进可持续发展的时代责任。我校安装并使用：雨水回收装置、中水回用设施、地热资源使用装置、太阳能光伏照明系统、厨余垃圾处理系统等节能减排设施，建成了符合标准的节约型生态校园。

（二）节能减排方面的有益成效

近三年来，太阳能发电 70 万度，节约资金 34 万元，节约煤 233 吨，减少二氧化碳 61 万公斤，减少二氧化硫 1980 公斤；雨水回收使用 15000 吨，节约资金 6 万元；中水回收使用 50886 吨，节约资金 10 万元；地热系统在三个排放为零的基础上，节约资金 80 万元。

（三）建立节能减排教育基地

在节能减排设施基础上编写了学校《节能减排实践手册》，并建立了"节能减排教育基地"，学生在参观和了解学校节能减排设备的同时，掌握这些设备的原理，清楚它们在节约资源方面的作用，有助于全校师生在日常生活中养成节约的好习惯，践行绿色低碳生活方式，做到节水节电、节约粮食、节约用纸等。

（四）借力世行资助项目，创建新能源创客教室

我校是北京市首批 5 所世界银行资助建立新能源教室的学校之一，配有多种新能源演示教具，为了更大发挥新能源教具和设施的作用，成立了新能源创客教室，带领学生开发、创新环保用具，培养学生生态文明价值观和动

手能力。

我们制订了几种新能源创客教室的使用方法：

（1）开学第一课认识了解新能源。

参观新能源创客教室是新生的开学第一课，目的是了解新能源的作用和学校使用新能源的情况，学会使用新能源。对初一学生，重点介绍雨水回收装置和厨余垃圾装置的原理及作用，对高一学生，重点介绍中水回用、地热和太阳能装置的原理和作用，并把相关的内容与学科教学相结合。

（2）开设新能源教室选修课。

相关学科教师利用新能源教室设备，编写新能源使用手册，开设"新能源利用"选修课，让学生掌握较为系统新能源利用的相关知识。

（3）成立"新能源创客"社团。

成立"新能源创客"社团以及研发小组，并与相关新能源企业合作，联合举办"我是新能源发明家"赛事活动。

（4）师生共同遵守环保公约。

参观新能源教室的同时阅读学校师生环保公约，并在环保公约上签字承诺。

五、构建生态文明课程体系，培养学生健康生态人格

构建体系化的生态文明教育课程体系，从知性两方面培养全校师生可持续发展意识和可持续行为，培养学生生态文明价值观念、创新潜质与生活方式。

（一）依托学校环保资源，构建生态文明课程体系

从1999年编写了校本课程《环保教材》起，先后开发了《新能源创客课程》《世界遗产校本课程》《节能减排校本课程》《应对气候变化校本课程》《开学第一课——饮水思源系列课程》《希望小学的环保讲座教材》等，构建了完整的生态文明课程体系，开展生态文明教育，培养学生健康生态人格。

（二）《环保教材》为生态文明教育打下良好基础

在 2000 年我校就编写了《环保校本教材》，二十多年来，我校在每个初一年级开设了一周一次的环保课，不仅让学生学到了系统全面的环境知识，更重要的是学生能够把学到的知识与实际生活相结合，制订自己家庭节水计划和家庭节电计划，从思想上、情感上尊重环境、关心环境、热爱环境，理解环境，形成对环境的正确态度和初步树立可持续发展和生态文明价值观。

（三）利用节能减排设施使用手册，开展跨学科教学项目研究

开展生态文明教育项目式研究，实现跨学科教研，培养学生开展生态文明建设的综合能力：利用《中水回用与保护》实践手册，成立以化学为主的跨学科项目研究；利用《太阳能利用与保护》实践手册，成立以物理为主的跨学科项目研究；利用《地热资源利用与保护》实践手册，成立以地理为主的跨学科项目研究；利用《厨余垃圾分类与利用》实践手册，成立以生物为主的跨学科项目研究。

（四）完善生态文明课程体系，构建生态文明课程群

完善生态文明课程体系建设，研究生态文明主题下系列选修课程的设计与实施，系统开展生态文明教育实践活动，课程内容涵盖资源利用、生态环境、生态经济、生态安全、生态文化等主题，构建交大附中生态文明课程群。

（五）开展生态文明主题课例研究，培养生态文明教育带头人

结合义教新课标和高中特色深入教材研究，开展校内生态文明学科融合示范课，培育生态文明教育带头人。

1. 初中阶段

挖掘各学科义务教育新课标中生态文明的内容，通过学科融合渗透，进行生态文明主题课例研究。

2. 高中阶段

在初中的基础上，以议题（主题）跨学科方式开展活动，与高中特色校

的建设对接，通过课程、科技活动开展相关课例研究。

六、开展典型环保主题活动，践行生态文明教育理念

（一）节约粮食监督岗与光盘行动

主要职责是：监督学校的师生，吃多少，买多少，不能浪费。由学校德育处的教师、学生进行抽查，发现浪费粮食的师生，及时制止。

（二）交大附中绿色银行

学校的"绿色银行"社团，接替环保小组，开展废纸和饮料瓶的回收，本活动已持续开展十多年。

（三）一年一度的跳蚤市场——物尽其用

搭建平台，让学生手中的闲置物品"动"起来，变废为宝，提倡资源重复利用，营造节约型校园。

（四）环保小卫士

每个班有一名学生，负责课间时间检查各个教室的和办公室人走后用电设备的关闭情况，对做得好的表扬，不好的提出改正建议，并监督执行。

（五）低碳生活示范班

每学年进行评比，节能减排效果最显著的班级，获得"低碳生活示范班"的称号。引导学生树立低碳环保意识，培养珍惜能源、爱护环境的良好品质。

"十四五"是学校生态文明教育的新阶段、新起点，在生态文明建设的新征程上，我们将继续深化研究，把培育师生生态文明素养作为工作重点，让绿色环保的种子和小苗长成参天大树，让生态文明教育成果成为幸福校园的风景线。